Die institutionelle Stimmrechtsvertretung
der Aktionäre in Europa

Europäische Hochschulschriften
Publications Universitaires Européennes
European University Studies

Reihe II
Rechtswissenschaft

Série II Series II
Droit
Law

Bd./Vol. 3269

PETER LANG
Frankfurt am Main · Berlin · Bern · Bruxelles · New York · Oxford · Wien

Bernd Christian Becker

Die institutionelle Stimmrechtsvertretung der Aktionäre in Europa

Vorschläge für europäische Mindeststandards auf der Grundlage einer rechtsvergleichenden Analyse der Stimmrechtsvertretungssysteme in Deutschland, England, Spanien, Frankreich und Italien

PETER LANG
Europäischer Verlag der Wissenschaften

Die Deutsche Bibliothek - CIP-Einheitsaufnahme

Becker, Bernd Christian:

Die institutionelle Stimmrechtsvertretung der Aktionäre in Europa : Vorschläge für europäische Mindeststandards auf der Grundlage einer rechtsvergleichenden Analyse der Stimmrechtsvertretungssysteme in Deutschland, England, Spanien, Frankreich und Italien / Bernd Christian Becker. - Frankfurt am Main ; Berlin ; Bern ; Bruxelles ; New York ; Oxford ; Wien : Lang, 2001

(Europäische Hochschulschriften : Reihe 2, Rechtswissenschaft ; Bd. 3269)
Zugl.: Bonn, Univ., Diss., 2000
ISBN 3-631-37840-8

Satz und Lay-out:
Horst-Peter Geibig, Bonn.

D 5
ISSN 0531-7312
ISBN 3-631-37840-8

www.peterlang.de

Meinen Eltern und meiner Schwester

Vorwort

Diese Arbeit lag im Wintersemester 1999/2000 der Rechts- und Staatswissenschaftlichen Fakultät der Rheinischen Friedrich-Wilhelms-Universität Bonn als Dissertation vor.

Rechtsprechung und Literatur sind bis Dezember 2000 berücksichtigt, im deutschen Teil darüber hinaus auch die bisherige Literatur zu dem im Januar 2001 in Kraft getretenen Gesetz zur Namensaktie und zur Erleichterung der Stimmrechtsausübung (NaStraG).

Meinem verehrten akademischen Lehrer, Herrn Professor Dr. Dr. h.c. *Marcus Lutter*, möchte ich danken für die Anregung zu dieser Arbeit und dafür, daß er sie durch eine intensive Betreuung und viele wertvolle Hinweise förderte. Besonders hoch rechne ich es ihm an, daß er sich trotz seiner immensen Arbeitsbelastung stets – insbesondere auch ohne vorherige Terminabsprache – Zeit für mich nahm und den Entwurf meiner Dissertation in Rekordzeit durchgearbeitet hat. Dank schulde ich darüber hinaus auch Herrn Professor Dr. *Wolfgang Schön* für die Erstattung des Zweitgutachtens.

Der italienische Teil der Arbeit entstand während eines mehrmonatigen Aufenthalts in Mailand an der Wirtschaftsuniversität Luigi Bocconi. In diesem Zusammenhang möchte ich den Professoren *Piergaetano Marchetti* und *Giuseppe Carcano* sowie den Institutsmitarbeitern *Federico Ghezzi* und *Andrea Canepari* für die engagierte Unterstützung meiner Recherchen zum italienischen Recht ebenfalls sehr herzlich danken. Außerdem bin ich Herrn Professor Dr. *Theodor Baums* dafür dankbar, daß ich im Juni 1998 an der von ihm organisierten Konferenz „Shareholder voting in Europe" teilnehmen durfte, durch die ich viele neue Impulse für meine Arbeit gewonnen habe.

Den *Mitgliedern des Zentrums für Europäisches Wirtschaftsrecht* danke ich für die Aufnahme in das Graduiertenkolleg für Europäisches und Internationales Wirtschaftsrecht und für die damit verbundene großzügige Förderung.

Am meisten möchte ich aber meinen Eltern danken, die mir nicht nur mein Jurastudium ermöglicht haben, sondern auch meine Dissertation stets mit großem Interesse begleiteten und mir unentwegt Mut zugesprochen haben. Ihnen und meiner Schwester ist diese Arbeit gewidmet.

Bonn, im Frühsommer 2001

Inhaltsverzeichnis

Erster Teil

Einführung und Vorstellung des Bearbeitungsprogramms

A. Einleitung

„Die Hauptversammlung ist der Sitz der Aktionärsdemokratie". Solche oder ähnliche Formulierungen werden in Kommentaren oder Lehrbüchern zum deutschen Aktienrecht typischerweise herangezogen, um die Funktion und die Stellung der Versammlung der Anteilseigner im Organisationsgefüge der Aktiengesellschaft zu umschreiben.[1] Zwischen der im Aktiengesetz angelegten Konzeption der Hauptversammlung als basisdemokratisches und unmittelbar von den Aktionären getragenes Selbstverwaltungsorgan einerseits und der Rechtswirklichkeit andererseits tut sich jedoch – zumindest was die Publikumsgesellschaften mit breitgestreutem Aktienbesitz anbelangt – eine tiefe Kluft auf; der Idee von Eigenkapitalgebern, die durch die aktive und eigenverantwortliche Ausübung ihres Stimmrechts dafür Sorge tragen, daß die Grundlagen ihrer Investitionsentscheidung nicht einseitig zu ihren Lasten geändert werden[2], steht die Erkenntnis gegenüber, daß bestenfalls drei Prozent der Kleinanleger persönlich auf den Jahreshauptversammlungen der Publikumsgesellschaften erscheinen.[3]

Das Fernbleiben der Splitteraktionäre von der Hauptversammlung stellte indes seit jeher kein Spezifikum der deutschen Rechtswirklichkeit dar. Ebenso wie die in Deutschland domizilierten Aktiengesellschaften müssen sich auch ihre europäischen Schwestern mit dieser Erscheinung auseinandersetzen. Das Klagelied von der Indolenz der Kleinaktionäre und der Strukturkrise des geltenden aktienrechtlichen Organisationsmodells[4] ertönt unisono in ganz Europa.[5] Die unter dem Schlagwort der „rationalen Apathie" zusammengefaßten Gründe für das umschriebene Phänomen sind dabei mannigfaltiger Natur. Privat- und Kleinanleger betrachten die Aktie in erster Linie als Kapitalanlage und sind eher

---

1) Vgl. etwa K. Schmidt, Gesellschaftsrecht, S. 844.

2) Vgl. Baums/von Randow, AG 1995, 145 [146].

3) FAZ vom 7. Juli 1997, Nr. 154, S. 13.

4) Eine Zusammenfassung der rechtspolitischen Alternativen zum traditionellen Organisationsmodell der Aktiengesellschaft, die zwar zum Teil lebhaft diskutiert worden sind, bislang jedoch keinerlei Umsetzung in den europäischen Aktienrechtsordnungen erfahren haben, findet sich bei Schmidt, Die Stimmrechtsvertretung durch Kreditinstitute, S. 55 ff..

5) Centre for European Policy Studies, Corporate governance in Europe, S. 45.

an der Ausschüttung einer hohen Dividende und der Kursentwicklung ihrer Papiere interessiert als an der aktiven Mitverwaltung der Aktiengesellschaft.[6] Im Verhältnis zu den großen Institutionen, die am Kapitalmarkt agieren, fehlt es dem durchschnittlichen Anleger – und hier kann man auch viele Unternehmen einschließen – ferner am notwendigen ökonomischen Sachverstand, um die oftmals komplexen Geschäftsführungszusammenhänge zu durchschauen. Der Besuch von Hauptversammlungen ist zudem mit nicht unerheblichem finanziellen und vor allem zeitlichen Aufwand verbunden, der sich aus Sicht der Kleinaktionäre in Anbetracht der häufig festgefügten Machtverhältnisse in der Hauptversammlung und der aufgrund ihrer geringen Beteiligung lediglich minimalen Einflußmöglichkeiten in aller Regel nicht bezahlt macht.[7] Die Sparaktionäre tendieren vielmehr zu einer Trittbrettfahrermentalität, indem sie, ohne zur Aufwendung eigener Kosten bereit zu sein, auf die Kontrollbereitschaft ihrer Mitaktionäre vertrauen.[8] Schließlich dürften in nicht wenigen Fällen auch steuerliche Gründe[9] und restriktive Teilnahmezulassungsregelungen[10] für die niedrigen Hauptversammlungsbesucherzahlen verantwortlich sein.

Die beschriebene Abstimmungsmüdigkeit der meisten Kleinaktionäre zieht einschneidende Konsequenzen für die Kontrollstruktur der Gesellschaften mit breitgestreutem Aktienbesitz nach sich; der Aufbau einer gezielten Opposition gegenüber ineffizientem Management wird nur in den seltensten Fällen zustandekommen, da Anleger, denen bereits die Ausübung ihres eigenen Stimmrechts zu mühselig ist, erst recht nicht dazu bereit sein werden, die zusätzlichen Kosten einer Koordination der Anteilseigner untereinander zu tragen.[11] Zudem führt das Brachliegen eines nicht unerheblichen Stimmrechtspotentials dazu, daß den auf kleine und mittlere Aktienpakete entfallenden Stimmen ein unverhältnismäßig großer Einfluß zuwächst mit der Folge, daß die Entscheidungs-

---

6) Peltzer, AG 1996, 26 [27]; Körber, Die Stimmrechtsvertretung durch Kreditinstitute, S. 30.

7) Körber, Die Stimmrechtsvertretung durch Kreditinstitute, S. 30.

8) Baums, AG 1996, 11 [13]; Centre for European Policy Studies, Corporate governance in Europe, S. 45.

9) Insbesondere das Motiv, Dividendeneinkünfte vor den Steuerbehörden zu verbergen, vgl. Centre for European Policy Studies, Corporate governance in Europe, S. 45.

10) So machen die Statuten vieler spanischer Publikumsgesellschaften das Teilnahmerecht des Aktionärs von dem Besitz einer Mindestanzahl von Aktien abhängig. Diese Information verdankt der Verfasser Herrn Dr. Alberto Javier Tapia Hermida von der Universität Complutense in Madrid.

11) Baums/von Randow, AG 1995, 145 [147].

vorgänge bei der gesellschaftlichen Willensbildung in zunehmendem Maße undurchsichtig und ihre Ergebnisse unberechenbar werden.[12)]

Um die umschriebenen Kollektivhandlungsprobleme zu überwinden und der Gefahr von Zufallsmehrheiten entgegenzuwirken, bietet sich in erster Linie die Delegation der Kleinaktionärsstimmrechte auf Personen oder Institutionen an, die sich den Aktionären gegenüber zur Ausübung ihrer Stimmrechte auf den Hauptversammlungen erbieten.[13)] Professionelle Stimmrechtsvertreter[14)] sind für die Lösung der angesprochenen Probleme in mehrfacher Hinsicht geeignet; sie kommen der Passivität der Kleinanleger entgegen, weil sie sich in aller Regel auf eigene Initiative hin an die Aktionäre wenden. Sie verfügen in der Mehrzahl der Fälle über größere Wirtschaftserfahrung als die von ihnen vertretenen Aktionäre, so daß diese nicht nur vom Aufwand einer persönlichen Hauptversammlungsteilnahme entlastet werden, sondern daneben auch vom Expertenwissen ihrer Stellvertreter profitieren können.[15)] Schließlich ist die Beauftragung professioneller Stimmrechtsvertreter auch aus ökonomischer Perspektive sinnvoll, denn zum einen müssen diese die Kosten einer qualitativ hochwertigen Stimmrechtsvertretung für sämtliche von ihnen vertretene Aktionäre nur einmal aufbringen[16)], zum anderen werden durch die Bündelung der Stimmrechtsmacht die Kosten für die Koordination der Splitteraktionäre untereinander vermieden.

Demgegenüber bringt die institutionelle Stimmrechtsvertretung aber auch ihrerseits eigene Probleme und Gefahren mit sich; die durch die Erteilung einer Vielzahl von Vollmachten vermittelte Machtkonzentration beim beauftragten

---

12) Durch die Einführung eines für die Beschlußfähigkeit der Hauptversammlung erforderlichen Mindestquorums könnte zwar der Gefahr von Zufallsmehrheiten aufs erste rechtlich ein Riegel vorgeschoben werden. Diese Maßnahme für sich allein genommen birgt aber ein noch weitaus größeres Risiko in sich, nämlich, daß im Falle des Nichterreichens der geforderten Kapitalmindestpräsenzen die Hauptversammlung ganz und gar handlungs- und funktionsunfähig ist.

13) Baums/von Randow, AG 1995, 145 [147 f.].

14) Klarstellungshalber sei darauf hingewiesen, daß dem Begriff der „professionellen/institutionellen/organisierten“ Stimmrechtsvertretung im folgenden lediglich eine Abgrenzungsfunktion zur „privaten“,d.h. individuellen Stimmrechtsvertretung zukommen soll, die sich – abgesehen von Formvorschriften – ausschließlich nach allgemeinem Vertretungsrecht richtet, bei der die Initiative zur Vollmachtserteilung typischerweise vom vertretenen Aktionär ausgeht und in deren Rahmen der Stimmrechtsvertreter in aller Regel ausschließlich seinen – individuellen – Vollmachtgeber vertritt. Die Bezeichnung „professioneller/institutioneller“ Stimmrechtsvertreter setzt im folgenden jedoch nicht voraus, daß die bevollmächtigte Person oder Institution in der Absicht, öfters und nicht nur gelegentlich als Stimmrechtsvertreter zu agieren, tätig wird.

15) Im gleichen Sinne Baums/von Randow, AG 1995, 145 [147].

16) Baums/von Randow, AG 1995, 145 [147].

Stimmrechtsmandatar ist nicht nur von wettbewerbswirtschaftlicher Relevanz, sofern dieser Einfluß auf die Geschäftsführung miteinander konkurrierender Unternehmen gewinnt.[17] Durch sie droht vielmehr auch ein Fundamentalprinzip des geltenden Unternehmensverfassungsrechts unterlaufen zu werden, von dem das demokratische Organisationsmodell der Aktiengesellschaft entscheidend mitgeprägt ist: das Prinzip des Gleichlaufs von Kapitalbeteiligung und Herrschaft.[18] Dies wird besonders deutlich vor dem Hintergrund, daß die vertretenen Aktionäre nur in den seltensten Fällen konkrete und ausdrückliche Weisungen bezüglich der Ausübung ihres Stimmrechts erteilen.[19] Das im Zusammenhang mit der institutionellen Stimmrechtsvertretung auftretende Hauptproblem besteht deshalb darin, zu verhindern, daß die professionellen Vertreter die an sie delegierte Stimmrechtsmacht willkürlich ausüben oder gegen den Willen des Aktionärs zur Verwirklichung von Eigeninteressen mißbrauchen. Gelingt dies nicht, besteht die Gefahr, daß das mit Hilfe der Einschaltung professioneller Stimmrechtsvertreter zu bekämpfende Übel lediglich durch ein anderes ersetzt wird; der Gefahr einer Beherrschung der Gesellschaft durch kapitalarme Aktionärsminderheiten tritt die Gefahr der Herrschaft einer Vertreterminderheit gegenüber. Je nach Abwägung zwischen beiden Risiken wird sich eine Rechtsordnung, die sich – solange der Stein der Weisen nicht gefunden ist – mit dem Problem der institutionellen Stimmrechtsvertretung auseinandersetzen muß, zwischen zwei Polen bewegen: der uneingeschränkten gesetzlichen Zulassung der professionellen Aktionärsvertretung auf der einen und ihrem absoluten Verbot auf der anderen Seite. Will man dagegen – was der Regelfall sein wird – keines der mit den jeweiligen Extremlösungen korrespondierenden Risiken in seiner vollen Bandbreite zur Entfaltung kommen lassen, muß nach einem vermittelnden Ansatz gesucht werden, der das Bedürfnis nach zufriedenstellenden Kapitalpräsenzen in den Hauptversammlungen und das Interesse der Aktionäre an der Wahrung ihrer Belange weitestgehend zum Ausgleich bringt. Hierfür bietet sich vor allem die Einrichtung eines die Stimmrechtsvertretung flankierenden Normensystems an, das die bevollmächtigten Personen in sanktionsbewehrter Weise an den Willen und die Interessen des vertretenen Aktionärs bindet und verfahrenstechnische Schutzvorkehrungen vorsieht, die das Handeln des Stimmrechtsvertreters auf eine möglichst tragfähige Legitimationsgrundlage stellen. Denkbar ist aber auch die Entschärfung der mit der institutionellen Stimmrechtsvertretung verbundenen Gefahren mit Hilfe weiterer ergänzender Maßnahmen, wie etwa der Zulassung der schriftlichen Stimmabgabe von außerhalb der Hauptversammlung.

---

17) Lutter, NJW 1995, 2766 [2767].

18) Grundlegend Berle/Means, The modern corporation and private property, New York 1932.

19) Gemäß Baums/von Randow, AG 1995, 145 [150] erteilen in Deutschland nur etwa zwei bis drei Prozent der vertretenen Aktionäre Weisungen.

B. Eingrenzung der Thematik und Erläuterung der weiteren Vorgehensweise

Die vorliegende Arbeit wird versuchen, anhand der Beispiele der wichtigsten EU-Mitgliedstaaten darzustellen, inwieweit die institutionelle Stimmrechtsvertretung im europäischen Ausland als Mittel im Kampf gegen das „Kontrolldilemma der Publikumsgesellschaft“[1] eingesetzt wird[2] und welche Schutzvorkehrungen die jeweiligen nationalen Aktienrechte vorsehen, um sicherzustellen, daß den Aktionären mit ihr eine nicht nur bequeme, sondern auch an ihren eigenen Interessen ausgerichtete Form der indirekten Stimmrechtsausübung zur Verfügung steht. In den Rechtsvergleich sind mit Spanien, Frankreich und Italien vor allem auch solche Länder einbezogen worden, deren Aktienrechtsordnungen – in bestimmten Fällen – Kapitalmindestpräsenzen für die Beschlußfähigkeit der Hauptversammlung vorschreiben und in denen sich deshalb die Frage nach Mechanismen zur Überwindung der angesprochenen Kollektivhandlungsprobleme mit besonderer Dringlichkeit stellt.

Die Untersuchung der nationalen Aktionärsvertretungssysteme wird sich zum einen damit zu befassen haben, welche Formen institutioneller Stimmrechtsvertretung in den jeweiligen Mitgliedstaaten zugelassen sind und welche Gründe gegebenenfalls für gesetzliche Restriktionen oder Verbote ausschlaggebend waren. Daneben wird die Darstellung aber auch Einzelheiten ihrer technischen Abwicklung wie etwa die Frage nach der Zulässigkeit von Dauervollmachten, Legitimationszession und Blankovollmachten thematisieren sowie der

---

1) Baums/von Randow, AG 1995, 145 [147].

2) Zur Behandlung dieser Materie aus rechtsvergleichender Sicht vgl. bereits Heinsius, Die Vertretung bei der Ausübung des Stimmrechtes aus Aktien nach dem Recht der wichtigsten westeuropäischen Länder im Vergleich zu den deutschen Vorschriften, in: BB 1962, 1267 ff.; Deuß, Die Ausübung des aktienrechtlichen Stimmrechts durch Dritte, Juristische Dissertation (Köln, 1963), S. 429 ff.; Hohn Abad, Das Institut der Stimmrechtsvertretung im Aktienrecht – Ein europäischer Vergleich, Juristische Dissertation (Münster, 1995); Baums/Wymeersch, Shareholder voting rights and practices in Europe and the United States, Den Haag, London, Boston, 1999; Baums, Shareholder representation and proxy voting in the European Union: a comparative study, in: Hopt/Kanda/Roe/Wymeersch/Prigge: Comparative corporate governance – the state of the art and emerging research – (Oxford, 1998), S. 545 ff.; Behnke, Die Stimmrechtsvertretung in Deutschland, Frankreich und England, in: NZG 2000, S. 665 ff. ; Hocker, in: Festschrift Bezzenberger, 2000, S. 147 ff. (154f.); Roncero Sánchez, La representación del accionista en la junta general de la sociedad anónima (Madrid 1996); Davis/Lannoo, Shareholder voting in Europe, Center for European Policy Studies (CEPS) 1997. Vgl. in diesem Zusammenhang auch die Europastudie der Deutschen Schutzvereinigung für Wertbesitz e.V. aus dem Jahre 1999 (herausgegeben im Verlag *Das Wertpapier)* zum Thema „Minderheitenrechte der Aktionäre sowie Stimmrechtsausübung und –vertretung in Europa“.

Frage nachgehen, welche flankierenden Normen die nationalen Gesetzgeber für notwendig erachtet haben, um dem Aktionärsinteresse innerhalb der „principal-agent"-Beziehung[3] zwischen Vollmachtgeber und Stimmrechtsvertreter Geltung zu verschaffen. Im letzteren Zusammenhang ist zunächst zu klären, inwieweit es dem Aktionär freisteht, seinem Stimmrechtsvertreter individuelle Weisungen in bezug auf die Ausübung seines Stimmrechts zu erteilen und ob es letzterem möglich ist, sich mißliebigen Instruktionen seitens seines Vollmachtgebers dadurch zu entziehen, daß er die Übernahme der Stimmrechtsvertretung (nachträglich) ablehnt. Falls ein solcher Weisungsbefolgungs- oder Kontrahierungszwang nicht existiert, muß außerdem untersucht werden, ob dem Aktionär bequeme und praktikable Alternativen zur institutionellen Stimmrechtsvertretung zur Verfügung stehen und inwieweit diese gegebenenfalls statutarisch einschränkbar sind.

Von nicht zu unterschätzender Bedeutung ist ferner das der Aktionärsvertretung im Einzelfall zugrundeliegende Informationssystem. Muß der Stimmrechtsvertreter seinem Vollmachtgeber im vorhinein mitteilen, in welcher Weise er von den ihm anvertrauten Vollmachtsstimmrechten Gebrauch zu machen gedenkt, falls ihm von der Aktionärsseite her keine anderslautenden Weisungen erteilt werden, oder räumt ihm das nationale Aktienrecht in diesem Fall freies Ausübungsermessen ein? Muß er eigene Abstimmungsvorschläge begründen? Unterliegt er bei der Einwerbung von Stimmrechtsvollmachten den Adressaten seiner Vertretungsgesuche gegenüber einem Mindestmaß an Informationspflichten im Hinblick auf die zur Behandlung anstehenden Tagesordnungspunkte oder die allgemeine Gesellschaftssituation? Und, sofern dies der Fall ist, trifft ihn diese Mitteilungspflicht automatisch oder aber nur dann, wenn der vertretene Aktionär dies ausdrücklich von ihm verlangt? Schließlich und vor allem: Wer trägt die Kosten der Information, und wieviel Zeit steht den Aktionären zur Verfügung, um von eventuell existierenden Auskunftsrechten gegenüber ihrem Vertreter oder Dritten Gebrauch zu machen? Beim zuletzt genannten Punkt wird zugleich deutlich, daß das Aktionärsvertretungssystem nicht isoliert vom sonstigen Hauptversammlungsorganisationsrecht betrachtet werden kann.

Ein weiterer wichtiger Untersuchungsgegenstand wird die Frage betreffen, ob und inwieweit die nationalen Aktiengesetze Schutzvorschriften für den Fall vorsehen, daß in der Person des vom Aktionär beauftragten Stimmrechtsvertreters Interessenkonflikte – etwa in Form personeller, kapitalmäßiger oder geschäftlicher Abhängigkeiten zu dem die Hauptversammlung abhaltenden Unternehmen – auftreten. Das Spektrum denkbarer Maßnahmen reicht hierbei von

---

[3] Vgl. hierzu Köndgen, Duties of banks in voting their clients' stock, S. 531 [547 ff.].

der Pflicht zur Offenlegung von Ursachen möglicher Interessenkonflikte über die gesetzliche Festschreibung des Aktionärsinteresses als maßgebliches Kriterium für jegliches Abstimmungsverhalten des Stimmrechtsvertreters bishin zur Statuierung von relativen[4)] oder absoluten Stimmverboten im Falle besonders konfliktträchtiger Situationen.

Im Anschluß an die Frage nach der Existenz solcher, dem Schutz des Aktionärsinteresses dienenden Vorschriften soll dann als nächstes untersucht werden, inwieweit deren Einhaltung aufsichtsbehördlich überwacht wird und ihre Verletzung die Unwirksamkeit der Stimmabgabe[5)], Schadensersatzpflichten oder gegebenenfalls sogar strafrechtliche Sanktionen nach sich zieht. Von Brisanz in diesem Zusammenhang ist auch die Frage nach dem Anknüpfungspunkt der speziellen Schutzvorschriften, denn je nachdem, ob ihr Geltungsbereich in sachlicher und personeller Hinsicht weit oder eng abgesteckt ist, variiert die Bandbreite denkbarer Umgehungsmöglichkeiten.

Als letzter Punkt soll schließlich untersucht werden, wo nach Ansicht des Schrifttums die Schwachstellen des jeweiligen nationalen Aktionärsvertretungssystems liegen und welche Maßnahmen zur Entschärfung der aus ihnen resultierenden Gefahren vorgeschlagen werden. Diesem Darstellungsabschnitt kommt um so mehr Bedeutung zu, als sich die Arbeit in einem abschließenden Teil von der rein nationalen Betrachtungsperspektive lösen wird, um zu versuchen, auf der Grundlage der im Rechtsvergleich gewonnenen Erkenntnisse Vorschläge für eine Angleichung der institutionellen Stimmrechtsvertretung auf europäischer Ebene zu entwickeln. Die Notwendigkeit für einen Anstoß in diese Richtung folgt vor allem daraus, daß mit der Einführung des Euro und dem Wegfall des Währungsrisikos der grenzüberschreitende Handel auf den Kapitalmärkten aller Voraussicht nach einen gewaltigen Aufschwung erleben wird und sowohl institutionelle Investoren als auch Privatanleger ihre Portfolios in zunehmendem Maße geographisch diversifizieren werden.[6)] Dadurch werden nicht nur die Ko-

---

4) Etwa dadurch, daß die Erlaubnis zur Ausübung von Vollmachtsstimmrechten in bestimmten Situationen vom Vorliegen einer ausdrücklichen Weisung des vertretenen Aktionärs abhängig gemacht wird.

5) Bzw. die Anfechtbarkeit des mit Hilfe der unwirksamen Stimmabgabe zustandegekommenen Beschlusses.

6) Jüngere Statistiken weisen aus, daß sich jedenfalls die Deutschen bei ihrem Anlageverhalten bereits heute mehrheitlich als Europäer zeigen. So flossen 1998 28,7 Milliarden DM in die 97 Aktienfonds mit Anlageschwerpunkt Europa (1997 hatte diese Fondsgruppe noch einen Mittelzufluß in Höhe von 7,7 Milliarden DM verzeichnet) mit der Folge, daß die auf die internationale Aktienanlage ausgerichteten Fonds mit 95 Milliarden DM (gegenüber 67 Milliarden DM, die auf die Aktienfonds mit dem Anlageschwerpunkt Deutschland entfallen) mittlerweile den Löwenanteil der Fondsvermögen verwalten (FAZ

sten für einen persönlichen Hauptversammlungsbesuch auf eine für den ausländischen (Privat)Anleger prohibitive Höhe anschnellen mit der Folge, daß die Bedeutung der institutionellen Stimmrechtsvertretung als Mittel zur Bewältigung der bereits angesprochenen „collective-action"-Probleme zumindest vorerst[7)] weiter zunehmen dürfte. Angesichts der Vision multinationaler Unternehmen mit multinationaler Beteiligungsstruktur erscheint es vielmehr auch sinnvoll und geboten, einheitliche Mindeststandards für die Aktionärsvertretung in Europa festzulegen, die zwischen Palermo und Helsinki allen Anteilseignern gleichermaßen zugute kommen[8)].

Zwar hat es bereits seit geraumer Zeit auf europäischer Ebene einzelne – wenn auch nur zaghafte – Ansätze für eine Annäherung der nationalen Stimmrechtsvertretungssysteme gegeben, wobei in diesem Zusammenhang vor allem an die mittlerweile mehrfach geänderten Vorschläge für das Statut einer Europäischen Aktiengesellschaft und eine fünfte gesellschaftsrechtliche Richtlinie (sog. Strukturrichtlinie)[9)] zu erinnern ist.

Abgesehen davon, daß diese Entwürfe aufgrund der aufgetretenen gravierenden Probleme im Zusammenhang mit der Regulierung der Arbeitnehmermitbestimmung bis heute auf ihre endgültige rechtliche Umsetzung warten, ist jedoch kaum anzunehmen, daß von ihnen in absehbarer Zukunft Impulse in Richtung einer europäischen Standardisierung der Stimmrechtsvertretung ausgehen werden. Diese Prognose drängt sich insbesondere im Hinblick auf die vorgeschlagene Regelung für das Statut der Europäischen Aktiengesellschaft auf, nachdem die Vorschrift des Art.88 des zweiten Verordnungsvorschlags, die

---

Nr. 183 vom 10. August 1998, S. 26 sowie FAZ Nr. 31 vom 6. Februar 1999, S. 25). Hinzu kommt, daß die Aktie – nicht zuletzt wegen der offenkundigen Probleme der gesetzlichen Alterssicherungssysteme, die einen Ausbau der privaten Altersvorsorge unumgänglich machen – von breiten Bevölkerungskreisen zunehmend als Langfristanlage erkannt und genutzt wird. So stieg die Aktionärsquote in Deutschland nach Erhebungen der Infratest Burke Finanzforschung im Jahre 1998 auf 7,1 Prozent (gegenüber einem Vorjahreswert von 6,0 Prozent). Ganz ähnliche Entwicklungen lassen sich in Italien beobachten (FAZ Nr. 301 vom 29. Dezember 1998, S. 19 und Nr. 14 vom 18. Januar 1999, S. 31).

7) Zu den Einsatzmöglichkeiten moderner Kommunikationsmedien (Internet, Videokonferenztechnik), die die Ausübung des Stimmrechts aus Sicht der Kleinaktionäre kostengünstiger und bequemer machen würden und damit die Bedeutung der Stimmrechtsvertretung zumindest auf längerfristige Sicht ein Stück weit relativieren könnten, vgl. das Schlußkapitel dieser Arbeit, unten S. 299 ff..

8) Im gleichen Sinne Hopt, ZGR 2000, 779 [812].

9) Zu den Perspektiven der Harmonisierung des Kapitalgesellschaftsrechts in Europa vgl. Lutter, Die Harmonisierung des Rechts der Kapitalgesellschaften in Europa (Stand und Perspektiven), in: Nobel, Internationales Gesellschaftsrecht (Bern 1998), S. 129 ff.; Hopt, ZGR 2000, 779 [811 ff.].

ehemals eine Regulierung der Stimmrechtsvertretung vorsah, durch den dritten geänderten Verordnungsvorschlag vom 16. Mai 1991[10] zugunsten der Anwendbarkeit des nationalen Aktienrechts im jeweiligen Sitzstaat der Gesellschaft aufgehoben worden ist. Ähnliches gilt hinsichtlich des dritten geänderten Vorschlags für die seit langem geplante Strukturrichtlinie[11], dessen die Stimmrechtsvertretung betreffenden Vorschriften der Artt. 27 und 28 schon allein deswegen keine geeignete Grundlage für die weitere rechtspolitische Diskussion darstellen dürften, weil sie – von ihrem Regelungsgehalt her – ausgerechnet den besonders problematischen Bereich der institutionellen Stimmrechtsvertretung – von unwesentlichen Ausnahmen abgesehen – vernachlässigen.

Bevor sich im folgenden mit der Untersuchung der spanischen, französischen und italienischen Stimmrechtsvertretungsregelung dem eigentlichen Bearbeitungsprogramm zugewendet wird, soll zunächst noch vollständigkeitshalber ein Überblick über das deutsche und englische System der Aktionärsvertretung gegeben werden. Ausschlaggebend für die im Vergleich zu Spanien, Frankreich und Italien etwas weniger ausführliche Behandlung dieser beiden wichtigen EU-Mitgliedsländer war im Falle Deutschlands die mittlerweile kaum noch zu überschauende Fülle an Monographien, Aufsätzen und Dissertationen zum Depotstimmrecht der Banken, im Falle Englands die vergleichsweise geringe Bedeutung, die dort der institutionellen Stimmrechtsvertretung von Privatanlegern – aus Gründen, von denen noch zu handeln sein wird – bisher beigemessen worden ist. Am Beispiel Englands soll vor allem gezeigt werden, wie sehr das Gewicht, das dem Institut der Stimmrechtsvertretung in den einzelnen Staaten zukommt, von den institutionellen, rechtlichen und tatsächlichen Rahmenbedingungen des jeweiligen Mitgliedslandes abhängig ist.

---

10) ABl. EG Nr. C 176 vom 8.7.1991, 1 ff., abgedruckt bei Lutter, Europäisches Unternehmensrecht, 4. Auflage (1996), S. 724 ff..

11) ABl. EG Nr. C 321 vom 12.12.1991, 9 ff., abgedruckt bei Lutter, Europäisches Unternehmensrecht, 4. Auflage (1996), S. 188f..

Zweiter Teil

Die Darstellung der nationalen Aktionärsvertretungssysteme

A. Das deutsche Recht

Das deutsche Aktionärsvertretungsrecht hat sowohl durch das am 1. Mai 1998 in Kraft getretene Gesetz zur Kontrolle und Transparenz im Unternehmensbereich[1] als auch durch das Gesetz zur Namensaktie und zur Erleichterung der Stimmrechtsausübung[2], das zum Jahresanfang 2001 in Kraft getreten ist[3] in wichtigen Teilbereichen Änderungen erfahren. Während das KonTraG in diesem Zusammenhang primär eine -zumindest teilweise- Verringerung des Bankeneinflusses und eine wirkungsvollere Durchsetzung der Aktionärsinteressen im Rahmen von Stimmrechtsvertretungen anstrebte, liegt dem NaStraG in erster Linie das gesetzgeberische Anliegen zugrunde, parallel zur Modernisierung des Rechts der Namensaktie das Aktionärsvertretungsrecht von erschwerenden bürokratischen Formvorschriften zu befreien, es für moderne Informationstechnologien zu öffnen und die Stimmrechtsvertretung bei Inhaber- und Namensaktien anzupassen.

I. Die herausragende Bedeutung des Depotstimmrechts

Gemäß der allgemeinen Bestimmung des § 134 Abs. 3 AktG[4] kann sich jeder Aktionär bei der Ausübung seines Stimmrechts durch einen Bevollmächtigten vertreten lassen.[5] Obgleich der Kreis der Personen, die mit der Stimmrechtsausübung betraut werden dürfen, weder von Gesetzes wegen begrenzt, noch

---

[1] Im folgenden mit KonTraG abgekürzt.

[2] Im folgenden mit NaStraG abgekürzt.

[3] BGBl. I 2001, 123 ff., BT-Drucks. 14/4051 ff. und 14/4618.

[4] Die Vorschriften des AktG werden im folgenden in der Fassung des NaStraG zitiert.

[5] Die schriftliche Abstimmung von außerhalb der Hauptversammlung ist demgegenüber aufgrund des klaren Wortlauts des § 118 AktG („in der Hauptversammlung") nicht zulässig, vgl. Zöllner, in: Kölner Kommentar zum Aktiengesetz, § 134, Rn. 69 u. § 118, Rn. 8; Geßler/Eckardt, § 118, Rn. 5, 7.

durch die Gesellschaftssatzung einschränkbar ist[6)], wird die Aktionärsvertretung bis heute in der Praxis von den Banken dominiert, die ihren Effektenkunden die Stimmrechtsvertretung regelmäßig im Rahmen des Depotverhältnisses als Dienstleistung anbieten. So wurden im Jahre 1992 auf den Hauptversammlungen der 24 größten deutschen Unternehmen in mehrheitlichem Streubesitz im Durchschnitt über 60 Prozent der präsenten Stimmen von Kreditinstituten auf der Basis von – üblicherweise formularmäßig erteilten[7)] – Dauervollmachten vertreten.[8)]

Demgegenüber ist der Stimmrechtsanteil der Aktionärsvereinigungen[9)] in den Hauptversammlungen der börsennotierten Publikumsgesellschaften angesichts der fehlenden Bereitschaft der meisten Aktionäre, für die im Rahmen einer professionellen Stimmrechtsvertretung anfallenden Kosten[10)] aufzukommen, mit durchschnittlich etwa 0,6 Prozent[11)] verschwindend gering.

Auch dem Verwaltungsstimmrecht, d.h. der Vertretung der Aktionäre durch die die Hauptversammlung abhaltende Gesellschaft oder deren Organmitglieder und Angestellte, ist – abgesehen vom Sonderfall der Ausübung des Depotstimmrechts auf der bankeigenen Hauptversammlung (§ 135 Abs. 1 S. 2 AktG) – in der Praxis bislang keinerlei Bedeutung zugekommen . In der Lehre wurde diese Variante der Stimmrechtsvertretung bisher sogar überwiegend unter Berufung auf einen Umkehrschluß zu § 135 Abs. 1 S. 2 AktG[12)], den Rechtsgedanken des

---

6) So jedenfalls die Auffassung der Rechtsprechung, vgl. den Beschluß des OLG Stuttgart vom 28.5.1990, AG 1991, 69 f.. Vgl. aber auch die gegenteilige Ansicht von Barz, in: Großkommentar zum Aktiengesetz, § 134, Rn. 27, der statutarische Einschränkungen dann für zulässig erachtet, wenn diese die Möglichkeit der Stimmrechtsvertretung nicht unangemessen erschweren; ähnlich Zöllner, in: Kölner Kommentar zum Aktiengesetz, § 134, Rn. 76, der allerdings Beschränkungen bei der Bevollmächtigung nur unter der Voraussetzung als zulässig ansieht, daß die Übertragung der Aktien an die Zustimmung der Gesellschaft gebunden ist.

7) Timm, Gesellschaftsrecht 1995 (RWS-Forum 8), S. 241 [249].

8) Vgl. Baums/Fraune, AG 1995, 97 [103, Tabelle 6].

9) Die Deutsche Schutzvereinigung für Wertpapierbesitz und die Schutzgemeinschaft der Kleinaktionäre vertreten beispielsweise ihre Mitglieder auf jährlich mehr als 600 Hauptversammlungen (FAZ, Nr. 115 vom 19. Mai 1998, S. B 15).

10) Laut telefonischer Auskunft stellt zwar weder die Deutsche Schutzvereinigung noch die Schutzgemeinschaft der Kleinaktionäre ihren Mitgliedern die Stimmrechtsvertretung gesondert in Rechnung. Die jährlichen Mitgliedsbeiträge liegen jedoch im Moment bei immerhin 100,- DM bzw. im Falle der Deutschen Schutzvereinigung sogar bei 150,- DM.

11) Noack, in: Festschrift Lutter, S. 1468, unter Bezugnahme auf entsprechende Angaben der DSW.

12) So etwa Zöllner, in: Festschrift Westermann, S. 611.

§ 136 Abs. 2 AktG[13], das in § 136 Abs. 1 AktG ausgeprägte „Verbot des Richtens in eigener Sache“[14] sowie die im Aktiengesetz niedergelegte Kompetenzverteilung zwischen Vorstand, Aufsichtsrat und Hauptversammlung[15] für unzulässig gehalten[16].

Deshalb ist es zu Recht als „sensationell“[17] bezeichnet worden, daß auf Initiative des Rechtsausschusses des Deutschen Bundestages mit dem NaStraG ein neuer § 134 Abs. 3 S. 3 AktG Gesetz geworden ist, der die Figur des „von der Gesellschaft benannte(n) Stimmrechtsvertreter(s)“[18] nunmehr ausdrücklich erwähnt. Auf diese Weise dürfte dem aktienrechtlichen Streit um die Zulässigkeit oder Unzulässigkeit des Verwaltungsstimmrechts im deutschen Hauptversammlungswesen für die Zukunft der Boden entzogen sein[19]. Denn ausweislich des Berichtes des Rechtsausschusses[20] soll die in § 134 Abs. 3 S. 3 AktG erwähnte Figur des Gesellschaftsvertreters in Deutschland ein „dem im angloamerikanischen Rechtskreis bekannten Proxy-Voting[21] vergleichbares Abstimmungsverfahren“ möglich machen. Damit ist es in Zukunft auch gesellschaftsangehörigen Personen erlaubt, die Stimmrechtsvertretung von Aktionären auf

---

13) So Zöllner, in: Kölner Kommentar zum Aktiengesetz, § 134, Rn79.

14) So etwa Möhring, in: Festschrift Geßler, S. 127 [134].

15) So Körber, Die Stimmrechtsvertretung durch Kreditinstitute, S. 216; v. Randow, ZIP 1998, 1564 [1566].

16) Anderer Ansicht war freilich schon seit langem die Rechtsprechung, vgl. das Urteil des LG Stuttgart vom 30.11.1973, AG 1974, 260 [261], das Urteil des LG Baden-Baden vom 29.4.1998, ZIP 1998, 1308 [1311] sowie das Urteil des OLG Karlsruhe vom 24.2.1999, AG 1999, 234 [235], das in diesem Zusammenhang auf den Referentenentwurf KonTraG, ZIP 1996, 2129 [2133] verweist. Im übrigen war unbestritten, daß – abgesehen von den Fällen der §§ 136 Abs. 1, 142 Abs. 1 S. 2, 3 AktG – eine Bevollmächtigung einzelner Organmitglieder der Gesellschaft im Sinne einer Vollmachtserteilung ad personam zulässig ist, vgl. hierzu etwa Zöllner, in: Kölner Kommentar zum Aktiengesetz, § 134, Rn. 79.

17) Seibert, ZIP 2001, 53 [55].

18) § 134 Abs. 3 S. 3 AktG lautet: Werden von der Gesellschaft benannte Stimmrechtsvertreter bevollmächtigt, so ist die Vollmachtserklärung von der Gesellschaft drei Jahre lang nachprüfbar festzuhalten; § 135 Abs. 4 Satz 1 bis 3 gelten entsprechend.“

19) Im gleichen Sinne Noack, ZIP 2001, 57 [62]; Claussen, AG 2001, 161 [169].

20) Abgedruckt bei Seibert, ZIP 2001, 53 [56].

21) Zu dieser Form des Verwaltungsstimmrechts vgl. etwa Hoffmann, Systeme der Stimmrechtsvertretung, S. 40 ff., 82 ff. und die Darstellung des englischen Aktionärsvertretungssystems im nächsten Kapitel dieser Arbeit, unten S. 33 ff..

der unternehmenseigenen Hauptversammlung wahrzunehmen.[22] Zuvor war von der Rechtsprechung[23] im Fall Deutsche Telekom AG bereits die Konstruktion einer Stimmrechtsvertretung durch einen gesellschaftsfremden, aber von der Gesellschaft beauftragten und bezahlten Dritten[24] mit gewissen Einschränkungen[25] gebilligt worden, so daß nunmehr mit Inkrafttreten des NaStraG prinzipiell[26] jedem Personen- und Institutionenkreis der Zugang zur organisierten Stimmrechtsvertretung offensteht. In der Praxis ist aber nach wie vor das Depotstimmrecht der Banken eindeutig dominierend.

II. Die gesetzliche Ausgestaltung des Depotstimmrechts

Obwohl das Depotstimmrecht in der Vergangenheit immer wieder – vor allem unter dem Schlagwort „Macht der Banken"[27] – in die rechtswissenschaftliche

---

22) Noack, ZIP 2001, 57 [61] und Hüther, AG 2001, 68 [71] weisen darauf hin, daß in der Hauptversammlungssaison 2000 von großen Unternehmen wie Siemens, DaimlerChrysler und Deutsche Bank zum ersten Mal Mitarbeiter der Gesellschaft benannt wurden, die als zusätzlichen Service für die Aktionäre deren Stimmrechtsvertretung in der Hauptversammlung wahrnehmen sollten. Vgl. hierzu auch Noack, in: Festschrift Lutter, S. 1474 ff..

23) LG Baden-Baden, ZIP 1998, 1308 [1311]; OLG Karlsruhe, AG 1999, 234 [235]; vgl. hierzu auch Westermann, in: Dörner/Menold/Pfitzer, Reform des Aktienrechts, S. 268 ff.; v. Randow, ZIP 1998, 1564 ff.; EWiR 1998, 675f. (Dreher/Schnorbus); Singhof, NZG 1998, 670 ff..

24) Im konkret angesprochenen Fall handelte es sich um eine Wirtschaftsprüfungsgesellschaft, die als bezahlte „Treuhänderin" zum Zwecke der Stimmrechtsvertretung von der Deutschen Telekom AG eingeschaltet worden war.

25) In concreto handelt es sich hierbei um das Erfordernis einer ausdrücklichen Einzelweisung , die auf einem dafür vorgesehenen, neutral gestalteten Formular vom vertretenen Aktionär erteilt werden muß.

26) Ausnahmen gelten natürlich in den Fällen der gesetzlich vorgesehenen, kasuistischen Stimmverbote der §§ 136, 142 AktG, von denen noch zu handeln sein wird.

27) Eine Studie aus dem Jahre 1992 hat gezeigt, daß in den 24 größten deutschen Unternehmen in mehrheitlichem Streubesitz der durch Eigenbesitz, Depotstimmrecht und Stimmen bankabhängiger Investmentfonds vermittelte Stimmrechtsanteil der Banken bei durchschnittlich über 84 Prozent der präsenten Stimmen lag, wobei innerhalb der Gruppe der Banken allein ein Drittel der Stimmen auf die Deutsche Bank AG, die Dresdner Bank AG und die Commerzbank AG entfielen, vgl. Baums/Fraune, AG 1995, 97 [103, Tabelle 6 u. 111]. Als weitere Einflußfaktoren der Kreditinstitute sind die häufige Präsenz von Bankenvertretern in den Aufsichtsräten der großen Publikumsgesellschaften sowie die Unterhaltung geschäftlicher Beziehungen (als Zahlungsverkehrsbeauftragte, Kreditgeber, Emissionshaus etc.) zu diesen Gesellschaften zu nennen, zusammenfassend Lutter, NJW 1995, 2766 [2766].

und – politische Diskussion geraten ist[28)], sind die Stimmen, die sich für seine ersatzlose Abschaffung ausgesprochen haben, bislang vereinzelt geblieben.[29)] Der weit überwiegende Teil des Schrifttums ist vielmehr der Ansicht, daß die professionelle Stimmrechtsvertretung durch Banken angesichts der Passivität der meisten Kleinaktionäre und mangels überzeugender Alternativen jedenfalls

---

28) Aus der mittlerweile kaum noch zu überschauenden Fülle neuerer Literatur vgl. etwa Adams, Bankenmacht und Deutscher Juristentag, ZIP 1996, 1590 [1593 f.]; Assmann, Zur Reform des Vollmachtsstimmrechts der Banken nach dem Referentenentwurf eines Gesetzes zur Kontrolle und Transparenz im Unternehmensbereich (KonTraG-E), AG-Sonderheft „Die Aktienrechtsreform 1997", 100 ff.; Baums, Vollmachtstimmrecht der Banken – Ja oder Nein?, AG 1996, 11 ff.; Baums/von Randow, Der Markt für Stimmrechtsvertreter, AG 1995, 145 ff.; Baums/Fraune, Institutionelle Anleger und Publikumsgesellschaft: Eine empirische Untersuchung, AG 1995, 97 ff.; Claussen, Aktienrechtsreform 1997, AG 1996, 481 [482 f.]; Hammen, Zur geplanten Neuregelung des Depotstimmrechts, ZIP 1995, 1301 ff.; Köndgen, Duties of banks in voting their clients' stock, in: Baums/Buxbaum/Hopt, Institutional investors and corporate governance, S. 531 ff.; Körber, Die Stimmrechtsvertretung durch Kreditinstitute, Berlin 1989; Lutter, Macht der Banken, NJW 1995, 2766 f.; Mülbert, Empfehlen sich gesetzliche Regelungen zur Einschränkung des Einflusses der Kreditinstitute auf Aktiengesellschaften?, Gutachten E für den 61. Deutschen Juristentag 1996, S. E 87 ff.; Peltzer, Die Vertretung der Aktionäre in Hauptversammlungen von Publikumsgesellschaften, AG 1996, 26 ff.; Peltzer, Empfehlen sich gesetzliche Regeln zur Einschränkung des Einflusses der Kreditinstitute auf Aktiengesellschaften?, JZ 1996, 842 [844 ff.]; M. Schmidt, Die Stimmrechtsvertretung durch Kreditinstitute, Hamburg 1994; Timm, Rechtspolitische Initiativen zur Professionalisierung der Aufsichtsratstätigkeit und Einschränkung des Depotstimmrechts der Banken, in: Henze/Timm/Westermann, Gesellschaftsrecht 1995, S. 241 [248 ff.]; Raiser, Empfehlen sich gesetzliche Regelungen zur Einschränkung des Einflusses der Kreditinstitute auf Aktiengesellschaften?, NJW 1996, 2257 [2261 f.]; vgl. außerdem die im AG-Sonderheft „Die Aktienrechtsreform 1997" abgedruckten Stellungnahmen der Professoren Adams, Baums, Götz, Hopt, Kübler, Lutter und Wenger anläßlich der öffentlichen Anhörung zum Referentenentwurf des Gesetzes zur Kontrolle und Transparenz im Unternehmensbereich (KonTraG) vor dem Rechtsausschuß des Deutschen Bundestages am 29.1.1997.

29) In diesem Sinne jedoch Wenger, AG-Sonderheft „Die Aktienrechtsreform 1997", 57 [60]; vgl. darüber hinaus auch die Reformvorschläge von Baums/v. Randow (vorgestellt in AG 1995, 145 [156 ff.]) und der SPD-Fraktion (Entwurf eines Gesetzes zur Verbesserung von Transparenz und Beschränkung der Machtkonzentration in der deutschen Wirtschaft, BT-Drucksache 13/367 vom 30.1.1995, abgedruckt in ZIP 1995, 332 [334 ff.], wonach die Ausübung des Depotstimmrechts von der Erteilung einer Einzelweisung abhängig gemacht und die Stimmrechtsvertretung nicht persönlich anwesender oder anderweitig vertretener Aktionäre von unabhängigen, zuvor von der Hauptversammlung gewählten und aus der Gesellschaftskasse bezahlten Wirtschaftsprüfern übernommen werden soll(te), hierzu kritisch Lutter, NJW 1995, 2766 [2767]; ähnlich Timm, Gesellschaftsrecht 1995, (RWS Forum 8), S. 241 [253 f.].

derzeit unverzichtbar ist.[30] Auch dem am 1. Mai 1998 in Kraft getretenen KonTraG lag – soweit es Neuregelungen für das Vollmachtsstimmrecht der Banken mit sich gebracht hat – die gesetzgeberische Überzeugung zugrunde, daß es sich bei der in Deutschland praktizierten Form des Depotstimmrechts um ein intelligentes, kostengünstiges und unbürokratisches System der Stimmrechtsvertretung handelt, das angesichts seines hohen Regelungsgrades nur behutsam fortentwickelt werden sollte.[31]

Konkret stellt sich die Gesetzeslage nach Inkrafttreten des KonTraG und des NaStraG wie folgt dar: Gemäß dem neuen § 135 Abs. 1 S. 1 AktG dürfen Banken die Stimmrechte aus fremden Inhaberaktien nur ausüben, wenn sie hierzu bevollmächtigt[32] sind[33]. Das frühere Schriftformerfordernis für die Vollmachtserteilung an Banken[34] ist somit durch das NaStraG weggefallen, was in Zukunft eine Bevollmächtigung im Wege des electronic banking und per Telefon möglich macht, sofern die entsprechenden Aktionärsvollmachten nur- dem Erfordernis des § 135 Abs. 2 S. 4 AktG entsprechend- vom Kreditinstitut nachprüfbar festgehalten werden.[35] Auf diese Weise soll der zunehmenden Internationa-

---

30) Vgl. etwa Körber, Die Stimmrechtsvertretung durch Kreditinstitute, S. 96 f. (m.w.N. in Fn. 11 und 12); Assmann, AG-Sonderheft „Die Aktienrechtsreform 1997“, 100 [102]; Hopt, AG-Sonderheft „Die Aktienrechtsreform 1997“, 42 [45]; Lutter, NJW 1995, 2766 [2767]; Kübler, AG-Sonderheft „Die Aktienrechtsreform 1997, 48 [50]; Timm, Gesellschaftsrecht 1995 (RWS-Forum 8), S. 241 [259]; Peltzer, AG 1996, 26 [28]; Köndgen, Duties of banks in voting their clients' stock, S. 531 [545]; Claussen, AG 1996, 481 [483]; vgl. auch die These 9 des Gutachtens Mülbert, Empfehlen sich gesetzliche Regelungen zur Einschränkung des Einflusses der Kreditinstitute auf Aktiengesellschaften?, Gutachten E für den 61. Deutschen Juristentag 1996, S. E 117.

31) So nahezu wörtlich die Gesetzesbegründung zum KonTraG, abgedruckt in ZIP 1996, 2129 [2134].

32) Im Falle von Namensaktien, die dem Kreditinstitut nicht gehören, als deren Inhaber es aber im Aktienregister eingetragen ist, tritt gemäß § 135 Abs. 7 S. 1 AktG das Erfordernis einer Ermächtigung.

33) In der Regel üben die Banken die Stimmrechte ihrer Depotkunden gemäß § 135 Abs. 4 S. 2 AktG im Namen dessen, den es angeht, also ohne eine Offenlegung der Namen ihrer Vollmachtgeber aus, vgl. Körber, Die Stimmrechtsvertretung durch Kreditinstitute, S. 201. Durch das NaStraG ist nunmehr auch die Möglichkeit einer verdeckten Stimmrechtsvertretung bei Namensaktien geschaffen worden, die früher wegen § 135 Abs. 7 S. 1 Alt. 2 AktG a. F. nicht zulässig war.

34) Das gleiche gilt über § 135 Abs. 9 AktG für Aktionärsvereinigungen und geschäftsmäßige Stimmrechtsvertreter, nicht jedoch für die durch § 134 Abs. 3 AktG geregelten Fälle der individuellen Stimmrechtsvertretung, bei denen die Schriftform der Vollmachtserteilung lediglich zur Disposition der jeweiligen Gesellschaftssatzung gestellt ist (§ 134 Abs. 3 S. 2 AktG).

35) Zu diesem Erfordernis vgl. etwa Noack, ZIP 2001, 57 [57f.].

lisierung der Anteilseignerstrukturen Rechnung getragen und das Vertretungsrecht an die modernen Kommunikationstechnologien herangeführt werden.[36)]

Eine weitere Neuerung des NaStraG besteht darin, daß nunmehr echte, d.h. unbefristete Dauervollmachten zulässig sind. Der Verzicht auf die frühere maximale Geltungsdauer von 15 Monaten[37)], der einer „Entbürokratisierung“[38)] des Aktionärsvertretungsrechts dienen soll, wird allerdings durch die ebenfalls neu eingeführte Pflicht der Kreditinstitute kompensiert, den Aktionär „jährlich und deutlich hervorgehoben auf die jederzeitige Möglichkeit des Widerrufs und auf andere Vertretungsmöglichkeiten“[39)] hinzuweisen.

Des weiteren kann die Stimmrechtsvollmacht gemäß § 135 Abs. 2 S. 1 AktG nur einem bestimmten Kreditinstitut erteilt werden, wobei die Vollmachtserklärung vollständig sein muß und nur mit der Stimmrechtsvertretung verbundene Erklärungen enthalten darf (§ 135 Abs. 2 S. 3 AktG). Die Ausstellung von Blankovollmachten ist somit ebenso wie die AGB-mäßige Erteilung von Stimmrechtsvollmachten unzulässig. Beabsichtigt ein Kreditinstitut, fremde Aktienstimmrechte[40)] aufgrund einer nicht durch Einzelweisung konkretisierten Dauervollmacht auszuüben oder ausüben zu lassen, so muß es dem Aktionär, der von ihm vertreten werden soll , gemäß § 128 Abs. 2 S. 1 AktG eigene Abstimmungsvorschläge zu den Gegenständen der Tagesordnung unterbreiten[41)]. Bei der Ausarbeitung dieser Vorschläge hat sich das Kreditinstitut vom Interesse des Aktionärs[42)] leiten zu lassen und organisatorische Maßnahmen dafür zu tref-

---

36) Vgl. Noack, ZIP 2001, 57 [57] mit Verweis auf die Begründung des Regierungsentwurfes zur NaStraG- Novelle.

37) § 135 Abs. 2 S. 1 AktG a.F..

38) So die Begründung der Beschlußempfehlung des Rechtsausschusses des Deutschen Bundestages, in der maßgeblichen Passage abgedruckt bei Seibert, ZIP 2001, 53 [56].

39) So der Wortlaut des neuen § 135 Abs. 2 S. 2 AktG.

40) Genauer: Stimmrechte aus Inhaberaktien, die das Kreditinstitut spätestens zwei Wochen vor dem Termin der Hauptversammlung in Verwahrung genommen hat oder für die es – im Falle von Namensaktien – als Legitimationsaktionär im Aktienregister eingetragen ist, vgl. 128 Abs. 2 S. 1 AktG i.V.m. § 128 Abs. 1 AktG.

41) Verwahrt dagegen ein Kreditinstitut für Aktionäre Namensaktien der Gesellschaft, für die es nicht im Aktienregister eingetragen ist, hat es die Vorschläge den vertretenen Aktionären gemäß § 128 Abs. 2 S. 2 1. Hbs. nur zugänglich zu machen, es sei denn, es möchte von den Verwaltungsvorschlägen abweichen.

42) Nach der Gesetzesbegründung zum KonTraG (ZIP 1996, 2129 [2134]) ist hiermit „die durchschnittliche Interessenlage des Anlegers, die auf eine langfristige Wertsteigerung der Anlage ausgerichtet ist“, gemeint, womit der Streit, was unter „Interesse des Aktionärs“ i.S.d. § 128 Abs. 2 S. 3 AktG zu verstehen ist – eine zusammenfassende Übersicht über die im Schrifttum vertretenen Ansichten findet sich bei Liebs, AG 1990, 297 [298] – weitgehend entschärft sein dürfte.

fen, daß nicht Eigeninteressen aus anderen Geschäftsbereichen in die Formulierung der Abstimmungsvorschläge einfließen (§ 128 Abs. 2 S. 3, 1.Hbs. AktG). Außerdem hat es ein Mitglied der Geschäftsleitung zu benennen, das die Einhaltung dieser Pflichten sowie die ordnungsgemäße Ausübung des Stimmrechts und deren Dokumentation überwacht (§ 128 Abs. 2 S. 3, 2. Hbs. AktG).[43)]

Ferner ist das Kreditinstitut dazu verpflichtet, den Aktionär um die Erteilung von Abstimmungsweisungen zu bitten und ihm zu diesem Zweck ein eigenes Formblatt oder Bildschirmformular[44)] zur Verfügung zu stellen (§ 128 Abs. 2 S. 4 und S. 5 AktG). In zwei Fällen ist die vorherige Erteilung von Weisungen sogar unerläßliche Voraussetzung für die Ausübung des Depotstimmrechts durch die Banken. Zum einen ist dies notwendig, wenn ein Kreditinstitut Vollmachtsstimmrechte auf der eigenen Hauptversammlung ausüben möchte (§ 135 Abs. 1 S. 2 AktG), zum anderen besteht das Erfordernis einer obligatorischen Einzelweisung seit dem Inkrafttreten des KonTraG am 1. Mai 1998 auch dann, wenn das bevollmächtigte Kreditinstitut an der die Hauptversammlung abhaltenden Gesellschaft mit mehr als 5 Prozent des Grundkapitals unmittelbar oder über eine Mehrheitsbeteiligung mittelbar beteiligt ist und auf die Ausübung seiner eigenen Stimmrechte nicht verzichten möchte (§ 135 Abs. 1 S. 3 AktG).[45)] Um den Aktionären die Erteilung solcher Weisungen zu erleichtern, verpflichtet § 128 Abs. 1 AktG die Kreditinstitute bei der Ausübung von Stimmrechten aus

---

43) Diese durch das KonTraG neu eingeführten Organisations- und Überwachungspflichten stellen nach Auffassung von Assmann, AG-Sonderheft „Die Aktienrechtsreform 1997", 100 [103] den rechtlichen Ersatz für den von der ehemaligen Bundesregierung in die Diskussion gebrachten weisungsfreien bankinternen Stimmrechtsmandatar dar, vgl. etwa Leutheusser-Schnarrenberger, ZRP 1995, 81 [82]; Funke, ZIP aktuell 1994, Nr. 372; Hammen, ZIP 1995, 1301 [1308 f.]; kritisch hierzu Baums, AG 1996, 11 [18 f.] und Lutter, NJW 1995, 2766 [2767]. Nach der Gesetzesbegründung zum KonTraG soll jedoch durch sie die grundsätzliche Gesamtverantwortung des Vorstandes nicht in Frage gestellt werden, vgl. ZIP 1996, 2129 [2134 f.].

44) Durch die vom NaStraG neu zugelassene Möglichkeit der Nutzung von Bildschirmformularen ist somit auch eine Weisungserteilung im Wege des electronic banking möglich geworden. Damit ist gleichzeitig der Weg für eine – bereits heute schon teilweise praktizierte- technische Variante der Stimmrechtsvertretung geebnet worden, bei der der vertretene Aktionär, der die Hauptversammlung mittels einer virtuellen Übertragung zu Hause im Internet mitverfolgt, seinen in der Hauptversammlung präsenten Stimmrechtsvertreter über eine Internet-Screen auch noch kurzfristig Weisungen zur Ausübung seines Stimmrechts erteilen kann. Zu den diesbezüglichen technischen Einzelheiten vgl. Claussen, AG 2001, 161 [168 ff.].

45) Nach der Gesetzesbegründung liegt die Ratio der zuletzt genannten Vorschrift darin, eine „Einflußkumulation aus Vollmachtsstimmrecht und Beteiligungsbesitz und dem daraus resultierenden Interessenkonflikt" zu verhindern, vgl. ZIP 1996, 2129 [2136].

fremden, von ihnen verwahrten Inhaberaktien[46], alle hauptversammlungsbezogenen Informationen und Unterlagen, die sie gemäß § 125 Abs. 1 AktG von den Gesellschaften zugesandt erhalten, unaufgefordert, kostenlos[47] und losgelöst von einer konkreten Vertretungsabsicht an ihre Depotkunden weiterzuleiten. Mitteilungspflichtig sind insbesondere die Einberufung der Hauptversammlung, die Bekanntmachung der Tagesordnung[48], etwaige Anträge und Wahlvorschläge von Aktionären einschließlich des Namens des Aktionärs, der Begründung und einer etwaigen Stellungnahme der Verwaltung sowie – falls die Wahl von Aufsichtsratsmitgliedern ansteht – Angaben zur Mitgliedschaft der vorgeschlagenen Personen in anderen gesetzlich zu bildenden Aufsichtsräten oder in vergleichbaren in- und ausländischen Kontrollgremien von Wirtschaftsunternehmen.[49] Zudem sind die Banken dazu verpflichtet, die Aktionäre auf alternative Vertretungsmöglichkeiten hinzuweisen (§ 135 Abs. 2 S. 5 AktG)[50] und ihnen bestehende personelle Verflechtungen mit der jeweiligen Gesellschaft[51], quali-

---

46) Bei Namensaktien besteht diese Weitergabeverpflichtung hingegen gemäß § 128 Abs. 1 AktG nur dann, wenn die Depotbank als Legitimationsaktionär im Aktienregister eingetragen ist, da anderenfalls- also wenn der Aktionär selbst im Aktienregister eingetragen ist- dieser die entsprechenden Unterlagen gemäß § 125 Abs. 2 Nr. 3 AktG bereits von der Gesellschaft mitgeteilt bekommt.

47) Für die Weiterleitung der Informationen werden die Banken jedoch gemäß der „Verordnung über den Ersatz von Aufwendungen der Kreditinstitute" vom 10. Juni 1968, BGBl. I, S. 720 finanziell entschädigt.

48) Diese umfaßt neben den Gegenständen der Tagesordnung und den Beschluß- und Wahlvorschlägen der Verwaltung auch den Wortlaut etwaiger Satzungsänderungen und den wesentlichen Inhalt von Verträgen, die der Zustimmung der Hauptversammlung bedürfen. Falls die Wahl von Aufsichtsratsmitgliedern auf der Tagesordnung steht, muß sie zudem nähere Angaben zur Person der vorgeschlagenen Kandidaten sowie die Information enthalten, nach welchen gesetzlichen Vorschriften sich der Aufsichtsrat zusammensetzt, und ob die Hauptversammlung an Wahlvorschläge gebunden ist, vgl. § 124 AktG.

49) Hinsichtlich der Informationsrechte des Aktionärs gegenüber der Gesellschaft, zu denen insbesondere das Recht gehört, auf ein entsprechendes Verlangen hin eine Abschrift des Jahresabschlusses, des Lageberichts und des Berichts des Aufsichtsrats zur Verfügung gestellt zu bekommen (§ 175 Abs. 2 AktG), vgl. die zusammenfassende Übersicht bei Körber, Die Stimmrechtsvertretung durch Kreditinstitute, S. 151 f..

50) Diese Hinweispflicht ist durch das KonTraG eingeführt worden und soll ausweislich der Gesetzesbegründung den Wettbewerb unter den Anbietern von Dienstleistungen bei der Stimmrechtsvertretung beleben, vgl. ZIP 1996, 2129 [2133].

51) Die diesbezügliche Hinweispflicht ist durch das KonTraG erweitert worden; gemäß § 128 Abs. 2 S. 6 AktG muß das Kreditinstitut mitteilen, falls ein Vorstandsmitglied oder ein Mitarbeiter der Bank dem Aufsichtsrat der Gesellschaft oder ein Vorstandsmitglied oder ein Mitarbeiter der Gesellschaft dem Aufsichtsrat des Kreditinstituts angehört.

fizierte kapitalmäßige Beteiligungen an derselben[52)] sowie zurückliegende Mitgliedschaften in einem Emissionskonsortium des jeweils betroffenen Unternehmens[53)] mitzuteilen (§ 128 Abs. 2 S. 6 u. S. 7 AktG).[54)] Hierdurch soll erreicht werden, daß der Aktionär in Kenntnis der Ursachen möglicher Interessenkonflikte entscheiden kann, ob er dem Abstimmungsvorschlag seines Kreditinstituts folgen will oder diesem eine abweichende Einzelweisung erteilen bzw. einen anderen Stimmrechtsvertreter mit der Ausübung seines Stimmrechts betrauen möchte.[55)] Sofern der Aktionär sich durch seine Depotbank vertreten läßt und dieser – was der Regelfall ist[56)] – keine speziellen Weisungen zu den einzelnen Tagesordnungspunkten erteilt, muß das bevollmächtigte Kreditinstitut

---

52) Eine entsprechende Mitteilungspflicht besteht gemäß § 128 Abs. 2 S. 7 AktG i.V.m. § 21 WpHG ab einer Kapitalbeteiligung von 5 Prozent.

53) Diese ebenfalls durch das KonTraG eingeführte Hinweispflicht besteht gemäß § 128 Abs. 2 S. 7 AktG allerdings nur insoweit, als das Kreditinstitut einem Emissionskonsortium angehörte, das die – bezogen auf den Zeitraum der jeweils zurückliegenden letzten 5 Jahre – letzte Emission von Wertpapieren der Gesellschaft übernommen hat.

54) Vgl. darüber hinaus auch die durch das KonTraG erweiterte Anhangpublizität des § 340 lit. a) Abs. 4 HGB, wonach die Kreditinstitute im Anhang zum Jahresabschluß alle von ihren gesetzlichen Vertretern und Mitarbeitern bekleideten Mandate in gesetzlich zu bildenden Aufsichtsgremien großer Kapitalgesellschaften (Nr. 1) sowie alle 5 Prozent übersteigenden Kapitalbeteiligungen an Kapitalgesellschaften i.S.d. § 267 Abs. 3 HGB angeben müssen.

55) Vgl. die Gesetzesbegründung, ZIP 1996, 2129 [2135]. Dagegen ziehen Interessenkonflikte – zumindest in der Praxis – keine absoluten Stimmverbote für die von ihnen betroffenen Kreditinstitute nach sich. Dies gilt selbst für den praktisch bedeutsamen Fall, daß in der Hauptversammlung über die Entlastung eines Aufsichtsratsmitglieds Beschluß gefaßt wird, das zugleich Vorstandsmitglied der Depotbank ist; zwar ordnet § 136 Abs. 1 S. 1 AktG an, daß niemand für sich oder einen anderen das Stimmrecht ausüben kann, wenn darüber Beschluß gefaßt werden soll, ob er zu entlasten oder von einer Verbindlichkeit zu befreien ist, oder ob die Gesellschaft gegen ihn einen Anspruch geltend machen soll. Nach der Rechtsprechung darf jedoch eine juristische Person noch nicht allein deshalb gemäß § 136 Abs. 1 S. 1 AktG von der Stimmrechtsausübung ausgeschlossen werden, weil einer ihrer gesetzlichen Vertreter von der Beschlußfassung betroffen ist, vgl. BGHZ 36, 296 [299 ff.]; OLG Karlsruhe, AG 2001, 93 [95]; OLG Hamburg, MDR 1961, 326 [326 f.] (allerdings noch bezogen auf die Vorschrift des § 114 Abs. 5 des AktG von 1937); LG Wuppertal, AG 1967, 139 [140]; offengelassen von LG Köln, ZIP 1998, 153 [154]; vgl. auch die Schrifttumsnachweise bei Körber, Die Stimmrechtsvertretung durch Kreditinstitute, S. 212 (Fn. 50). Im Zusammenhang mit der Ausübung des Depotstimmrechts auf der bankeigenen Hauptversammlung schließlich stellt die Vorschrift des § 135 Abs. 1 S. 2 AktG eine Spezialregelung dar, die derjenigen des § 136 Abs. 1 AktG vorgeht, vgl. LG Stuttgart, AG 1974, 260 [261]; Körber, Die Stimmrechtsvertretung durch Kreditinstitute, S. 213; Zöllner, in: Kölner Kommentar zum Aktiengesetz, § 136, Rn. 50.

56) Nach Köndgen, Duties of banks in voting their clients' stock, S. 531 [537, Fn. 25] erteilen nur ca. 2-3 Prozent der Aktionäre ihrer Depotbank konkrete Abstimmungsweisungen.

dessen Stimmrecht entsprechend seinen eigenen, dem Aktionär zuvor nach § 128 Abs. 2 S. 1 AktG mitgeteilten Abstimmungsvorschlägen ausüben (§ 135 Abs. 5 AktG).[57)] Weicht die Depotbank bei der Ausübung des Stimmrechts dennoch von ihren eigenen Abstimmungsvorschlägen oder von etwaigen Weisungen des Aktionärs ab[58)], so hat es diesem gemäß § 135 Abs. 8 AktG hierüber Rechenschaft abzulegen.

Erwähnenswert ist schließlich auch, daß § 135 Abs. 10 S. 1 AktG den Depotbanken – als Ausfluß des Gundsatzes der Gleichbehandlung von Aktionären[59)] – unter bestimmten Umständen einen Kontrahierungszwang auferlegt. Gemäß dieser Vorschrift ist ein Kreditinstitut[60)] dazu verpflichtet, den Auftrag eines Aktionärs zur Ausübung seines Stimmrechts in einer Hauptversammlung anzunehmen, wenn es für diesen Aktien der Gesellschaft verwahrt oder an seiner Stelle im Aktienregister eingetragen ist und es sich gegenüber anderen Aktionären der Gesellschaft zur Stimmrechtsvertretung in derselben Hauptversammlung erboten hat.[61)] Zweck dieser Bestimmung ist es, zu verhindern, daß sich Kreditinstitute mißliebigen Weisungen ihrer Kunden durch die Ablehnung der ihnen angetragenen Stimmrechtsvertretung entziehen können.[62)]

III. Das Sanktionensystem

Ein Verstoß gegen die in den §§ 128, 135 AktG niedergelegten Schutzbestimmungen und Verhaltenspflichten berührt – von Ausnahmefällen abgesehen[63)] –

---

57) Hierauf muß der Aktionär gemäß § 128 Abs. 2 S. 4 AktG ausdrücklich hingewiesen werden.

58) Dies ist gemäß § 135 Abs. 5 AktG nur ausnahmsweise dann zulässig, wenn das Kreditinstitut den Umständen nach annehmen darf, daß der Aktionär bei Kenntnis der Sachlage die abweichende Ausübung des Stimmrechts billigen würde.

59) Gößmann, in: Schimansky/Bunte/Lwowski, Bankrechtshandbuch, Band 2, § 72, Rn. 189.

60) Aktionärsvereinigungen und Personen, die sich geschäftsmäßig zur Stimmrechtsvertretung erbieten, sind demgegenüber von dem gesetzlichen Kontrahierungszwang ausgenommen, vgl. Barz, in: Großkommentar zum Aktiengesetz, § 135, Rn. 34.

61) Zu den Ausnahmen vgl. § 135 Abs. 10 S. 2 AktG.

62) Baums, AG 1995, 145 [151]; Barz, in: Großkommentar zum Aktiengesetz, § 135, Rn. 32. Zum Begriff des Sich-Erbietens vgl. Barz, in: Großkommentar zum Aktiengesetz, § 135, Rn. 33.

63) Ausnahmen gelten dann, wenn keine schriftliche Vollmacht vorliegt (§ 135 Abs. 1 S. 1 AktG), das Kreditinstitut in der Hauptversammlung verbotswidrig im eigenen Namen auftritt oder die Bank das Aktionärsstimmrecht im Namen dessen, den es angeht, ausübt, obwohl ihm die Vollmacht dies nicht gestattet (§ 135 Abs. 4 S. 2 AktG), vgl. Zöllner, in: Kölner Kommentar zum Aktiengesetz, § 135, Rn. 106. Da die Bestimmung des § 135

nicht die Wirksamkeit der Stimmabgabe (§ 135 Abs. 6 AktG) oder stellt zumindest keinen Anfechtungsgrund i.S.d. § 243 AktG dar.[64] Jedoch werden einige der in § 135 AktG aufgezählten Stimmrechtsvertretungsregeln durch die Ordnungswidrigkeitenvorschrift des § 405 Abs. 3 Nr. 4 und Nr. 5 AktG sanktioniert, wonach die Benutzung oder Überlassung von Aktien zur Stimmrechtsausübung, für die das Stimmrecht nach § 135 AktG nicht ausgeübt werden darf[65], mit einer Geldbuße von bis zu 25.000 Euro geahndet werden kann. Sofern den vertretenen Aktionären infolge einer schuldhaften Verletzung der in den §§ 128, 135 AktG aufgezählten Verhaltenspflichten ein Vermögensschaden entsteht, ist das hierfür verantwortliche Kreditinstitut darüber hinaus auch zur Leistung von Schadensersatz verpflichtet.[66] Für den Fall, daß die stimmrechtsvertretende Bank das Depotstimmrecht vorsätzlich in gesellschaftsschädigender Weise ausübt, kommt nach dem Girmes-Urteil des BGH[67] eine solche Schadensersatzpflicht unter Umständen auch gegenüber der Gesellschaft und denjenigen Aktionären, die nicht von ihr vertreten wurden[68], in Betracht.

Schließlich darf im Zusammenhang mit der Behandlung des aktienrechtlichen Sanktionensystems nicht unerwähnt bleiben, daß die Einhaltung der §§ 128, 135 AktG durch die Kreditinstitute Gegenstand der bankaufsichtsbehördlichen Überwachung im Rahmen der – im Regelfall jährlich stattfindenden – Depotprüfung ist (§ 30 Abs. 1 S. 2 KWG). Insbesondere sind die Banken gemäß

Abs. 6 AktG durch das KonTraG nicht erweitert worden ist, muß ferner davon ausgegangen werden, daß die Ausübung des Depotstimmrechts auch dann unwirksam sein soll, wenn ein Kreditinstitut entgegen dem Verbot des § 135 Abs. 1 S. 3 AktG in der Hauptversammlung von weisungslos erteilten Stimmrechtsvollmachten Gebrauch macht.

64) Letzteres gilt gemäß § 243 Abs. 3 AktG für die in § 128 AktG enthaltenen Bestimmungen.

65) Beispiele: Fehlen einer schriftlichen Vollmacht oder einer ausdrücklichen Einzelweisung in den Fällen des § 135 Abs. 1 S. 2 und S. 3 AktG, Überschreitung der Höchstdauer für die Erteilung der Vollmacht, Unzulässigkeit einer Untervollmacht, vgl. Zöllner, in: Kölner Kommentar zum Aktiengesetz, § 135, Rn. 111.

66) Streitig ist allerdings, ob neben der vertraglichen Haftung aus dem der Stimmrechtsvertretung zugrundeliegenden Geschäftsbesorgungsvertrag oder Auftrag (die §§ 128, 135 AktG bestimmen den Inhalt der vertraglichen Beziehung mit, vgl. Zöllner, in: Kölner Kommentar zum Aktiengesetz, § 135 Rn. 109) auch eine deliktische Haftung aus § 823 Abs. 2 BGB – mit den §§ 128, 135 AktG als Schutzgesetzen – in Frage kommt, vgl. hierzu Zöllner, in: Kölner Kommentar zum Aktiengesetz, § 128, Rn. 36 und § 135, Rn. 109.

67) Urteil vom 20.3.1995, abgedruckt in NJW 1995, 1739 ff. mit Anm. Altmeppen.

68) In diesem Zusammenhang kommt nach dem Girmes-Urteil des BGH NJW 1995, 1739 [1742 f.; 1748 f.] sowohl eine originäre Haftung des Stimmrechtsvertreters nach § 826 BGB als auch eine aus der Treupflichtverletzung seiner Auftraggeber abgeleitete Haftung aus § 179 Abs. 1 analog BGB für den Fall in Betracht, daß er die Namen seiner Vollmachtgeber nicht aufdecken möchte.

Nr. 14 Punkt 4 der Anlage zu den Depotprüfungsrichtlinien[69)] dazu verpflichtet, die Erwägungen, die ihren nach § 128 Abs. 2 AktG ausgearbeiteten Abstimmungsvorschlägen zugrunde liegen, aktenkundig zu machen.

IV. Stellungnahme

Auf der Suche nach einem Stimmrechtsvertretungssystem, das neben einer Optimierung der Hauptversammlungspräsenzen auch eine interessengerechte, kompetente und kostengünstige Ausübung der Aktionärsstimmrechte sicherstellen soll, stellt sich das System des deutschen Bankenstimmrechts bei weitem nicht als die schlechteste Modellalternative dar. Zwar wird durch das Depotstimmrecht der Einfluß der Kreditinstitute auf die Geschäftspolitik der Publikumsgesellschaften in erheblichem Maße gesteigert, und es kann auch nicht geleugnet werden, daß die Banken bei der Ausübung ihrer Vollmachtsstimmrechte zumindest in bestimmten Situationen der Gefahr von Interessenkollisionen ausgesetzt sind.[70)] Indes sind bisher weder Nachweise dafür erbracht worden, daß Banken die ihnen anvertrauten Stimmrechte in systematischer Weise zur Verwirklichung von Partikularinteressen mißbrauchen würden oder der Einfluß der Kreditinstitute generell schädlich für die hiervon betroffenen Unternehmen wäre[71)], noch haben die als Alternative zum Depotstimmrecht vorge-

---

69) Bekanntmachung über Art, Umfang und Zeitpunkt der Depotprüfung vom 16.12.1970 (Bundesanzeiger Nr. 239 vom 23.12.1970), 4 ff., abgedruckt bei Reischauer/Kleinhans, Kreditwesengesetz, 2. Band, Loseblatt, Ziff. 490.

70) Beispiele: Repräsentanten der Depotbank gehören dem Aufsichtsrat oder dem Vorstand der Gesellschaft an; das Kreditinstitut unterhält als Zahlungsverkehrsbeauftragte, Emissionsbegleiterin oder Kreditgeberin geschäftliche Beziehungen zum fraglichen Unternehmen oder ist jedenfalls darum bemüht, für dieses als Finanzdienstleister tätig zu werden; Übernahme der Stimmrechtsvertretung in den Hauptversammlungen von Mutter- und Tochtergesellschaft bei gegenläufigen Interessen im Konzern (vgl. hierzu insbesondere Körber, Die Stimmrechtsvertretung durch Kreditinstitute, S. 68 f.); das Kreditinstitut übt fremde Aktienstimmrechte in der bankeigenen Hauptversammlung aus; zum Ganzen vgl. Baums, AG 1996, 11 [12 f.]; Körber, Die Stimmrechtsvertretung durch Kreditinstitute, S. 56 ff..

71) Dies gestehen sogar die Kritiker des gegenwärtig praktizierten Stimmrechtsvertretungssystems ein, vgl. etwa Baums/von Randow, AG 1995, 145 [149]; ebenso Körber, Die Stimmrechtsvertretung durch Kreditinstitute, S. 108 m.w.N.. Auch der bisweilen erhobene Vorwurf, die häufige Abstimmung im Sinne der Verwaltungsvorschläge zeuge von mangelndem Kontrollengagement der Depotbanken gegenüber dem Management der betroffenen Unternehmen (so explizit Baums, AG 1996, 11 [14 f.]), berücksichtigt nicht die Tatsache, daß die Banken ihren Einfluß bereits regelmäßig im Vorfeld der Hauptversammlung in Gesprächen mit dem Management geltend machen, so zutreffend Körber, Die Stimmrechtsvertretung durch Kreditinstitute, S. 57 m.w.N..

schlagenen Lösungsmodelle bislang überzeugen können; der von der früheren Bundesregierung favorisierte bankinterne Stimmrechtsmandatar[72)] ist noch nicht allein deshalb vor möglichen Interessenkonflikten gefeit, weil er in formeller Hinsicht weisungsungebunden entscheiden darf[73)], und der Vorschlag der SPD-Fraktion, die Stimmrechtsvertretung einigen, zuvor von der Hauptversammlung zu wählenden und aus der Gesellschaftskasse zu bezahlenden Wirtschaftsprüfern zu übertragen[74)], würde im Falle seiner Umsetzung die Macht der Banken nicht neutralisieren, sondern diese lediglich auf eine Handvoll – im Zweifel weniger kompetenter und wirtschaftserfahrener – Stimmrechtsvertreter verlagern.[75)] Die ersatzlose Abschaffung des Depotstimmrechts[76)] schließlich hätte zur Folge, daß das Stimmrechtspotential der Kleinanleger weitgehend brachliegen und infolgedessen bereits den Stimmen kleiner Aktionärsminderheiten ein überproportionales Gewicht – mit der Konsequenz von Zufallsmehrheiten – zuwachsen würde.[77)]

Demgegenüber stellt sich das traditionelle Modell des deutschen Depotstimmrechts als ein Stimmrechtsvertretungssystem mit vielen Vorzügen dar. Es ist nicht nur ökonomisch und effektiv, weil es die bereits unabhängig von der Aktionärsvertretung bestehenden Informationswege zwischen der Gesellschaft und den Kreditinstituten[78)] nutzt, den unbestrittenermaßen vorhandenen finanziellen und unternehmerischen Sachverstand der Banken in die Aktionärsver-

---

[72)] Vgl. hierzu Funke, ZIP aktuell 1994, Nr. 372; Hammen, ZIP 1995, 1301 [1308 f.]; Leutheusser-Schnarrenberger, ZRP 1995, 81 [82].

[73)] Im gleichen Sinne Baums, AG 1996, 11 [19]; Lutter, NJW 1995, 2766 [2767]: „...der weisungsfreie leitende Angestellte... ist eine Chimäre: Feigenblatt oder Ende einer Karriere"; Timm, Gesellschaftsrecht 1995 (RWS-Forum 8), S. 241 [256 f.]. Zu der sich aus dem Vorschlag ergebenden Haftungsproblematik vgl. ferner Lutter, NJW 1995, 2766 [2767].

[74)] Vgl. den Entwurf eines Gesetzes zur Verbesserung von Transparenz und Beschränkung der Machtkonzentration in der deutschen Wirtschaft, BT-Drucks. 13/367 vom 30. Januar 1995, abgedruckt in ZIP 1995, 332 [334 ff.], der sich – wenn auch mit einigen wichtigen Abweichungen im Detail – an dem von Baums und von Randow in AG 1995, 145 [156 ff.] vorgestellten Gesetzesvorschlag orientiert.

[75)] So zutreffend Timm, Gesellschaftsrecht 1995 (RWS-Forum 8), S. 241 [254]; Lutter, NJW 1995, 2766 [2767].

[76)] Vorgeschlagen von Wenger, AG-Sonderheft „Die Aktienrechtsreform 1997, 57 [60].

[77)] Für alle Baums, AG 1996, 11 [17 f.]. Die gegen dieses Argument gerichtete Behauptung Wengers, das Depotstimmrecht diene in Wirklichkeit nicht der Stabilität der Hauptversammlungsmehrheit, sondern vielmehr der Verkleidung von Paketbesitz sowie der Verschleierung der „wahren Machtverhältnisse, die die Konzernfunktionäre unter sich" ausmachten (vgl. Wenger, AG-Sonderheft „Die Aktienrechtsreform 1997", 57 [60]), ist bislang noch durch keine wissenschaftliche Studie untermauert worden.

[78)] Vgl. insbesondere die §§ 125, 128 Abs. 1 AktG.

tretung einbringt[79] und auch in der Mehrzahl aller Fälle für zufriedenstellende Präsenzen auf den Hauptversammlungen der Publikumsgesellschaften sorgt[80], sondern es verfügt auch aufgrund der zahlreichen im Gesetz verankerten Informations-[81], Transparenz- und Interessenwahrungspflichten über eine ausreichende Legitimationsgrundlage. Etwaige Reformvorhaben sollten sich deshalb allenfalls auf eine schrittweise Weiterentwicklung des geltenden Systems im Sinne einer (weiteren) Optimierung der zum Schutze der vertretenen Aktionäre vorgeschriebenen flankierenden Verhaltensvorschriften und Sanktionen beschränken[82].

Ob die Maßnahmen des KonTraG einen solchen Optimierungseffekt nach sich gezogen haben, darf allerdings in mancherlei Hinsicht bezweifelt werden; der von § 135 Abs. 2 S. 5 AktG geforderte Pflichthinweis auf die Möglichkeit einer Stimmrechtsvertretung durch Aktionärsvereinigungen dürfte dem Aktionär kaum neue Erkenntnisse bringen und wird, solange den Aktionären keine konkreten Namen und Anschriften mitgeteilt werden, kaum dazu geeignet sein, den Wettbewerb unter den Anbietern einer professionellen Stimmrechtsvertretung zu verstärken.[83] Auch den nun ausdrücklich in § 128 Abs. 2 AktG erwähnten Organisations- und Überwachungspflichten, die einer aktionärsgerechten und korrekten Ausübung des Depotstimmrechts dienen sollen, dürfte in der Praxis nicht mehr als eine „klarstellende Wirkung“[84] zukommen, ergibt sich die Notwendigkeit entsprechender organisatorischer Vorkehrungen und Überwachungsmaßnahmen doch in aller Regel bereits aus der Gesamtverantwortung des Bankenvorstandes für die Einhaltung der seinem Kreditinstitut nach §§ 128,

---

79) Auf diese beiden Gesichtspunkte wird zutreffenderweise in der Gesetzesbegründung zum KonTraG (vgl. ZIP 1996, 2129 [2134]) hingewiesen.

80) Nach Baums/Fraune, AG 1995, 97 [102 Tabelle 4], lag die durchschnittliche Präsenz in den Hauptversammlungen der 24 größten Gesellschaften in mehrheitlichem Streubesitz im Jahre 1992 bei ca. 58 Prozent.

81) In diesem Zusammenhang verdient nicht nur der inhaltliche Umfang der gesellschaftsbezogenen Informationspflichten eine durchaus positive Bewertung, sondern auch die Tatsache, daß dem Aktionär aufgrund der im europäischen Vergleich relativ langen Einberufungsfrist von einem Monat (§ 123 Abs. 1 AktG) genügend Zeit für die Ausbildung eines eigenen Standpunktes zur Verfügung steht.

82) So zu Recht Körber, Die Stimmrechtsvertretung durch Kreditinstitute, S. 286; Timm, Gesellschaftsrecht 1995 (RWS-Forum 8), S. 241 [249]; Lutter, NJW 1995, 2766 [2767].

83) So zutreffend Assmann, AG-Sonderheft „Die Aktienrechtsreform 1997“, 100 [102]. Vgl. in diesem Zusammenhang auch Noack, in: Festschrift Lutter, S. 1471, der zwei Jahre nach Inkrafttreten des KonTraG nüchtern feststellt, daß es eine Konkurrenz um die Ausübung von Aktionärsstimmrechten in Deutschland nach wie vor nicht gibt.

84) Assmann, AG-Sonderheft „Die Aktienrechtsreform 1997“, 100 [103].

135 AktG obliegenden Verhaltenspflichten.[85)] Die durch das KonTraG erweiterten Transparenzanforderungen (§ 128 Abs. 2 S. 6 und 7 AktG) schließlich sind zwar im Hinblick auf ihre Zielsetzung, den Aktionären die Ursachen möglicher Interessenkonflikte offenzulegen, ausdrücklich zu begrüßen.[86)] Indes dürften die von § 128 Abs. 2 AktG geforderten zusätzlichen Hinweispflichten nur bedingt zur Erreichung dieses Zieles geeignet sein. Denn einerseits wird eine besonders wichtige Konfliktlage – nämlich die (Groß)kreditgebereigenschaft der Depotbank im Falle einer sanierenden Kapitalherabsetzung[87)] – nicht von ihnen erfaßt[88)], und andererseits thematisieren sie mit der Pflicht zur Offenlegung von 5 Prozent übersteigenden kapitalmäßigen Beteiligungen an der Gesellschaft (§ 128 Abs. 2 S. 7 AktG) einen Mitteilungsgegenstand, der für sich allein genommen noch keinen spezifischen Bezug zur Frage möglicher Interessenkonflikte aufweist.[89)] Im letzteren Zusammenhang wird in der Literatur zu Recht darauf hingewiesen, daß eine maßgebliche Eigenbeteiligung der Depotbank ihr Interesse an einer am Shareholder Value ausgerichteten Unternehmenspolitik wachsen läßt und deshalb eher zu einem Interesseneinklang als zu einer Interessendiskrepanz im Verhältnis zwischen Aktionär und Kreditinstitut führt.[90)] Aus diesem Grunde macht es wenig Sinn, daß die Zulässigkeit des Depotstimmrechts – wie es § 135 Abs. 1 S. 3 AktG vorsieht – ausgerechnet im Falle eines qualifizierten Eigenbesitzes des Kreditinstituts vom Vorliegen ausdrücklicher Einzelweisungen der vertretenen Aktionäre abhängig gemacht

---

85) Vgl. Assmann, AG-Sonderheft „Die Aktienrechtsreform 1997“, 100 [103], der zu Recht darauf aufmerksam macht, daß zu diesen Verhaltenspflichten insbesondere das in § 128 Abs. 2 S. 3 AktG statuierte Interessenwahrungsgebot gehört, welches eine Infiltration eventueller aktionärsschädlicher Eigeninteressen des Kreditinstituts in die von ihm nach § 128 Abs. 2 S. 1 AktG auszuarbeitenden Abstimmungsvorschläge verbietet.

86) Ebenso Baums, AG-Sonderheft „Die Aktienrechtsreform 1997“, 26 [29] und Assmann, AG-Sonderheft „Die Aktienrechtsreform 1997“, 100 [104].

87) Der Fall Girmes läßt grüßen.

88) So zutreffend Baums, AG-Sonderheft „Die Aktienrechtsreform 1997“, 26 [29].

89) Ungleich effektvoller und deshalb positiv zu bewerten sind demgegenüber die durch das KonTraG erweiterten bzw. neu eingeführten Transparenzanforderungen hinsichtlich personeller Verflechtungen zwischen Depotbank und Gesellschaft sowie bezüglich zurückliegender Mitgliedschaften in einem Emissionskonsortium des Unternehmens (§ 128 Abs. 2 S. 6 und S. 7 AktG).

90) Vgl. Assmann, AG-Sonderheft „Die Aktienrechtsreform 1997“, 100 [106]; Claussen, AG 1996, 481 [483]; Hopt, AG-Sonderheft „Die Aktienrechtsreform 1997“, 42 [44]; Kübler, AG-Sonderheft „Die Aktienrechtsreform 1997“, 48 [50]; ähnlich Peltzer, AG 1996, 26 [28]; Körber, Die Stimmrechtsvertretung durch Kreditinstitute, S. 56.

wird.[91)] Zur Vermeidung bzw. Entschärfung von Interessenkonflikten wäre es vielmehr weitaus sinnvoller, ein solches Einzelweisungserfordernis für die Fälle vorzuschreiben, in denen die Depotbank als Stimmrechtsvertreter bei Beschlußfassungen mitstimmt, die die Wahl zum Aufsichtsratsmitglied, die Entlastung oder die Haftbarmachung von einzelnen ihrer Organmitglieder oder Mitarbeiter zum Gegenstand haben.[92)] Ebenfalls einer stärkeren Legitimation des Depotstimmrechts wäre es dienlich, wenn die stimmrechtsvertretenden Banken dazu verpflichtet würden, zumindest im Falle einer schwierigen Sach- oder Rechtslage ihre Abstimmungsvorschläge gegenüber den Depotkunden zu erläutern und zu begründen.[93)] Raum für Verbesserungsmöglichkeiten läßt schließlich auch das zivil- und strafrechtliche Sanktionensystem. So werden beispielsweise nur einige der zum Schutze des vertretenen Aktionärs vorgeschriebenen Verhaltenspflichten vom Tatbestand der Ordnungswidrigkeitenvorschrift des § 405 Abs. 3 Nr. 4 und 5 AktG erfaßt[94)], und eine Haftbarmachung der Kreditinstitute für den durch eine pflichtwidrige Stimmrechtsausübung bei der Gesellschaft oder bei den nicht von ihnen vertretenen Aktionären entstandenen primären Vermögensschaden ist aufgrund der hohen Verschuldensanforderungen des Girmes-Urteils[95)] nur in den atypisch gelagerten Fällen eines vorsätzlich bzw. „blindwütig“[96)] gesellschaftsschädigenden Abstimmungsverhaltens mög-

---

91) Ebenso Baums, AG-Sonderheft „Die Aktienrechtsreform 1997“, 26 [29]; Assmann, AG-Sonderheft „Die Aktienrechtsreform 1997“, 100 [106]; Claussen, AG 1996, 481 [483]; Hopt, AG-Sonderheft „Die Aktienrechtsreform 1997“, 42 [44].

92) So bereits de lege lata Zöllner, in: Kölner Kommentar zum Aktiengesetz, § 136, Rn. 50 f. (unter Berufung auf den Rechtsgedanken des § 135 Abs. 1 S. 2 AktG); für eine solche Regelung de lege ferenda treten – mit Abweichungen im Detail u.a. Körber, Die Stimmrechtsvertretung durch Kreditinstitute S. 269 ff.; Timm, Gesellschaftsrecht 1995 (RWS-Forum 8), S. 241 [258]; Kübler, AG-Sonderheft „Die Aktienrechtsreform 1997“, 48 [50] und Götz, AG-Sonderheft „Die Aktienrechtsrefom 1997“, 38 [40] ein. Assmann, AG-Sonderheft „Die Aktienrechtsreform 1997“, 100 [107] plädiert außerdem für eine gesetzliche Verpflichtung der Depotbanken, sich im Falle konkreter Interessenkonflikte der Unterbreitung eines Abstimmungsvorschlags zu enthalten.

93) Ebenso Körber, Die Stimmrechtsvertretung durch Kreditinstitute, S. 241; Timm, Gesellschaftsrecht 1995 (RWS-Forum 8), S. 241 [257 f.]; Schneider/Burgard, DB 1996, 1761 [1765]; Lutter, NJW 1995, 2766 [2767]; Claussen, AG 1996, 481 [483]. Anderer Ansicht sind allerdings Assmann, AG-Sonderheft „Die Aktienrechtsreform 1997“, 100 [105] und Hopt, AG-Sonderheft „Die Aktienrechtsreform 1997“, 42 [45], die allerdings die Möglichkeit in Erwägung ziehen, die Gesellschaftsverwaltung zu einer Begründung ihrer Beschlußvorschläge zu verpflichten.

94) Vgl. hierzu die Darstellung im Abschnitt zum aktienrechtlichen Sanktionensystem, oben S. 21 f..

95) BGH NJW 1995, 1739 [1746].

96) Vgl. Lutter, NJW 1995, 2766 [2767].

lich.[97] Vor allem in letzterem Zusammenhang sollte deshalb über die Einführung einer gesetzlichen Haftungsverschärfung nachgedacht werden.[98]

Allerdings wäre es nicht sinnvoll, wenn man die Diskussion um eine Optimierung des deutschen Aktionärsvertretungsrechts allein auf die Problematik des Depotstimmrechts der Banken beschränken wollte. Denn zum einen wird im jüngsten Schrifttum unter Hinweis auf den verstärkten Trend zur Namensaktie[99], die steigenden Marktanteile der Direktbanken[100] und die abzusehende Verbreitung des Internet-Voting[101] die These vertreten, daß die Bedeutung des

---

97) So etwa Henssler, DZWir 1997, 36 [38]; ganz ähnlich Altmeppen, NJW 1995, 1749 [1750].

98) Etwa in dem Sinne, daß man – ähnlich wie im SPD-Entwurf (vgl. § 135 lit. e) Abs. 1 des Entwurfs eines Gesetzes zur Verbesserung von Transparenz und Beschränkung der Machtkonzentration in der deutschen Wirtschaft, abgedruckt in ZIP 1995, 332 [338] und von einem Teil der Literatur (vgl. etwa Baums/von Randow, AG 1995, 145 [158]; Schmitt, Die Haftung der Depotbank als Stimmrechtsvertreter, S. 176; Hoffmann, Systeme der Stimmrechtsvertretung, S. 160) vorgeschlagen – eine Schadensersatzhaftung der Depotbanken gegenüber der Gesellschaft und den außenstehenden (d.h. nicht von ihnen vertretenen) Aktionären bereits in Fällen (grob)fahrlässiger Pflichtverletzungen bejaht und den Stimmrechtsvertreter insoweit originär – d.h. unabhängig von der Frage, ob er die Namen seiner Vollmachtgeber aufzudecken bereit ist oder nicht – haften läßt. Zur Idee einer originären Sachwalterhaftung der weisungsfrei das Stimmrecht ihrer Depotkunden ausübenden Bank vgl. ferner Lutter, JZ 1995, 1053 [1056].

99) Insoweit wird auf die Tatsache verwiesen, daß im Falle von Namensaktien der Aktionär seine hauptversammlungsbezogenen Informationsunterlagen nicht- wie im Falle von Inhaberaktien- von seiner Depotbank, sondern gemäß § 125 Abs. 2 Nr. 3 AktG direkt von der Gesellschaft zugesandt erhält, was zur Folge hat, daß die Banken das Recht auf Erstattung ihrer Kosten für die Aktionärsanschreiben (§ 128 Abs. 6 Nr. 2 AktG) gegenüber der Gesellschaft verlieren, vgl. hierzu etwa Noack, in: Festschrift Lutter, S. 1466f. sowie Hüther, AG 2001,68 [70].

100) Die Direkt- oder Discountbanken weigern sich in aller Regel , die Stimmrechtsvertretung von Aktionären zu übernehmen oder bieten diese Dienstleistung – wenn überhaupt – nur gegen eine Aufwandsvergütung an, vgl. hierzu Hüther, AG 2001, 68 [70] und Noack, in: Festschrift Lutter, S. 1467.

101) Damit ist nicht eine direkte Stimmabgabe des Aktionärs per Internet gemeint, die- ebenso wie die schriftliche Stimmabgabe von außerhalb der Hauptversammlung- bislang wegen § 118 Abs. 1 AktG unzulässig ist, sondern vielmehr die elektronische Weisungserteilung des über Internet die Hauptversammlung mitverfolgenden Aktionärs an einen in der Hauptversammlung anwesenden Stimmrechtsvertreter, der wiederum seinerseits die eingegangene Anweisung an das Stimmenauswertungssystem der Gesellschaft elektronisch weitervermittelt. Aus technischen Gründen kann bei dieser zum Teil schon heute verwendeten Konstruktion der Part des Stimmrechtsvertreters nur mit Schwierigkeiten von gesellschaftsfremden Personen übernommen werden, da diese nicht ohne weiteres Anschluß an die Schnittstellen des gesellschaftsinternen Datenvermittlungssystems besitzen. Hinsichtlich der diesbezüglichen technischen Einzelheiten vgl. etwa Claussen, AG 2001, 161

Bankenstimmrechts in Zukunft kontinuierlich schwinden werde[102], und zum anderen ist mit der Erwähnung der Rechtsfigur des „von der Gesellschaft benannte(n) Stimmrechtsvertreter(s)“ in § 134 Abs. 3 S. 3 AktG für die Zukunft einer Variante der institutionellen Stimmrechtsvertretung der Weg geebnet, die unter rechtspolitischen Gesichtspunkten noch weitaus größere Bedenken hervorruft als das bislang in Deutschland vorherrschende Bankenstimmrecht. Denn auch wenn der Gesetzgeber mit der Anerkennung des gesellschaftseigenen Vertreters durch das NaStraG den noch bis vor kurzem geführten aktienrechtlichen Streit[103] um die Zulässigkeit oder Unzulässigkeit einer organisierten Stimmrechtsvertretung[104] durch Organmitglieder oder Mitarbeiter der Gesellschaft[105] rein formell den Boden entzogen hat, so kann im Ergebnis doch kein Streit darüber bestehen, daß das Verwaltungsstimmrecht sowohl unter dem Gesichtspunkt der unbestreitbar vorhandenen Interessenkonflikte in der Person des Vertreters als auch im Hinblick auf die Gefahr eines unkontrollierten Machtzuwachses der Verwaltung nur schwer mit dem aktienrechtlichen Leitbild einer effektiven innergesellschaftlichen Gewaltenteilung in Einklang zu bringen ist.[106] Dieses grundsätzliche Problem wird sogar im Falle von Namensaktien noch zusätzlich dadurch verschärft, daß aufgrund der zeitgleich mit der Rechtsfigur des Gesellschaftsvertreters eingeführten Abschaffung des früheren Aktionärsrechts auf

---

[170] sowie Noack, in: Festschrift Lutter, S. 1482. Zur Problematik der Hauptversammlungsübertragung im Internet vgl. außerdem Claussen, AG 2001, 161(168f.); Hasselbach/Schumacher, ZGR 2000, 258 ff.; allgemein zum „Gesellschaftsrecht im Cyberspace“ vgl. schließlich Timm, in: Festschrift Lutter, S. 157 ff..

102) Hüther; AG 2001, 68 [70] spricht sogar davon, daß dem Depotstimmrecht aufgrund der aufgezählten Entwicklungen „wohl endgültig die Grundlage entzogen“ werde.

103) Vgl. hierzu bereits die Darstellung oben S. 13. Der diesbezügliche Streit hatte sich im Jahre 1998 anläßlich des Falles der Deutschen Telekom AG, die eine Wirtschaftsprüfungsgesellschaft zum Zwecke der Stimmrechtsvertretung ihrer Aktionäre beauftragt und bezahlt hatte, neu entzündet. Vgl. hierzu LG Baden-Baden ZIP 1998, 1308 [1311]; OLG Karlsruhe AG 1999, 234 [235]; Westermann, in: Dörner/Menold/Pfitzer, Reform des Aktienrechts, S. 268 ff.; EWiR 1998, 675f. (Dreher/Schnorbus); v. Randow, ZIP 1998, 1564 ff.; Singhof, NZG 1998, 670 ff..

104) Unproblematisch waren demgegenüber seit jeher die Fälle, in denen Aktionäre, die bereits vor der Abstimmung die Hauptversammlung verlassen, einen Gesellschaftsmitarbeiter mit der Wahrnehmung ihres Stimmrechts betrauen. Vgl. hierzu auch Noack, ZIP 2001, 57 [62 Fn.34].

105) Dieser Streit beschränkte sich natürlich wegen § 135 Abs. 1 S. 2 AktG auf die Problematik des Verwaltungsstimmrechts in den Hauptversammlungen von Nicht-Banken.

106) So die Hauptargumente, die klassischerweise gegen das Verwaltungsstimmrecht in Stellung gebracht werden, vgl. etwa Noack, in: Festschrift Lutter, S. 1477; Hüther, AG 2001, 68 [72].

umfassende Einsichtnahme in das Aktienregister[107)] die Kampfparität zwischen Gesellschaft und einer potentiellen Verwaltungsopposition bei der Einwerbung von Vollmachtsstimmrechten empfindlich gestört ist.[108)]

Um so bedenklicher erscheint es, daß die Maßnahmen, die der NaStraG-Gesetzgeber zur Reglementierung und Kontrolle der künftig zulässigen Stimmrechtswahrnehmung durch gesellschaftseigene Vertreter getroffen hat, bestenfalls als rudimentär bezeichnet werden können.[109)] Denn die einzig wirklich zwingende Regelung, die die NaStraG-Novelle im Zusammenhang mit der Rechtsfigur des von der Gesellschaft benannten Stimmrechtsvertreters vorsieht, ist die des § 134 Abs. 3 S. 3 AktG, wonach die erteilten Stimmrechtsvollmachten von der Gesellschaft drei Jahre lang nachprüfbar festzuhalten sind. Die üblicherweise im Rahmen von institutionellen Vertretungsformen zu beachtenden detaillierteren Schutzvorschriften des §135 AktG erstrecken sich nämlich nicht ohne weiteres auf die Fälle der Ausübung fremder Aktionärsstimmrechte durch den gesellschaftseigenen Vertreter, was daran liegt, daß diese – mit Ausnahme des § 135 Abs. 1 S. 2 AktG – neue Spielart der Aktionärsvertretung vom NaStraG-Gesetzgeber im gesetzessystematischen Kontext zur individuellen Stimmrechtsvertretung geregelt worden ist[110)] und es sich bei ihr auch nicht notwendigerweise um einen Fall des geschäftsmäßigen Sich-Erbietens im Sinne des § 135 Abs. 9 Nr. 3 AktG handelt[111)].

Diese aus den bereits angesprochenen Gründen höchst problematische Regelungslücke sollte – wie bereits verschiedentlich im Schrifttum vorgeschlagen[112)] – möglichst dadurch geschlossen werden, daß das bisher ausdrücklich

---

107) Vgl. hierzu § 67 Abs. 6 AktG in der Fassung des NaStraG.

108) Auf diesen Gesichtspunkt macht zu Recht Hüther, AG 2001, 68 [75 ff.] aufmerksam.

109) Ganz anders stellt sich etwa die Situation in den USA dar, wo das vorherrschende Modell einer Stimmrechtsvertretung durch die Gesellschaftsverwaltung (proxy system) von einem komplexen Netz von Verfahrensvorschriften und Kontrollrechten der Wertpapieraufsichtsbehörde des Bundes (SEC) flankiert ist. Vgl. hierzu den kurzen, aber sehr instruktiven Überblick bei Hüther, AG 2001, 68 [73f.], dort auch mit weiterführenden Literaturnachweisen.

110) Vgl. hierzu Noack, ZIP 2001, 57 [62], der in diesem Zusammenhang zu Recht darauf hinweist, daß der Gesellschaftsvertreter sich typischerweise an die breite Masse der Aktionäre richtet und es sich daher beim Verwaltungsstimmrecht eigentlich um einen Fall der organisierten Stimmrechtsvertretung handelt, die im deutschen Aktienrecht nicht in § 134 AktG, sondern in den §§ 128, 135 AktG geregelt ist.

111) Zum Problem, daß das geschäftsmäßige Sich-Erbieten im Sinne des § 135 Abs. 9 Nr. 3 AktG das subjektive Element der Wiederholungsabsicht voraussetzt, vgl. Noack, ZIP 2001, 57 [62].

112) Vgl. etwa Westermann, in: Dörner/Menold/Pfitzer, Reform des Aktienrechts, S. 271; Claussen, AG 2001, 161 [170]; Noack, ZIP 2001, 57 [62].

nur für den Sonderfall des Bankenverwaltungsstimmrechts (§ 135 Abs. 1 S. 2 AktG) geltende Erfordernis der obligatorischen Einzelweisung zukünftig –entweder im Wege eines Analogieschlusses zu § 135 Abs. 1 S. 2 AktG oder besser noch durch eine gesetzgeberische Klarstellung- auf sämtliche anderen Fälle einer organisierten Stimmrechtsvertretung durch die Gesellschaft, ihre Organmitglieder und Mitarbeiter erstreckt wird.[113] Auf diese Weise könnte ein Mehrfaches erreicht werden. Zunächst würde das Erfordernis einer vorherigen ausdrücklichen Weisungserteilung dazu beitragen, die Gefahr einer mechanischen und übereilten Bevollmächtigung der Gesellschaft seitens der Aktionäre zu reduzieren[114]. Des weiteren wäre die Verwaltung auf diese Weise bei der Ausübung der ihr anvertrauten Stimmrechte nicht mehr frei, sondern im Sinne der vom Aktionär vorgegebenen Marschroute inhaltlich gebunden, was sowohl die Problematik möglicher Interessenkonflikte als auch die Gefahr einer Verwässerung der innergesellschaftlichen Gewaltenteilung um ein beträchtliches Maß entschärfen würde. Und schließlich wäre durch eine derartige Reglementierung des Verwaltungsstimmrechts auch ein gesunder systematischer Einklang mit den Regeln für eine Stimmrechtsvertretung durch von der Gesellschaft beauftragte und bezahlte Dritte erreicht, bei der eine weisungsfreie Vollmachtserteilung angesichts der vertraglichen Bindung zwischen Aktionärsvertreter und Gesellschaft ebenfalls uneingeschränkt für unzulässig gehalten wird[115]. Denn daß diese beiden Fallgestaltungen institutioneller Stimmrechtsvertretung im Ergebnis wertungsmäßig gleich zu behandeln sind, liegt auf der Hand und wird in

113) Daneben sollten aber auch die anderen Verfahrensvorschriften beachtet werden müssen, denen die Bankenverwaltung bei der Stimmrechtsvertretung im Rahmen des § 135 Abs. 1 S. 2 AktG unterworfen ist. In diesem Zusammenhang ist beispielsweise an den Kontrahierungszwang des § 135 Abs. 10 AktG oder die Rechenschaftspflicht im Falle einer eventuellen Abweichung von den Weisungen des Aktionärs (§ 135 Abs. 8 AktG) zu denken.

114) In diesem Zusammenhang sei an die Erfahrungen mit den niedrigen Rücklaufquoten bei VW und den Bankenhauptversammlungen erinnert. Vgl. hierzu etwa Hammen, ZIP 1995, 1301 [1301f.] und die niedrigen Präsenzzahlen der VW-Hauptversammlungen bei Baums, AG 1996, 11 [12, Tabelle 2]. Zu den besonderen Anforderungen an die Weisungserteilung, die erfüllt sein müßten, damit dieses Erfordernis auch tatsächlich einen Übereilungsschutz gewährleisten kann, vgl. später noch die Ausführungen im rechtsvergleichenden Teil dieser Arbeit, unten S. 286 ff..

115) Der innerhalb des Schrifttums geführte Streit betraf nämlich lediglich die Frage, ob diese Konstruktion der organisierten Stimmrechtsvertretung nach der Gesetzeslage vor Inkrafttreten des NaStraG überhaupt zulässig war (vgl. hierzu die Literaturhinweise in Fn. 23) und damit ein Problem, das sich durch die Erwähnung des „von der Gesellschaft benannte(n) Stimmrechtsvertreter(s)" ebenfalls erledigt haben dürfte.

Rechtsprechung und Literatur –soweit ersichtlich- auch von niemandem angezweifelt.[116)]

Um der Gefahr entgegenzuwirken, daß die eine Stimmrechtsvertretung wünschenden Kleinaktionäre zukünftig allzu leicht in die Arme der Gesellschaft getrieben werden könnten[117)], ist schließlich auch der aus dem Schrifttum stammende Vorschlag[118)] erwägenswert, die Gesellschaft immer dann, wenn sie den Aktionären ihre eigene Online-Bevollmächtigung anbietet, dazu zu verpflichten, auf dem entsprechenden Bildschirmformular automatische Links zu den Webseiten anderer Stimmrechtsvertreter zu installieren oder dort zumindest deren (Web-)Adressen anzugeben.

---

116) Neben den bereits mehrfach zitierten Entscheidungen des LG Baden-Baden und des OLG Karlsruhe zum Telekom-Fall vgl. in diesem Zusammenhang etwa Noack, ZIP 2001, 57 [62]; v. Randow, ZIP 1998, 1564 [1566]; Hüther, AG 2001, 68 [72], Westermann, in: Dörner/Menold/Pfitzer, Reform des Aktienrechts, S. 270.

117) Diese Gefahr ist zumindest im Falle von Namensaktien nicht ohne weiteres von der Hand zu weisen, da zum einen die Kreditinstitute wegen § 125 Abs. 2 Nr.3 aus der Distributionskette der §§ 125 Abs. 1, 128 Abs. 1 AktG ausgeschlossen sind und zum anderen die Aktionäre zukünftig über das Aktionärsregister direkter für die Gesellschaft erreichbar werden.

118) Vgl. hierzu den leicht modifizierten Vorschlag von Hüther, AG 2001, 68 [77].

B. Das englische Recht

I. Einführung

Obwohl das Recht der „public company limited by shares“, des englischen Pendants zur deutschen Aktiengesellschaft, zu weiten Teilen in den Companies Acts von 1985 und 1989 kodifiziert ist, existieren in England kaum gesetzliche Bestimmungen zur Stimmrechtsvertretung von Aktionären. Die wenigen diesbezüglichen Regelungen befassen sich zudem ausschließlich mit rein verfahrenstechnischen Fragen. Vorschriften oder Rechtsgrundsätze, die Aktionärsvertretern spezielle Informationspflichten oder Verhaltensbindungen für den Fall von Interessenkonflikten in ihrer Person auferlegen, sucht man hingegen im englischen Aktienrecht sowohl im Bereich des Common Law als auch auf der Ebene der Statutes vergeblich. Bevor auf die Gründe eingegangen werden wird, warum der professionellen Stimmrechtsvertretung in England nur eine vergleichsweise geringe Bedeutung beigemessen wird, soll, um das Verständnis der nachfolgenden Ausführungen zu erleichtern, zunächst ein Überblick über das englische Hauptversammlungsorganisationsrecht gegeben werden, das im Vergleich zu den Regelungen des deutschen Aktiengesetzes einige Besonderheiten aufweist.

II. Die Organisation der Hauptversammlung im englischen Aktienrecht

Was die Modalitäten der Organisation und Durchführung von Hauptversammlungen anbelangt, garantiert das englische Gesellschaftsrecht den public companies ein Höchstmaß an statutarischem Gestaltungsspielraum. Wenn auch der Companies Act 1985 und – im Falle börsennotierter Gesellschaften darüber hinaus auch – die Listing Rules der London Stock Exchange[1] einige Mindestanforderungen an die Einberufung und Durchführung der general meetings stellen, so ändert dies nichts an der Tatsache, daß im Bereich des Hauptversammlungsrechts der Grundsatz der Vertragsfreiheit vorherrschend ist.[2] Die in Ausübung dieser Freiheit gewählten Satzungsbestimmungen der public companies stimmen in der Praxis zwar nicht selten inhaltlich überein, was daran liegt, daß viele neugegründete Aktiengesellschaften die Regelungen des Table A zum

---

1) Das sogenannte Yellow Book der Stock Exchange enthält ein Regelwerk von Vorschriften, an die die an der Londoner Börse notierten Gesellschaften gebunden sind.

2) Farrar's company law, S. 309.

Companies Act 1985[3] – abgesehen von geringfügigen Abweichungen im Einzelfall – übernehmen.[4] Jedoch ist zu beachten, daß Table A lediglich die Funktion einer Mustersatzung zukommt und deshalb jederzeit von der Gesellschaft ganz oder teilweise abbedungen werden kann.[5]

In bezug auf Versammlungsarten unterscheidet das englische Recht zwischen „annual general meetings“ und „extraordinary general meetings“. Das annual general meeting[6] muß pro Kalenderjahr einmal abgehalten werden[7] und in der Einladung zur Hauptversammlung („notice“), die mindestens 21 Tage vor dem für die Hauptversammlung anberaumten Termin zu erfolgen hat[8], als solches bezeichnet sein. Ein Pflichtkatalog von Tagesordnungspunkten, die im Rahmen eines AGM zu behandeln sind, stellt der Companies Act zwar nicht auf. In der Praxis stehen jedoch zumeist die Feststellung des Jahresabschlusses, die Entscheidung über die Verwendung des Jahresergebnisses, die Vorlage der Berichte der Direktoren und Abschlußprüfer, die Wahl von Boardmitgliedern und die Ernennung der Abschlußprüfer auf der Agenda der Jahreshauptversammlung.[9]

Alle Hauptversammlungen, die außerhalb der gesetzlichen Periodizität der AGMs stattfinden, werden demgegenüber als extraordinary general meetings bezeichnet.[10] Die Einberufung einer solchen Versammlung kann gemäß s. 368 (2) lit. a) von einer Minderheit, die mindestens ein Zehntel des stimmberechtigten Kapitals auf sich vereinigt, unter Angabe des Zwecks verlangt werden. Im Unterschied zum AGM beträgt die vom Companies Act geforderte Minimalfrist für die Bekanntmachung ihrer Einberufung 14 Tage.[11] Ansonsten unterscheiden sich die Modalitäten der Einberufung[12] von annual und extraordinary

---

3) S. I (statutory instrument) 1985 Nr. 805 (abgedruckt bei Walmsley, Butterworths company law handbook, 9. Auflage, London 1993, S. 1981 ff.).

4) Buckley, Protecting minority shareholders, S. 123.

5) Vgl. s. 8 des Companies Act 1985. Paragraphen ohne nähere Bezeichnung sind im folgenden solche des Companies Act 1985.

6) Im folgenden mit AGM abgekürzt.

7) S. 366 (1).

8) S. 369 (1) lit. a).

9) Gower's principles, S. 563.

10) Buckley, Protecting minority shareholders, S. 146. Nach Gower's principles, S. 568 hat die Unterscheidung zwischen annual general meeting und extraordinary general meeting jedoch keinen Einfluß auf die Kompetenzen der jeweiligen Hauptversammlungen.

11) S. 369 (1) lit. b)ii).

12) Auf den Inhalt der Einberufungsschreiben wird später im Zusammenhang mit der Darstellung des englischen Informationssystems eingegangen werden.

general meetings nicht voneinander. In beiden Fällen müssen sämtliche Aktionäre der Gesellschaft schriftlich[13] von der bevorstehenden Hauptversammlung unterrichtet werden. Dies geschieht im Regelfall dadurch, daß eine „notice" auf Kosten des Unternehmens an die bei der Gesellschaft registrierte Adresse der Anteilseigner verschickt wird.[14] Falls diese Adresse im Ausland liegt, ist die Gesellschaft mangels anderslautender Bestimmungen in ihrer Satzung jedoch nur zur Versendung einer „notice" verpflichtet, wenn der betreffende Aktionär dem Unternehmen eine Adresse innerhalb Großbritanniens angibt, an die die Hauptversammlungsunterlagen ersatzweise verschickt werden können.[15] Etwas anderes gilt allerdings für börsennotierte Gesellschaften, da diesen gemäß para. 9.24 lit. a) der Listing Rules die Pflicht auferlegt ist, in allen europäischen Mitgliedstaaten, in denen ihre Aktien zum Börsenhandel zugelassen sind, dafür Sorge zu tragen, daß die Anteilseigner von bevorstehenden Hauptversammlungen benachrichtigt werden.

Des weiteren zeichnet sich das englische Recht durch einige Besonderheiten beim Abstimmungsprocedere in der Hauptversammlung aus. Beschlußfassungen werden in aller Regel zunächst im Wege eines „show of hands" vorgenommen.[16] Hierbei kommt jedem Aktionär unabhängig vom Umfang seiner individuellen Kapitalbeteiligung lediglich eine Stimme zu. Auf diese Weise soll die Auszählung der Stimmergebnisse im Rahmen von Routinebeschlußfassungen erleichtert und beschleunigt werden.[17] Da die Auszählmethode „one head – one vote" jedoch äußerst ungenau ist und das Kräfteverhältnis innerhalb der Hauptversammlung mitunter nur sehr verzerrt zum Ausdruck bringt, besteht die Möglichkeit, daß im Anschluß an das „show of hands"-Verfahren die gleiche Abstimmung ein zweites Mal – diesmal im Wege eines sogenannten „poll" – durchgeführt wird.[18] Erst bei diesem Beschlußfassungsverfahren erfolgt dann eine genaue Auszählung der Stimmen nach Kapitalanteilen. Die Durchführung eines „poll" muß allerdings zunächst von seiten der Aktionäre beim Versammungsleiter beantragt werden. Zwar kann die Gesellschaftssatzung in diesem

---

13) S. 369 (1).

14) Dies ist deshalb möglich, weil in England nahezu alle emittierten Aktien auf den Namen lauten .

15) S. 370 (2) i.V.m. Art. 112 Table A.

16) Vgl. Art. 46 Table A.

17) Davies, in: Baums/Wymeersch, Shareholder voting rights, S. 331 [342, Fn 50].

18) Da das Stimmauszählungsverfahren bei dieser Abstimmungsmethode weitaus komplizierter ist als bei einer Beschlußfassung im Wege eines „show of hands", ist es in großen Publikumsgesellschaften weithin üblich, daß polls – um den Fluß der Hauptversammlung nicht ins Stocken zu bringen – erst am Ende der Versammlung durchgeführt werden (Quelle: Davies, Shareholder voting in the U.K., S. 42).

Zusammenhang Erfordernisse formeller oder quantitativer Art aufstellen. Gemäß s. 373 (1) ist es jedoch in jedem Falle ausreichend, wenn 5 stimmberechtigte Aktionäre[19)] oder Anteilseigner, die einzeln oder zusammen mindestens ein Zehntel sämtlicher Stimmrechte auf sich vereinigen, einen entsprechenden Antrag stellen.

Schließlich ist noch erwähnenswert, daß das englische Aktienrecht nicht nur verschiedene Abstimmungsmethoden, sondern auch unterschiedliche Arten von Beschlüssen kennt. In diesem Zusammenhang wird zwischen „ordinary", „extraordinary" und „special" resolutions unterschieden.[20)] Allerdings werden nur die beiden zuletzt genannten Beschlußtypen vom Companies Act definiert; falls das Gesetz oder die Gesellschaftssatzung vorschreiben, daß im Zusammenhang mit bestimmten Beschlußfassungsmaterien eine „special" oder „extraordinary" resolution notwendig ist[21)], so bedeutet dies, daß in beiden Fällen der Beschluß nur dann wirksam zustandekommt, wenn er a) in den Einberufungsschreiben als solcher angekündigt worden ist[22)] und b) eine Mehrheit von mindestens drei Vierteln der abgegebenen Stimmen erreicht wird.[23)] Im Falle einer „ordinary" resolution reicht hingegen schon eine einfache Stimmenmehrheit für das Zustandekommen des Beschlusses aus.[24)] Die Beschlußfassung im Wege einer ordinary resolution ist immer dann zulässig, wenn weder der Companies Act noch die Gesellschaftssatzung in bezug auf einen bestimmten Abstimmungsgegenstand die Durchführung einer extraordinary oder special resolution vorschreiben.

---

19) Art. 46 Table A sieht demgegenüber vor, daß die Durchführung eines „poll" bereits von 2 stimmberechtigten Aktionären verlangt werden kann.

20) Pennington's company law, S. 823 (Fn. 15) weist jedoch darauf hin, daß im englischen Aktienrecht kein Typenzwang in der Weise besteht, daß Gesellschaften sich stets einer der aufgezählten Beschlußarten bedienen müßten.

21) Diese Beschlußarten schreibt der Companies Act vor allem im Zusammenhang mit der Liquidation der Gesellschaft und grundlegenden Änderungen ihrer Statuten vor, vgl. Gower's principles, S. 585 f..

22) Die im Zusammenhang mit der Ankündigung von Beschlußvorschlägen einzuhaltenden Fristen fallen jedoch unterschiedlich lang aus; im Falle einer „special resolution" muß die notice gemäß s. 378 (2) spätestens 21 Tage vor dem für die Hauptversammlung anberaumten Termin erfolgen, im Falle einer „extraordinary resolution" reicht- sofern der Beschluß nicht auf dem AGM gefaßt werden soll – die Einhaltung einer Frist von 14 Tagen aus.

23) S. 378 (1) und (2). Bezüglich der Ungenauigkeit des Wortlauts beider Bestimmungen vgl. Pennington's company law, S. 823.

24) Buckley, Protecting minority shareholders, S. 145.

III. Die herausragende Rolle der institutionellen Investoren

Ein Hauptgrund dafür, daß der institutionellen Stimmrechtsvertretung privater Kleinanleger mitsamt den aus ihr resultierenden Problemen und Gefahren in England nicht die gleiche Aufmerksamkeit entgegengebracht wird wie in anderen europäischen Mitgliedstaaten, ist sicherlich in der völlig anders gearteten Struktur des Anteilseignerbesitzes zu suchen. Vom Berle/Means-Modell einer Publikumsgesellschaft mit weit zersplittertem Aktienbesitz, in der Kontroll- und Kollektivhandlungsprobleme in besonderer Schärfe auftreten[25)], haben sich die meisten englischen public companies im Laufe der letzten dreißig Jahre immer weiter entfernt; wurden im Jahre 1963 die Anteile der großen Publikumsgesellschaften noch mehrheitlich von privaten Anlegern gehalten[26)], so hat sich die Lage bis heute in ihr Gegenteil verkehrt. Gegenwärtig befinden sich die Aktien der ca. 2500 börsennotierten public companies zu mindestens 60 Prozent[27)] in den Händen inländischer institutioneller Investoren (Pensionsfonds, Versicherungen, unit und investment trusts) und deren Fondsmanager.[28)] Zwar liegt der Umfang der individuellen Kapitalbeteiligung der einzelnen institutionellen Anleger meist unter fünf Prozent[29)], im Verbund können jedoch bereits relativ wenige Pensionsfonds und Versicherungen ein erhebliches Stimmengewicht erreichen, was daran deutlich wird, daß in vielen der börsennotierten public companies die 25 größten institutionellen Investoren mehr als die Hälfte des gesamten Grundkapitals halten.[30)]

---

25) Vgl. hierzu oben S. 1 ff..

26) Stapledon, Institutional shareholders, S. 6.

27) Davies, in: Baums/Wymeersch, Shareholder voting rights, S. 331 [335]. Angesichts der Tatsache, daß die Fondsmanager der Versicherungen und Pensionsfonds in der Praxis häufig auch noch Anteile ausländischer institutioneller Anleger und privater Investoren mitverwalten, schätzt Stapledon, Institutional shareholders, S. 42 f. die Gesamtbeteiligung der Institutionellen im Durchschnitt sogar noch etwas höher ein.

28) Im Vergleich zu England fällt die durchschnittliche Beteiligungsquote der institutionellen Anleger (bezogen auf börsennotierte Gesellschaften) in den kontinentaleuropäischen Staaten deutlich geringer aus. In Deutschland und Frankreich betrug sie Anfang der neunziger Jahre ca. 22 Prozent (Quelle: Centre for European Policy Studies, Corporate governance in Europe, S. 13), in Spanien lag sie im Jahre 1997 bei etwa 25 Prozent (Quelle: Abschnitt II Punkt 9.4. des Berichts der Comisión especial para el estudio de un código ético de los consejos de administración de las sociedades: El gobierno de las sociedades cotizadas, Madrid 1998), und in Italien betrug sie im Jahre 1997 sogar nur etwa 15 Prozent (Quelle: Enriques, Giur. comm. 1998, I, 680 [688] mit Verweis auf den Jahresbericht 1997 der Consob, S. 6).

29) Gower's principles, S. 566.

30) Enriques, Giur. comm. 1998, I, 680 [682].

Angesichts dieses enormen Einflußpotentials der Institutionellen auf der einen und der ständig sich verkleinernden durchschnittlichen Gesamtbeteiligungsquote der Privatanleger[31)] auf der anderen Seite, ist es nicht verwunderlich, daß sich die Corporate Governance-Debatte der letzten fünfzehn Jahre in erster Linie auf die Rolle der institutionellen Anleger konzentriert hat.[32)] Ausgehend von der Grundthese, daß die Interessen der kleinen, direkt investierenden Privatanleger weitestgehend deckungsgleich mit denen der institutionellen Investoren seien[33)], kreiste die Diskussion hierbei vor allem um die Frage, inwieweit die wachsende Kapitalbeteiligung institutioneller Anleger auf längerfristige Sicht zu einer Reaktivierung der Kontrollfunktion der Hauptversammlung im Interesse aller Anteilseigner genutzt werden könnte. In diesem Zusammenhang wurde im Laufe des letzten Jahrzehnts vor allem auf die Notwendigkeit eines verstärkten Engagements der institutionellen Investoren hingewiesen. So haben u.a. das Cadbury Committee[34)], das Institutional Shareholder Committee (ISC)[35)], die Bank of England[36)] und – jüngst – das Hampel Committee[37)] immer wieder darauf gedrängt, daß institutionelle Anleger ihre eigene Auffassung zur Geschäftspolitik und Qualität des Managements nicht nur in regelmäßigen Gesprächen mit den Geschäftsleitungen ihrer Portfoliogesellschaften zum Ausdruck bringen, sondern daß sie sich auch in stärkerem Maße für die aktive Ausübung ihrer Stimmrechte verantwortlich fühlen sollten. Um institutionelle Investoren zu einem stärkeren Gebrauch ihrer Stimmrechte anzuspornen, wurde beispielsweise eine Offenlegung ihrer diesbezüglichen Aktivitäten vorgeschla-

---

31) Diese lag noch vor kurzem bei etwa 20 Prozent, vgl. para. 5.1 des Abschlußberichts des Hampel Committee von Januar 1998.

32) Dies hat sich im übrigen bis heute nicht geändert, vgl. para. 5.1 des Abschlußberichts des Hampel Committee von Januar 1998: „It ist clear ... that a discussion of the role of shareholders in corporate governance will mainly concern the institutions, particularly UK institutions."

33) Das Cadbury Committee (Report of the Committee on the Financial Aspects of Corporate Governance, 1992, para. 6.9) formulierte in diesem Zusammenhang: „... there is an important degree of common interest between individual and institutional shareholders. In particular, both have the same stake in the standards... of governance in the companies in which they have invested."

34) Vgl. paras. 6.11 und 6.12 des Abschlußberichts des Cadbury Committee aus dem Jahre 1992.

35) In dieser Vereinigung sind die wichtigsten Verbände institutioneller Investoren zusammengeschlossen.

36) Vgl. die Nachweise bei Stapledon, Institutional shareholders, S. 97 (Fn. 111 und 118).

37) Vgl. paras. 2.13 I und 5.7 des Abschlußberichts des Hampel Committee (Final Report of the Committee on Corporate Governance) von Januar 1998.

gen.[38] Auch die Einführung einer generellen Stimmpflicht für Pensionsfonds und Versicherungen war Gegenstand der Diskussion.[39]

Wenngleich diese Vorschläge im Jahre 1998 nur teilweise vom Hampel Committee aufgegriffen worden sind[40], hat der durch sie bewirkte öffentliche Druck dazu geführt, daß das Engagement der Pensionsfonds und Versicherungen in bezug auf die Beeinflussung und Mitgestaltung der Geschäftspolitik ihrer Portfoliogesellschaften in den letzten Jahren stetig gewachsen ist.[41] Diese be-

---

38) Vgl. etwa para. 6.12 des Cadbury report.

39) Gower's principles, S. 566 (Fn. 9). Nach Davies, Shareholder voting in the U.K., S. 61, vertrat die National Association of Pension Funds Ltd. (NAPF), die britische Vereinigung der Pensionsfonds, im Jahre 1995 die Ansicht, daß bereits nach geltendem Recht eine solche Stimmpflicht für Pensionsfonds existiere , vgl. hierzu auch die Nachweise bei Stapledon, Institutional shareholders, S. 86, Fn. 51. Diese Auffassung wird jedoch von der Lehre nicht geteilt. Gemäß Davies, in: Baums/Wymeersch, Shareholder voting rights, S. 331 [338f.] und Stapledon, Institutional shareholders, S. 88 [Fn. 67] – letzterer mit Verweis auf die Entscheidung Mc Phail v. Doulton (1971) AC 424 [449, 456] – unterliegen Fondsmanager lediglich der Pflicht, im Vorfeld der Hauptversammlung sorgfältig abzuwägen, ob sie von den Stimmrechten des Fonds Gebrauch machen sollen oder nicht.

40) Die Einführung einer Stimmpflicht für institutionelle Anleger wurde vom Hampel Committee mit dem Argument abgelehnt, daß diese Maßnahme im Hinblick auf die Wahrung der Interessen der Kleinanleger insofern kontraproduktiv sei, als sie die Gefahr in sich berge, daß desinteressierte Fondsmanager in pauschaler und unbedachter Weise für die Beschlußvorschläge der Verwaltung stimmen könnten, ohne diese zuvor ausreichend geprüft zu haben, vgl. para. 5.7 des Hampel report. Auch die Idee, daß institutionelle Anleger ihr Stimmverhalten unter bestimmten Umständen offenlegen und rechtfertigen sollten, hat das Hampel Committee in seinem Abschlußbericht nur teilweise aufgegriffen. In diesem Zusammenhang erfolgte lediglich eine Empfehlung, wonach Fondsmanager ihren Kunden auf deren Anfrage hin mitteilen sollen, im Rahmen wievieler Beschlußfassungen sie aktiv mitgestimmt bzw. eine weisungsgebundene Stimmrechtsvollmacht erteilt haben. Der weitergehende Vorschlag, institutionelle Investoren in bestimmten Fällen auch dazu zu verpflichten, ihre Voten in bezug auf individuelle Beschlußvorschläge bekanntzugeben, wurde hingegen abgelehnt mit dem Argument, daß die Auferlegung einer solchen Offenlegungspflicht institutionelle Anleger von der Ausübung ihrer Stimmrechte abschrecken könnte, vgl. para. 5.9 des Hampel report.

41) Hierfür dürfte neben dem öffentlichen Druck allerdings auch die Tatsache verantwortlich sein, daß die Wallstreet Rule, also die Strategie, Aktien von schwachen Unternehmen zu verkaufen und in Hoffnungswerte zu investieren, angesichts der zunehmenden Kapitalbeteiligung einzelner institutioneller Investoren für viele Pensionsfonds und Versicherungen mittlerweile keine gangbare Alternative mehr zum „active monitoring" darstellt, vgl. para. 5.3 des Hampel report von Januar 1998. So hält beispielsweise Prudential, der größte britische institutionelle Anleger, im Durchschnitt 3,5 Prozent der Aktien aller börsennotierten englischen public companies, und in über 200 dieser Gesellschaften befinden sich sogar mehr als 5 Prozent des Kapitals in seinen Händen, vgl. Enriques, Giur. comm. 1998, I, 680 [683].

dienen sich nicht nur immer häufiger informeller Gespräche mit Unternehmensleitungen, um Managern von Gesellschaften mit unterdurchschnittlicher Performance ihr Verständnis von Shareholder Value näherzubringen[42], sondern machen auch in zunehmendem Maße von den ihnen zustehenden Stimmrechten Gebrauch[43]; immer mehr Pensionsfonds und Versicherungen haben im Laufe der letzten Jahre „voting policies" entwickelt, wonach die Stimmrechte aus den vom Fonds gehaltenen Aktien entweder bei sämtlichen Beschlußfassungen oder aber zumindest im Zusammenhang mit umstrittenen Verwaltungsvorschlägen ausgeübt werden sollen.[44] Um ihren Verbandsmitgliedern bei der Umsetzung dieser ehrgeizigen und – in Anbetracht des oftmals hohen Diversifizierungsgrades ihrer Fondsportfolios – äußerst aufwendigen Stimmrechtspolitik zu unterstützen, haben sowohl die National Association of Pension Funds Ltd. (NAPF) als auch die Association of British Insurers (ABI)[45] sogenannte „voting services" ins Leben gerufen, deren Hauptaufgabe es ist, institutionellen Anlegern diejenigen Hintergrundinformationen und Daten zu verschaffen, die sie für eine wohlinformierte Ausübung ihres Stimmrechts benötigen. Zu diesem Zweck analysieren die genannten Einrichtungen die Geschäftsberichte zahlreicher börsennotierter Gesellschaften[46] und erstellen im Vorfeld von deren Hauptversammlungen detaillierte Berichte, die die auf der Tagesordnung stehenden Beschlußvorschläge nicht nur inhaltlich referieren und – falls erforderlich – erläutern, sondern auch auf ihre Vereinbarkeit mit den vom Cadbury Committee,

---

42) Zu den verschiedenen Arten der Einflußnahme institutioneller Anleger in Großbritannien vgl. Stapledon, Institutional shareholders, S. 79 ff..

43) Farrar's company law, S. 308; Gower's principles, S. 566; vgl. auch para. 1.4 des Hampel report.

44) Stapledon, Institutional shareholders, S. 96 f.; vgl. in diesem Zusammenhang auch para. 5.7 des Hampel report. Eine Studie, die in der Hauptversammlungssaison 1993/94 durchgeführt wurde und ca. 100 der großen börsennotierten public companies erfaßte, ergab, daß über 70 Prozent der Stimmen, die auf die jeweils 20 größten institutionellen Anleger der untersuchten Gesellschaften entfielen, ausgeübt worden waren, vgl. Stapledon, Institutional shareholders, S. 94. Die durchschnittliche Kapitalpräsenz in den Hauptversammlungen der britischen public companies liegt demgegenüber lediglich bei knapp 40 Prozent (vgl. para. 5.7 des Hampel report), was zeigt, daß von den Stimmrechten ausländischer Investoren und inländischer Privatanleger kaum Gebrauch gemacht wird.

45) Hierbei handelt es sich um die nationalen Verbände der Pensionsfonds und Versicherungen.

46) Centre for European Policy Studies, Corporate governance in Europe, S. 35. Die voting services von ABI und NAPF erfaßten im Jahre 1995 die 300 (NAPF) bzw. ca. 900 (ABI) wichtigsten public companies, vgl. Stapledon, Institutional shareholders, S. 98 f..

Greenbury Committee[47] und ihren eigenen Verbänden aufgestellten „principles of best practice" überprüfen.[48] Auch wenn die voting services von ABI und NAPF in ihren Berichten keine inhaltlichen Empfehlungen im Hinblick auf die Ausübung der Mitgliederstimmrechte aussprechen, so kommt der Feststellung, daß bestimmte Beschlußfassungsvorhaben im Widerspruch zu den Corporate Governance-Leitlinien des Cadbury Code oder des Greenbury Code stehen, in der Praxis eine nicht zu unterschätzende Bedeutung zu. Dies liegt daran, daß mittlerweile zahlreiche institutionelle Investoren und Fondsmanager ihre Stimmrechtspolitik strikt an den inhaltlichen Vorgaben des Cadbury Code und Greenbury Code ausrichten.[49] Im Falle der Pensions & Investment Research Consultants Ltd. (PIRC)[50], die ihren Kunden im Unterschied zu den voting services der ABI und der NAPF an den Leitlinien des Cadbury Code orientierte Abstimmungsvorschläge unterbreitet, macht sich diese Tendenz darin bemerkbar, daß nicht wenige Pensionsfonds ihre Fondsmanager anweisen, die Stimmrechte entsprechend den Empfehlungen des PIRC auszuüben.[51]

IV. Weitere Gründe für den vergleichsweise geringen Stellenwert der Aktionärsvertretung

Neben der andersgearteten Beteiligungsstruktur der englischen börsennotierten public companies dürften noch weitere Gründe dafür mitverantwortlich sein, daß der institutionellen Stimmrechtsvertretung von Privatanlegern in England

---

47) Diese beiden Committees haben in den Jahren 1992 und 1995 Leitlinien formuliert, deren Einhaltung nach ihrer Ansicht für das Erreichen einer möglichst effektiven Corporate Governance erforderlich ist. Davies, Shareholder voting in the U.K., S. 62, (Fn. 102) macht darauf aufmerksam, daß Teile dieser Empfehlungen zwischenzeitlich in die Listing Rules der Stock Exchange implementiert worden sind mit der Konsequenz, daß börsennotierte Gesellschaften insoweit bereits heute an sie gebunden sind.

48) Diese Berichte werden übrigens nicht nur den an die voting services angeschlossenen Pensionsfonds und Versicherungen zur Verfügung gestellt, sondern zumeist auch – zeitgleich – an die betroffenen Unternehmen selbst verschickt. Dadurch soll, sofern einzelne Beschlußvorschläge strittig sein sollten, bereits im Vorfeld der Hauptversammlung eine Diskussion zwischen den verantwortlichen Unternehmensleitungen einerseits und den institutionellen Investoren andererseits angeregt und erleichtert werden, vgl. Stapledon, Institutional shareholders, S. 99.

49) Davies, Shareholder voting in the U.K., S. 62.

50) Hierbei handelt es sich um einen weiteren wichtigen voting service, auf den Pensionsfonds alternativ zur Verbandseinrichtung der NAPF zurückgreifen können, vgl. Farrar's company law, S. 308 und Stapledon, Institutional shareholders, S. 99.

51) Stapledon, Institutional shareholders, S. 100.

ein geringerer Stellenwert beigemessen wird als in anderen europäischen Ländern.

In diesem Zusammenhang ist zunächst zu erwähnen daß – anders als etwa in Frankreich, Spanien oder Italien, wo die Beschlußfähigkeit der Hauptversammlung vom Erreichen bestimmter, gesetzlich genau festgelegter Kapitalmindestpräsenzen abhängig gemacht wird –[52], dem Institut der Stimmrechtsvertretung in England keine organisationstechnische Funktion zugewiesen ist. Das englische Aktienrecht kennt zwar ebenfalls solche für die Beschlußfähigkeit der Hauptversammlung erforderlichen konstitutive Quoren. Diese fallen jedoch in der Praxis zumeist so niedrig aus, daß ihnen – zumindest im Hinblick auf die Beschlußfassungsfähigkeit der großen börsennotierten public companies – keinerlei Bedeutung zukommt.[53]

Schließlich werden auch die begrenzten Einflußnahme- und Mitwirkungsmöglichkeiten, die der Companies Act den Stimmrechtsvertretern einräumt, als Erklärungsursache herangezogen werden können; ganz abgesehen davon, daß „proxies“[54] in der Hauptversammlung kein Rederecht zusteht[55], dürfen diese mangels anderweitiger Satzungsbestimmungen[56] lediglich bei einem „poll“,

---

52) In diesem Zusammenhang wird auf die jeweils einschlägigen Darstellungen der in Bezug genommenen nationalen Aktionärsvertretungssysteme verwiesen.

53) Gemäß s. 370 (4) ist, soweit die Gesellschaftssatzung nichts anderes vorschreibt, bereits die persönliche Anwesenheit von zwei Aktionären für die Beschlußfähigkeit der Hauptversammlung ausreichend. Da Art. 40 Table A in diesem Zusammenhang ebenfalls die Präsenz von lediglich zwei – stimmberechtigten – Aktionären ausreichend sein läßt, dürfte die statutarische Praxis nur in seltenen Fällen strengere Anforderungen stellen, vgl. Gower's principles, S. 584.

54) Der Begriff „proxy“ bezeichnet im Englischen sowohl die materielle Verkörperung der Stimmrechtsvollmacht als auch die Person, die mit der Stimmrechtsvertretung beauftragt wird.

55) Dies ergibt sich aus einem e-contrario-Schluß zu s. 372 (1), wonach Stimmrechtsvertretern in den Hauptversammlungen der private companies (diese Rechtsform entspricht der deutschen GmbH) dasselbe Rederecht zusteht wie den persönlich anwesenden Gesellschaftern. Obwohl sich das Jenkins Committee bereits im Jahre 1962 für eine Aufhebung dieses Redeverbots ausgesprochen hatte, ist es bis heute nicht abgeschafft worden. Der Grund hierfür liegt nach Ansicht von Gower's principles, S. 579 (Fn. 94) in dem Bestreben des Gesetzgebers, durch die Vermeidung allzu vieler Wortbeiträge von seiten engagierter Stimmrechtsvertreter eine höhere Tagungseffizienz zu erreichen.

56) Artt. 54 und 59 Table A sehen eine solche Möglichkeit allerdings nicht vor. Hinzu kommt, daß, falls die Satzung dem Stimmrechtsvertreter ausnahmsweise doch erlauben sollte, bei einem „show of hands“ mitzustimmen, dieser – unabhängig von der Anzahl der Stimmrechte, die er im konkreten Fall vertritt – nur mit einer einzigen Stimme abstimmen darf.

nicht aber bei einer Beschlußfassung im Wege eines „show of hands“[57] mitstimmen.[58] Dieser Umstand, verbunden mit der Tatsache, daß in den englischen public companies die Mehrzahl aller Abstimmungen mittels eines „show of hands“ durchgeführt werden, führt dazu, daß die übertragenen Vollmachtsstimmrechte in einer Vielzahl von Fällen gar nicht in die Beschlußergebnisse einfließen, sondern gänzlich unberücksichtigt bleiben.[59] Gerade in diesem Punkt zeigt sich übrigens sehr deutlich, in welchem Maße die englischen Bestimmungen zur (indirekten) Stimmrechtsausübung auf die Sonderrolle der institutionellen Investoren zugeschnitten sind. Die letzteren haben nämlich die Möglichkeit, statt eines Stimmrechtsvertreters einen sogenannten „corporate representative“[60] mit der Ausübung ihres Stimmrechts zu betrauen, der – und hierin liegt das Privileg – im Gegensatz zum Stimmrechtsvertreter nicht den soeben aufgezählten Mitwirkungsbeschränkungen unterworfen ist.[61]

Nachdem bis hierhin in einem ersten Schritt die besonderen tatsächlichen und rechtlichen Rahmenbedingungen des englischen Aktionärsvertretungssystems beschrieben worden sind, soll nun im folgenden sein eigentlicher – wenn auch nur bruchstückhaft geregelter – Inhalt überblicksartig dargestellt werden.

V. Das System der Stimmrechtsvertretung

1. Allgemeine Vorschriften und Regeln

Vorschriften zur Stimmrechtsvertretung der Aktionäre finden sich im englischen Recht an zwei Stellen: im Companies Act 1985 (s. 372) und – soweit börsenno-

---

57) Zu den verschiedenen Abstimmungsmethoden im englischen Aktienrecht vgl. die Ausführungen zum allgemeinen Hauptversammlungsorganisationsrecht, oben S. 35 f..

58) S. 372 (2) lit. c).

59) Vgl. etwa Farrar's company law, S. 316 (Fn. 15): „... most business ... is decided by a show of hands without the proxy votes ever even being looked at“; ganz ähnlich Stapledon, Institutional shareholders, S. 92 (Fn. 88). Anders als noch vor 1947 (vgl. hierzu Palmer's company law, S. 7097) ist es dem Stimmrechtsvertreter allerdings möglich, einzeln oder zusammen mit anderen Aktionären die Durchführung eines „poll“ (in Stellvertretung für die von ihm vertretenen Aktionäre) zu beantragen (s. 373 (2)). Im Rahmen eines „poll“ darf der proxy mit sämtlichen von ihm vertretenen Aktien abstimmen.

60) Zum „corporative representative“ darf gemäß s. 375 (1) lit. a) jede natürliche Person bestellt werden, die in den Augen des für die Auswahl zuständigen Organs für diese Aufgabe geeignet erscheint. Das Rechtsinstitut des „corporate representative“ ist also erheblich weiter gefaßt als eine „normale“ organschaftliche Vertretung.

61) S. 375 (2).

tierte Gesellschaften betroffen sind – in den Listing Rules der London Stock Exchange.[62] Gemäß s. 372 (1) kann sich jeder stimmberechtigte Aktionär in der Hauptversammlung[63] von ein oder mehreren[64] Personen seiner Wahl – also insbesondere auch von einem Nichtaktionär – vertreten lassen. Der gesetzlichen Gewährleistung dieses Rechts, auf das der Aktionär im Einberufungsschreiben ausdrücklich hingewiesen werden muß[65] und das durch die Gesellschaftssatzung weder aufgehoben noch eingeschränkt werden kann, kommt insofern große praktische Bedeutung zu, als das common law die Stimmrechtsausübung durch einen Aktionärsvertreter nicht anerkennt.[66]

Im Hinblick auf die Form der Vollmachtserteilung stellt der Companies Act keine speziellen Erfordernisse auf. Art. 60 Table A sieht allerdings vor, daß die Bevollmächtigung schriftlich[67] zu erfolgen hat und die Vollmachtsurkunde 48 Stunden vor dem für die Hauptversammlung anberaumten Termin am Gesellschaftssitz oder bei einer anderen im Einberufungsschreiben für zuständig erklärten Stelle hinterlegt werden muß. Die Erteilung von Blankovollmachten, also unterschriebenen Bevollmächtigungserklärungen ohne eine Angabe zur Per-

---

62) Daneben enthält auch Table A zum Companies Act 1985 einige, die Stimmrechtsvertretung der Aktionäre betreffende Bestimmungen. Wenn es sich bei ihnen auch nicht um zwingendes Recht handelt, so sind sie dennoch für die statutarische Praxis von maßgeblicher Bedeutung, da – wie bereits im Abschnitt zum allgemeinen Hauptversammlungsrecht dargelegt wurde – Table A die Funktion einer Mustersatzung zukommt.

63) Dies gilt gemäß s. 372 (7) für alle Arten von Aktionärsversammlungen.

64) Dies ergibt sich aus einem e-contrario-Schluß zu s. 372 (2) lit. b), wonach Gesellschafter einer private company lediglich eine Person mit ihrer Stimmrechtsvertretung beauftragen dürfen.

65) S. 372 (3). Sofern die notice keinen entsprechenden Hinweis enthält, werden die hierfür verantwortlichen Personen zwar mit einem Bußgeld belegt (s. 372 (4)), die Hauptversammlung kann in einem solchen Fall aber dennoch wirksam abgehalten werden, vgl. Pennington's company law, S. 838.

66) Palmer's company law, S. 7097. Bevor das Recht auf Stimmrechtsvertretung im Jahre 1947 – genauer: durch s. 5 des Companies Act 1947 – zum ersten Mal gesetzlich festgeschrieben wurde, konnte sich deshalb ein Aktionär in der Hauptversammlung nur dann vertreten lassen, wenn ihm die Gesellschaftssatzung dies ausdrücklich erlaubte. Wenn auch die Statuten der meisten public companies ein solches Recht vorsahen, wurde dieses in der Praxis doch zumeist in der Weise eingeschränkt, daß nur Aktionären die Ausübung fremder Stimmrechte erlaubt war. Dies führte zu einer wesentlichen Stärkung der Position des Managements, denn Anteilsinhaber, die gegen die von der Verwaltung eingebrachten Beschlußvorschläge stimmen wollten, mußten zunächst innerhalb des anonymen Kreises der Mitaktionäre eine Person ausfindig machen, die gewillt war, diese Aufgabe für sie zu übernehmen, vgl. Gower's principles, S. 579; Palmer's company law, S. 7097.

67) Die Satzungen einiger Gesellschaften verlangen zudem, daß die Bevollmächtigung in Anwesenheit eines Zeugen zu erfolgen hat, vgl. Palmer's company law, S. 7099.

son des Stimmrechtsvertreters, ist nach englischem Recht zulässig, sofern die entsprechenden Daten noch vor der Ausübung des Stimmrechts in die Vollmachtsurkunde eingetragen werden.[68] Der Aktionär kann die von ihm erteilte Stimmrechtsvollmacht grundsätzlich[69] jederzeit widerrufen, entweder mittels einer ausdrücklichen Widerrufserklärung gegenüber der von ihm bevollmächtigten Person oder – konkludent – durch die höchstpersönliche Ausübung seines Stimmrechts in der Hauptversammlung.[70] Allerdings enthalten die Satzungen zahlreicher public companies Bestimmungen, wonach der Widerruf einer Stimmrechtsvollmacht im Verhältnis zur Gesellschaft nur dann wirksam ist, wenn er dieser noch vor der Hauptversammlung, für die sie ursprünglich erteilt worden war, mitgeteilt wird.[71]

2. Sondervorschriften für den Bereich der institutionellen Stimmrechtsvertretung

Im Unterschied zur Situation in Deutschland spielen die Depotbanken („custodian banks") im Rahmen des englischen Aktionärsvertretungssystems nur eine untergeordnete Rolle. Diese dürfen zwar als Stimmrechtsvertreter ihrer Kunden tätig werden, in der Praxis kommt dies jedoch nur äußerst selten vor.[72] Im Bereich der institutionellen Aktionärsvertretung ist vielmehr das Verwaltungsstimmrecht vorherrschend; gemeinhin ist es üblich, daß die Direktoren im Vorfeld einer Hauptversammlung zusammen mit dem Einberufungsschreiben Formblätter für die Erteilung einer Stimmrechtsvollmacht und sogenannte „circulars" an die Aktionäre verschicken, in denen sie die Standpunkte des Board zu den verschiedenen Tagesordnungspunkten der Hauptversammlung erläutern und die Aktionäre um die Erteilung einer Vollmacht bzw. um die Abgabe eines

---

68) Palmer's company law, S. 7099 f..

69) Ausnahmen gelten dann, wenn die Bevollmächtigung einem Interesse des Stimmrechtsvertreters zu dienen bestimmt ist (Beispiel: Der Vollmachtgeber hat seine Anteile an den Stimmrechtsvertreter veräußert, dieser ist jedoch als Erwerber noch nicht im Aktienbuch der Gesellschaft eingetragen) oder falls es sich um eine unwiderrufliche Vollmacht im Sinne von s. 4 des Power of Attorney Act 1971 handelt, vgl. Gower's principles, S. 580 (Fn. 3).

70) Palmer's company law, S. 7100.

71) Vgl. Art. 63 Table A.

72) Davies, Shareholder voting in the U.K., S. 47.

verwaltungsfreundlichen Votums bitten.[73)] Sofern die Aktionäre der geäußerten Bitte nachkommen und die Bevollmächtigungsformulare unterschrieben an die Gesellschaft zurückschicken, wird die Ausübung der entsprechenden Aktionärsstimmrechte in der Praxis zumeist dem Versammlungsleiter der jeweiligen Hauptversammlung übertragen.[74)] Dies macht aus der Perspektive der Verwaltung insofern Sinn, als dem „chairman", der im Regelfall vom Board selbst gestellt wird[75)], nach den Satzungen der meisten public companies das Recht zusteht, die Durchführung eines „poll" zu beantragen[76)], so daß der Board nicht befürchten muß, bei Beschlußfassungen im Wege eines „show of hands" infolge der Nichtberücksichtigung der ihm zur Ausübung anvertrauten Vollmachtsstimmrechte überstimmt zu werden.[77)]

Bei der Einwerbung von Stimmrechtsvollmachten muß das Management zum Schutze der Aktionäre einige Verhaltensregeln beachten, deren Umfang allerdings davon abhängig ist, ob es sich im Einzelfall um eine börsennotierte oder eine nicht börsennotierte public company handelt. Die geringsten Anforderungen stellt das Gesetz im Falle nicht börsennotierter Gesellschaften. Deren Verwaltern ist es nicht nur freigestellt, darüber zu entscheiden, ob sie angesichts einer bevorstehenden Hauptversammlung Vollmachtsformulare an die Aktionäre verschicken wollen oder nicht, sondern ihnen steht auch im Hinblick auf die inhaltliche Ausgestaltung der von ihnen verwendeten Formblätter ein denkbar weiter Ermessensspielraum zu. So schreibt der Companies Act beispielsweise nicht vor, ob den Aktionären die Möglichkeit offenstehen muß, Weisungen in bezug auf die von ihnen im Einzelfall gewünschte Abstimmungsrichtung zu erteilen.[78)] Die einzige Vorgabe, an die die Gesellschaftsverwalter bei der Einwerbung von Stimmrechtsvollmachten gebunden sind, formuliert s. 372 (6): Sofern

73) Gower's principles, S. 579; Pennington's company law, S. 839. In vielen Fällen sind diesen Formblättern bereits zum Zwecke der späteren Rücksendung vorfrankierte Umschläge beigelegt. Für sämtliche in diesem Zusammenhang entstehenden Kosten dürfen die Direktoren auf die Gesellschaftskasse zurückgreifen, sofern sie nach bestem Gewissen der Auffassung sind, daß die von ihnen verfochtenen Beschlußvorschläge dem Wohl der Gesellschaft und nicht lediglich ihren persönlichen Interessen dienlich sind (Peel v. London and North Western Railway Co. (1907) 1 Ch 5).

74) Davies, Shareholder voting in the U.K., S. 48.

75) Vgl. Art. 42 Table A.

76) Vgl. Art. 46 lit. a) Table A.

77) Davies, Shareholder voting in the U.K., S. 41. Bezüglich der verschiedenen Abstimmungsmethoden im englischen Recht wird auf die Darstellung des allgemeinen Hauptversammlungsrechts, oben S. 35 ff., verwiesen.

78) Auch die Mustersatzung des Table A enthält diesbezüglich keine eindeutigen Vorgaben, sondern läßt in Art. 60 Vollmachtsformulare, die dem vertretenen Aktionär keine Weisungsmöglichkeit bieten, ausdrücklich zu.

die Direktoren auf Kosten der Gesellschaft Aktionäre schriftlich dazu auffordern, bestimmten, in ihren Anschreiben näher spezifizierten Personen eine Stimmrechtsvollmacht zu erteilen, muß das entsprechende Gesuchsschreiben an alle stimmberechtigten Aktionäre verschickt werden.[79)] Dieser bußgeldbewehrten[80)] Vorschrift liegt eine doppelte Ratio zugrunde. Zum einen soll verhindert werden, daß sich das Management mit seinen Anschreiben ausschließlich an solche Aktionäre wendet, von denen es sich eine Unterstützung seiner eigenen Beschlußvorschläge verspricht.[81)] Zum anderen soll aber auch Opponenten durch die rechtzeitige Kenntniserlangung von der Stimmrechtskampagne der Verwaltung die Möglichkeit eröffnet werden, geeignete Gegenmaßnahmen – etwa in Form der Durchführung einer eigenen, den Beschlußvorschlägen der Verwaltung entgegengerichteten Stimmrechtskampagne – einzuleiten.[82)]

Im Vergleich zu der soeben dargestellten Vorschrift des Companies Act sind die Anforderungen, die die Listing Rules der Stock Exchange an das im Zusammenhang mit einer Aktionärsvertretung einzuhaltende Verfahren stellen, etwas detaillierter und strenger. Diese Feststellung gilt in zweifacher Hinsicht. Zum einen sind börsennotierte Gesellschaften im Unterschied zu den nicht börsennotierten public companies dazu verpflichtet, vor jeder Hauptversammlung zusammen mit den jeweiligen Einberufungsschreiben Formblätter für die Erteilung einer Stimmrechtsvollmacht an sämtliche stimmberechtigte Aktionäre zu verschicken.[83)] Zum anderen müssen auch die Konzeption und der Inhalt dieser Formblätter bestimmten Mindestanforderungen genügen. Zunächst müssen diese so ausgestaltet sein, daß die Aktionäre in bezug auf sämtliche Beschlußvorschläge, über die in der Hauptversammlung abgestimmt werden soll[84)] und

79) Palmer's company law, S. 7098 und 7100 scheint die genannte Vorschrift über ihren Wortlaut („invitations") hinaus in der Weise auszulegen, daß sie nicht nur auf die Versendung der Gesuchsschreiben, sondern daneben auch auf das Verschicken von Formblättern für die Erteilung einer Stimmrechtsvollmacht anwendbar ist.

80) S. 372 (6) ordnet allerdings ein Bußgeld lediglich für den Fall eines vorsätzlichen Verstoßes an. Im übrigen stellt die genannte Vorschrift klar, daß die Bußgeldpflicht nicht ausgelöst wird, wenn die Gesellschaft einem einzelnen Aktionär auf dessen schriftliche Anfrage hin eine Liste mit Namen möglicher Stimmrechtsvertreter zur Verfügung stellt und diese Liste allen Aktionären auf eine entsprechende Anfrage hin gleichermaßen zugänglich gemacht wird.

81) Farrar's company law, S. 316; Gower's principles, S. 580.

82) Pennington's company law, S. 838.

83) Paras. 9.26 und 13.28 lit. a) der Listing Rules.

84) Besonders strenge Anforderungen gelten im Zusammenhang mit der Wahl von Direktoren; gemäß para. 13.29 der Listing Rules muß dem Aktionär für den Fall, daß die Hauptversammlung über die Besetzung von mehr als fünf Direktorenposten zu beschließen hat, die Möglichkeit gegeben werden, über jede individuelle Kandidatur einzeln zu entscheiden.

die nicht bloße Verfahrensfragen betreffen, Weisungen erteilen können[85], ob der Stimmrechtsvertreter im Einzelfall für oder gegen sie stimmen soll.[86] Des weiteren ist erforderlich, daß der Aktionär selbst entscheiden kann, welche Person er mit der Ausübung seines Stimmrechts in der Hauptversammlung betrauen möchte.[87] Vorgedruckte Vollmachtsformulare, in denen ein bestimmtes Mitglied der Verwaltung bereits im vorhinein als zu bevollmächtigender Stimmrechtsvertreter eingetragen ist, sind folglich nicht zulässig. Schließlich muß der Aktionär auf dem von der Gesellschaft verwendeten Formblatt auch darauf hingewiesen werden, daß, falls er zu einzelnen Tagesordnungspunkten keine Weisungen erteilen sollte, der Stimmrechtsvertreter berechtigt ist, nach eigenem Ermessen zu entscheiden, ob und gegebenenfalls in welchem Sinne er die Vollmachtsstimmrechte ausüben möchte.[88] Damit scheint – zumindest für den Bereich der börsennotierten Gesellschaften – gleichzeitig eine bejahende Antwort auf die Frage gegeben zu sein, ob ein Vertreter, der sich gegenüber Aktionären zur Ausübung ihrer Stimmrechte erbietet, einen hieraus resultierenden Stimmrechtsvertretungsauftrag auch dann ausführen muß, wenn ihm von seiten des Aktionärs mißliebige Weisungen erteilt werden. Außerhalb der durch die Listing Rules geregelten Fälle ist diese Rechtsfrage hingegen nach wie vor ungeklärt.[89] Im allgemeinen wird eine solche Pflicht des Stimmrechtsvertreters nur dann bejaht, wenn dieser an besondere Treuepflichten („fiduciary duties") gebunden ist, sich seine Dienste vom vertretenen Aktionär vergüten läßt oder verspricht, die ihm anvertrauten Stimmrechte entsprechend den Weisungen des Aktionärs auszuüben. Das gleiche soll allerdings auch dann gelten, wenn Di-

---

85) Die Erteilung von Abstimmungsweisungen ist allerdings keine notwendige Voraussetzung für die Zulässigkeit des Verwaltungsstimmrechts.

86) Para. 13.28 lit. b) der Listing Rules. Die Abstimmungsalternative der Stimmenthaltung wird den Aktionären demgegenüber nicht garantiert, was vor allem von den Interessenverbänden der institutionellen Investoren und deren voting services (vgl. hierzu den Abschnitt über die besondere Rolle der institutionellen Investoren in England) kritisiert wird (Quelle:Davies, Shareholder voting in the U.K., S. 48).

87) Para. 13.28 lit. c) der Listing Rules. Auf das Recht, seinen Stimmrechtsvertreter frei auswählen zu dürfen, muß der Aktionär nach dieser Vorschrift zudem ausdrücklich hingewiesen werden.

88) Para. 13.28 lit. d) der Listing Rules.

89) Einvernehmen herrscht nur darüber, daß der Stimmrechtsvertreter bei der Ausübung der Vollmachtsstimmrechte nicht von den Weisungen des Aktionärs abweichen darf, vgl. Gower's principles, S. 581; Farrar's company law, S. 316.

rektoren oder – wie gemeinhin üblich – der Versammlungsleiter mit der Ausübung der Vollmachtsstimmrechte betraut werden.[90)]

3. Proxy fights

Der Companies Act 1985 enthält eine Reihe von Vorschriften, die verwaltungskritischen Aktionären die gezielte Ausübung von Opposition erleichtern wollen. In diesem Zusammenhang sind neben s. 368, wonach Aktionäre mit einem Gesamtanteil von einem Zehntel des stimmberechtigten Kapitals einer public company die Einberufung eines extraordinary general meeting verlangen können, vor allem die Minderheitsrechte der ss. 376, 377 zu nennen. Gemäß diesen Vorschriften können Anteilseigner, die zusammen ein Zwanzigstel des stimmberechtigten Kapitals auf sich vereinigen oder 100 Aktionäre, deren Aktien im Durchschnitt mit 100 £ je Aktionär eingezahlt sind, von der Gesellschaft die Bekanntmachung eigener Beschlußvorschläge[91)] sowie die Versendung von Rundschreiben („circulars") mit einem Inhalt von maximal tausend Wörtern an sämtliche Aktionäre der Gesellschaft verlangen, sofern die entsprechenden Anträge spätestens sechs Wochen – bzw. im Falle der Versendung von Rundschreiben – eine Woche vor dem Termin der Hauptversammlung, auf die sie sich beziehen, am Gesellschaftssitz hinterlegt werden und die Antragsteller für die der Gesellschaft hierdurch entstehenden Kosten in Vorlage treten.

Auch wenn engagierten Aktionären auf diese Weise ermöglicht wird, unter Inanspruchnahme des Gesellschaftsapparats Kampagnen für oder gegen bestimmte Beschlußvorschläge durchzuführen, kommt den genannten Minderheitsrechten in der Praxis nur eine verhältnismäßig geringe Bedeutung zu.[92)] Denn zum einen bringt ihre Inanspruchnahme im Vergleich zu einer unabhängig

---

90) Gower's principles, S. 581; Farrar's company law, S. 316. In bezug auf den chairman der Versammlung wird dieses Ergebnis damit begründet, daß diesen eine Pflicht treffe, den Versammlungswillen wahrheitsgetreu zur Geltung zu bringen, vgl. Farrar's company law, S. 316 mit Verweis auf Second Consolidation Trust Ltd. v. Ceylon Amalgamated Tea and Rubber Estates Ltd. (1943) 2 All ER 567 [570]; ebenso Sealy, Cases an materials in company law, S. 287.

91) Dies gilt allerdings nur im Hinblick auf das annual general meeting, vgl. s. 376 (1) lit. a).

92) Gower's principles, S. 577.

von der Gesellschaft organisierten Kampagne kaum Kostenvorteile mit sich[93], und zum anderen garantieren die ss. 376, 377 opponierenden Aktionären nicht das Recht, ihren Rundschreiben Formblätter für die Erteilung von Stimmrechtsvollmachten beizufügen.[94] Anteilseigner, die sich gegen Beschlußvorschläge der Verwaltung zur Wehr setzen wollen, werden deshalb in vielen Fällen besser beraten sein, wenn sie ihre Stimmrechtskampagne eigenhändig organisieren und durchführen.[95] Aber selbst für den Fall, daß sich Aktionäre für eine solche selbständige Vorgehensweise entscheiden sollten, befinden sie sich dennoch regelmäßig in einer gegenüber dem Management erheblich schlechteren Ausgangsposition. Zwar erleichtert der Companies Act die Durchführung von Proxy-Kampagnen insofern, als er ihren Organisatoren jederzeit Einblick in das Aktionärsregister der Gesellschaft gewährt[96] und ihnen in aller Regel auch genügend Zeit für die Einwerbung und Hinterlegung ihrer Stimmrechtsvollmachten zubilligt.[97] Dennoch kann in diesem Zusammenhang von einer Waffengleichheit

---

93) Etwas anderes gilt nur dann, wenn die Gesellschaft die Aktionärsrundschreiben zusammen mit den obligatorischen Einberufungsschreiben für die Hauptversammlung verschickt. Dies läßt sich in der Praxis jedoch nur selten verwirklichen, denn zum einen steht den Aktionären kein Anspruch zu, im Vorfeld von Hauptversammlungen rechtzeitig über die Terminplanung des Managements informiert zu werden. Zum anderen wird eine gleichzeitige Verschickung von „circular“ und „notice“ auch häufig daran scheitern, daß sich die Stellungnahmen der Aktionäre auf Beschlußvorschläge beziehen, die erst durch die Einberufungsschreiben selbst bekannt werden, vgl. Gower's principles, S. 578.

94) Gower's principles, S. 578 (Fn. 88).

95) Gower's principles, S. 578 macht noch auf zwei weitere Vorteile dieser Vorgehensalternative aufmerksam; zum einen wird vermieden, daß das Management allzu früh Kenntnis von den gegen seine Vorschläge eingeleiteten Maßnahmen erlangt. Zum anderen sind die Aktionäre in diesem Fall nicht an die 1000-Worte-Begrenzung und das von s. 376 (2) vorgeschriebene Mindestquorum gebunden.

96) S. 356.

97) In diesem Zusammenhang ist nicht nur die 21-tägige Einberufungsfrist für das annual general meeting (vgl. s. 369 (1) lit. a) und die Ausführungen im Abschnitt zum allgemeinen Hauptversammlungsrecht) von Bedeutung, sondern auch die Vorschrift der s. 372 (5), wonach Satzungsbestimmungen, die verlangen, daß Stimmrechtsvollmachten mehr als 48 Stunden vor dem für die Hauptversammlung anberaumten Termin hinterlegt werden müssen, nichtig sind. Damit soll sichergestellt werden, daß der zeitliche Handlungsrahmen, der oppositionellen Aktionären für die Durchführung ihrer Proxy-Kampagnen zur Verfügung steht, nicht über das für eine Überprüfung der Stimmrechtsvollmachten durch die Gesellschaft erforderliche Maß eingeengt werden kann (Davies, Shareholder voting in the U.K., S. 49). Bevor die genannte Regelung in den Companies Act eingeführt wurde, war es nämlich häufig vorgekommen, daß Gesellschaftssatzungen die Ausübung von Vollmachtsstimmrechten nur dann zuließen, wenn die entsprechenden Vollmachten mindestens 7 – in Einzelfällen sogar 10 – Tage vor dem jeweiligen Hauptversammlungstermin am Gesellschaftssitz hinterlegt worden waren, vgl. Pennington's company law, S. 838 (Fn. 18).

zwischen Management und Opposition kaum die Rede sein, denn während die Verwaltung die zum Teil beträchtlichen Kosten für die Versendung ihrer Werberundschreiben und Vollmachtsformulare[98] aus der Gesellschaftskasse bestreiten kann, müssen ihre Gegner für die entsprechenden Aufwendungen mangels anderweitiger Regelungen in der Gesellschaftssatzung selbst aufkommen.[99] Hinzu kommt der nicht zu unterschätzende Zeitvorsprung des Managements, der dazu führt, daß viele Stimmrechtsvollmachten bereits ausgefüllt und an die Gesellschaftsverwaltung zurückgeschickt worden sind, bevor sich eine schlagkräftige Opposition formiert hat und mit ihren Anliegen an die Aktionäre herantreten kann.[100]

Vor diesem Hintergrund ist es nicht verwunderlich, daß proxy fights, wie sie aus den USA bekannt[101] sind, in der Unternehmenswirklichkeit der englischen public companies lediglich eine untergeordnete Rolle spielen.[102] Die Durchführung solcher Kampagnen ist allenfalls unter der Regie und dem Schutzmantel einer überschaubaren Anzahl großer institutioneller Anleger erfolgversprechend, die zu einer rechtzeitigen Koordinierung ihrer Aktivitäten in der Lage sind.[103] Versuche, zum Schutze der Interessen der Kleinanleger „investor protection associations" einzurichten, sind demgegenüber bislang weitestgehend erfolglos geblieben.[104]

4. Das Informationssystem

In England unterliegen Stimmrechtsvertreter ihren Vollmachtgebern gegenüber keinen speziellen Auskunfts- oder Rechenschaftspflichten. Nicht das Ersuchen um die Erteilung einer Stimmrechtsvollmacht, sondern die Einberufungsbekanntmachung stellt den maßgeblichen Anknüpfungspunkt für das aktienrecht-

---

98) Diese belaufen sich in großen börsennotierten public companies auf ca. £ 100.000, vgl. Davies, in: Baums/Wymeersch, Shareholder voting rights, S. 331 [348].

99) Ob ein Kostenrückerstattungsanspruch gegen die Gesellschaft besteht, falls es der Opposition gelingen sollte, sich in der umkämpften Abstimmung gegenüber dem Management durchzusetzen, ist bis heute gerichtlich nicht entschieden worden, vgl. Pennington's company law, S. 841; Farrar's company law, S. 315.

100) Gower's principles, S. 580.

101) Vgl. hierzu etwa Wiethölter, Interessen und Organisation der Aktiengesellschaft im amerikanischen und deutschen Recht, S. 259 ff. sowie Hoffmann, Systeme der Stimmrechtsvertretung, S. 95 ff..

102) Davies, in: Baums/Wymeersch, Shareholder voting rights, S. 331 [336, Fn. 22].

103) Davies, Shareholder voting in the U.K., S. 50.

104) Gower's principles, S. 578 (Fn. 89).

liche Informationssystem dar. Angesichts der Tatsache, daß die Stimmrechtsvertretung der Aktionäre in England zumeist von der Gesellschaftsverwaltung wahrgenommen wird und diese die Formblätter für die Erteilung der Stimmrechtsvollmachten zusammen mit den Einberufungsschreiben für die bevorstehende Hauptversammlung an die Aktionäre verschickt[105)], wirkt sich dieser Umstand in der Praxis jedoch kaum aus.

Das Einberufungsschreiben („notice") muß von der Gesellschaft spätestens 21 Tage vor dem für die Hauptversammlung vorgesehenen Termin an die Aktionäre verschickt werden.[106)] Empfangsberechtigt sind allerdings nur diejenigen Anteilseigner, die auch als solche im Aktionärsverzeichnis der Gesellschaft registriert sind. Probleme ergeben sich deshalb immer dann, wenn – wie es im Zusammenhang mit Beteiligungen privater Anleger in immer stärkerem Maße zu beobachten ist[107)] – anstelle des eigentlichen Investors die mit der Verwahrung der Aktien betraute Depoteinrichtung, ein Broker oder eine Treuhandgesellschaft im Aktienbuch der Gesellschaft eingetragen ist. Denn in diesem Fall gelangen nur die formell berechtigten Intermediäre in den Besitz der Einberufungsunterlagen.[108)]

Was den Mindestinhalt der „notice" anbelangt, so muß diese neben Zeit und Ort der Hauptversammlung auch die im Rahmen der Tagesordnung zu behandelnden Beschlußfassungsgegenstände bekanntgeben. Wie detailliert deren Umschreibung zu erfolgen hat, hängt von der Art und dem Inhalt der jeweiligen Beschlußfassung ab. Von der Aktionärsseite beantragte Beschlußvorschläge müssen stets wörtlich bekanntgemacht werden.[109)] Ähnlich strenge Anforderungen werden im Zusammenhang mit der Ankündigung von „extraordinary" und „special resolutions"[110)] gestellt. Hier vertritt die Rechtsprechung unter Bezugnahme auf s. 378 die Ansicht, daß das Einberufungsschreiben „either the text or the entire substance of the resolution" wiedergeben muß.[111)] In allen anderen

---

105) Siehe oben S. 45.

106) Etwas anderes gilt nur im Falle eines „extraordinary general meeting", auf dem keine „special resolutions" gefaßt werden sollen. Hier beträgt die vom Companies Act geforderte Einberufungsfrist lediglich 14 Tage, vgl. s. 369 (1) lit. b)ii) und die Ausführungen zum allgemeinen Hauptversammlungsrecht, oben S. 33 ff..

107) Farrar's company law, S. 308 (Fn. 2); Gower's principles, S. 596.

108) Vgl. s. 360 und Art. 5 Table A. Bezüglich der Maßnahmen, die zur Überwindung dieses Problems vorgeschlagen werden, vgl. die Ausführungen im nachfolgenden Kapitel.

109) S. 376 (3).

110) Vgl. hierzu oben S. 36.

111) Gower's principles, S. 574 mit Verweis auf Re Moorgate Mercantile Holdings Ltd. (1980) 1 W.L.R. 227 [242 f.].

Fällen reicht hingegen eine Spezifizierung der „general nature of the business to be transacted" aus.[112] Welche und wieviele Angaben in diesem Zusammenhang erforderlich sind, hängt von den individuellen Umständen des Einzelfalls ab.[113] Als Grundsatz gilt jedoch, daß die Umschreibung der Beschlußgegenstände so detailliert erfolgen muß, daß die angeschriebenen Aktionäre ohne weitere Nachforschungen eigenständig entscheiden können, ob sie in Anbetracht der angekündigten Beschlußfassungen die Hauptversammlung besuchen bzw. einen Stellvertreter mit der Ausübung ihres Stimmrechts betrauen wollen oder nicht.[114] Falls die in der „notice" enthaltenen Angaben hierfür nicht ausreichend sein sollten, sind die Direktoren nach common law dazu verpflichtet, dieser ein Begleitschreiben („circular") beizufügen, in dem die Tragweite und die möglichen Implikationen der geplanten Beschlußfassungen mit zusätzlichen Daten und Hintergrundinformationen erläutert werden.[115] Insbesondere muß den Aktionären offengelegt werden, ob und gegebenenfalls in welchem Ausmaß Direktoren ein besonderes persönliches Interesse an der Durchsetzung bestimmter Beschlußvorschläge haben. Unterbleibt ein solcher Hinweis oder werden die diesbezüglichen Fakten verzerrt dargestellt, ist der später auf einer solchermaßen mangelhaften Informationsgrundlage gefaßte Beschluß unwirksam.[116]

---

112) Gower's principles, S. 574 verweist in diesem Zusammenhang auf den Wortlaut des Art. 38 Table A.

113) So muß beispielsweise im Rahmen der Ankündigung von Kapitalerhöhungsbeschlüssen in jedem Fall der genaue Betrag genannt werden, um den das Grundkapital erhöht werden soll, vgl. Pennington's company law, S. 836. Im Zusammenhang mit Direktorenwahlen verlangen die Satzungsbestimmungen vieler Gesellschaften, daß die notice den Namen, die Adresse und die Nationalität des vorgeschlagenen Kandidaten angeben sowie die Direktorenämter benennen muß, die von diesem in anderen Gesellschaften ausgeübt werden, vgl. hierzu auch Art. 77 Table A. Vor satzungsändernden Beschlüssen schließlich muß die notice die Aktionäre über alle angestrebten materiellen Änderungen der Satzung unterrichten, vgl. Pennington's company law, S. 836.

114) Pennington's company law, S. 836.

115) Farrar's company law, S. 314.

116) Pennington's company law, S. 837 (mit Rechtsprechungsnachweisen in Fn. 4); Gower's principles, S. 574 und S. 577). So ist etwa ein Beschluß, wonach sich die Höhe der Vergütung der Gesellschaftsdirektoren zu einem Teil nach der Gewinnhöhe einer bestimmten Tochtergesellschaft bemessen sollte, mit der Begründung für unwirksam erklärt worden, daß die Aktionäre in den Einberufungsschreiben nicht darauf hingewiesen wurden, daß die Gewinne des maßgeblichen Tochterunternehmens in letzter Zeit außergewöhnlich hoch ausgefallen waren, vgl. Pennington's company law, S. 837 mit Verweis auf Baillie v. Oriental Telephone and Electric Co. Ltd. (1915) 1 Ch 503.

Börsennotierte Gesellschaften müssen darüber hinaus noch die besonderen Bestimmungen der Listing Rules beachten. Diese verlangen, daß die Verwaltung zu allen Tagesordnungspunkten, die nicht lediglich „ordinary business", also Routineangelegenheiten betreffen, Rundschreiben an die Aktionäre verschickt[117)], die ihnen die entsprechenden Beschlußfassungsgegenstände erläutern und sie mit denjenigen Informationen ausstatten, die im Hinblick auf eine wohlinformierte Stimmabgabe erforderlich sind.[118)] Zudem bedürfen die entsprechenden Rundschreiben vor ihrer Versendung an die Aktionäre einer formellen Genehmigung durch das Listing Department der Stock Exchange.[119)] Zu diesem Zweck müssen drei Exemplare ihrer beabsichtigten Endfassung mindestens 14 Tage vor dem angestrebten Publikationstermin bei der Stock Exchange hinterlegt werden.[120)] Erst im Anschluß an diese Überprüfung dürfen die – unter Umständen nachgebesserten – circulars an die Aktionäre verschickt werden.

Schließlich steht den Aktionären auch unabhängig von der Einberufungsbekanntmachung noch eine Reihe weiterer Informationsrechte gegenüber der Gesellschaft zu, die an verstreuten Stellen innerhalb des Companies Act geregelt sind. So muß die Gesellschaft beispielsweise jedem Aktionär spätestens 21 Tage vor dem annual general meeting[121)] Kopien vom Jahresabschluß, vom Bericht der Direktoren über das abgelaufene Geschäftsjahr und vom Bericht der Abschlußprüfer übersenden.[122)] Außerdem haben die Aktionäre jederzeit die Möglichkeit, die Hauptversammlungsprotokolle der zurückliegenden Jahre am Gesellschaftssitz einzusehen und von ihnen Kopien anzufertigen.[123)]

---

117) Vgl. para. 14.17 der Listing Rules.

118) Para. 14.1 lit. b) der Listing Rules. Besonders strenge Anforderungen stellen die Listing Rules, wenn Transaktionen oder Vertragsabschlüsse zwischen der Gesellschaft und einer sogenannten „related party" (z.B. Großaktionäre mit einem Stimmrechtsanteil von über 10 Prozent, amtierende oder ehemalige Direktoren sowie ihnen nahestehende Personen) geplant sind. In diesem Fall muß das circular, das im Vorfeld der über die Billigung des entsprechenden Vorhabens entscheidenden Hauptversammlung an die Aktionäre verschickt wird, u.a. sämtliche Details der angestrebten Transaktion offenlegen, die Interessenlagen der beteiligten Parteien darlegen und unter Umständen sogar die Stellungnahme eines unabhängigen Gutachters enthalten, vgl. para. 11.10 der Listing Rules. Zudem darf die von der Transaktion begünstigte Person nicht bei der entscheidenden Beschlußfassung in der Hauptversammlung mitstimmen, vgl. para. 11.4. lit. d) der Listing Rules.

119) Vgl. para. 14.2 der Listing Rules. Allerdings sieht para. 14.5 einige Ausnahmen vor.

120) Para. 14.3 der Listing Rules.

121) Bzw. derjenigen Hauptversammlung, in der die entsprechenden Dokumente behandelt werden.

122) S. 238.

123) S. 383.

5. Kritik und Verbesserungsvorschläge von seiten des Schrifttums

Im Mittelpunkt der Kritik des Schrifttums am englischen Proxysystem steht die von vielen Autoren geäußerte Überzeugung, daß die gegenwärtige Stimmrechtsvertretungspraxis in einseitiger Weise die Position des Managements stärke und deshalb der Förderung der Aktionärsdemokratie eher abträglich als dienlich sei.[124] Zur Begründung wird auf die mangelnde Regulierung der Aktionärsvertretung sowie auf die wirtschaftlichen und taktischen Vorteile des Managements bei der Einwerbung von Stimmrechtsvollmachten hingewiesen, die nach Ansicht des Schrifttums vor allem darauf beruhen, daß die Verwaltung ihre Stimmrechtskampagnen aus der Gesellschaftskasse finanzieren und mit zeitlichem Vorsprung gegenüber möglichen Opponenten durchführen kann.[125] Diese Verhältnisse – so die Beurteilung der Kritiker – führten dazu, daß die Direktoren umstrittene Beschlüsse mit Hilfe der ihnen erteilten Stimmrechtsvollmachten bereits im Vorfeld der Hauptversammlung für sich entscheiden könnten[126], so daß die einzige Chance der unterlegenen Seite darin bestehe, formale Anfechtungsgründe – etwa durch die Verursachung eines Verfahrensfehlers – zu schaffen oder der Verwaltung Informationen zu den Beschlußgegenständen zu entlocken, die diese den Aktionären in den zusammen mit den Bevollmächtigungsvordrucken versandten Einberufungsschreiben vorenthalten habe.[127]

Die Diskussion um mögliche Verbesserungsvorschläge kreist deshalb vor allem um die Frage, welche zusätzlichen gesetzlichen Maßnahmen erforderlich sind, damit eine annähernde Kampfparität zwischen Verwaltung und Opposition bei der Durchführung von Proxykampagnen hergestellt werden kann. Um verwaltungskritischen Aktionären die rechtzeitige Organisation und Koordinierung ihrer Aktivitäten zu erleichtern, wurde beispielsweise vorgeschlagen, börsennotierte public companies in Zukunft dazu zu verpflichten, das Datum für ihre Jahreshauptversammlung stets bereits ein Jahr im voraus festzulegen und den Jahresabschluß sowie den jährlichen Geschäftsbericht spätestens acht Wochen vor

---

124) Vgl. etwa Gower's principles, S. 579 ff., insbesondere das Resümee auf S. 597: „... the board of widely held public companies are self-perpetuating oligarchies which control the general meeting rather than it controlling them; ganz ähnlich Mayson/French/Ryan, Company law, S. 388; Farrar's company law, S. 315.

125) Vgl. hierzu die Ausführungen und Nachweise im Kapitel über die proxy fights, oben S. 49 ff..

126) Mayson/French/Ryan, Company law, S. 388.

127) Gower's principles, S. 583. Bezüglich der Informationspflichten, die die Gesellschaftsverwaltung im Zusammenhang mit der Einberufungsbekanntmachung treffen und der Folgen, die sich aus ihrer Verletzung ergeben, wird auf das vorangegangene Kapitel verwiesen.

dem Termin des annual general meeting bekanntzugeben.[128] Außerdem ist angeregt worden, die für die Einbringung eigener Beschlußvorschläge geforderten gesetzlichen Quoren zu senken und die im Zusammenhang mit ihrer Bekanntmachung anfallenden Kosten – in Abweichung zur Regelung der s. 376[129] – der Gesellschaft aufzuerlegen.[130] Andere Kritiker wollen noch einen Schritt weitergehen und die Zulässigkeit des Verwaltungsstimmrechts davon abhängig machen, daß die vertretenen Aktionäre ihre Stimmzettel mit ausdrücklichen Abstimmungsweisungen zu den einzelnen Beschlußpunkten der Tagesordnung versehen.[131] Nach Auffassung dieser Autoren sollte zudem die Auszählung der bei der Gesellschaft hinterlegten Stimmrechtsvollmachten nicht mehr – wie bisher – der Verwaltung, sondern einem von ihr unabhängigen Gremium überantwortet werden.[132]

Ein weiteres Problem, das im Rahmen der kritischen Auseinandersetzung mit dem englischen Proxysystem diskutiert wird, betrifft die Frage, wie den Aktionären – und hiermit sind nicht nur die kleinen Privatanleger, sondern auch die institutionellen Investoren angesprochen – die indirekte Ausübung ihrer Stimmrechte erleichtert und zugleich sichergestellt werden kann, daß sie hierbei nicht schlechter gestellt sind als im Falle einer persönlichen Hauptversammlungsteilnahme. Im ersteren Zusammenhang stellt sich zunächst das Problem, daß mittlerweile zahlreiche Privatanleger ihre Aktien nicht mehr direkt, sondern mittelbar über ein sogenanntes „nominee account" ihrer Depoteinrichtung halten.[133] In diesem Fall ist nicht der eigentliche Investor, sondern die zwischengeschaltete „nominee company" im Verhältnis zur Gesellschaft formell legitimiert und stimmberechtigt mit der Folge, daß der wirtschaftliche Eigentümer der Aktien weder zur Hauptversammlung eingeladen wird, noch die für die Ausübung des Stimmrechts erforderlichen Informationsunterlagen von der Gesellschaft

---

128) Davies, in: Baums/Wymeersch, Shareholder voting rights, S. 331 [350].

129) Vgl. hierzu die Ausführungen oben S. 50 f..

130) Davies, Shareholder voting in the U.K., S. 34. Für den letzteren Vorschlag hat sich auch das Hampel Committee in seinem Abschlußbericht von Januar 1998 ausgesprochen, vgl. para. 5.16 des „Final Report of the Committee on Corporate Governance".

131) Sheikh/Rees, Corporate governance & corporate control, S. 236.

132) Die beiden Autoren erwägen sogar die Möglichkeit, das gesamte Proxysystem abzuschaffen und das Stimmrecht auf persönlich in der Hauptversammlung anwesende Aktionäre zu beschränken, vgl. Sheikh/Rees, Corporate governance & corporate control, S. 236.

133) Farrar's company law, S. 308 (Fn. 2); Davies, in: Baums/Wymeersch; Shareholder voting rights, S. 331 [341, 345]; para. 5.25 des Abschlußberichts des Hampel Committee. Zu den Gründen vgl. Gower's principles, S. 596.

zugesandt erhält.[134)] Um zu verhindern, daß auf diese Weise der Einfluß der Privatanleger auf die Willensbildung der Gesellschaft immer weiter abnimmt, wird gegenwärtig darüber beraten, ob den betroffenen Investoren nicht eine gesetzliche Option eingeräumt werden soll, so behandelt zu werden, als wenn sie selbst – und nicht der zwischengeschaltete „Nominee" – im Verhältnis zur Gesellschaft formell legitimiert wären.[135)] Außerdem haben sowohl der „Pensions and Investment Research Consultants" (PIRC), einer der drei großen etablierten voting services für institutionelle Anleger[136)], als auch das Hampel Committee vorgeschlagen, die Einberufungsfrist für das annual general meeting auf mindestens 20 Werktage zu verlängern, damit sich institutionelle Investoren im Vorfeld der Hauptversammlungen ausführlicher mit ihren voting advisory services und Fondsmanagern über die Ausübung ihrer Stimmrechte beraten können.[137)]

Im Zusammenhang mit der Frage, welche Maßnahmen erforderlich sind, um dem Aktionärswillen im Rahmen der Stimmrechtsvertretung die gleiche Geltung zu verschaffen wie im Falle einer persönlichen Hauptversammlungsteilnahme, werden schließlich drei Vorschläge diskutiert. Zum einen berät das Department of Trade and Industry darüber, ob Aktionärsvertretern ebenso wie persönlich in der Hauptversammlung anwesenden Aktionären ein Rederecht eingeräumt werden sollte, so daß sie die Möglichkeit hätten, die Standpunkte ihrer Vollmachtgeber der Aktionärsöffentlichkeit gegenüber zu erläutern.[138)] Zum anderen hat das Hampel Committee im Januar 1998 vorgeschlagen, daß Gesellschaften im Vorfeld einer jeden Hauptversammlung die bei ihr hinterlegten Stimmrechtsvollmachten auszählen und das hierbei festgestellte Stimmenergebnis im Anschluß an die Durchführung des „show of hands" separat verkünden

---

134) Vgl. para. 5.25 des Abschlußberichts des Hampel Committee sowie die Ausführungen im Kapitel zum aktienrechtlichen Informationssystem. Zur analogen Problematik in der US-amerikanischen Rechtspraxis vgl. ferner die Darstellung bei Hoffmann, Systeme der Stimmrechtsvertretung, S. 97 f..

135) Allerdings ist nicht geklärt, ob die Hauptverantwortung für die Bewerkstelligung dieses Ergebnisses gegebenenfalls der Portfoliogesellschaft oder aber der ihr gegenüber formell berechtigten Depoteinrichtung auferlegt werden soll, vgl. Davies, Shareholder voting in the U.K., S. 55; Gower's principles, S. 596.

136) Vgl. hierzu die Ausführungen oben S. 40 f..

137) Vgl. para. 5.21 des Abschlußberichts des Hampel Committee; Davies, Shareholder voting in the U.K., S. 20.

138) Davies, Shareholder voting in the U.K., S. 51. Diese Idee ist vom Hampel Committee (vgl. para. 5.16 des Abschlußberichts) ausdrücklich gutgeheißen worden.

sollten.[139] Durch diese Maßnahme soll erreicht werden, daß auch dann, wenn im Anschluß an das „show of hands" keine zweite Abstimmung im Wege des „poll" durchgeführt wird und somit die erteilten Stimmrechtsvollmachten im Rahmen der Beschlußfassung keine Berücksichtigung finden, zumindest sichergestellt ist, daß dem Willen der vertretenen Aktionäre in der Hauptversammlung Gehör verschafft wird.[140] Andere Stimmen gehen sogar noch einen Schritt weiter und fordern die völlige Abschaffung des „show of hands", da – so ihre Argumentation – diese Abstimmungsmethode nicht nur den Gesellschaftswillen in äußerst verzerrter Weise widerspiegele, sondern auch dafür verantwortlich sei, daß zahlreiche Aktionäre aus Ungewißheit darüber, ob ihre Vollmachtsstimmrechte in der Hauptversammlung überhaupt ausgeübt würden, von vornherein auf die Bevollmächtigung eines Stimrechtsvertreters verzichteten.[141]

Wohl nicht zuletzt aus diesem Grund hat das Hampel Committee im Jahre 1998 in Erwägung gezogen, eine Empfehlung auszusprechen, wonach public companies ihren Aktionären bei sämtlichen Beschlußfassungen die Möglichkeit einräumen sollten, ihr Stimmrecht per Briefwahl („postal vote") auszuüben. In seinem Abschlußbericht hat es sich jedoch von dieser ursprünglichen Idee ausdrücklich distanziert.[142] Zur Begründung wurde vor allem auf die Gefahr hingewiesen, daß durch die generelle und obligatorische Einführung der Briefwahl die Funktion der Hauptversammlungsdebatte in Frage gestellt werden könnte. Indes lassen bereits heute die Satzungen einiger Gesellschaften die Abstimmung im Wege der Briefwahl ausdrücklich zu.[143] In der Praxis ist von dieser Möglichkeit allerdings bisher kaum Gebrauch gemacht worden.[144]

---

139) Vgl. para 5.14 des Abschlußberichts des Hampel Committee. Die Bekanntgabe, wieviele Vollmachtsstimmen für oder gegen den jeweiligen Beschlußvorschlag abgegeben worden sind, soll zudem unabhängig davon erfolgen, ob im Anschluß an die Durchführung der Beschlußfassung im Wege des „show of hands" ein „poll" beantragt wird oder nicht.

140) Para. 5.14 des Abschlußberichtes des Hampel Committee. Zu den begrenzten Mitwirkungsrechten des Stimmrechtsvertreters im Rahmen eines „show of hands" vgl. die Ausführungen oben S. 42 f..

141) Davies, in: Baums/Wymeersch, Shareholder voting rights, S. 331 [342] mit Verweis auf Pensions and Investment Research Consultants (PIRC), The annual general meeting: a focus for shareholder involvement, 1996, S. 9 f..

142) Im Final Report of the Committee on Corporate Governance, para. 5.14 heißt es hierzu lakonisch: „... time was not ripe for a radical change of this kind".

143) Gower's principles, S. 591; Davies, Shareholder voting in the U.K., S. 44.

144) Davies, Shareholder voting in the U.K., S. 44. Überraschend daher die Feststellung der DSW-Europastudie, S. 41, in England sei die Briefwahl weit verbreitet.

VI. Zusammenfassung und Stellungnahme

Zumindest bisher ist der Problematik der institutionellen Stimmrechtsvertretung in England nicht dasselbe Maß an Aufmerksamkeit entgegengebracht worden wie in anderen europäischen Mitgliedstaaten. Abgesehen von der Tatsache, daß das englische Aktienrecht – im Unterschied zu den Aktiengesetzen zahlreicher kontinentaleuropäischer Staaten – keine praktisch bedeutsamen konstitutiven Quoren vorsieht und die professionelle Aktionärsvertretung somit nicht dazu berufen ist, die Beschlußfähigkeit der Hauptversammlung in einem streng technischen Sinne sicherzustellen, dürfte für dieses Phänomen vor allem der Umstand verantwortlich sein, daß sich das Kapital der börsennotierten Unternehmen zum weitaus größten Teil in den Händen institutioneller Investoren befindet, die bei der Ausübung ihrer Stimmrechte bereits von ihren verbandsinternen „voting advisory services" unterstützt werden.

Der Minderheit der kleinen Privatanleger hingegen bereitet die indirekte Ausübung ihres Stimmrechts größere Schwierigkeiten. Zwar garantiert ihnen s. 372 des Companies Act 1985 das Recht, sich auf der Hauptversammlung durch eine Person ihrer Wahl vertreten zu lassen. Angesichts der Tatsache, daß Stimmrechtsvertreter („proxies") im Unterschied zu den sogenannten „corporative representatives" der institutionellen Investoren nur bei einem „poll", nicht aber bei Beschlußfassungen im Wege eines „show of hands" mitstimmen dürfen, kommt es in der Praxis jedoch häufig vor, daß die dem Stimmrechtsvertreter anvertrauten Vollmachtsstimmrechte in der Hauptversammlung gar nicht zur Ausübung gelangen. Hinzu kommt, daß sich weder Banken noch Aktionärsvereinigungen den Aktionären gegenüber zur Ausübung ihrer Stimmrechte erbieten, so daß diese in aller Regel auf eine Stimmrechtsvertretung durch die Gesellschaftsverwaltung angewiesen sind. In börsennotierten public companies ist das Verwaltungsstimmrecht sogar quasi – institutionalisiert, da die Listing Rules der Stock Exchange die Verwalter dazu verpflichten, vor jeder Hauptversammlung Bevollmächtigungsformulare an sämtliche Aktionäre der Gesellschaft zu versenden. Hierdurch wird die Machtposition des Managements in nicht unerheblichem Maße verfestigt. Denn bei der Einholung der Stimmrechtsvollmachten befindet sich die Gesellschaftsverwaltung gegenüber potentiellen Opponenten in einer unter Zeit- und Kostenaspekten günstigeren strategischen Ausgangsposition. Zudem existieren zuwenige verfahrenstechnische bzw. das Ausübungsermessen der Verwaltung begrenzende Vorschriften, an die das Management bei der Einholung und Ausübung von Aktionärsvollmachten gebunden ist. Der Companies Act 1985 schreibt lediglich vor, daß sofern die Versendung der Gesuchsschreiben aus der Gesellschaftskasse finanziert wird, die entsprechenden Anschreiben an sämtliche Aktionäre der Gesellschaft verschickt werden müssen und daß in börsennotierten public companies die von der Gesellschaft verwendeten Vollmachtsformulare so auszugestalten sind, daß die Aktionäre stets die Möglichkeit haben, für oder gegen jeden einzelnen Beschlußvorschlag zu stimmen und die Person ihres Stimmrechtsvertreters frei zu bestimmen. Einen gesetzlich festgeschriebenen Zwang, die Aktionäre bei der Einholung von Stimmrechtsvollmachten zur Erteilung von konkreten Abstimmungsweisungen aufzufordern, statuiert der Companies Act hingegen ebensowenig wie eine ausdrückliche gesetzliche Verpflichtung der Verwalter, eine ihnen angetragene Stimmrechtsvertretung auch dann durchzuführen, wenn ihnen etwaige Abstimmungsweisungen des Vollmachtgebers nicht genehm sein sollten. Eine entsprechende Verpflichtung läßt sich allenfalls – und auch nur indirekt – aus den Listing Rules der Stock Exchange ableiten, wonach der Aktionär in dem von der Gesellschaft verwendeten Vollmachtsvordruck stets darauf hingewiesen werden muß, daß, falls er keine spezifischen Weisungen zu den verschiedenen Tagesordnungspunkten erteilen sollte, sein Stimmrechtsvertreter berechtigt ist, nach eigenem Ermessen zu entscheiden, ob und gegebenenfalls in welchem Sinne er die ihm anvertrauten Vollmachtsstimmrechte ausüben möchte. Um dem Aktionär die interessengerechte Ausübung seines Stimmrechts zu erleichtern, sollte deshalb ein entsprechender Kontrahierungszwang – zumindest für die Verwalter – und unabhängig davon, ob es sich im Einzelfall um ein börsennotiertes oder nicht börsennotiertes Unternehmen handelt – ausdrücklich im Gesetz festgeschrieben werden.

Im Gegensatz zu den spärlichen und recht ineffektiven verfahrenstechnischen Vorschriften der Stimmrechtsvertretung ist das aktienrechtliche Informationssystem weitaus detaillierter und schutzintensiver ausgestaltet worden; ganz abgesehen davon, daß die Zurverfügungstellung der für eine sachgerechte Stimmabgabe erforderlichen Informationen nicht im Wege einer anonymen öffentlichen Bekanntmachung, sondern durch die individuelle Unterrichtung jedes einzelnen Aktionärs erfolgt, verdienen sowohl die strengen Offenlegungspflichten für den Fall von Interessenkonflikten in der Person einzelner Verwalter als auch die Tatsache, daß wichtige Verwaltungsvorschläge den Aktionären in einem zuvor von der Börsenaufsichtsbehörde zu kontrollierenden Rundschreiben („circular") begründet und erläutert werden müssen, eine durchaus positive Bewertung. Da das aktienrechtliche Informationssystem in England jedoch – rechtstechnisch gesehen – nicht an die Einholung der Stimmrechtsvollmacht als solche, sondern vielmehr an den Tatbestand der Versendung des Einberufungsschreibens für die Hauptversammlung geknüpft ist, garantiert es den Aktionären andererseits auch keinen lückenlosen Informationsschutz. Dies gilt insbesondere im Hinblick auf Stimmrechtskampagnen, die nicht – wie es üblicherweise der Fall ist – von der Gesellschaftsverwaltung parallel zur Einberufung der Hauptversammlung durchgeführt werden, sondern von unabhängig von der Gesellschaft agierenden geschäftsmäßigen Stimmrechtsvertretern, denen das Gesetz keine spezifischen Informations- oder Erläuterungspflichten bezüglich ihrer eigenen Beschlußanträge auferlegt. Zudem läuft das aktienrechtliche Informationssystem aus Sicht der Aktionäre immer dann leer, wenn – wie es in immer stärkerem Maße auch bei Privatanlegern zu beobachten ist – nicht der eigentliche Investor, sondern – aus verwaltungstechnischen Gründen – die Depotbank oder eine Treuhandgesellschaft im Aktionärsregister der Gesellschaft als Halter der Aktien eingetragen ist. In diesem Fall gelangen vorbehaltlich besonderer Vereinbarungen im Innenverhältnis lediglich die gegenüber der Gesellschaft legitimierten Intermediäre und nicht die wirtschaftlichen Eigentümer der Aktien in den Besitz der Einberufungsunterlagen. Da auf diese Weise die Gefahr besteht, daß die Privatanleger mehr und mehr von der Gesellschaftsinformation und damit auch von der gesellschaftlichen Willensbildung abgeschnitten werden, ist der Vorschlag zu begrüßen, wonach den im Verhältnis zur Gesellschaft eigentlich nicht empfangsberechtigten Personen eine Option auf den Erhalt der Einberufungsunterlagen eingeräumt werden soll.[145)]

Ebenfalls Unterstützung verdienen die Bestrebungen, die die Erweiterung der Mitwirkungsmöglichkeiten von Stimmrechtsvertretern in der Hauptversammlung zum Ziel haben.[146)] In diesem Zusammenhang gilt es eine Lösung zu finden, die garantiert, daß die beauftragten Stimmrechtsvertreter von ihren Vollmachten bei sämtlichen Beschlußfassungen Gebrauch machen können. Nur so kann die Stimmrechtsvertretung gegenüber der persönlichen Hauptversammlungsteilnahme im Sinne einer gleichwertigen Form der Mitwirkung an der gesellschaftlichen Entscheidungsfindung aufgewertet und eine Vielzahl der ansonsten passiven Kleinaktionäre zur Erteilung von Stimmrechtsvollmachten aktiviert werden. Schließlich wäre es auch begrüßenswert, wenn die „voting advisory services“ der institutionellen Investoren nicht nur ausschließlich der eigenen Verbandsklientel, sondern darüber hinaus auch interessierten Privatanlegern ihre Dienste zum Zwecke einer erleichterten Stimmrechtsausübung zur Verfügung stellen würden.

---

145) Siehe oben S. 57.

146) Siehe oben S. 57 f..

C. Das spanische Recht

I. Einführung

Das Recht der spanischen Aktiengesellschaft (sociedad anónima) ist im Jahre 1990 grundlegend erneuert worden. Ausgangspunkt dieser Reform war das am 27. Juli 1989 veröffentlichte Gesetz über die Teilreform und die Anpassung der Handelsgesetzgebung an die Richtlinien der Europäischen Gemeinschaft auf dem Gebiet des Gesellschaftsrechts, welches die am 1. Januar 1990 in Kraft getretene Neufassung des Aktiengesetzes[1] mit sich brachte.[2] Im Zuge dieser breit angelegten Aktienrechtsreform[3] ist auch die Regelung der Stimmrechtsvertretung der Aktionäre auf der Hauptversammlung neu ausgestaltet worden. Bevor die neue Vertretungsregelung, die ihren Niederschlag in den Artt. 106 ff. TRLSA[4] gefunden hat, im einzelnen untersucht wird, soll jedoch zum besseren Verständnis derselben zunächst ein kurzer Überblick über die Organisation und die Stellung der Hauptversammlung im spanischen Recht gegeben werden.

II. Die Organisation der Hauptversammlung (junta general) im spanischen Aktienrecht

Ebenso wie das deutsche Recht unterscheidet das spanische zwischen ordentlichen und außerordentlichen Hauptversammlungen. Die ordentliche Hauptversammlung muß gemäß Art. 95 innerhalb der ersten sechs Monate eines jeden Geschäftsjahres zusammentreten, um über die Entlastung des Verwaltungsrats

---

1) Texto Refundido de la Ley de Sociedades Anónimas (TRLSA).

2) Vgl. Reckhorn-Hengemühle, Die spanische Aktiengesellschaft, Seite V. Parallel zur Reform des Aktiengesetzes wurden außerdem zahlreiche Vorschriften des Handelsgesetzbuchs (Código de Comercio), die die unternehmerische Buchführung und den Jahresabschluß betreffen, überarbeitet, vgl. Reckhorn-Hengemühle, Die spanische Aktiengesellschaft, S. 1.

3) Diese befaßte sich unter anderem mit Fragen der Kapitalausstattung, der internen Machtverteilung, der Kontrollorganisation und des Anlegerschutzes, vgl. Reckhorn-Hengemühle, Die spanische Aktiengesellschaft, S. 2 f..

4) Artikel ohne nähere Bezeichnung sind im folgenden solche des TRLSA.

(consejo de administración)[5] zu beschließen, den Jahresabschluß festzustellen, über die Verwendung des Ergebnisses zu entscheiden und gegebenenfalls die Verwaltungsratsmitglieder und die externen Abschlußprüfer (auditores)[6] neu zu wählen. Dagegen werden alle Versammlungen, die außerhalb dieser gesetzlich geregelten Periodizität stattfinden, gemäß Art. 96 als außerordentliche Hauptversammlungen angesehen.[7] Die Unterscheidung hat also keine Bedeutung für die Art der Beschlußfassungsinhalte, mit denen die jeweiligen Hauptversammlungen befaßt werden können. Das gleiche gilt im Hinblick auf die Modalitäten der Einberufung. Gemäß Art. 97 erfolgt diese in beiden Fällen spätestens 14 Tage vor dem anberaumten Hauptversammlungstermin durch eine öffentliche Bekanntmachung[8] im Amtsblatt des Handelsregisters („Boletín Oficial del Registro Mercantil") und in einer der am meisten verbreiteten Tageszeitungen der Provinz. Außerdem sind die Depotbanken im Rahmen der Wertpapierverwaltung dazu verpflichtet, ihre Effektenkunden auf bevorstehende Hauptversammlungen ihrer Portfoliogesellschaften aufmerksam zu machen (Art. 308 Código de Comercio).

---

5) Das spanische Aktienrecht kennt keinen Aufsichtsrat nach Vorbild des deutschen Rechts. Anders als das französische Aktiengesetz in den Artt. 118 ff. läßt es das dualistische Strukturmodell auch nicht als Alternative zu. Nachdem mit der Aktienrechtsreform von 1989 auch das ehemalige Aufsichtsorgan der internen Bilanzprüfer abgeschafft worden ist, hat sich das spanische Recht in deutlicher Weise dem monistischen Strukturmodell des englischen Rechts angenähert, wenngleich dem Aktiengesetz Spaniens die Unterscheidung zwischen executive und non executive directors unbekannt ist, vgl. Reckhorn-Hengemühle, Die spanische Aktiengesellschaft, S. XV; Tapia Hermida, Institutional investors and corporate control in spanish perspective, S. 399 [405].

6) Die externen Abschlußprüfer, deren Hauptaufgabe in der Überprüfung des Jahresabschlusses und des Lageberichts liegt, werden mitunter sogar als eigenständiges Kontrollorgan der Aktiengesellschaft angesehen, vgl. etwa Broseta Pont, Manual de derecho mercantil, S. 274.

7) Gemäß Art. 100 Abs. 2 sind die Verwalter verpflichtet, eine außerordentliche Hauptversammlung einzuberufen, wenn Aktionäre, die zusammen mindestens 5 Prozent des Gesellschaftskapitals auf sich vereinigen, unter Angabe der in der Versammlung zu behandelnden Gegenstände dies beantragen. Da das spanische Aktiengesetz – anders als das deutsche (vgl. § 122 Abs. 2 AktG) – den Aktionären nicht das Recht zugesteht, einen zusätzlichen Beschlußpunkt auf die Tagesordnung einer durch die Verwalter einberufenen Hauptversammlung zu setzen (hinsichtlich dieser Besonderheit des spanischen Rechts vgl. etwa Juste Mencía, Los derechos de minoría en la sociedad anónima, S. 262 f.), ist die Vorschrift von elementarer Bedeutung.

8) In dieser müssen gemäß Art. 97 neben Zeit und Ort der Versammlung auch die Beschlußpunkte der Tagesordnung angegeben werden. Die Mitteilung der Beschlußvorschläge der Verwaltung ist demgegenüber nicht erforderlich.

Soweit Satzung oder Gesetz nichts anderes anordnen, entscheiden die Aktionäre in der Hauptversammlung durch Mehrheitsbeschluß (Art. 93). In Abweichung zum deutschen Recht sieht das spanische Aktiengesetz daneben auch konstitutive Quoren im Sinne einer zur Beschlußfassung erforderlichen Mindestkapitalpräsenz vor, deren Höhe zum einen von der Art des Beschlußgegenstandes, zum anderen aber auch davon abhängt, ob die beschließende Hauptversammlung in erster oder zweiter Einberufung zusammentritt. Im Zuge der Aktienrechtsreform von 1989 sind diese Quoren jedoch deutlich gesenkt worden. Ziel dieser Reduzierung war zum einen die Erreichung einer höheren Tagungseffizienz.[9)] Vor allem aber wollte der Gesetzgeber mit dieser Maßnahme – dem weitverbreiteten Desinteresse der Kleinaktionäre und sinkenden Hauptversammlungspräsenzen[10)] Rechnung tragend – die Funktionsfähigkeit der Hauptversammlung auch weiterhin gewährleisten.[11)] So sieht das neue Gesetz in Art. 102 nur noch für den Fall der ersten Einberufung der Hauptversammlung ein Quorum für deren Beschlußfähigkeit vor, und auch dieses ist von ehemals 50 Prozent[12)] auf nunmehr 25 Prozent des gezeichneten Kapitals mit Stimmrecht[13)] gesenkt worden.

Will die Hauptversammlung hingegen über die Ausgabe von Schuldverschreibungen, die Erhöhung oder Herabsetzung des Kapitals, die Umwandlung, Fusion oder Spaltung der Gesellschaft beschließen oder soll die Satzung geändert werden, gilt die Sonderregelung des Art. 103. Zur Vermeidung von extremen Zufallsmehrheiten bei diesen wichtigen Beschlußfassungen ist hiernach für die Beschlußfähigkeit der Hauptversammlung in erster Einberufung eine Mindestpräsenz von 50 Prozent und in zweiter Einberufung eine Mindestpräsenz von 25 Prozent[14)] des gezeichneten Kapitals mit Stimmrecht erforderlich. Falls nach der zweiten Einberufung die Hauptversammlungspräsenz unter 50 Prozent liegt, können die erwähnten Beschlüsse allerdings nur mit der Zustimmung von zwei Dritteln des in der Hauptversammlung vertretenen Kapitals gefaßt werden (Art. 103 Abs. 2).

---

9) Reckhorn-Hengemühle, Die spanische Aktiengesellschaft, S. 33.

10) Nach Auskunft von Herrn Dr. Alberto J. Tapia Hermida von der Universität Complutense in Madrid liegt die Kapitalpräsenz auf den Hauptversammlungen der spanischen börsennotierten Gesellschaften im Durchschnitt bei lediglich ca. 40 Prozent.

11) Uría/Menéndez/Muñoz Planas, La junta general, S. 132 f. und S. 141.

12) So noch Art. 51 des Aktiengesetzes von 1951.

13) Im Aktiengesetz von 1989 ist erstmals auch die Ausgabe von Vorzugsaktien ohne Stimmrecht vorgesehen.

14) Das Aktiengesetz von 1951 sah in Art. 58 für diese Fälle noch Quoren von zwei Dritteln bzw. 50 Prozent des Gesamtgrundkapitals vor.

III. Das Vertretungssystem des Aktiengesetzes von 1951

Das Recht des Aktionärs, sich bei der Ausübung seiner Mitverwaltungsrechte, insbesondere seines Stimmrechts, in der Hauptversammlung vertreten zu lassen, ist in Spanien zum ersten Mal in Art. 60 des Aktiengesetzes von 1951[15] ausdrücklich anerkannt worden und damit später als in den meisten anderen europäischen Staaten.[16] Die genannte Vorschrift, die in wesentlichen Punkten der Vertretungsregelung des italienischen Codice Civile des Jahres 1942 nachgebildet war[17], zeichnete sich durch eine sehr restriktive Handhabung insbesondere der institutionellen Stimmrechtsvertretung aus. Im Mittelpunkt stand dabei das an juristische Personen und deren Vertreter auf Hauptversammlungen gerichtete Verbot, im Auftrag von Aktionären deren Stimmrechte auszuüben.[18] Hiermit – darüber ist man sich im spanischen Schrifttum seit jeher einig gewesen[19] – hatte der Gesetzgeber von 1951 vor allem ein Ziel verfolgt: Die Banken, die in der spanischen Gesellschaftspraxis traditionell den Hauptanteil der Kleinaktionäre vertreten hatten[20], sollten durch diese Maßnahme daran gehindert werden, die von ihren Depotkunden erteilten Stimmrechtsvollmachten im eigenen Interesse auszuüben und auf diesem Wege ohne eigenen Kapitaleinsatz Kontrolle über die betroffenen Unternehmen zu erlangen.

Wenngleich man sich in der Literatur auch nicht gegen die Zielsetzung als solche wandte, herrschte jedoch Einigkeit darüber, daß die in Art. 60 LSA vorgesehene Regelung zur Erreichung dieses Ziels vollkommen ungeeignet war.[21]

---

15) Ley de Sociedades Anónimas, im folgenden mit LSA abgekürzt.

16) In den anderen kontinentaleuropäischen Staaten fand das Recht des Aktionärs auf Stimmrechtsvertretung bereits in der Mitte des 19. Jahrhunderts gesetzliche Anerkennung: in Italien ab 1865, in Frankreich ab 1867, in Belgien seit 1873 und in Portugal seit 1888.

17) Roncero Sánchez, La representación, S. 68.

18) Zudem eröffnete Art. 60 LSA die Möglichkeit, das Vertretungsrecht des Aktionärs auf statutarischem Wege auszuschließen, vgl. hierzu Uría/Menéndez/Muñoz Planas, La junta general, S. 194/195; Girón Tena, Derecho de sociedades anónimas, S. 293.

19) Sánchez Calero, Instituciones de derecho mercantil, S. 231; Rodríguez Artigas/Quijano González, Jornadas sobre la reforma de las sociedades de capital, S. 121 [161]; Aranguren Urriza, Los órganos de la sociedad anónima, S. 455 [548]; Uría/Menéndez/Muños Planas, La junta general, S. 195.

20) Roncero Sánchez, La representación, S. 68.

21) Garriguez/Uría González, Comentario a la ley de sociedades anónimas, S. 678 f.; Girón Tena, Derecho de sociedades anónimas, S. 293 f.; Uría/Menéndez/Muñoz Planas, La junta general, S. 195; Rubio, Curso de derecho de sociedades anónimas, S. 349 behauptet in diesem Zusammenhang, daß der Gesetzgeber nicht genug Mut gehabt habe, ein direktes und wirkungsvolles Verbot des Depotstimmrechts durchzusetzen.

So konnte das genannte Vertretungsverbot von den Banken nicht nur mit Hilfe von Blankovollmachten systematisch umgangen werden.[22] Als viel bedenklicher noch wurde vom Schrifttum die Tatsache eingestuft, daß der Gesetzgeber im blinden Vertrauen auf die Wirksamkeit des Verbots von der Schaffung jeglicher Sonderregelungen für Fälle der institutionellen Stimmrechtsvertretung abgesehen hatte und damit keine gesetzlichen Mindeststandards im Hinblick auf Verhaltenspflichten institutioneller Stimmrechtsvertreter existierten.[23] Auch wurde kritisiert, daß der spanische Gesetzgeber bei seiner Regelung allzu einseitig auf das Problem des Depotstimmrechts der Banken fixiert gewesen sei, die besondere Problematik der Stimmrechtsvertretung durch Verwalter und Arbeitnehmer der Gesellschaft hingegen völlig außer acht gelassen habe.[24]

Die genannten Lücken und Schwachstellen des alten Vertretungssystems haben im Laufe der Zeit den Ruf nach einer differenzierenden und den Realitäten besser gerecht werdenden Regelung immer lauter werden lassen.[25]

IV. Der Reformprozeß

Den ersten konkreten Anstoß in Richtung auf eine solche Reform stellte ein Gesetzesentwurf für eine Aktienrechtsreform aus dem Jahre 1979 dar, der unter anderem auch eine Neuregelung für den Bereich der Stimmrechtsvertretung der Aktionäre vorsah.[26] Aber auch dieser Neuvorschlag war noch stark vom restriktiven Einschlag des italienischen Stimmrechtsvertretungssystems gefärbt. So sollte zwar die vielkritisierte und gegen das Depotstimmrecht der Banken gerichtete Vorschrift abgeschafft werden, nach der es juristischen Personen verboten war, sich als Stimmrechtsvertreter zu betätigen. Im Gegenzug und quasi als Kompensation dazu sollte jedoch ein bis dahin nicht existierendes Vertre-

---

22) Das Vertretungsverbot für juristische Personen und deren Hauptversammlungsvertreter konnte von den Banken zulässigerweise und ohne Schwierigkeiten dadurch umgangen werden, daß sie sich zunächst von ihren Depotkunden Blankovollmachten erteilen ließen und später – nach entsprechender Ausfüllung der Blankoformulare – eine Person ihres Vertrauens mit der Ausübung der Kundenstimmrechte beauftragten, die nicht bereits mit der Ausübung der bankeigenen Stimmrechte befaßt war, vgl. Uría/Menéndez/Muñoz Planas, La junta general, S. 195; Pedrol, RDP 1967, 917 [939].

23) Roncero Sánchez, La representación, S. 69.

24) Rodríguez Artigas/Quijano González, Jornadas sobre la reforma de las sociedades de capital, S. 121 [161].

25) Rodríguez Artigas, La representación, S. 29.

26) Rodríguez Artigas, La representación, S. 29.

tungsverbot für die Verwalter, Direktoren und Arbeitnehmer der Gesellschaft eingeführt werden sowie eine Regelung, wonach eine einzelne Person in der Hauptversammlung börsennotierter Gesellschaften maximal ein Prozent des Grundkapitals repräsentieren durfte.

Wenngleich die vorgeschlagene Neuregelung aufgrund des Scheiterns der Aktienrechtsreform von 1979 nicht Gesetz wurde, ist sie im Jahre 1987 nahezu wörtlich von einem Referentenentwurf des Justizministeriums übernommen worden, auf dessen Grundlage die heutige Regelung der Artt. 106 ff. – wenn auch erst nach zahlreichen Abänderungen im Laufe eines langwierigen und schwierigen Gesetzgebungsprozesses – entstanden ist.[27)] Hauptmerkmal dieses Prozesses war die sich in immer stärkerem Maße abzeichnende Tendenz des Reformgesetzgebers zu einer Liberalisierung der Stimmrechtsvertretung, in deren Gefolge die im Ausgangsentwurf ursprünglich enthaltenen Vertretungsverbote für Verwalter und Direktoren der Gesellschaft sowie andere darin vorgesehene Beschränkungen[28)] schließlich fallen gelassen wurden. Die Motive für diesen gesetzgeberischen Sinneswandel waren vielfältiger Natur. In diesem Zusammenhang hat nicht nur der politische Widerstand derjenigen eine Rolle gespielt, die von den Vertretungsverboten unmittelbar betroffen gewesen wären.[29)] Hinzu kam vor allem die Überzeugung des Gesetzgebers, daß nur ein von pauschalen Verboten und Restriktionen befreiter, flexibler Vertretungsmechanismus ein geeignetes Instrument im Kampf gegen den „poderoso absentismo“, also das weitverbreitete Phänomen des Fernbleibens der Kleinaktionäre von den Hauptversammlungen der großen Publikumsgesellschaften, sein könne.[30)] Einen weiteren, nicht zu unterschätzenden Grund für die Neuorientierung des Gesetzgebers stellte schließlich die Regelung der Stimmrechtsvertretung im Rahmen des

---

27) Rodríguez Artigas, La representación, S. 34.

28) Etwa die Bestimmung, daß ein und derselbe Vertreter nicht mehr als ein Prozent des Gesellschaftskapitals repräsentieren darf.

29) Rodríguez Artigas, La representación, S. 34 zieht jedoch auch diesen Umstand als Erklärungsursache heran.

30) Das Bemühen des spanischen Gesetzgebers, die Hauptversammlung trotz drastisch sinkender Hauptversammlungspräsenzen auch weiterhin funktionsfähig zu halten, spiegelt sich außer bei der Regelung der Stimmrechtsvertretung auch noch in zwei anderen Bereichen der Aktienrechtsreform von 1989 wider: zum einen im Bereich der für die Beschlußfähigkeit der Hauptversammlung erforderlichen Quoren, die im Vergleich zur Regelung von 1951 erheblich gesenkt worden sind, zum anderen auch in der Einführung der stimmrechtslosen Vorzugsaktie. Denn mit der Schaffung dieser neuen Aktiengattung hat der Gesetzgeber nicht zuletzt das Ziel verfolgt, die rein gewinnorientierten Anleger bei der Berechnung der konstitutiven Quoren von vornherein außer Betracht zu lassen und dadurch die Präsenzquote zu erhöhen, vgl. hierzu Broseta Pont, Manual de derecho mercantil, S. 263.

modifizierten Vorschlags für eine fünfte gesellschaftsrechtliche Richtlinie (Strukturrichtlinie) dar, die in ihrer ebenfalls liberalen Grundausrichtung Vorbildfunktion bei der Ausarbeitung des neuen spanischen Vertretungssystems hatte.[31)]

V. Die neue spanische Vertretungsregelung

Als Konsequenz der zahlreichen beschriebenen Einflußfaktoren ist mit den Artt. 106 ff. TRLSA schließlich eine Regelung entstanden, die sich von ihrer Grundkonzeption her ganz wesentlich von der Vorgängerregelung des Aktiengesetzes von 1951 unterscheidet. Während der Gesetzgeber im Jahre 1951 noch meinte, der Gefahr von Machtmißbräuchen institutioneller Vertreter nur auf dem Wege gezielter Verbote begegnen zu können, ist er im Rahmen der neuen Regelung dazu übergegangen, diese Fälle einer differenzierenden Sonderregelung zu unterwerfen, die den Vertreter stärker an die Interessen des vertretenen Aktionärs binden soll.

Ein weiterer wichtiger Unterschied zwischen der neuen und der alten Vertretungsregelung besteht darin, daß das Recht des Aktionärs, sich in der Hauptversammlung vertreten zu lassen, als solches nicht mehr zur Disposition der jeweiligen Gesellschaftssatzung gestellt ist[32)], sondern durch diese gemäß Art. 106 Abs. 1 Satz 2 lediglich eingeschränkt werden kann.[33)]

---

31) Rodríguez Artigas, La representación, S. 43 und S. 74.

32) Art. 60 LSA von 1951 und der Referentenentwurf von 1987 sahen noch die Möglichkeit vor, daß die Satzung dieses Recht aufheben konnte.

33) Diese Vorschrift wird in dem Sinne interpretiert, daß die Satzung bestimmte Personen als Vertreter ausschließen oder bestimmte Eigenschaften (häufig die Aktionärseigenschaft zur Abwehr gesellschaftsfremder Einflüsse) in der Person des Vertreters verlangen kann, vgl. etwa García Luengo/Soto Vázquez, El nuevo régimen jurídico, S. 501; Uría/Menéndez/Muñoz Planas, La junta general, S. 199. Ebenso kann die Satzung die Zulässigkeit der Vertretung von der vorherigen Erfüllung zusätzlicher Formerfordernisse oder anderer Voraussetzungen (etwa der Erteilung von Weisungen durch den Aktionär) abhängig machen. Unzulässig wäre dagegen eine Satzungsbestimmung, wonach sich ein Aktionär bei bestimmten Beschlußfassungen überhaupt nicht vertreten lassen kann, vgl. Roncero Sánchez, La representación, S. 118.

1. Überblick über die Grundstruktur der neuen Regelung

Das neue spanische Aktiengesetz enthält keine Aussage mehr darüber, wer zur Vertretung von Aktionären in der Hauptversammlung befugt ist und wer nicht. Unbeschadet anderslautender Satzungsbestimmungen[34)] kann diese Funktion deshalb sowohl von den Depotbanken, der Gesellschaft und ihren Verwaltern, als auch von jeder anderen natürlichen oder juristischen Person wahrgenommen werden[35)] und zwar unabhängig davon, ob sie Aktionär ist[36)] und in welcher rechtlichen oder tatsächlichen Beziehung sie zur Gesellschaft steht. Um jedoch zu verhindern, daß das brachliegende Stimmrechtspotential der vielen Kleinaktionäre unkontrolliert von den Banken, Gesellschaftsverwaltern oder professionellen Vertretern zur Durchsetzung ihrer jeweiligen Eigeninteressen mißbraucht werden kann, hat der Gesetzgeber die institutionelle Vertretung in einer eigenen Vorschrift, dem Art. 107, gesondert geregelt. Weniger Kontroll- und Regulierungsbedarf sieht er demgegenüber in den Fällen, in denen der Aktionär seinen Ehegatten, einen Verwandten gerader Linie oder einen Generalbevollmächtigten zur Verwaltung seines Vermögens mit der Ausübung seines Stimmrechts beauftragt. Für diese Fälle der sogenannten „representación familiar" sieht Art. 108 weitreichende Erleichterungen vor. Art. 106 enthält schließlich wichtige Bestimmungen allgemeiner Natur, die – abgesehen von einigen Ausnahmen im Bereich der soeben erwähnten „representación familiar" – für alle Formen der Stimmrechtsvertretung gelten und aus diesem Grunde auch zuerst behandelt werden sollen.

2. Die allgemeinen Vorschriften

a) Die Person des Vertretenen

Art. 106 Abs. 1 S. 1 legt zunächst den Kreis der Personen fest, die sich zwecks Ausübung ihrer Rechte in der Hauptversammlung vertreten lassen können. Dies sind zunächst alle teilnahmeberechtigten Aktionäre der Gesellschaft, wobei es nicht darauf ankommt, ob diesen ein Stimmrecht zusteht oder nicht.[37)] Über den

---

34) Vgl. hierzu die Ausführungen in der vorangegangenen Fußnote.

35) Lediglich außerhalb des spanischen Aktiengesetzes existieren an verstreuten Stellen einzelne – allerdings praktisch weniger bedeutsame – Ausnahmeregelungen, auf die im Rahmen der Behandlung des Art. 107 noch einzugehen sein wird.

36) Gemäß Art. 106 Abs. 1 S. 1 braucht der Vertreter nicht unbedingt Aktionär der Gesellschaft zu sein.

37) Vertreten lassen kann sich also auch der Inhaber von Vorzugsaktien ohne Stimmrecht.

Wortlaut der genannten Vorschrift hinaus wird dieses Recht allerdings auch den teilnahmeberechtigten Pfandgläubigern und Nießbrauchsinhabern zuerkannt.[38)] Die im spanischen Recht erfolgte Anbindung des Vertretungsrechts an das Teilnahmerecht des Aktionärs führt zudem zu einem Sonderproblem, was sich daraus ergibt, daß gemäß Art. 105 Abs. 1 die Satzung die Teilnahme an der Hauptversammlung vom Besitz einer Mindestanzahl von Aktien abhängig machen darf.[39)] In diesem Fall müssen sich diejenigen Aktionäre, die selbst nicht über die geforderte Menge an Aktien verfügen, zum Zwecke der Erreichung der festgelegten Mindestanzahl zusammenschließen und können erst im Anschluß hieran einen gemeinsamen Vertreter in die Hauptversammlung entsenden.

b) Schriftformerfordernis

Art. 106 Abs. 2 bestimmt, daß die Vollmacht schriftlich zu erteilen ist. Da die Schriftform den Nachweis und eine – unter Umständen notwendig werdende[40)] – spätere Überprüfung der Legitimation des Vertreters ermöglichen soll[41)], kann die Gesellschaftssatzung auf dieses Formerfordernis nicht verzichten.[42)] Streitig ist hingegen, ob auf statutarischem Wege strengere Formvorschriften für die Vollmachtserteilung eingeführt werden können.[43)]

Problematisch ist darüber hinaus, inwieweit die Bevollmächtigung per Telegramm, E-Mail oder Fax dem Schriftformerfordernis genügt, da in den genannten Fällen die Authenzität der Bevollmächtigungserklärung nicht ohne weiteres überprüft werden kann.[44)] Nach ganz überwiegender Meinung[45)] wird die Ver-

---

38) Uría/Menéndez/Muñoz Planas, La junta general, S. 199.

39) Angesichts der Tatsache, daß die Funktionsfähigkeit der Hauptversammlung aufgrund der häufig sehr niedrigen Kapitalpräsenzen in starkem Maße bedroht ist, bewerten Rodríguez Artigas/Quijano González, Jornadas sobre la reforma de las sociedades de capital, S. 121 [159] diese Vorschrift als absurden Anachronismus.

40) Etwa im Rahmen einer Anfechtungsklage.

41) Rubio, Curso de derecho de sociedades anónimas, S. 349; Roncero Sánchez, La representación, S. 193.

42) Roncero Sánchez, La representación, S. 194.

43) Für diese Möglichkeit spricht sich Vicent Chuliá, Compendio crítico, S. 519 aus. Demgegenüber vertreten Uría/Menéndez/Muñoz Planas, La junta general, S. 202 und Rodríguez Artigas, La representación, S. 61 den Standpunkt, daß die Schriftform in jedem Falle ausreichend sei.

44) Roncero Sánchez, La representación, S. 201 (Fn. 322) weist in diesem Zusammenhang auf die spanische Gerichtspraxis hin, in der Fotokopien grundsätzlich nur dann als Beweismittel anerkannt werden, wenn sie öffentlich beglaubigt sind.

wendung dieser Medien dann für zulässig erachtet, wenn die Statuten diese Möglichkeit ausdrücklich vorsehen und die auf diesem Wege der Gesellschaft übermittelten Dokumente bestimmte, im vorhinein festgelegte Signaturen aufweisen, die auf die Echtheit der Erklärung schließen lassen.[46] Im übrigen ist es im Hinblick auf die Erfüllung des Schriftformerfordernisses unerheblich, in welcher Art von Dokument die Bevollmächtigungserklärung verkörpert ist.[47] Jedoch entspricht es in Spanien einer weitverbreiteten Praxis, die Vollmachten auf der Rückseite der Teilnehmerkarten zu erteilen.[48]

c) Erfordernis der Einzelvollmacht

Über die Schriftform hinaus schreibt Art. 106 Abs. 2 zwingend vor, daß die Vollmachtserteilung stets spezieller Art („charácter especial") sein muß. Das bedeutet, daß eine Vollmacht jeweils nur gesondert für eine einzelne und konkret benannte Hauptversammlung erteilt werden kann.[49] Dies gilt auch dann, wenn ein Aktionär die Papiere mehrerer verschiedener Unternehmen in demselben Depot aufbewahrt. Will die Depotbank in diesem Fall die entsprechenden Stimmrechte ausüben, muß sie sich also von ihren Kunden für die Vertretung in jeder einzelnen Gesellschaft eine gesonderte Vollmacht ausstellen lassen.[50] Zugleich schließt das Erfordernis der Einzelvollmacht auch jede Art von Dauervollmachten aus.[51] Andererseits existiert im spanischen Recht – anders als etwa

---

45) Vicent Chuliá, Compendio crítico, S. 519; Uría/Menéndez/Muñoz Planas, La junta general, S. 202; Rodríguez Artigas, La representación, S. 61 f..

46) Diese Voraussetzungen werden aus der entsprechenden Anwendung des Art. 51 Código de Comercio abgeleitet. Die zitierte Vorschrift regelt unter anderem, wann auf telegraphischem Wege zustandegekommene Handelsverträge rechtlich verbindlich sind und stellt in diesem Zusammenhang ganz ähnliche Erfordernisse auf.

47) Otero Lastres, Anales de la Academía Matritense y del Notariado 1991, 9 [51]; García Luengo/Soto Vázquez, El nuevo régimen jurídico, S. 501 f..

48) Rodríguez Artigas, La representación, S. 62.

49) Beschluß der dem Justizministerium unterstellten Abteilung für Register- und Notariatswesen (Dirección General de los Registros y del Notariado) vom 21. Januar 1986, vgl. Rodríguez Artigas, La representación, S. 64.

50) Rodríguez Artigas, La representación, S. 64; Uría/Menéndez/Muñoz Planas, La junta general, S. 205.

51) Uría/Menéndez/Muñoz Planas, La junta general, S. 203. Jedoch erstreckt sich die Gültigkeit der jeweiligen Vertretungsvollmacht sowohl auf die eventuell notwendig werdende (vgl. hierzu die Ausführungen zum allgemeinen Hauptversammlungsorganisationsrecht) zweite Einberufung der Hauptversammlung als auch auf die verschiedenen Sitzungen im Falle einer Hauptversammlungsvertagung gemäß Art. 109, vgl. Vicent Chuliá, Compendio crítico, S. 519; Rodríguez Artigas, La representación, S. 64.

in Deutschland[52] – kein Ausschließlichkeitserfordernis in dem Sinne, daß die Vollmachtsurkunde neben der eigentlichen Bevollmächtigung keine weiteren Erklärungen enthalten darf.[53]

Das Erfordernis der Einzelvollmacht im spanischen Recht dient vor allem zwei Zwecken: Zum einen soll damit erreicht werden, daß der passive Kleinaktionär sich immer wieder aufs neue seiner persönlichen Mitwirkungsmöglichkeit in der Hauptversammlung bewußt wird, zum anderen sollen die Banken auf diese Weise gezwungen werden, sich für die Ausübung der Stimmrechte ihrer Kunden stets eine neue Legitimationsgrundlage zu verschaffen.[54] Allerdings sind sich die spanischen Autoren der Tatsache bewußt, daß die strengen Anforderungen des Gesetzes in der Praxis leicht dadurch umgangen werden können, daß der Aktionär mehrere Vollmachten auf Vorrat erteilt.[55]

d) Jederzeitige Widerrufbarkeit der Vollmacht

Als letzte Bestimmung allgemeiner Art sieht Art. 106 Abs. 3 vor, daß eine einmal erteilte Vertretungsvollmacht jederzeit widerrufbar ist. Damit hat der Gesetzgeber dem Streit um die Zulässigkeit unwiderruflicher Vollmachten im Bereich der Stimmrechtsvertretung ein Ende bereitet.[56] Der Widerruf der Vollmacht bedarf der Schriftform.[57] Eine Ausnahme von diesem Grundsatz beinhaltet Art. 106 Abs. 3 Satz 2, wonach die persönliche Teilnahme des Vollmachtgebers an der Hauptversammlung gleichbedeutend mit einem Widerruf der Vollmacht ist. Die bloße physische Anwesenheit des Aktionärs allein reicht hierfür allerdings noch nicht aus. Die Vorschrift wird vielmehr in dem Sinne ausgelegt, daß der Vollmachtgeber seine Rechte in der Hauptversammlung auch tatsächlich ausüben muß.[58]

---

52) Vgl. § 135 Abs. 2 S. 3 AktG.

53) Roncero Sánchez, La representación, S. 210 f.; Uría/Menéndez/Muñoz Planas, La junta general, S. 204 f..

54) Duque Domínguez, Acerca de la representación, S. 691 [700].

55) Roncero Sánchez, La representación, S. 246 (Fn. 526); Rodríguez Artigas, La representación, S. 62. Um dies zu verhindern, fordert Aranguren Urriza, Los órganos de la sociedad anónima, S. 455 [544], daß der Aktionär bei Erteilung der Vollmacht die entsprechende Urkunde stets datieren muß.

56) Diese Frage stellte sich vor allem im Zusammenhang mit Stimmrechtsbindungsverträgen (convenios de sindicación de acciones), die häufig Klauseln über die Unwiderrufbarkeit der Vollmacht beinhalteten, vgl. Rodríguez Artigas, La representación, S. 69 f..

57) Uría/Menéndez/Muñoz Planas, La junta general, S. 205.

58) Roncero Sánchez, La representación, S. 359.

3. Das Sonderregime des Art. 107 TRLSA

Institutionelle Stimmrechtsvertreter müssen bei der Ausübung fremder Stimmrechte nicht nur die soeben dargestellten Anforderungen des Art. 106 beachten, sondern unterliegen in diesem Zusammenhang noch zusätzlich der Sonderregelung des Art. 107. Mit dieser Vorschrift hat der Gesetzgeber zum ersten Mal ein Spezialregime für die in der Praxis wichtigsten Fälle organisierter Stimmrechtsvertretung geschaffen. Hiernach sind die Verwalter der Gesellschaft sowie alle Einrichtungen, die Aktiendepots unterhalten oder mit der Registrierung der durch Bucheintragungen verkörperten Aktien betraut sind, immer dann, wenn sie für sich oder Dritte um die Erteilung von Stimmrechtsvollmachten bitten, dazu verpflichtet, den Aktionär zur Erteilung von Weisungen aufzufordern, diesem die Tagesordnung mitzuteilen und ihn darüber zu informieren, in welchem Sinne sein Stimmrecht ausgeübt wird, falls er keine präzisen Weisungen erteilen sollte. Gemäß Art. 107 Abs. 1 i.V.m. Abs. 3 gelten diese Anforderungen auch für jede andere Person, sofern diese mittels eines öffentlichen Vertretungsgesuchs eine Vielzahl von Aktionären zur Erteilung von Vollmachten auffordert. Maßgeblicher Anknüpfungspunkt der Sondervorschriften des Art. 107 ist also nicht erst die Ausübung fremder Stimmrechte durch bestimmte Personen oder Einrichtungen, sondern bereits das Gesuch („solicitud") um die Erteilung dieser Stimmrechtsvollmachten[59], wobei der spanische Gesetzgeber zum einen nach der Person des Gesuchstellers (subjektives Kriterium), zum anderen nach der Größe des Adressatenkreises, an den sich das Vertretungsgesuch richtet (objektives Kriterium), differenziert.

Die unterschiedlichen Fälle, in denen das Spezialregime des Art. 107 zur Anwendung gelangt, gilt es zunächst zu erläutern und zu präzisieren, bevor anschließend in einem zweiten Schritt die durch diese Vorschrift ausgelösten Rechtsfolgen analysiert werden sollen.

a) Die Bestimmung des Anwendungsbereichs

Die Sondervorschriften des Art. 107 gelten zunächst für alle Einrichtungen, die Aktiendepots unterhalten oder mit der Registrierung der durch Bucheintragungen verkörperten Aktien betraut sind, sowie für die Verwalter der Gesellschaft, sofern sie für sich oder Dritte um die Erteilung von Stimmrechtsvollmachten

---

59) In diesem Punkt haben das portugiesische (Art. 381 CSC) und das europäische Recht (Art. 28 des Vorschlags einer fünften gesellschaftsrechtlichen Richtlinie) dem spanischen Gesetzgeber als Vorbild gedient, vgl. Rodríguez Artigas, La representación, S. 71.

bitten. Auf die konkrete Abfassung der Vertretungsgesuche, die Art der zu ihrer Verbreitung gewählten Publizitätsmittel oder auf die Größe ihres Adressatenkreises kommt es innerhalb dieser Fallgruppe hingegen nicht an. Entscheidend ist allein der Umstand, daß die Aktionäre unmißverständlich zur Erteilung von Stimmrechtsvollmachten aufgefordert werden.[60] Ein bloßes Sich-Erbieten oder auch jedes andere Verhalten, aus dem der Aktionär lediglich die grundsätzliche Bereitschaft zur Ausübung fremder Stimmrechte erschließen kann, wird hingegen von Art. 107 selbst dann nicht erfaßt, wenn es für die spätere Erteilung von Vollmachten letztendlich doch ursächlich werden sollte.[61] Diese durch die Wortwahl des Gesetzgebers („solicitud") vorgegebene Eingrenzung des Anwendungsbereiches wird von einigen Autoren als gefährliches Einfallstor für mögliche Umgehungsversuche institutioneller Stimmrechtsvertreter angesehen.[62]

aa) Die Depoteinrichtungen

Als erste Gruppe institutioneller Vertreter, die dem Spezialregime des Art. 107 unterfallen, nennt das Gesetz die Aktiendepots unterhaltenden Einrichtungen. Diese allgemein gehaltene Formulierung zielt in erster Linie auf die Banken und Kreditinstitute ab, die gemäß Art. 76 des Gesetzes über den Wertpapiermarkt (Ley del Mercado de Valores)[63] zur Unterhaltung von Kundendepots befugt sind.[64] Zwar erlaubt Art. 71 lit. k) LMV die Ausübung des Depotgeschäfts auch Investmentfirmen und Wertpapierhäusern („sociedades y agencias de valores"). Diese dürfen jedoch gemäß Art. 72 LMV weder Stimmrechte aus Aktien ihrer Kunden ausüben, noch ist es ihnen gestattet, im Auftrage Dritter um die Erteilung von Stimmrechtsvollmachten zu bitten.

---

60) Roncero Sánchez, La representación, S. 384.

61) Roncero Sánchez, La representación, S. 384/385.

62) Roncero Sánchez, La representación, S. 385 ist der Auffassung, daß eine solche Umgehungsgefahr de lege ferenda nur dadurch vermieden werden kann, daß der Gesetzgeber den Begriff der „solicitud" in einem denkbar weiten Sinn gesetzlich definiert; ähnlich Rodríguez Artigas, La representación, S. 85.

63) Gesetz Nr. 24 vom 28. Juli 1988, im folgenden mit LMV abgekürzt.

64) Rodríguez Artigas, La representación, S. 81. Gemäß Art. 76 lit. a) und lit. b) des Gesetzes über den Wertpapiermarkt sind neben den Privatbanken auch die staatlichen Banken, die Sparkassen einschließlich des spanischen Sparkassenbundes, die Postsparkassen und die Genossenschaftsbanken zur Unterhaltung von Wertpapierdepots berechtigt.

aaa) Die Sonderstellung der Kreditinstitute, insbesondere der Privatbanken

Die Einbeziehung der Kreditinstitute in das Sonderregime des Art. 107 war für den Gesetzgeber aus einem doppelten Grunde wichtig. Zum einen hat er in den Fällen der Stimmrechtsvertretung durch Depotbanken eine besonders große Gefahr für die Interessen der vertretenen Aktionäre vermutet[65], zum anderen handelt es sich bei der Vertretung durch Kreditinstitute um denjenigen Typus der institutionellen Stimmrechtsvertretung, der in der spanischen Praxis mit Abstand am weitesten verbreitet ist.[66] Zwar wird im Schrifttum darauf hingewiesen, daß das Depotstimmrecht in Spanien nicht in dem Maße wie in Deutschland institutionell verfestigt sei.[67] Dennoch vertreten die Kreditinstitute, insbesondere die in der Rechtsform der Aktiengesellschaft organisierten Privatbanken, seit jeher den weitaus größten Teil der präsenten Stimmen freier Aktionäre.[68] Der durch die Stimmrechtsvertretung der desinteressierten Kleinaktionäre gewonnene Einfluß der Banken auf die Corporate Governance vieler Publikumsgesellschaften[69] wird noch zusätzlich durch ihre Eigenbeteiligungen an diesen Unternehmen verstärkt.[70] Aufgrund der Tatsache, daß die Mehrzahl der Verwaltungsgesellschaften für Investment-[71] und Pensionsfonds sowie eine Vielzahl von Versicherungsunternehmen von den spanischen Großbanken beherrscht werden[72], können diese schließlich auch die Ausübung der Stimm-

---

65) Uría/Menéndez/Muñoz Planas, La junta general, S. 207.

66) Roncero Sánchez, La representación, S. 159; Rodríguez Artigas, La representación, S. 52.

67) Roncero Sánchez, La representación, S. 247.

68) Roncero Sánchez, La representación, S. 394.

69) Tapia Hermida, Institutional investors and corporate control in spanish perspective, S. 399 [401] weist in diesem Zusammenhang darauf hin, daß die Banken infolge ihrer Dominanz im Bereich der institutionellen Stimmrechtsvertretung eine Vielzahl von Unternehmen beherrschen. Vgl. auch Rodríguez Artigas, La representación, S. 52.

70) Tapia Hermida, Institutional investors and corporate control in spanish perspective, S. 399 [445]; nach Roncero Sánchez, La representación, S. 368 (Fn. 20) gilt diese Feststellung vor allem im Hinblick auf die großen spanischen Aktiengesellschaften, die im Aktienindex IBEX 35 zusammengefaßt sind.

71) Im Zusammenhang mit Investmentfonds unterscheidet das spanische Recht zwischen dem „Fondo de Inversión Mobiliaria" (FIM), einem Investmentfonds des Vertragstyps, und der „Sociedad de Inversión Mobiliaria" (SIM), bei der es sich um einen Investmentfonds des Gesellschaftstyps handelt. Die FIM müssen (Art. 27 Abs. 1 des Gesetzes über kollektive Kapitalanlagen), die SIM können (Art. 12 Abs. 4 desselben Gesetzes) von einer autorisierten Verwaltungsaktiengesellschaft (Sociedad Gestora de Instituciones de Inversión Colectiva = SGIIC) verwaltet werden.

72) Vgl. Tapia Hermida, Institutional investors and corporate control in spanish perspective, S. 399 [401 und 430].

rechte aus den Portfolios dieser institutionellen Anleger in nicht unerheblichem Maße mitbeeinflussen.[73)]

Angesichts dieser – insbesondere unter wettbewerbspolitischen Gesichtspunkten – nicht unbedenklichen Konzentration wirtschaftlicher Macht in den Händen der Banken unterstehen die Kreditinstitute einer besonders strengen Kontrolle und Aufsicht der Bank von Spanien.[74)] Auch ist es den Verwaltungsratsmitgliedern von Privatbanken gemäß dem Gesetz über Inkompatibilitäten im Bankenmanagement[75)] verboten, mehr als vier Verwaltungsratsposten in spanischen Gesellschaften gleichzeitig innezuhaben. Schließlich besteht ein auf die Privatbanken beschränktes Verbot von Konkurrenzmandaten, das den Verwaltungsratsmitgliedern und dem Führungspersonal untersagt, Verwaltungsposten in konkurrierenden Banken zu übernehmen.[76)]

bbb) Die Diskussion um das Bankenstimmrecht

Trotz dieser gesetzgeberischen Maßnahmen in Richtung auf eine teilweise Beschränkung der Bankenmacht ist das Bankenstimmrecht innerhalb des Schrifttums stets umstritten geblieben.[77)] Ähnlich wie im deutschen Recht[78)] kreist die Diskussion hierbei im wesentlichen um die Schlagworte „Machtakkumulation ohne entsprechendes Kapitalrisiko" auf der einen und „Verhinderung von Zufallsmehrheiten" auf der anderen Seite. Zwar ist man sich mangels überzeugender Alternativen der Notwendigkeit bewußt, die Organisation und die große Wirtschaftserfahrung der Kreditinstitute im Kampf gegen die zunehmende Verödung der Hauptversammlungen nutzbar zu machen.[79)] Andererseits werden Machtmißbräuche in Fällen von Interessenkonflikten befürchtet, die sich nach

---

73) Im Jahre 1994 etwa wurden mehr als 90% des Gesamtkapitalvolumens der Investmentfonds von bankkontrollierten Verwaltungsgesellschaften verwaltet, vgl. Roncero Sánchez, La representación, S. 369, Fn. 21.

74) Vgl. hierzu Sánchez Calero, Instituciones de derecho mercantil, S. 527 ff..

75) Gesetz Nr. 31 vom 27. Juli 1968.

76) Uría, Derecho mercantil, S. 778.

77) Polo, Ante una nueva reforma de la sociedad anónima, S. 136 ff.; Rodríguez Artigas, La representación, S. 71/72. Aranguren Urriza, Los órganos de la sociedad anónima, S. 455 [542] spricht sich sogar für die Wiedereinführung des Vertretungsverbots für juristische Personen aus.

78) Vgl. hierzu Zöllner, in: Kölner Kommentar zum Aktiengesetz, § 135, Rn. 2.

79) Duque Domínguez, Absentismo del accionista y acciones sin voto, S. 143 [157]; Rodríguez Artigas, La representacón, S. 72.

Ansicht des Schrifttums aus den vielfältigen Funktionen der Kreditinstitute[80], vor allem aber aus geschäftlichen Beziehungen zu den Unternehmen – etwa im Rahmen einer Kreditvergabe – ergeben können.[81] Dieses grundsätzliche Problem werde zudem noch dadurch verschärft, daß die vertretenen Aktionäre nur in den seltensten Fällen Weisungen hinsichtlich der Ausübung ihres Stimmrechts erteilen würden.[82]

Dennoch hat sich der Gesetzgeber im Jahre 1989 dafür entschieden, das bis dahin gültig gewesene – allerdings kaum effiziente – Verbot des Bankenstimmrechts abzuschaffen[83] und statt dessen die Kreditinstitute bei der Ausübung von Kundenstimmrechten den Mindestanforderungen des Art. 107 zu unterwerfen. Allerdings ist zu beachten, daß gemäß dem Gesetz über Inkompatibilitäten im Bankenmanagement Verwaltungsratsmitglieder von Privatbanken keine Stimmrechte aus Aktien ihrer Depotkunden in den Hauptversammlungen anderer Unternehmen ausüben dürfen. Ausnahmen gelten nur insoweit, als es sich um Stimmrechte aus Aktien von Ehegatten oder Verwandten gerader Linie handelt.[84] In den übrigen Fällen müssen die Stimmrechte also von Angestellten der Privatbank oder sonstigen Vertrauenspersonen ausgeübt werden. In der Praxis werden häufig Verwaltungsratsmitglieder der Gesellschaft mit der Ausübung der Bankvollmachten betraut.[85]

bb) Die Buchführungseinrichtungen

Als eine weitere Gruppe von Institutionen, die den Sondervorschriften des Art. 107 unterstellt sind, nennt das Gesetz die Einrichtungen, die mit der Registrierung der durch Bucheintragungen verkörperten Aktien betraut sind. Hiermit nimmt der Gesetzgeber Bezug auf die im Rahmen der Börsenreform von 1988

---

80) Über die klassischen Geschäftsfelder des Einlagen- und Kreditgeschäfts hinaus befassen sich die spanischen Banken auch mit der Betreuung von Aktienemissionen und betätigen sich als Agenten und Eigenhändler am Kapitalmarkt, vgl. hierzu Tapia Hermida, Institutional investors and corporate control in spanish perspective, S. 399 [446]; Broseta Pont, Manual de derecho mercantil, S. 507 ff..

81) Roncero Sánchez, La representación, S. 161, Fn. 153; Alonso Ledesma, El papel de la junta general, S. 615 [634].

82) Polo, Ante una nueva reforma, S. 136 f.; Roncero Sánchez, La representación, S. 160 u. S. 279 (Fn. 84).

83) Hinsichtlich dieses Vertretungsverbots, der weitverbreiteten Praxis seiner Umgehung und der Motive, die zu seiner Abschaffung führten, vgl. die Darstellung oben S. 66 ff..

84) Art. 6 des Gesetzes Nr. 31 vom 27. Juli 1968.

85) Vgl. Uría/Menéndez/Muños Planas, La junta general, S. 207.

erstmals geschaffene Möglichkeit, Aktien nicht, wie bis dahin üblich, durch Aktienscheine („títulos"), sondern mittels einer Registereintragung („acciones representadas por anotaciones en cuenta")[86] darzustellen.[87]

Die im Hinblick auf den Anwendungsbereich des Art. 107 bedeutsame Frage, welche Einrichtungen mit der Buchführung und Registrierung der unverbrieften Computeraktien betraut sind, wird nicht vom Aktiengesetz, sondern vom Gesetz über den Wertpapiermarkt und einer Verordnung aus dem Jahre 1992[88] beantwortet.[89] Im Falle von Aktien, die nicht zum Handel an einer offiziellen Wertpapierbörse zugelassen sind, obliegt diese Aufgabe einer vom Emittenten frei auszuwählenden Wertpapieragentur oder -gesellschaft (Art. 7 Abs. 2 LMV i.V.m. Art. 45 RD 116/92), wohingegen im Falle von börsennotierten Aktien die Registerführung ausschließlich durch die Ausgleichs- und Abrechnungsstelle für Wertpapierumsätze („Servicio de Compensación y Liquidación de Valores")[90] und die an sie angeschlossenen Einrichtungen („entitades adheridas") erfolgt (Art. 7 Abs. 3 LMV i.V.m. Art. 30 RD 116/92). Soweit es sich um Aktien handelt, die lediglich zum Handel an einer bestimmten Börse zugelassen sind, kann die zuständige Autonome Gemeinschaft allerdings anordnen, daß die jeweilige Börsenleitungsgesellschaft („sociedad rectora") die Führung des Buchungsregisters übernimmt (Art. 7 Abs. 3 LMV i.V.m. Art. 54 Abs. 2 LMV). Da in der Regel jedoch weder die Börsenleitungsgesellschaften noch die Ausgleichs- und Abrechnungsstelle für Wertpapierumsätze die Aktionäre zur Erteilung von Stimmrechtsvollmachten auffordern[91] und den Wertpapieragenturen und -gesellschaften die Ausübung fremder Aktienstimmrechte

---

86) Gemäß Art. 51 des spanischen Aktiengesetzes können Aktien sowohl in Form von Aktienscheinen ausgegeben, als auch durch Bucheintragungen dargestellt werden.

87) Die Umstellung des spanischen Effektenwesens von einem System der wertpapiermäßigen Verbriefung auf ein System unverbriefter Wertrechte soll vor allem Rationalisierungseffekte bei der Abrechnung von Wertpapierumsätzen bewirken, vgl. Reckhorn-Hengemühle, Die spanische Aktiengesellschaft, S. 17. Für weitere Einzelheiten der buchmäßigen, nicht verkörperten Form der Aktie vgl. ferner die Darstellung bei Heesen, Die Entkörperung im spanischen Effektenwesen, S. 115 ff. und Uría, Derecho mercantil, S. 266 ff..

88) Königliches Dekret Nr. 116 vom 14. Februar 1992 über die Darstellung von Wertpapieren in Form von Bucheintragungen, im folgenden mit RD 116/92 abgekürzt.

89) Die nachfolgenden Ausführungen orientieren sich an der Darstellung bei Reckhorn-Hengemühle, Die spanische Aktiengesellschaft, S. 18.

90) Bei der Ausgleichs- und Abrechnungsstelle für Wertpapierumsätze handelt es sich um eine Aktiengesellschaft, die gemäß Art. 54 LMV ausschließlich zum Zwecke der Führung von Buchungsregistern und zur Verrechnung von Wertpapierumsätzen gegründet worden ist.

91) Roncero Sánchez, La representación, S. 397.

nicht gestattet ist[92], kommt im Bereich der institutionellen Stimmrechtsvertretung von allen genannten Buchführungseinrichtungen nur den an die Ausgleichs- und Abrechnungsstelle für Wertpapierumsätze angeschlossenen Gesellschaften praktische Relevanz zu.[93] Als Einrichtungen, die in dieser Funktion auftreten dürfen, nennt Art. 76 Abs. 2 RD 116/92 vor allem die Privatbanken, Sparkassen, Postsparkassen und staatlichen Banken, also im wesentlichen diejenigen Institutionen, die in Spanien ohnehin schon seit jeher das Feld der institutionellen Stimmrechtsvertretung der Aktionäre beherrscht haben.[94] Aus diesem Grund ist nicht davon auszugehen, daß die zunehmende Bedeutung und Verbreitung der in Form von Bucheintragungen dargestellten Aktien[95] die Dominanz der Kreditinstitute in diesem Bereich brechen wird.

Einige Autoren sind der Auffassung, daß der Gesetzgeber mit der Bezugnahme auf die mit der Registerführung betrauten Einrichtungen genaugenommen einen falschen Anknüpfungspunkt für die strengeren Vertretungsregeln des Art. 107 gewählt habe.[96] Denn die Ausübung von Stimmrechten aus den in Form von Bucheintragungen dargestellten Aktien sei nicht notwendigerweise von der Aufgabe der Registerführung mitumfaßt[97], sondern falle in den originären Zuständigkeitsbereich derjenigen Einrichtungen, die sich mit der Verwaltung dieser Aktien befassen. Da diese Aufgabe gemäß Art. 71 lit. k) LMV i.V.m. Art. 76 LMV jedoch ebenfalls den Kreditinstituten zugewiesen ist, welche bereits in ihrer Funktion als Depotbanken und Buchführungseinrichtungen den verschärften Vertretungsanforderungen des Art. 107 unterliegen[98], wirkt sich die beschriebene Ungenauigkeit des Gesetzgebers in der Praxis allerdings kaum aus.[99]

---

92) Art. 72 LMV.

93) Roncero Sánchez, La representación, S. 397.

94) Vgl. die Darstellung oben S. 76 f..

95) Gemäß Ziffer 5 der ersten Zusatzbestimmung des Aktiengesetzes sollen sämtliche börsennotierte Papiere schrittweise in unverkörperte Bucheffekten umgewandelt werden. Die diesbezüglichen Bestimmungen finden sich in den Übergangsvorschriften 1 bis 4 der Verordnung Nr. 116 vom 14. Februar 1992, vgl. Reckhorn-Hengemühle, Die spanische Aktiengesellschaft, S. 15 f.; Uría, Derecho mercantil, S. 269.

96) Vgl. Tapia Hermida, Contratos bancarios de depósito, administración y gestión de valores negociables, S. 603 [641 ff.]; Roncero Sánchez, La representación, S. 396.

97) Art. 25 der Verordnung Nr. 116 vom 14. Februar 1992, der die Pflichten der Buchführungseinrichtungen bestimmt, erwähnt nicht die Ausübung des Stimmrechts.

98) Vgl. die Darstellung oben S. 75 f. und S. 78 f..

99) Roncero Sánchez, La representación, S. 396.

cc) Die Gesellschaftsverwaltung

Schließlich kommt das Spezialregime des Art. 107 auch dann zur Anwendung, wenn die Gesellschaftsverwaltung für sich oder Dritte um die Erteilung von Stimmrechtsvollmachten bittet. Der Geltungsbereich dieser Fallgruppe wird weit ausgelegt. Neben der Konstellation, daß ein oder mehrere Gesellschaftsverwalter die Aktionäre um die Erteilung von Stimmrechtsvollmachten bitten, soll er auch diejenigen Fälle umfassen, in denen die Gesellschaft selbst – handelnd durch ihr Vertretungsorgan – Gesuchsteller ist oder in denen der Verwaltungsrat als Kollegialorgan auftritt.[100)]

Mit der ausdrücklichen Erwähnung der Gesellschaftsverwalter als potentielle Adressaten von Stimmrechtsvollmachten hat sich der Gesetzgeber zudem – wenngleich auch erst nach anfänglichem Zögern[101)] – klar für die Zulässigkeit des Verwaltungsstimmrechts entschieden. Dieser Schritt ist insofern beachtlich, als sich der ganz überwiegende Teil des spanischen Schrifttums schon seit jeher gegen diese Form der institutionellen Stimmrechtsvertretung ausgesprochen hat.[102)] Zwar ist mit Inkrafttreten der neuen Vertretungsregelung die früher in der Praxis beobachtete Funktion des Verwaltungsstimmrechts im Zusammenhang mit der Umgehung des ehemaligen Vertretungsverbots für juristische Personen entfallen.[103)] Die spanischen Autoren befürchten jedoch, daß die der Gesellschaftsverwaltung zur Ausübung überlassenen Stimmrechte von dieser zur Durchsetzung ihrer eigenen Interessen und zur Umgehung der Kontrolle durch die Hauptversammlung mißbraucht werden könnten.[104)] Die dadurch bewirkte

---

100) Roncero Sánchez, La representación, S. 393.

101) Der ursprüngliche Referentenentwurf von 1987 sah zunächst – ebenso wie bereits vorher schon der Entwurf eines Aktienrechtsreformgesetzes aus dem Jahre 1979 – ein Verbot des Verwaltungsstimmrechts vor, vgl. hierzu Rodríguez Artigas, La representación, S. 29 ff..

102) Vgl. etwa Polo, Ante una reforma de la sociedad anónima, S. 134 ff.; Uría/Menéndez/Muñoz Planas, La junta general, S. 207; Rodríguez Artigas/Quijano González, Jornadas sobre la reforma de las sociedades de capital, S. 121 [164]; Duque Domínguez, Acerca de la representación, S. 691 [710].

103) Das ehemalige Vertretungsverbot für juristische Personen und deren Hauptversammlungsvertreter (Art. 60 LSA) wurde von den Banken gewöhnlich dadurch umgangen, daß diese sich zunächst von ihren Depotkunden Blankovollmachten übersenden ließen und später – nach entsprechender Ausfüllung der Blankoformulare – eine Person ihres Vertrauens mit der Ausübung der Kundenstimmrechte beauftragten, die nicht bereits mit der Ausübung der bankeigenen Stimmrechte befaßt war. Diese Vertrauensperson war sehr häufig der Verwaltungsratspräsident der Gesellschaft, deren Hauptversammlung durchgeführt wurde, vgl. hierzu Rodríguez Artigas, La representación, S. 28.

104) Rodríguez Artigas, La representación, S. 79 f.; Roncero Sánchez, La representación, S. 158.

Umwandlung der Fremdkontrolle in eine faktische Eigenkontrolle der Verwaltung führe letztendlich zu einer Verwässerung der im spanischen Recht ohnehin nur vergleichsweise schwach ausgeprägten gesellschaftsinternen Gewaltenteilung.[105] Darüber hinaus befürchten die spanischen Autoren unüberwindbare Interessenkonflikte im Zusammenhang mit Hauptversammlungsbeschlüssen, die die Wahl, Abberufung oder Entlastung der Verwaltungsratsmitglieder zum Gegenstand haben.[106]

Die Kritik des Schrifttums richtet sich jedoch nicht nur gegen die Grundentscheidung des Gesetzgebers, das Verwaltungsstimmrecht als solches zuzulassen. Als unzureichend wird ebenfalls empfunden, daß Art. 107 die Beachtung der strengeren Vertretungsregeln nur für den Fall anordnet, daß die Verwalter für sich oder Dritte um die Erteilung von Stimmrechtsvollmachten bitten. Denn von dieser Formulierung seien diejenigen Fälle nicht erfaßt, in denen Angestellte, Arbeitnehmer oder sonstige in Abhängigkeit zur Gesellschaft stehende Personen Stimmrechtsvollmachten für sich selbst oder für die Gesellschaftsverwalter sammeln würden.[107] Diese Fälle seien jedoch nicht minder regelungsbedürftig.

dd) Das objektive Anknüpfungskriterium: die „solicitud pública“

Die soeben dargestellte Kritik des Schrifttums verliert jedoch insofern etwas an Stichhaltigkeit, als Art. 107 Abs. 1 die Beachtung der strengeren Vertretungsregeln nicht nur im Zusammenhang mit der Sammlung von Stimmrechtsvollmachten durch Depoteinrichtungen, Buchführungsinstitute und Gesellschaftsverwalter anordnet, sondern in Gestalt der sogenannten „solicitud pública“ noch einen wichtigen Auffangtatbestand bereithält. Hiernach gelten die Rechtsfolgen des Art. 107 unabhängig von der Person, die im konkreten Fall um die Erteilung der Stimmrechtsvollmachten bittet, auch stets dann, wenn der Tatbestand eines öffentlichen Vertretungsgesuchs („solicitud pública“) vorliegt. Der Schaffung dieser zusätzlichen Fallgruppe liegt die einfache Überlegung des Gesetzgebers zugrunde, daß derjenige, der aus eigener Initiative heraus eine Vielzahl von Aktionären zur Erteilung von Vollmachten auffordert, in der Regel nicht aus ver-

---

105) Duque Domínguez, Acerca de la representación, S. 691 [710]. Da das spanische Recht keinen Aufsichtsrat kennt, stellt die Hauptversammlung aus Sicht der Gesellschaftsverwaltung das einzige echte Kontrollorgan dar.

106) Roncero Sánchez, La representación, S. 158.

107) Uría/Menéndez/Muñoz Planas, La junta general, S. 207; Rodríguez Artigas, La representación, S. 80.

wandtschaftlichen oder freundschaftlichen Motiven, sondern in Verfolgung eigener Interessen handelt.[108)]

Problematisch und vom Gesetzgeber weitgehend unbeantwortet gelassen ist jedoch die Frage, was im einzelnen unter einem öffentlichen Vertretungsgesuch zu verstehen ist. Nach Auffassung des Schrifttums handelt es sich hierbei um diejenigen Fälle, in denen sich die Vertretungsgesuche gleichförmig und ohne Anschauung konkreter Personen an die Allgemeinheit der Aktionäre der Gesellschaft richten[109)], wobei unerheblich ist, welcher Publizitätsmittel sich die ersuchende Person im Einzelfall bedient und ob diese die Stimmrechtsvollmachten für sich selbst oder einen Dritten sammelt.[110)] Umgekehrt ist es für das Vorliegen eines öffentlichen Vertretungsgesuchs nicht erforderlich, daß sich die Person, die die Vollmachtssammlung durchführt, an sämtliche Aktionäre der Gesellschaft wendet.[111)] Maßgeblich ist allein, daß im Sinne einer offerta ad incertam personam eine unbestimmte Vielzahl von Anteilseignern zur Erteilung von Stimmrechtsvollmachten aufgefordert wird.[112)]

Darüber hinaus stellt Art. 107 Abs. 3 die gesetzliche Vermutung auf, daß wenn ein und dieselbe Person die Vertretung von mehr als drei Aktionären gleichzeitig wahrnimmt, die Erteilung der entsprechenden Vollmachten auf der Grundlage eines öffentlichen Vertretungsgesuchs erfolgt ist.[113)] Diese Vorschrift, die vom Gesetzgeber eher als Interpretationshilfe gedacht war, hat jedoch ihrerseits zu erheblichen Auslegungsstreitigkeiten innerhalb des Schrifttums geführt.

---

108) Uría/Menéndez/Muñoz Planas, La junta general, S. 206.

109) Rodríguez Artigas, La representación, S. 75.

110) Roncero Sánchez, La representación, S. 399 und S. 402.

111) Vgl. jedoch im Gegensatz hierzu Art. 28 Abs. 1 lit. c) des geänderten Vorschlags einer europäischen Gesellschaftsstrukturrichtlinie. Nach dieser Vorschrift müssen Vertretungsgesuche stets an alle Aktionäre der Gesellschaft gerichtet werden, deren Namen und Adressen bekannt sind.

112) Roncero Sánchez, La representación, S. 398 und S. 402. Es liegt somit auch dann ein öffentliches Vertretungsgesuch vor, wenn lediglich die Inhaber von Aktien einer bestimmten Gattung oder die Kunden einer bestimmten Depotbank zur Erteilung von Stimmrechtsvollmachten aufgefordert werden, vgl. Roncero Sánchez, La representación, S. 399 (Fn. 157).

113) In gewisser Weise ähnliche Anknüpfungspunkte finden sich auch im US-amerikanischen und portugiesischen Aktienrecht. So ordnen Rule 14 a.2.a. der amerikanischen proxy regulation (allerdings nur bezogen auf eine sog. „non management proxy solicitation", also eine Einwerbung von Stimmrechtsvollmachten durch außerhalb der Gesellschaftsverwaltung stehende Personen) und Art. 381 Abs. 1 des portugiesischen Gesetzes über die Handelsgesellschaften verschärfte Regeln für die Stimmrechtsvertretung unter anderem dann an, wenn sich Vertretungsgesuche an mehr als zehn bzw. mehr als fünf Aktionäre der Gesellschaft richten, vgl. Roncero Sánchez, La representación, S. 400.

So ist weder die Frage geklärt, ob es sich bei Art. 107 Abs. 3 um eine widerlegbare oder unwiderlegbare gesetzliche Vermutung handelt,[114] noch besteht Einigkeit darüber, ob diese Bestimmung – quasi als ungeschriebene Tatbestandsvoraussetzung – das tatsächliche Vorliegen eines wie auch immer gearteten Vertretungsgesuchs verlangt.[115] Unumstritten ist allerdings, daß die Ausübung von Aktionärsstimmrechten durch Verwaltungsgesellschaften von Investmentfonds und durch von Aktionärssyndikaten bevollmächtigte Personen nicht vom Anwendungsbereich der „solicitud pública" erfaßt ist und damit auch nicht dem Sonderregime des Art. 107 unterfällt.[116]

b) Der Inhalt des Sonderregimes des Art. 107 TRLSA

Nachdem zunächst die Fälle, in denen die Sonderregelung des Art. 107 zur Anwendung gelangt, näher bestimmt worden sind, soll nun dargestellt werden, welche konkreten Maßnahmen der Gesetzgeber ergriffen hat, um insbesondere die Banken und die Gesellschaftsverwalter bei der Ausübung fremder Stimmrechte stärker an die Interessen der von ihnen vertretenen Aktionäre zu binden. In diesem Zusammenhang bestimmt Art. 107 Abs. 1, daß die unter den Anwendungsbereich dieser Vorschrift fallenden Stimmrechtsvertreter stets verpflichtet sind, den Aktionär um die Erteilung von Weisungen zu bitten, diesem die Tagesordnung der Hauptversammlung mitzuteilen und ihn darüber zu informieren, in welchem Sinne sein Stimmrecht ausgeübt wird, falls er keine präzisen Weisungen erteilen sollte.

aa) Das Erfordernis der Aufforderung zur Weisungserteilung

Mit dem Erfordernis einer vorherigen Aufforderung zur Weisungserteilung wollte der Gesetzgeber nicht nur eine entsprechende Aktivierung des Aktionärs erreichen, sondern zugleich auch dessen Eigenschaft als „dominus negotii" in besonderer Weise hervorheben.[117] Anders als es noch der Referentenentwurf

---

[114] Im ersteren Sinne äußern sich etwa Uría/Menéndez/Muñoz Planas, La junta general, S. 208. Anderer Ansicht ist scheinbar Rodríguez Artigas, La representación, S. 75/76.

[115] Dieser Ansicht ist Roncero Sánchez, La representación, S. 402, während Hernández Rodríguez, Revista jurídica de Catalunya 1992, 673 [690] und Rodríguez Artigas, La representación, S. 75/76 die gegenteilige Auffassung vertreten.

[116] Tapía Hermida, Institutional investors and corporate control in spanish perspective, S. 399 [411]; Rodríguez Artigas, La representación, S. 76.

[117] Roncero Sánchez, La representación, S. 432; Rodríguez Artigas, La representación, S. 89.

des Justizministeriums aus dem Jahre 1987 vorsah[118], stellt die Weisungserteilung durch den Aktionär jedoch keine notwendige Voraussetzung für die Zulässigkeit einer Stimmrechtsvertretung dar, obwohl sich das Schrifttum zum Teil für die Einführung eines solchen Weisungszwanges – zumindest in besonders konfliktträchtigen Konstellationen – ausgesprochen hat.[119]

aaa) Das spanische Informationssystem

Von den spanischen Autoren ist immer wieder betont worden, daß die an den Aktionär zu richtende Bitte, im Hinblick auf die Ausübung seines Stimmrechts Weisungen zu erteilen, nur dann Sinn mache, wenn diesem in ausreichendem Maße Informationsmaterial zur Verfügung gestellt werde, um von seinem Weisungsrecht auch in sinnvoller Weise Gebrauch machen zu können.[120] Was jedoch die Statuierung von Informationspflichten anbelangt, verlangt die Vertretungssonderregelung des Art. 107 vom Stimmrechtsvertreter lediglich die Angabe der Tagesordnung. Der hieraus fließende Informationswert nimmt sich für den Aktionär aber eher bescheiden aus, zumal die Tagesordnung bereits notwendiger Bestandteil der öffentlichen Bekanntmachung der Einberufung ist.[121]

Demgegenüber haben die kapitalmarktrechtlichen Publizitäts- und Offenlegungspflichten der Aktienunternehmen – vor allem im Zuge der Anpassung des spanischen Unternehmensrechts an die europäischen Richtlinienvorgaben – erheblich zugenommen[122], und auch die dem einzelnen Aktionär zu Gebote stehenden Informationsrechte sind durch das neue Aktiengesetz beträchtlich erweitert und qualitativ aufgewertet worden.[123] So können die Aktionäre gemäß Art. 112 bereits im Vorfeld der Hauptversammlung von der Gesellschaftsverwaltung schriftlich Auskünfte oder Erläuterungen verlangen, die sie im Zu-

---

118) Dieser machte die Zulässigkeit einer Stimmrechtsvertretung vom Vorliegen einer ausdrücklichen Aktionärsweisung abhängig, vgl. Rodríguez Artigas, La representación, S. 34.

119) Roncero Sánchez, La representación, S. 443. Allerdings befürchtet dieser Autor, daß die Einführung eines generellen Weisungszwanges zu niedrigeren Hauptversammlungspräsenzen führen könnte.

120) Vgl. etwa Rodríguez Artigas/Quijano González, Jornadas sobre la reforma de las sociedades de capital, S. 121 [163]; Rodríguez Artigas, La representación, S. 120.

121) Art. 97 Abs. 2 TRLSA.

122) Vgl. hierzu Esteban Velasco, Derecho de información del accionista, S. 175 [184 ff.].

123) Uría/Menéndez/Muñoz Planas, La junta general, S. 246 verweisen im letzteren Zusammenhang vor allem auf die Vorschrift des Art. 48 Abs. 2 lit. d), in der das Recht auf Information zum ersten Mal als wesentliches Aktionärsrecht aufgeführt wird.

sammenhang mit den einzelnen Tagesordnungspunkten für erforderlich halten. Ferner haben sie gemäß Art. 212 Abs. 2 von der Einberufung der Hauptversammlung an das Recht, unverzüglich und kostenlos die von der Hauptversammlung zu genehmigenden Unterlagen sowie den Prüfungsbericht der Abschlußprüfer zur Verfügung gestellt zu bekommen, und auch über die Beschlüsse und Niederschriften früherer Hauptversammlungen ist ihnen gemäß Art. 26 Abs. 2 des spanischen Handelsgesetzbuchs (Código de Comercio) auf ihr Verlangen hin Auskunft zu erteilen. Für den Fall, daß Fusionen, Satzungsänderungen oder Kapitalmaßnahmen geplant sind, treten schließlich noch eine Fülle weiterer spezieller Informationsrechte hinzu.[124)]

bbb) Kritik und Verbesserungsvorschläge von seiten des Schrifttums

Die Geltendmachung der genannten Auskunftsrechte setzt jedoch stets eine dahingehende Eigeninitiative des Aktionärs voraus, die – so die Einschätzung des spanischen Schrifttums – angesichts der desinteressierten Haltung der meisten Kleinaktionäre nur in den seltensten Fällen vorhanden ist.[125)] Kritisiert wird auch, daß der Stimmrechtsvertreter noch nicht einmal gesetzlich dazu verpflichtet sei, die Aktionäre in seinen Vertretungsgesuchen auf die vorhandenen Informationsmöglichkeiten hinzuweisen.[126)] Schließlich steht den Aktionären nach Ansicht des Schrifttums auch zu wenig Zeit zur Verfügung, um die für eine interessengerechte Weisungserteilung erforderlichen Informationen einzuholen, da Art. 97 Abs. 1 zwischen Einberufung und Durchführung der Hauptversammlung lediglich einen Mindestzeitraum von 14 Tagen vorschreibe.[127)]

Aus all diesen Gründen wird die Abkopplung des aktienrechtlichen Informationssystems von der Vertretungsregelung des Art. 107 seitens der spanischen Autoren eher skeptisch beurteilt.[128)] Vielmehr plädieren diese de lege ferenda für eine Regelung, die institutionelle Stimmrechtsvertreter dazu ver-

---

124) Eine detaillierte, wenn auch nicht erschöpfende Aufzählung der speziellen Informationsrechte des Aktionärs findet sich bei Uría/Menéndez/Muñoz Planas, La junta general, S. 247 ff..

125) Roncero Sánchez, La representación, S. 437.

126) Besondere Kritik erfährt das Fehlen einer solchen Hinweispflicht bei Rodríguez Artigas, La representación, S. 88.

127) Aranguren Urriza, Los órganos de la sociedad anónima, S. 455 [549]; Rodríguez Artigas, La representación, S. 94.

128) Alonso Ledesma, El papel de la junta general, S. 615 [651]; Rodríguez Artigas, La representación, S. 88; Roncero Sánchez, La representación, S. 436 f..

pflichtet, den Aktionären bereits bei Verschickung ihrer Vertretungsgesuche bestimmte, über die bloße Angabe der Tagesordnung hinausgehende Informationen zur Verfügung zu stellen.[129)] Zu diesen Pflichtinformationen müsse auch die Bekanntgabe von Umständen gehören, aus denen sich für den Stimmrechtsvertreter typischerweise Interessenkonflikte bei der Ausübung der Vollmachtsstimmen ergeben würden. Denn nur so könnten Aktionäre in diesen Fällen vor einer übereilten Bevollmächtigung gewarnt werden.[130)] Um dem Aktionär mehr Überlegungszeit für die Erteilung seiner Weisungen einzuräumen, wird außerdem eine Verlängerung der Einberufungsfristen verlangt.[131)] Ebenfalls dem Zwecke der Weisungserleichterung soll schließlich der Vorschlag dienen, die Stimmrechtsvertreter dazu zu verpflichten, ihren Vertretungsgesuchen stets gesonderte Formblätter für die Erteilung von Weisungen beizufügen.[132)]

---

129) Uría/Menéndez/Muñoz Planas, La junta general, S. 209 und Rodríguez Artigas, La representación, S. 88 sprechen sich beispielsweise dafür aus, daß die in Art. 212 Abs. 2 aufgezählten Dokumente (alle von der Hauptversammlung zu genehmigenden Unterlagen und der Prüfungsbericht der Abschlußprüfer) dem Aktionär stets zusammen mit dem Vertretungsgesuch zugeschickt werden müssen.

130) Roncero Sánchez, La representación, S. 438 schlägt in diesem Zusammenhang eine Informationspflicht des Vertreters über maßgebliche Eigenbeteiligungen, geschäftliche Beziehungen zur Gesellschaft und personelle Verflechtungen vor. Ähnliche Vorschläge macht auch ein im März 1998 veröffentlichter Bericht über Verbesserungsmöglichkeiten im Bereich der Corporate Governance der börsennotierten spanischen Aktiengesellschaften, der im Auftrag der spanischen Regierung von einer speziell hierfür eingesetzten Kommission unter dem Vorsitz von Professor Manuel Olivencia Ruiz in Kooperation mit der spanischen Börsenaufsichtsbehörde ausgearbeitet worden ist (sog. „Informe Olivencia", abgedruckt bei Esteban Velasco, El gobierno de las sociedades cotizadas, Madrid, Barcelona 1999, S. 707 ff.). Dieser Bericht spricht sich vor allem für mehr Transparenz im Bereich der institutionellen Stimmrechtsvertretung aus. In diesem Zusammenhang plädiert er dafür, daß die Stimmrechtsvertreter ihre Abstimmungsvorschläge in Zukunft detailliert begründen und eventuelle Interessenkonflikte in ihrer Person den vertretenen Aktionären gegenüber offenlegen müssen, vgl. Punkt II.9.2. des „Informe Olivencia".

131) Rodríguez Artigas, La representación, S. 94. Alonso Ledesma, El papel de la junta general, S. 615 [647] spricht sich für eine Verlängerung der gesetzlichen Einberufungsfrist auf mindestens einen Monat aus.

132) Roncero Sánchez, La representación, S. 432. Dieser Autor beruft sich bei seinem Vorschlag ausdrücklich auf die entsprechende Vorschrift des deutschen Aktienrechts (§ 128 Abs. 2 S. 5 AktG).

bb) Die Pflicht zur Mitteilung, in welchem Sinne der Vertreter die Stimmrechte ausübt

Außer der Angabe der Tagesordnung und der Aufforderung, Weisungen zu erteilen, verlangt Art. 107 Abs. 1 von den unter den Anwendungsbereich des Spezialregimes fallenden Personen und Einrichtungen schließlich noch die Mitteilung an den Aktionär, in welchem Sinne sein Stimmrecht ausgeübt werden wird, falls er diesbezüglich keine präzisen Weisungen erteilen sollte. Angesichts der Tatsache, daß von den spanischen Aktionären nur in den seltensten Fällen solche Weisungen erteilt werden[133], kommt gerade diesem Erfordernis eine erhebliche praktische Bedeutung zu. Nach Ansicht des Schrifttums ist ihm auch dann Genüge getan, wenn dem Aktionär von seiten des Stimmrechtsvertreters alternative Abstimmungsvorschläge unterbreitet werden, sofern dieser nur die Umstände darlegt, von denen er seine endgültige Entscheidung abhängig zu machen gedenkt.[134] Umstritten ist hingegen, ob das Vertretungsgesuch neben der Bekanntgabe der geplanten Abstimmungsrichtung auch stets die Angabe der Person des späteren Stimmrechtsvertreters enthalten muß.[135]

Die Pflicht zur Information über das geplante Abstimmungsverhalten des Vertreters bezweckt in erster Linie, den Aktionär in den Stand zu versetzen, selbst darüber entscheiden zu können, ob er angesichts eines konkreten Abstimmungsvorschlags Weisungen erteilen soll oder nicht.[136] Anders als im deutschen Recht (vgl. § 128 Abs. 2 S. 3 AktG) existiert in Spanien jedoch keine Vorschrift, die besagt, daß sich der Stimmrechtsvertreter bei der Ausarbeitung der Abstimmungsvorschläge stets am Interesse der vertretenen Aktionäre zu orientieren habe. Zwar statuiert Art. 79 des Gesetzes über den Wertpapiermarkt unter anderem für Kreditinstitute die Pflicht, im Falle eines Interessenkonflikts den Kundeninteressen stets den Vorrang einzuräumen. Die genannte Vorschrift spricht die Banken jedoch nicht in ihrer Funktion als institutionelle Stimmrechtsvertreter an, sondern bezieht sich auf deren Rolle als Agenten und Eigenhändler auf dem Wertpapiermarkt. Schließlich helfen in diesem Zusammenhang auch nicht die allgemeinen kommissions- und auftragsrechtlichen Pflichten zur

---

133) Polo, Ante una nueva reforma, S. 136 f.; Roncero Sánchez, La representación, S. 160.

134) Aranguren Urriza, Los órganos de la sociedad anónima, S. 455 [549]; Rodríguez Artigas, La representación, S. 91.

135) Eine dieses Erfordernis bejahende Interpretation vertritt Rodríguez Artigas, La representación, S. 92. Vgl. aber auch die Gegenansicht von Roncero Sánchez, La representación, S. 419. Zu dem mit dieser Frage eng zusammenhängenden Problem der Zulässigkeit von Blankovollmachten vgl. auch die Darstellung unten S. 95 ff..

136) Roncero Sánchez, La representación, S. 433.

interessenwahrenden Auftragsausführung weiter[137], so daß den Depotbanken und den sonstigen von Art. 107 aufgezählten Stimmrechtsvertretern bei der Ausarbeitung ihrer Abstimmungsvorschläge ein weiter Ermessensspielraum zusteht.[138]

Darüber hinaus soll es in der spanischen Vertretungspraxis häufig vorkommen, daß die Angabe des beabsichtigten Abstimmungsverhaltens unter pauschaler Bezugnahme auf die Verwaltungsvorschläge zu den einzelnen Beschlußgegenständen erfolgt, ohne daß dem Aktionär zuvor der Inhalt der jeweiligen Verwaltungsvorschläge mitgeteilt worden ist.[139] Um zu vermeiden, daß der Aktionär auf diese Weise dem Management quasi blind seine Zustimmung erteilt[140], fordern einige Autoren die obligatorische Mitteilung der Verwaltungsvorschläge – entweder durch deren Einbeziehung in das jeweilige Vertretungsgesuch oder aber im Rahmen der öffentlichen Bekanntmachung der Einberufung.[141] Daneben wäre es nach Ansicht mancher Autoren auch sinnvoll, wenn institutionelle Stimmrechtsvertreter ihre Abstimmungsvorschläge gegenüber den Aktionären in gewissem Umfang begründen müßten.[142]

cc) Die Ausnahmen von der Pflicht, Aktionärsweisungen zu befolgen

Als letzter Bestandteil der Vertretungsregelung des Art. 107 bestimmt dessen Absatz 2 schließlich, daß der Vertreter von etwaigen Weisungen des Aktionärs

---

137) Die Anwendung dieser allgemeinen Vorschriften (im spanischen Recht sind dies Art. 1719 Código Civil für den Auftrag und Art. 255 Código de Comercio für den Kommissionsvertrag) scheitert nach Ansicht von Roncero Sánchez, La representación, S. 434 an der Tatsache, daß der Aktionär die ihm unterbreiteten Abstimmungsvorschläge jederzeit ablehnen und durch eigene Weisungen ersetzen kann.

138) Neila Neila, La nueva ley de sociedades anónimas, S. 415; Rodríguez Artigas, La representación, S. 92; Roncero Sánchez, La representación, S. 435.

139) Rodríguez Artigas, La representación, S. 91. Anders als im deutschen Recht (vgl. § 124 Abs. 3 S. 1 AktG) sind die Verwaltungsvorschläge zu den einzelnen Beschlußgegenständen in Spanien auch nicht notwendiger Bestandteil der Bekanntmachung der Tagesordnung.

140) Uría/Menéndez/Muñoz Planas, La junta general, S. 209.

141) Uría/Menéndez/Muños Planas, La junta general, S. 209; Roncero Sánchez, La representación, S. 433 und S. 437; Rodríguez Artigas/Quijano González, Jornadas sobre la reforma de las sociedades de capital, S. 121 [154 und 163].

142) Roncero Sánchez, La representación, S. 435; vgl. hierzu außerdem die Fußnote 130. Zum Vorschlag der Einführung einer solchen Begründungspflicht in das deutsche Aktienrecht vgl. etwa Lutter, NJW 1995, 2766 [2767]; Körber, Die Stimmrechtsvertretung durch Kreditinstitute, S. 241 f..

ausnahmsweise dann abweichen darf, wenn im Anschluß an die Weisungserteilung neue Umstände bekannt werden, die eine situationsgerechte Abweichung im Interesse des vertretenen Aktionärs erforderlich machen. In einem solchen Fall muß dieser unverzüglich unterrichtet und von den Gründen, die zu der Entscheidung geführt haben, in Kenntnis gesetzt werden. Nach Ansicht des Schrifttums gilt die genannte Regelung über ihren Wortlaut hinaus sinngemäß auch für diejenigen Fälle, in denen der Aktionär von seinem Weisungsrecht zwar keinen Gebrauch gemacht hat, der Vertreter aber von seinen eigenen – dem Aktionär zuvor unterbreiteten – Abstimmungsvorschlägen abweichen will.[143)] Eine Mitteilungs- und Rechenschaftspflicht nach dem Vorbild des Art. 107 Abs. 2 soll schließlich auch dann bestehen, wenn der Vertreter mit den ihm zur Ausübung überlassenen Stimmen an Beschlußfassungen mitwirkt, die zuvor nicht angekündigt waren und zu denen er folglich auch keine Weisungen einholen oder Abstimmungsvorschläge formulieren konnte.[144)]

4. Die Behandlung von Interessenkonflikten in der Person des Vertreters

Obwohl der spanische Gesetzgeber mit der Aktienrechtsnovelle von 1989 seine ehemals restriktive Handhabung der organisierten Stimmrechtsvertretung aufgegeben hat und mit der Aufhebung des Vertretungsverbots für juristische Personen nun auch Kreditinstituten und der Gesellschaft selbst gestattet, als Stimmrechtsvertreter von Aktionären aufzutreten, hat er darauf verzichtet, die hierdurch vergrößerte Gefahr von Interessenkonflikten in der Person des Abstimmenden durch die Statuierung spezieller Stimmverbote oder durch die Einführung eines Weisungszwanges in evident konfliktträchtigen Abstimmungssituationen zu entschärfen. So existiert beispielsweise weder bei der Beschlußfassung über die Entlastung der Gesellschaftsverwaltung noch im Zusammenhang mit der Geltendmachung von Gesellschaftsansprüchen gegenüber einzelnen Verwaltungsratsmitgliedern ein ausdrückliches Stimmverbot für die von diesen Beschlüssen unmittelbar betroffenen Personen. Abgesehen von Sonderregelungen für die Fälle wechselseitiger Beteiligungen und gesellschaftseigener Aktien[145)] sind solche Stimmverbote im neuen Aktiengesetz nur für Fälle von relativ

143) Rodríguez Artigas, La representación, S. 101.

144) Rodríguez Artigas, La representación, S. 103.

145) Gemäß Art. 79 Abs. 1 darf die Gesellschaft Stimmrechte aus eigenen Aktien oder aus Aktien einer sie beherrschenden Gesellschaft nicht ausüben. Ferner ordnet Art. 83 Abs. 2 an, daß im Rahmen von wechselseitigen Beteiligungen lediglich bis zur gesetzlich vorgeschriebenen Beteiligungsgrenze von 10 Prozent Stimmrechte ausgeübt werden können.

geringer praktischer Relevanz festgeschrieben worden.[146)] Zur Vermeidung von besonders starken Interessenkonflikten können jedoch Stimmrechtsbeschränkungen für diese Fälle auf statutarischem Wege eingeführt werden; angesichts der Tatsache, daß sogar ein absolutes Verbot der institutionellen Stimmrechtsvertretung in der Satzung für zulässig erachtet wird[147)], stünden solchen Bestimmungen jedenfalls keine rechtlichen Schranken im Wege.[148)]

Eine Mindermeinung innerhalb der Literatur vertritt allerdings die Auffassung, daß im spanischen Aktienrecht eine generelle Pflicht des Abstimmungsteilnehmers bestehe, sich bei Beschlußfassungen über Gegenstände, bei denen seine Individualinteressen mit dem Gesellschaftsinteresse kollidieren, stets der Stimme zu enthalten.[149)] Dabei will man diese Pflicht zum einen aus Art. 115 Abs. 1 herleiten[150)], einer Bestimmung, die Hauptversammlungsbeschlüsse insbesondere dann für anfechtbar erklärt, wenn sie zugunsten von Aktionären oder Dritten die Interessen der Gesellschaft verletzen, zum anderen stützt man sich auf eine Gesetzesanalogie zu Art. 27 Abs. 2.[151)]

Die ganz herrschende Lehre wendet sich jedoch gegen eine so weitgehende Interpretation der genannten Vorschriften.[152)] Die Mindermeinung – so wird argumentiert – könne nicht erklären, warum der Gesetzgeber angesichts der von ihr behaupteten allgemeinen Pflicht zur Stimmenthaltung in Fällen von Interessenkonflikten auch im neuen Aktiengesetz spezielle Stimmverbote verankert habe.[153)] Darüber hinaus sei ein solch allgemein gehaltenes Verbot der Stimm-

---

146) Gemäß Art. 27 Abs. 2 S. 2 dürfen bei Beschlußfassungen in der Gründungsversammlung, die die Einräumung von Sondervorteilen an Promotoren oder die Genehmigung von Sacheinlagen zum Gegenstand haben, die von diesen Beschlüssen unmittelbar betroffenen Personen nicht mitstimmen.

147) Rodríguez Artigas, La representación, S. 56; Roncero Sánchez, La representación, S. 121.

148) Diese Überlegung gilt nicht nur im Hinblick auf die Einführung von Stimmverboten im engeren Sinne, sondern auch für Satzungsvorschriften, die die Zulässigkeit der Stimmrechtsvertretung vom Vorliegen einer Weisung des Aktionärs abhängig machen. Vgl. hierzu auch Roncero Sánchez, La representación, S. 121.

149) Diese Auffassung vertritt Duque Domínguez, La tutela de la minoría, S. 133; ebenso Uría, Derecho mercantil, S. 320/321.

150) Duque Domínguez, La tutela de la minoría, bezieht sich in seiner Argumentation allerdings noch auf die Vorgängervorschrift des Art. 67 LSA.

151) Vgl. hierzu oben Fußnote 146.

152) Alonso Ledesma, El papel de la junta general, S. 615 [654]; Uría/Menéndez/Muñoz Planas, La junta general, S. 166 f.; Juste Mencía, Los derechos de minoría en la sociedad anónima, S. 68 (Fn. 104); Girón Tena, Derecho de sociedades anónimas, S. 327 f..

153) Rubio, Curso de derecho de sociedades, S. 254; Uría/Menéndez/Muñoz Planas, La junta general, S. 167; vgl. hierzu auch Alborch Bataller, RDN 1975 (Julio-Diciembre), 47 [115 f.].

rechtsausübung in allen denkbaren Fällen von Interessenkollisionen auch gar nicht praktizierbar und wünschenswert. Zum einen sei der Begriff der Interessenkollision zuwenig konturiert, als daß er einer exakten juristischen Auslegung und Überprüfung zugänglich sei.[154] Zum anderen könne die mit einer so vage formulierten Pflicht notwendigerweise einhergehende Rechtsunsicherheit dazu führen, daß institutionelle Vertreter bei bestimmten Beschlußgegenständen von vornherein von einer Ausübung der ihnen anvertrauten Stimmrechte abgeschreckt würden, was wiederum die Gefahr von Zufallsmehrheiten oder einer Verfehlung des für die Beschlußfähigkeit der Hauptversammlung erforderlichen Quorums heraufbeschwöre. Deshalb sieht die herrschende Meinung den speziellen Anfechtungsgrund des Art. 115 Abs. 1 nicht als Grundlage eines generellen Stimmenthaltungsgebots für den Fall eines Interessenkonfliktes in der Person des Abstimmenden an, sondern interpretiert ihn vielmehr nur in dem Sinne, daß die abstimmenden Vertreter und Aktionäre bei der Stimmrechtsausübung ihre eigenen Interessen dem Gesellschaftsinteresse unterzuordnen haben.[155]

5. Sonderprobleme

a) Der Streit um die Zulässigkeit der Legitimationsübertragung („cesión legitimadora")

Die aus dem deutschen Rechtskreis stammende Figur der Legitimationsübertragung, also die Ausübung fremder Stimmrechte im eigenen Namen, ist den spanischen Autoren in erster Linie aus der Rechtsvergleichung bekannt. Weder das gegenwärtige Aktiengesetz noch eine seiner früheren Fassungen enthielten eine diesbezügliche Regelung. Ebensowenig hat sich bislang die Rechtsprechung mit der Frage ihrer Zulässigkeit befaßt, was daran liegen mag, daß – nach Bekunden der Literatur – die Banken die Stimmrechte ihrer Depotkunden bisher in erster Linie in offener Stellvertretung ausgeübt haben[156] und die Legitimationsübertragung deshalb in der spanischen Gesellschaftspraxis bislang kaum eine Rolle gespielt hat.[157]

---

154) Roncero Sánchez, La representación, S. 324.

155) Uría/Menéndez/Muñoz Planas, La junta general, S. 166; Girón Tena, Derecho de sociedades anónimas, S. 328.

156) Die Rechtsfigur der Vertretung im Namen dessen, den es angeht, ist dem spanischen Recht nicht bekannt.

157) Garriguez/Uría González, Comentario a la ley de sociedades anónimas, S. 686; Uría/Menéndez/Muñoz Planas, La junta general, S. 213.

Trotz der geringen praktischen Bedeutung, die der Legitimationsübertragung bisher zugekommen ist, wurde im Schrifttum seit jeher eine lebhafte Auseinandersetzung über die Zulässigkeit und juristische Einordnung dieser Rechtskonstruktion geführt. Je nach Begriffsverständnis wird sie entweder als Unterfall der indirekten Stellvertretung[158)] oder als Mischform zwischen fiduziarischer Rechtsübertragung und Stellvertretung[159)] angesehen. Ungeachtet dieser Differenzen bei der juristischen Einordnung besteht innerhalb des Schrifttums jedoch Einigkeit darüber, daß die aktienrechtlichen Vertretungsnormen die Legitimationsübertragung nicht miterfassen und daß die Frage ihrer rechtlichen Zulässigkeit deshalb nur danach beurteilt werden kann, inwieweit sie mit allgemeinen Rechtsgrundsätzen, insbesondere mit der Aktienrechtsordnung als solcher, in Einklang steht.[160)] Bei der Beantwortung dieser Frage kommt man innerhalb des Schrifttums zu unterschiedlichen Ergebnissen.

Manche Autoren stellen den Gesichtspunkt der Privatautonomie des Aktionärs in den Vordergrund und plädieren für die grundsätzliche Zulässigkeit der Legitimationszession, es sei denn, daß diese zur absichtlichen Umgehung zwingender gesetzlicher Vorschriften oder statutarischer Verbote eingesetzt werde.[161)] Dieser Meinung zufolge wäre ein Verbot der Legitimationsübertragung zudem auch nur schwer durchsetzbar, da ein Verstoß in der Praxis kaum nachzuweisen sei.[162)]

Die in der Lehre vorherrschende Gegenansicht will hingegen vor allem das letztgenannte Argument nicht gelten lassen, da es rein praktischer Natur sei.[163)] Alle rechtlichen Gesichtspunkte sprächen vielmehr gegen die Zulässigkeit der Legitimationszession. Denn zum einen käme die Ermächtigung, fremde Stimmrechte im eigenen Namen auszuüben, selbst für den Fall, daß der Legitimationsaktionär nicht im eigenen Interesse handele, faktisch einer Übertragung des Stimmrechts auf den Legitimationsaktionär gleich.[164)] Da aber der Aktionär im

158) Pantaleón Prieto, Copropiedad, usufructo, prenda y embargo de acciones, S. 25; Roncero Sánchez, La representación, S. 78 und S. 84.

159) So Uría/Menéndez/Muñoz Planas, La junta general, S. 212.

160) Roncero Sánchez, La representación, S. 84.

161) Rodríguez Artigas, La representación, S. 42/43; Girón Tena, Derecho de sociedades anónimas, S. 294 f.. Ein Beispiel wäre etwa die Umgehung statutarischer Höchststimmrechtsklauseln, die gemäß Art. 105 Abs. 2 zulässig sind.

162) Rodríguez Artigas, La representación, S. 43.

163) Roncero Sánchez, La representación, S. 86; Uría/Menéndez/Muñoz Planas, La junta general, S. 216 f..

164) Uría/Menéndez/Muños Planas, La junta general, S. 213 und S. 216; Rubio, Curso de derecho de sociedades, S. 350; Garriguez/Uría González, Comentario a la ley de sociedades anónimas, S. 686.

Rahmen der Legitimationsübertragung seine Mitgliedschaftsstellung beibehalte, liege hierin ein Verstoß gegen das aktienrechtliche Abspaltungsverbot.[165] Zum anderen kollidiere das Rechtsinstitut der Legitimationszession auch mit dem von der neuen Vertretungsregelung verfolgten Ziel, zum Schutze des vertretenen Aktionärs eine verstärkte Publizität und Offenlegung der Vertretungsverhältnisse zu erreichen.[166] Schließlich und vor allem dürfe den Banken mit der Legitimationsübertragung nicht ein Mittel an die Hand gegeben werden, mit dem diese in Zukunft die durch die neue Vertretungsregelung der Artt. 106 und 107 geschaffenen erhöhten Anforderungen an die institutionelle Stimmrechtsvertretung umgehen könnten.[167] Daß die Legitimationsübertragung in einem gewissen Spannungsverhältnis zur rechtspolitischen Zielsetzung der Artt. 106 ff. steht, institutionelle Stimmrechtsvertreter in stärkerem Maße an die Interessen der vertretenen Aktionäre zu binden, wird zum Teil auch von denjenigen Autoren eingestanden, die ihre Zulässigkeit grundsätzlich bejahen.[168]

b) Die Zulässigkeitsvoraussetzungen für eine Unterbevollmächtigung

Die neue spanische Vertretungsregelung schweigt sich – genau wie schon das Aktiengesetz von 1951 – darüber aus, ob und unter welchen Voraussetzungen ein Stimmrechtsvertreter einer anderen Person eine Untervollmacht erteilen darf. Angesichts dieser Regelungslücke gehen die Meinungen bezüglich dieser Frage im Schrifttum weit auseinander. Während einige Autoren vertreten, daß eine Unterbevollmächtigung im Bereich der Aktionärsvertretung allgemein[169] oder doch zumindest für die Fälle der in Art. 107 geregelten institutionellen Stimmrechtsvertretung[170] ausgeschlossen sei, ziehen andere Autoren zur Lö-

---

165) Dieses Verbot wird im spanischen Aktienrecht aus Art. 48 hergeleitet.

166) Roncero Sánchez, La representación, S. 85 f..

167) So sind wohl Uría/Menéndez/Muñoz Planas, La junta general, S. 213/214 zu verstehen, wenn dort ausgeführt wird, daß die Banken die Stimmrechte ihrer Kunden auch weiterhin in offener Stellvertretung ausüben müßten und deshalb die Vorschriften der Artt. 106 und 107 zu beachten hätten.

168) Rodríguez Artigas, La representación, S. 42.

169) Vicent Chuliá, Compendio crítico, S. 520 stützt seine Ansicht auf die allgemeinen Anforderungen des Art. 106, wonach die Vollmacht schriftlich und gesondert für jede Hauptversammlung zu erteilen ist.

170) Aranguren Urriza, Los órganos de la sociedad anónima, S. 455 [543] folgert dies aus dem Wortlaut des Art. 107 „para sí o para otro“ (für sich oder für eine andere Person). Hieraus ergebe sich nämlich, daß die von Art. 107 aufgezählten Personen und Einrichtungen dem vertretenen Aktionär stets im vorhinein die Person benennen müßten, die sein Stimmrecht in der Hauptversammlung ausüben wird.

sung dieses Problems allgemeine Vorschriften aus dem Auftrags- und Kommissionsvertragsrecht[171] heran und kommen dabei zu dem Ergebnis, daß eine Unterbevollmächtigung auch in Fällen der institutionellen Stimmrechtsvertretung zulässig sei, wenn der Aktionär seinem Vertreter dies in der Vollmachtsurkunde ausdrücklich gestatte.[172] Letztere Ansicht steht auch im Einklang mit der spanischen Rechtspraxis, in der sich die professionellen Stimmrechtsvertreter die Erlaubnis zu einer etwaigen Unterbevollmächtigung zumeist sicherheitshalber vom Aktionär miterteilen lassen.[173] Insofern ist auch die innerhalb des Schrifttums umstrittene Frage, inwieweit es sich um eine Unterbevollmächtigung handelt, wenn das bevollmächtigte Kreditinstitut oder die Gesellschaft nicht Organmitglieder, sondern Mitarbeiter oder unternehmensfremde Personen als Sitzungsvertreter in die Hauptversammlung entsendet[174], von relativ geringer praktischer Bedeutung.

c) Der Streit um die Zulässigkeit von Blankovollmachten

Trotz der Schlüsselfunktion, die der Erteilung von Stimmrechtsvollmachten ohne jegliche Angaben zur Person des bevollmächtigten Vertreters im Zusammenhang mit der Umgehung des ehemaligen Vertretungsverbots für juristische Personen zugekommen ist[175], läßt auch das neue spanische Aktiengesetz die Frage

---

171) In diesem Zusammenhang existieren im spanischen Recht zwei Vorschriften: Gemäß Art. 1721 Código Civil gilt im allgemeinen Auftragsrecht, daß eine Subdelegation nur dann unzulässig ist, wenn der Auftraggeber eine solche ausdrücklich verboten hat. Dagegen sieht Art. 261 Código de Comercio vor, daß der Kommissionär nur im Falle einer ausdrücklichen Erlaubnis des Kommittenten eine dritte Person mit der Durchführung des Kommissionsgeschäfts beauftragen darf.

172) Rodríguez Artigas, La representación, S. 57; Roncero Sánchez, La representación, S. 291 ff. i.V.m. S. 122 ff. [124]. Beide Autoren gelangen also im Ergebnis zu einer Anwendung des in Art. 261 Código de Comercio niedergelegten Grundsatzes. Während Rodríguez Artigas seine Ansicht eher auf die Rechtsvergleichung zu stützen scheint, begründet Roncero Sánchez (S. 124) die analoge Anwendung der handelsrechtlichen Vorschrift damit, daß es sich bei der professionellen Stimmrechtsvertretung um eine quasi-kaufmännisch-unternehmerische Tätigkeit handele.

173) Rodríguez Artigas, La representación, S. 58.

174) Nach Roncero Sánchez, La representación, S. 293 ist eine Unterbevollmächtigung nur dann nicht erforderlich, wenn die juristische Person (Gesellschaft oder Bank) eigene Organmitglieder in die Hauptversammlung entsendet. Eine etwas weniger strenge Auffassung vertreten demgegenüber Aranguren Urriza, Los órganos de la sociedad anónima, S. 455 [544] und Rodríguez Artigas, La representación, S. 57, die der Ansicht sind, daß auch die Einschaltung von Mitarbeitern der Bank oder der Gesellschaft ohne eine zusätzliche Unterbevollmächtigung zulässig sein soll.

175) Vgl. hierzu die Darstellung oben S. 67, insbesondere Fußnote 22.

nach der Zulässigkeit solcher Blankovollmachten („poderes en blanco") unbeantwortet. Wenngleich mit dem Wegfall des Vertretungsverbots für juristische Personen das traditionelle Hauptmotiv für die Erteilung dieser Vollmachten weggefallen ist, kommen sie in der spanischen Rechtspraxis auch nach dem Inkrafttreten der neuen Vertretungsvorschriften weiter vor.[176)] Demgegenüber sieht der überwiegende Teil des Schrifttums die Ausstellung von Blankovollmachten auch ohne ein ausdrückliches gesetzliches Verbot de lege lata als unzulässig an.[177)] Zur Begründung stützt man sich zum einen auf das formale Argument, daß vom Schriftformerfordernis des Art. 106 Abs. 2 auch die Angabe des Vertreters als notwendiger Erklärungsbestandteil einer jeden Bevollmächtigung miterfaßt sei.[178)] Zum anderen – argumentiert man – könne nur auf diese Weise verhindert werden, daß professionelle Stimmrechtsvertreter mit Hilfe von Blankovollmachten die Bestimmungen des in Art. 107 verankerten Sonderregimes umgehen.[179)]

Demgegenüber schätzt eine ebenfalls im Schrifttum geäußerte Gegenansicht[180)] die Gefahr, daß die Banken oder Gesellschaftsverwalter Blankovollmachten gezielt zur Umgehung der in Art. 107 Abs. 1 formulierten verschärften Anforderungen an die institutionelle Stimmrechtsvertretung einsetzen könnten, als eher gering ein. Zur Begründung wird darauf verwiesen, daß gemäß Art. 107 Abs. 3 das Spezialregime des Art. 107 Abs. 1 unabhängig von der Person des Vertreters bereits immer dann zur Anwendung gelange, wenn ein und dieselbe Person die Stimmrechtsvertretung von mehr als 3 Aktionären gleichzeitig wahrnehme.[181)] Von dieser Seite wird zudem betont, daß ein Mißbrauch von Blankovollmachten in der Weise, wie er in Deutschland vor 1937[182)] stattgefunden habe, in Spanien bisher nicht feststellbar gewesen sei; das Phänomen, daß sich Banken untereinander je nach Bedarfs- und Interessenlage Depotstimmen aus-

---

176) Rodríguez Artigas, La representación, S. 121.

177) García Luengo/Soto Vázquez, El nuevo régimen jurídico, S. 502; Hernández Rodríguez, Revista jurídica de Catalunya 1992, 673 [684]; Rodríguez Artigas, La representación, S. 59; für den Bereich der institutionellen Stimmrechtsvertretung Aranguren Urriza, Los órganos de la sociedad anónima, S. 455 [543 f.].

178) Rodríguez Artigas, La representación, S. 59; García Luengo/Soto Vázquez, El nuevo régimen jurídico, S. 503.

179) So vor allem Rodríguez Artigas, La representación, S. 59.

180) Vgl. Roncero Sanchez, La representación, S. 225 f..

181) Vgl. Roncero Sánchez, La representación, S. 226 (Fn. 438)).

182) Das deutsche Aktiengesetz von 1937 verbot in § 114 Abs. 4 S. 2 (sog. Bestimmtheitsgrundsatz) zum ersten Mal die Erteilung von Blankovollmachten für den Bereich des Depotstimmrechts.

leihen würden[183], sei aus der spanischen Praxis weitgehend unbekannt.[184] Unter Hinweis auf die Gefahr einer Umgehung von etwaigen statutarischen Höchststimmrechtsklauseln oder subjektiven Vertretungsverboten wäre jedoch auch nach dieser Ansicht ein ausdrückliches gesetzliches Verbot hinsichtlich der Erteilung von Blankovollmachten – zumindest für den Bereich der organisierten Stimmrechtsvertretung – wünschenswert gewesen.[185]

d) Voraussetzungen für eine Pflicht zur Übernahme der Stimmrechtsvertretung

Die neue spanische Vertretungsregelung enthält keine Aussage darüber, ob die Kreditinstitute oder die Gesellschaftsverwaltung in bestimmten Fällen – etwa dann, wenn sie zuvor um die Erteilung von Vollmachten gebeten haben – verpflichtet sind, die Vertretung von Aktionären in der Hauptversammlung zu übernehmen. Diese Frage stellt sich vor allem dann, wenn eine Bank den Auftrag zur Stimmrechtsvertretung eines Aktionärs deswegen ablehnt, weil dessen Abstimmungsweisungen den Interessen des Kreditinstituts zuwiderlaufen.[186] Da im spanischen Aktiengesetz – anders als im deutschen (§ 135 Abs. 10 AktG) – keine Fälle eines gesetzlichen Kontrahierungszwanges geregelt sind, existiert nach Ansicht des Schrifttums eine Verpflichtung zur Übernahme der Stimmrechtsvertretung grundsätzlich[187] nur dann, wenn der Vollmachtserteilung von seiten des Aktionärs ein entsprechendes Gesuch des Vertreters vorausgegangen ist und dieses rechtstechnisch als Angebot, gerichtet auf den Abschluß eines

---

183) Zur früheren Problematik der Stimmrechtsleihe im deutschen Recht vgl. etwa Deuß, Die Ausübung des aktienrechtlichen Stimmrechts, S. 7 ff.; Busse, Depotstimmrecht der Banken, S. 49.

184) Roncero Sánchez, La representación, S. 225 (Fn. 432).

185) Roncero Sánchez, La representación, S. 226 i.V.m. S. 223.

186) Im portugiesischen Recht, welches die spanische Vertretungsregelung in wesentlichen Punkten mitbeeinflußt hat (vgl. Rodríguez Artigas, La representacion, S. 71), ist dieses Problem ausdrücklich geregelt. Gemäß Art. 381 Abs. 4 des Gesetzes über die Handelsgesellschaften darf dort ein professioneller Stimmrechtsvertreter dem Aktionär die Ausübung seiner Stimmrechte verweigern, wenn ihm dessen Weisungen mißfallen.

187) Daneben kann ein Kontrahierungszwang für professionelle Stimmrechtsvertreter jedoch auch aufgrund spezieller vertraglicher Vereinbarungen –-etwa als Bestandteil des Depotvertrages zwischen Bank und Aktionär – begründet werden, vgl. Rodríguez Artigas, La representación, S. 98.

entsprechenden Auftragsvertrages[188], zu qualifizieren ist.[189] Denn da in der anschließenden Erteilung der Vollmacht die konkludente Annahme dieses Angebots durch den Aktionär liege, entstehe mit dem Zustandekommen des Vertrages auch unweigerlich die Verpflichtung des Vertreters, die Stimmrechtsvertretung des Aktionärs im Einklang mit dessen – gegebenenfalls auch mißliebigen – Weisungen[190] zu übernehmen. Das Problem im spanischen Recht besteht aber darin, daß das Gesetz den Stimmrechtsvertretern an keiner Stelle vorschreibt, wie sie ihre Vertretungsgesuche inhaltlich auszugestalten haben. Diese können deshalb frei wählen, ob sie ihr Gesuch im Sinne einer bindenden Willenserklärung oder als bloße invitatio ad offerendum formulieren.[191] Angesichts der Tatsache, daß die Pflicht zur Befolgung mißliebiger Weisungen auf diese Weise letztendlich vom Formulierungsgeschick des jeweiligen Stimmrechtsvertreters abhängt, hätte man sich im spanischen Schrifttum die Einführung eines gesetzlichen Kontrahierungszwanges nach deutschem Vorbild gewünscht.[192]

6. Das Sanktionensystem

Die Rechtsfolgen, die sich an die Nichteinhaltung der einzelnen Vertretungsanforderungen der Artt. 106 ff. knüpfen, sind im spanischen Aktiengesetz nicht explizit geregelt. Ein Teil des Schrifttums schlägt vor, zur Bestimmung der Rechtsfolge eines Verstoßes danach zu differenzieren, ob die Gesellschaft von ihm im Einzelfall Kenntnis besaß – bzw. wegen einer ihr obliegenden Kontrollpflicht hätte besitzen müssen – oder nicht.[193] Im ersteren Fall sei die Stimmabgabe von seiten des Vertreters stets unwirksam, während im zweiten allenfalls Schadensersatzansprüche des Aktionärs gegen seinen Stimmrechtsvertreter in Betracht kämen. Angesichts der Tatsache, daß im spanischen Recht die Gesellschaft selbst die Vertretung von Aktionären übernehmen kann, hält eine Gegenmeinung diese Art der Differenzierung jedoch nur für bedingt praktikabel.

---

188) Auch nach spanischem Recht ist das der Stimmrechtsvertretung zugrundeliegende Rechtsverhältnis regelmäßig ein Auftrag, vgl. Roncero Sánchez, La representación, S. 440.

189) Roncero Sánchez, La representación, S. 385 ff.; Vicent Chuliá, Compendio crítico, S. 522; Rodríguez Artigas, La representación, S. 98.

190) Da die institutionellen Vertreter den Aktionär gem. Art. 107 Abs. 1 zur Erteilung von Weisungen für die Ausübung des Stimmrechts auffordern müssen, stellt die Erteilung von Instruktionen nach Ansicht von Rodríguez Artigas, La representación, S. 98 f. auch keine Annahme unter Einschränkungen oder Abänderungen dar.

191) Roncero Sánchez, La representación, S. 388; Rodríguez Artigas, La representación, S. 99.

192) Vgl. etwa Roncero Sánchez, La representación, S. 389.

193) Vicent Chuliá, Compendio crítico, S. 524; Rodríguez Artigas, La representación, S. 115 f..

Sie will statt dessen die Unwirksamkeit der Stimmabgabe in den Fällen bejahen, in denen der Verstoß zur Unwirksamkeit der Bevollmächtigung als solcher führt, während sie bei Pflichtverletzungen des Vertreters, die das der Bevollmächtigung zugrundeliegende Rechtsverhältnis betreffen, gegebenenfalls Schadensersatzansprüche des Aktionärs annimmt.[194)]

Unabhängig von den jeweiligen theoretischen Ausgangspunkten herrscht im Schrifttum jedoch Einvernehmen darüber, daß ein Verstoß gegen die in Art. 106 Abs. 2 niedergelegten Bestimmungen[195)] stets die Unwirksamkeit der Stimmabgabe nach sich zieht.[196)] Ebenso einig ist man sich des weiteren darüber, daß die Nichtbefolgung von Weisungen des Aktionärs lediglich eine Schadensersatzhaftung des Vertreters auslösen kann.[197)] Strittig ist hingegen, welche Rechtsfolgen eintreten, wenn Stimmrechtsvertreter nicht die in Art. 107 Abs. 1 aufgezählten inhaltlichen Anforderungen an die Formulierung ihrer Vertretungsgesuche[198)] einhalten. Während einige Autoren der Vorschrift des Art. 6 Abs. 3 Código Civil[199)] entnehmen wollen, daß die auf ein fehlerhaftes Vertretungsgesuch hin erteilte Vollmacht stets unwirksam ist[200)], will die Gegenmeinung unter Hinweis auf die rechtssystematische Zugehörigkeit des Vertretungsgesuchs zu dem der Bevollmächtigung zugrundeliegenden Rechtsverhältnis dem Aktionär auch für diesen Fall lediglich Schadensersatzansprüche einräumen.[201)]

Allerdings werden vom Schrifttum weder die Unwirksamkeit der Stimmabgabe noch die Auslösung einer Schadensersatzhaftung des Vertreters als ausreichende Sanktionsmittel für Pflichtverstöße von institutionellen Stimmrechts-

---

194) Roncero Sánchez, La representación, S. 486 f..

195) Hiermit sind die Erfordernisse der Schriftform und der Einzelvollmacht angesprochen.

196) Rodríguez Artigas, La representación, S. 116; Roncero Sánchez, La representación, S. 488.

197) Uría/Menéndez/Muñoz Planas, La junta general, S. 210; Rodríguez Artigas, La representación, S. 116; Roncero Sánchez, La representación, S. 495. Die vertragliche Schadensersatzhaftung richtet sich nach den Artt. 1101 ff. Código Civil, im Falle eines Auftrags nach den Spezialvorschriften der Artt. 1718 f. Código Civil.

198) Hierzu zählt neben dem Erfordernis der Aufforderung zur Weisungserteilung auch die Pflicht des Stimmrechtsvertreters, dem Aktionär die Tagesordnung mitzuteilen und diesem Abstimmungsvorschläge zu unterbreiten.

199) Nach dieser Bestimmung sind alle Rechtsgeschäfte unwirksam, die gegen zwingendes Gesetzesrecht verstoßen.

200) Vgl. etwa Aranguren Urriza, Los órganos de la sociedad anónima, S. 455 [549]; Uría/Menéndez/Muñoz Planas, La junta general, S. 209.

201) Roncero Sánchez, La representación, S. 495 f. (allerdings ohne Angabe des Haftungsgrundes). Zum gleichen Ergebnis – trotz teilweise unterschiedlicher Begründung – gelangt Rodríguez Artigas, La representación, S. 116.

vertretern angesehen.[202] In diesem Zusammenhang verweisen die spanischen Autoren auf die strengen Voraussetzungen für eine auf die Unwirksamkeit der Stimmabgabe gestützte Beschlußanfechtung[203] und auf die praktischen Schwierigkeiten, die bei der Führung des für eine Schadensersatzhaftung erforderlichen Schadens- und Kausalitätsnachweises auftreten können.[204] Um so mehr wird vom Schrifttum bedauert, daß in der spanischen Vertretungsregelung – anders als in der deutschen[205] – weder Sanktionsmöglichkeiten strafrechtlicher Art noch staatlich-administrative Mindestkontrollen hinsichtlich der Einhaltung der vorgeschriebenen Vertreterpflichten vorgesehen sind.[206]

7. Die Alternativen zur institutionellen Stimmrechtsvertretung

a) Die „representación familiar" des Art. 108 TRLSA

Im Hinblick auf die Alternativen, die dem Aktionär neben der Beauftragung eines institutionellen Stimmrechtsvertreters zur Verfügung stehen, ist zunächst Art. 108 von Bedeutung. Nach dieser Vorschrift, die auf den Gesetzesentwurf von 1979 zurückgeht[207], finden die in den Artt. 106 und 107 enthaltenen Verfahrensregeln dann keine Anwendung, wenn Vertreter der Ehegatte oder ein geradliniger Verwandter des Aktionärs ist oder der Bevollmächtigte über eine öffentlich beurkundete Generalvollmacht verfügt, die ihn zur Verwaltung des ge-

---

202) Vgl. Rodríguez Artigas, La representación, S. 121; Roncero Sánchez, La representación, S. 500.

203) Eine auf die Unwirksamkeit der Stimmabgabe gestützte Beschlußanfechtung setzt den Nachweis voraus, daß ohne die fälschlicherweise berücksichtigte Stimme die erforderliche Beschlußmehrheit bzw. die für die Beschlußfähigkeit der Hauptversammlung erforderliche Kapitalpräsenz nicht erreicht worden wäre (sog. „prueba di resistencia"), vgl. Girón Tena, Derecho de sociedades anónimas, S. 322; Alborch Bataller, RDN 1975 (Julio-Diciembre), 47 [103]. Zudem ist gemäß Art. 117 Abs. 2 in der Regel die vorherige Erhebung des Widerspruchs zur Niederschrift erforderlich.

204) Vgl. etwa Roncero Sánchez, La representación, S. 496; ähnlich auch Uría/Menéndez/Muñoz Planas, La junta general, S. 210 f..

205) Vgl. § 405 Abs. 3 Nr. 4, 5 AktG. Zum Inhalt der Depotprüfung nach § 30 Abs. 1 S. 2 KWG vgl. Gößmann, in: Schimansky/Bunte/Lwowski, Bankrechtshandbuch, Band II, § 72 Rn. 193 ff..

206) Rodríguez Artigas, La representación, S. 121; Roncero Sánchez, La representación, S. 498 ff..

207) Rodríguez Artigas, La representación, S. 110.

samten[208] im Staatsgebiet belegenen Vermögens des Aktionärs ermächtigt. Mit dieser Vorschrift – insbesondere mit dem Verzicht auf das Erfordernis der Einzelvollmacht[209] – soll die Übernahme der Stimmrechtsvertretung durch Vertrauenspersonen des Aktionärs erleichtert und gefördert werden, da der Gesetzgeber in der persönlichen Vertrauensbeziehung die größtmögliche Gewähr für eine konsequente Berücksichtigung der Interessen des vertretenen Aktionärs sieht.[210] Der Einschluß von Vermögensverwaltern in die Ausnahmeregelung bezweckt zudem, den Aktionären mit Wohnsitz im Ausland die Ausübung ihres Stimmrechts zu erleichtern.[211]

Nach ganz herrschender Meinung kann die Möglichkeit, sich durch die in Art. 108 genannten Personen vertreten zu lassen, auch nicht durch die Gesellschaftssatzung ausgeschlossen werden.[212] Damit soll gewährleistet sein, daß der Aktionär stets eine Person aus seiner engsten Umgebung mit der Ausübung seines Stimmrechts betrauen kann.[213]

b) Alternativvorschläge von seiten des Schrifttums

Angesichts der Gefahr, daß die Gesellschaftsverwaltung und die Banken die ihnen anvertrauten Stimmrechte zur Verwirklichung eventueller Eigeninteressen in aktionärsschädigender Weise mißbrauchen könnten und in der Einsicht, daß es auch Aktionärsvereinigungen nicht möglich ist, als Wettbewerber der Depotbanken auf dem Gebiet der Stimmrechtsvertretung eine praktisch bedeutsame Rolle zu spielen, hat man in Spanien über Alternativen zur institutionellen Stimmrechtsvertretung nachgedacht. So ist zum Beispiel mit dem Argument, die Ausübung des Stimmrechts sei die ureigene und wesentliche Funktion des

---

[208] Aranguren Urriza, Los órganos de la sociedad anónima, S. 455 [545 f.] und Rodríguez Artigas, La representación, S. 108 f. sprechen sich für eine großzügige Auslegung dieses Kriteriums aus.

[209] Nach einhelliger Ansicht befreit Art. 108 von der Pflicht zur Erteilung einer Einzelvollmacht, dagegen jedoch nicht vom Erfordernis der Schriftform, vgl. Uría/Menéndez/Muñoz Planas, La junta general, S. 201; Rodríguez Artigas, La representación, S. 113/115; Aranguren Urriza, Los órganos de la sociedad anónima, S. 455 [546].

[210] Roncero Sánchez, La representación, S. 467.

[211] Fernández-Tresguerres García, Actualidad civil 1994 (junio/julio), 97 [100]; Vicent Chuliá, Compendio crítico, S. 523; Rodríguez Artigas, La representación, S. 109.

[212] Otero Lastres, Anales de la Academía Matritense y del Notariado 1991, 9 [52]; Fernández-Tresguerres García, Actualidad civil 1994 (junio/julio), 97 [107]; Uría/Menéndez/Muñoz Planas, La junta general, S. 200; a.A. nur Rodríguez Artigas, La representación, S. 114.

[213] Roncero Sánchez, La representación, S. 467.

Gesellschafters, vorgeschlagen worden, eine Pflicht des Aktionärs zur persönlichen Stimmabgabe zu statuieren[214] und deren Erfüllung in Zukunft dadurch sicherzustellen, daß man den in der Hauptversammlung anwesenden Aktionären als Belohnung eine Sonderprämie zahle[215] und denjenigen Anteilseignern, die von ihrem Stimmrecht keinen Gebrauch machten, zur Strafe die Dividende kürze.[216]

Diese Sichtweise ist in der übrigen Literatur jedoch kaum auf Resonanz gestoßen. Zum einen – so wird eingewandt – könne man aus dem Gesetz an keiner Stelle eine derartige Stimmpflicht geschweige denn die Zulässigkeit einer Strafe für den Fall ihrer Nichtbefolgung ableiten.[217] Zum anderen stehe aber auch die Annahme einer solchen Aktionärspflicht im Widerspruch zur kapitalistischen Ausrichtung und Grundkonzeption der Aktiengesellschaft.[218]

Als ein weiteres Mittel, den niedrigen Hauptversammlungspräsenzen entgegenzuwirken, ist von einigen Autoren die Einführung der schriftlichen Stimmabgabe von außerhalb der Hauptversammlung (el voto por correspondencia) vorgeschlagen worden.[219] Diese stelle zwar keine echte Alternative zur Stimmrechtsvertretung dar, könne jedoch ein gewisses Gegengewicht schaffen, weil

---

214) So vor allem Bérgamo, Sociedades anónimas, II, S. 362. Gemäß II.9.2. des „Informe Olivencia" ist von einem Teil des Schrifttums darüber hinaus vorgeschlagen worden, die institutionelle Stimmrechtsvertretung in den börsennotierten Gesellschaften einer amtlichen Instanz oder einem Aktionärskomitee, zusammengesetzt aus den fünfzehn oder zwanzig wichtigsten Aktionären der jeweiligen Gesellschaft, zu übertragen.

215) In einigen spanischen Unternehmen ist dies bereits in der Vergangenheit geschehen, vgl. Baums, Shareholder representation and proxy voting in the European Union, S. 17.

216) Vgl. Bérgamo, Sociedades anónimas, II, S. 362. Die Beschränkung einer Abstimmungsverpflichtung auf institutionelle Investoren mit dem Ziel, daß die kleinen Privatanleger mit Splitterbesitz auf diese Weise vom Kontrollengagement der institutionellen Anleger als „free-rider" profitieren könnten (zu dieser Idee vgl. Baums, Das Vollmachtstimmrecht der Banken, AG 1996, 11 [20] und die entsprechenden Überlegungen und Vorstöße im englischen Recht, von denen bereits im Zusammenhang mit der Darstellung des englischen Aktionärsvertretungssystems berichtet worden ist), ist hingegen im spanischen Schrifttum – soweit ersichtlich – noch nicht vorgeschlagen worden, was daran liegen mag, daß in Spanien unabhängiger institutioneller Anteilsbesitz nur in sehr begrenztem Umfang vorhanden ist, vgl. Roncero Sánchez, La representación, S. 369.

217) Girón Tena, Derecho de sociedades anónimas, S. 204; Uría/Menéndez/Muñoz Planas, La junta general, S. 162.

218) Uría/Menéndez/Muñoz Planas, La junta general, S. 162.

219) Pedrol, RDP 1967, 917 [938]; Uría/Menéndez/Muñoz Planas, La junta general, S. 163.

sie dem Aktionär auf einfache und bequeme Weise ermögliche, persönlich an der gesellschaftlichen Entscheidungsfindung mitzuwirken.[220)]

Der ganz überwiegende Teil der Literatur steht dieser Idee jedoch ablehnend gegenüber. Eine solche Form der Stimmrechtsausübung führe nicht nur zu Problemen bei der Kontrolle der Stimmenauszählung, was die Gefahr von Manipulationen heraufbeschwöre, sondern setze auch einen Kostenaufwand von seiten der Gesellschaft voraus, der in keinem Verhältnis zum Nutzen einer solchen Regelung stehe.[221)] Vor allem aber sei die schriftliche Stimmabgabe von außerhalb der Hauptversammlung ebenso wie die Stimmrechtsausübung durch Boten nicht mit Art. 93 TRLSA vereinbar, wonach es die in der Hauptversammlung versammelten Aktionäre sind, welche über die in ihre Zuständigkeit fallenden Angelegenheiten entscheiden. Dieser Vorschrift liege unter anderem die Vorstellung zugrunde, daß die Hauptversammlung ein Gesellschaftsorgan sei, welches als Diskussionsforum diene, damit die Aktionäre auf der Grundlage des dort erfolgten Meinungs- und Informationsaustausches zum gesellschaftlichen Willensbildungsprozeß beitragen könnten. Die Erfüllung dieser Funktion sei jedoch nur dann gewährleistet, wenn die Willensbildung des Aktionärs hinsichtlich der zur Abstimmung stehenden Beschlußgegenstände zumindest in gewissem Umfang noch in der Hauptversammlung möglich sei[222)]. Da diese Voraussetzung in der Person dessen, der an der Hauptversammlung weder persönlich noch vertreten durch einen Bevollmächtigten teilnehme, nicht erfüllt sei, müsse die Ausübung des Stimmrechts von außerhalb der Hauptversammlung als unzulässig angesehen werden.[223)] Nicht zuletzt fühlt man sich in seiner ablehnen-

---

220) Pedrol, RDP 1967, 917 [938] hält es sogar für erwägenswert, die Stimmrechtsvertretung der Aktionäre durch die schriftliche Abstimmung von außerhalb der Hauptversammlung zu ersetzen.

221) Alborch Bataller, El derecho de voto del accionista, S. 170 ff.; Duque Domínguez, Absentismo del accionista y acciones sin voto, S. 143 [157].

222) Alonso Ledesma, El papel de la junta general, S. 615 [653]; Alborch Bataller, El derecho de voto del accionista, S. 171.

223) Anders hingegen liege der Fall, wenn der Aktionär sich bei der Ausübung seines Stimmrechts in der Hauptversammlung vertreten lasse, und zwar selbst dann, wenn er seinem Vertreter bezüglich der Stimmrechtsausübung konkrete Weisungen erteilt habe. Denn der Vertreter könne von Weisungen seines Auftraggebers jedenfalls dann abweichen, wenn er aufgrund neuer Tatsachen, die er erst in der Hauptversammlung erfahre, zu dem Schluß komme, daß eine solche Abweichung den Interessen des Vollmachtgebers besser gerecht werde. Damit aber sei zugleich gewährleistet, daß die Informations- und Meinungsbildungsfunktion der Hauptversammlung nicht ins Leere laufe, vgl. Roncero Sánchez, La representación, S. 274.

den Haltung dadurch bestätigt, daß auch in anderen Staaten die Möglichkeit einer Abstimmung per Briefwahl bislang kaum vorgesehen ist.[224)]

VI. Zusammenfassung und Kritik

Die Stimmrechtsvertretung der Aktionäre befindet sich in Spanien fest in den Händen der Kreditinstitute, insbesondere der Privatbanken. Daneben ist es jedoch auch der Gesellschaft selbst und ihrer Verwaltung gestattet, als Vertreter der Aktionäre aufzutreten. In Abweichung zum Aktiengesetz von 1951, das noch ein Vertretungsverbot für juristische Personen vorsah, hat es der Gesetzgeber des Jahres 1989 vorgezogen, die institutionelle Stimmrechtsvertretung einer speziellen Regelung zu unterwerfen, die verhindern soll, daß die erteilten Vollmachten zur Durchsetzung vertretereigener Interessen mißbraucht werden. Das in Art. 107 TRLSA enthaltene Sonderregime erfaßt nicht nur die Gesellschaftsverwalter und die Kreditinstitute in ihrer Eigenschaft als Depoteinrichtungen und Buchführungsstellen für die in Form von Bucheintragungen dargestellten Aktien, sondern gilt darüber hinaus auch immer dann, wenn der Tatbestand eines öffentlichen Vertretungsgesuchs vorliegt. Die Existenz eines solchen Vertretungsgesuchs wird gemäß Art. 107 Abs. 3 vermutet, wenn ein und dieselbe Person auf einer Hauptversammlung mehr als drei Aktionäre vertritt.

Die Einrichtung eines Spezialregimes für die Fälle der institutionellen Stimmrechtsvertretung wird nicht zuletzt aufgrund der in der Vergangenheit häufig beobachteten Umgehung des früheren Vertretungsverbots für juristische Personen von der Mehrheit des spanischen Schrifttums zu Recht als der modernere und effizientere Ansatz zur Eindämmung von Mißbrauchsgefahren angesehen.[225)] Indes dürfte das Spezialregime des Art. 107 in seiner gegenwärtigen Fassung kaum dazu geeignet sein, institutionelle Stimmrechtsvertreter bei der Ausübung

---

224) Die Möglichkeit der Abstimmung per Briefwahl ist in unbeschränkter Form bislang nur in Frankreich vorgesehen (Art. 161-1 Abs. 1 des Gesetzes über die Handelsgesellschaften). In Japan ist sie seit 1984 bei Aktiengesellschaften mit einem Mindestgrundkapital von 500 Millionen Yen und mit einer Mindestanzahl von 1000 stimmberechtigten Aktionären zulässig. In Belgien kann die Briefwahl gemäß Art. 74 Abs. 4 des Gesetzes über die Handelsgesellschaften auf statutarischem Wege eingeführt werden, vgl. Roncero Sánchez, La representación, S. 34, Fn. 54. Dieselbe Rechtslage gilt seit dem 1. Juli 1998 in Italien (Art. 127 des Gesetzesdekrets Nr. 58 vom 24. Februar 1998).

225) Uría/Menéndez/Muñoz Planas, La junta general, S. 196 f.; Aranguren Urriza, Los órganos de la sociedad anónima, S. 455 [548]; Rodríguez Artigas/Quijano González, Jornadas sobre la reforma de las sociedades de capital, S. 121 [162 f.].

der ihnen anvertrauten Stimmrechte enger an den Willen und die Interessen der vertretenen Aktionäre zu binden; solange das aktienrechtliche Informationssystem praktisch vollständig vom Vertretungssystem abgekoppelt ist, solange die Aktionäre in den Vertretungsgesuchen noch nicht einmal auf die ihnen zustehenden Informationsmöglichkeiten hingewiesen werden müssen und ihnen auch nicht genügend Zeit zur Einholung dieser Informationen zur Verfügung gestellt wird, solange sich Stimmrechtsvertreter in ihren Vertretungsgesuchen die endgültige Entscheidung über die spätere Übernahme der Vertretung ausdrücklich vorbehalten dürfen, wird die an den Aktionär gerichtete Aufforderung, Weisungen zu erteilen, nicht mehr als einen bedeutungslosen Formalismus darstellen. Von zweifelhaftem Wert im Hinblick auf den Schutz der Aktionärsinteressen ist auch die in Art. 107 Abs. 1 verankerte Pflicht der institutionellen Stimmrechtsvertreter, den Aktionären in ihren Vertretungsgesuchen Abstimmungsvorschläge zu unterbreiten. Hier fehlt eine ausdrückliche gesetzliche Norm, die die Vertreter dazu verpflichtet, sich bereits bei der Ausarbeitung ihrer Vorschläge ausschließlich vom Aktionärsinteresse leiten zu lassen. Besonders im Hinblick auf die Zulässigkeit des Verwaltungsstimmrechts weckt des weiteren die Tatsache Bedenken, daß das spanische Recht weder ausdrückliche Stimmverbote noch das Erfordernis einer obligatorischen Weisungserteilung von seiten des Aktionärs in besonders evidenten Fällen von Interessenkonflikten festschreibt. Die Mindermeinung aus der Literatur, die ein Stimmverbot in allen Fällen annimmt, in denen das Individualinteresse des Abstimmungsteilnehmers im Widerspruch zum Gesellschaftsinteresse steht, bietet in diesem Zusammenhang auch keinen Ausweg, da ein solch allgemeines Stimmverbot von seinen Anwendungsvoraussetzungen her kaum justiziabel ist und zudem auch keine ausreichende Stütze im Gesetz findet.

Zu bemängeln ist schließlich auch das spanische Kontroll- und Sanktionensystem. Zum einen ist der Gebrauch der Stimmrechte angesichts der häufigen Erteilung von Blankovollmachten ohnehin nur schwer kontrollierbar, zum anderen fehlt es auch an einer staatlich-administrativen Kontrolle über die Einhaltung der vorhandenen Vertretungsvorschriften. Hinzu kommt, daß die Sanktionsmöglichkeiten im Falle eines Verstoßes beschränkt und in der Praxis kaum durchsetzbar sind.

Insgesamt handelt es sich bei der spanischen Vertretungsregelung um einen – vor allem aus Sicht des Bevollmächtigten – bequemen und kostengünstigen Vertretungsmechanismus, der den Kreditinstituten und Gesellschaftsverwaltern aufgrund der aufgezeigten Schwachstellen und Regelungslücken jedoch große Selbstdisziplin abverlangt. Angesichts der hierdurch drohenden Gefährdung von Aktionärsbelangen ist es daher nicht verwunderlich, daß das neue Vertretungssystem auch im spanischen Schrifttum durchweg auf – zum Teil heftige – Ablehnung stößt.[226)]

[226)] Alonso Ureba, S. XXI in: Roncero Sánchez, La representación; Roncero Sánchez, La representación, S. 500; Rodríguez Artigas, La representación, S. 121. Uría/Menéndez/Muñoz Planas, La junta general, S. 198 sehen in der neuen Regelung sogar eine Kapitulation des Gesetzgebers vor den wirtschaftlichen Eigeninteressen der Banken und der Gesellschaftsverwalter.

D. Das französische Recht

I. Einführung

Die Stimmrechtsvertretung in der französischen Aktiengesellschaft („société anonyme") ist zum einen im Gesetz über die Handelsgesellschaften aus dem Jahre 1966[1)] und zum anderen im Dekret über die Handelsgesellschaften aus dem Jahre 1967[2)] geregelt. Der beträchtliche Umfang und die große Regelungsdichte dieser zumeist satzungsfest ausgestalteten und im Laufe der Zeit ständig fortentwickelten Vorschriften spiegelt die besondere Bedeutung wider, die man diesem Rechtsinstitut in Frankreich beimißt. Im Mittelpunkt der französischen Stimmrechtsvertretungsregelung steht das System der Blankovollmachten („pouvoirs en blanc"), eine besondere Form des Verwaltungsstimmrechts, die sich bereits vor 1966 über Jahrzehnte hinweg in der statutarischen Praxis der größeren Aktiengesellschaften herausgebildet hatte und im Rahmen der Kodifikation des Aktionärsvertretungsrechts in den Jahren 1966 und 1967 schließlich auch vom Gesetzgeber anerkannt worden ist.

Im Mittelpunkt der geplanten Untersuchung soll jedoch nicht in erster Linie die Beschreibung des Funktionsprinzips der pouvoirs en blanc stehen.[3)] Abgesehen von der Zusammenfassung derjenigen Daten und Zusammenhänge, die für das Verständnis der Regelung unerläßlich sind und der Nachlieferung einiger zwischenzeitlich eingetretener Gesetzesänderungen, wird sich die nachfolgende Darstellung vielmehr im wesentlichen auf die Untersuchung des Informations- und Sanktionensystems, der Vorkehrungen zur Vermeidung bzw. Entschärfung von Interessenkonflikten in der Person des Stimmrechtsvertreters sowie auf die Analyse einiger systemimmanenter Probleme konzentrieren. Eine genauere Untersuchung verdient allerdings auch die Frage nach der Funktion und der praktischen Bedeutung der Briefwahl, von der die französischen Aktionäre seit mittlerweile über zehn Jahren Gebrauch machen können. Bevor sich all diesen Fragen zugewandt wird, soll jedoch zunächst – wie stets – ein Blick auf

---

1) Gesetz Nr. 66-537 vom 24. Juli 1966.

2) Dekret Nr. 67-236 vom 23. März 1967.

3) Darstellungen dieser Thematik finden sich bereits bei Deuß, Die Ausübung des aktienrechtlichen Stimmrechts durch Dritte, Juristische Dissertation, Meerbusch/Düsseldorf 1963, S. 480 ff.; Tiling, Die Macht des Aktionärs in der Generalversammlung der französischen Aktiengesellschaft, Hamburg 1965, S. 103 ff. u. S. 120 ff.; Peter Goehrmann, Das Informations- und Stimmrecht des Aktionärs im neuen französischen Gesellschaftsrecht, Berlin 1969, S. 267 ff.; eine zusammenfassende Übersicht findet sich ferner bei Hohn Abad, Das Institut der Stimmrechtsvertretung im Aktienrecht – Ein europäischer Vergleich, Münster 1995, S. 61 ff..

die wichtigsten Organisationsnormen des Hauptversammlungsrechts geworfen werden.

II. Die Organisation der Hauptversammlung im französischen Aktienrecht

Auch das französische Recht unterscheidet zwischen ordentlichen und außerordentlichen Hauptversammlungen. Die ordentliche Hauptversammlung muß gemäß Art. 157 Abs. 1 des Gesetzes über die Handelsgesellschaften[4] mindestens einmal im Jahr innerhalb von sechs Monaten nach Abschluß des Geschäftsjahres zusammentreten. Sie kann gemäß Art. 155 Abs. 1 i.V.m. Art. 153 Abs. 1 nur Beschlüsse fassen, die keine Satzungsänderungen erforderlich machen; für Beschlußfassungen anderer Art ist gemäß Art. 153 Abs. 1 ausschließlich die außerordentliche Hauptversammlung zuständig. Ähnlich wie das spanische Aktienrecht verlangt auch das französische sowohl bei ordentlichen als auch bei außerordentlichen Hauptversammlungen eine gewisse Kapitalmindestpräsenz, damit überhaupt wirksame Beschlüsse gefaßt werden können. Das geforderte Quorum beträgt im Falle einer außerordentlichen Hauptversammlung ein Drittel[5], im Falle einer ordentlichen Hauptversammlung ein Viertel[6] des gezeichneten Kapitals mit Stimmrecht. Wird diese Präsenz im ersten Anlauf nicht erreicht, kann die Versammlung allerdings ein zweites Mal einberufen werden mit der Folge, daß sich das vom Gesetz geforderte konstitutive Quorum, falls es sich um eine außerordentliche Hauptversammlung handelt, auf ein Viertel des stimmberechtigten Kapitals reduziert (Art. 153 Abs. 2). Für ordentliche Hauptversammlungen sieht das Gesetz im Falle einer zweiten Einberufung sogar überhaupt kein solches Mindestquorum mehr vor (Art. 155 Abs. 2). Je nach Art der Hauptversammlung sind schließlich auch die für das Zustandekommen eines Beschlusses erforderlichen Mehrheiten unterschiedlich hoch. Während die ordentliche Hauptversammlung – soweit das Gesetz nicht etwas anderes anordnet – mit der Mehrheit der in der Versammlung präsenten Stimmen beschließt (Art. 155 Abs. 3), erfordern die satzungsändernden Beschlüsse der außerordentlichen Hauptversammlung eine Mehrheit von zwei Dritteln der Stimmen, über die die anwesenden und vertretenen Aktionäre insgesamt verfügen (Art. 153 Abs. 3).

---

4) Artikel ohne nähere Bezeichnung sind im folgenden solche des Gesetzes über die Handelsgesellschaften.

5) Vgl. Art. 153 Abs. 2 in der Fassung des Gesetzes Nr. 94-679 vom 8. August 1994.

6) Art. 155 Abs. 2.

Die Einberufung ordentlicher und außerordentlicher Hauptversammlungen folgt hingegen weitgehend denselben Regeln. In Gesellschaften des monistischen[7)] Strukturmodells ist hierfür gemäß Art. 158 Abs. 1 der Verwaltungsrat zuständig. Sofern die Gesellschaft dem dualistischen Organisationsmodell folgt, kann die Hauptversammlung sowohl vom Direktorium als auch vom Aufsichtsrat einberufen werden (Art. 158 Abs. 1 und 3). Ebenso können ein oder mehrere Aktionäre, die zusammen mindestens ein Zehntel des Gesellschaftskapitals auf sich vereinigen, gerichtlich eine Einberufung erzwingen (Art. 158 Abs. 2 Nr. 2). In börsennotierten Gesellschaften steht dieses Recht seit 1994[8)] auch Aktionärszusammenschlüssen zu, sofern sie sich aus Mitgliedern zusammensetzen, die seit mindestens zwei Jahren als Aktionäre im Aktienbuch der Gesellschaft eingetragen sind und – je nach Größe der Aktiengesellschaft – zwischen einem und fünf Prozent des stimmberechtigten Kapitals repräsentieren (Art. 158 Abs. 2 Nr. 2 i.V.m. Art. 172-1)[9)]. Falls die Versammlung – wie im Regelfall – von der Gesellschaftsverwaltung einberufen wird, können Aktionärsminderheiten, die ein in Abhängigkeit zur Größe der Gesellschaft festgesetztes Mindestkapital auf sich vereinigen[10)], darüber hinaus auch verlangen, daß die Tagesordnung um zusätzliche Beschlußpunkte ergänzt wird (Art. 128 (D)[11)]).

Die Einberufung einer Hauptversammlung muß mindestens 14 Tage vor dem für sie anberaumten Termin in einer Zeitung, die in dem Department des Gesellschaftssitzes für die gesetzlich vorgeschriebenen Publikationen zuständig ist und, falls es sich um eine Gesellschaft handet, die ihre Anteile öffentlich zur

---

7) Das Gesetz über die Handelsgesellschaften läßt sowohl den eingliedrigen (geregelt in den Artt. 89 ff.) als auch den zweigliedrigen (geregelt in den Artt. 118 ff.) Verwaltungsaufbau zu. Im ersteren Fall sieht das Gesetz als einziges Verwaltungsorgan den Verwaltungsrat („conseil d'administration") vor, während im zweiten Fall – ähnlich wie im deutschen Recht – zunächst von der Hauptversammlung ein Aufsichtsrat („conseil de surveillance") zu wählen ist, der anschließend die Mitglieder des zweiten Organs, des Direktoriums („directoire"), bestimmen muß.

8) Eingeführt durch das Gesetz Nr. 94-679 vom 8. August 1994.

9) Im einzelnen sieht Art. 172-1 vor, daß der Kapitalanteil solcher Aktionärszusammenschlüsse in Gesellschaften mit einem Grundkapital von unter 5 Millionen Francs 5 Prozent, in Gesellschaften mit einem Grundkapital zwischen 5 und 30 Millionen Francs 4 Prozent, in Gesellschaften mit einem Grundkapital zwischen 30 und 50 Millionen Francs 3 Prozent, in Gesellschaften mit einem Grundkapital zwischen 50 und 100 Millionen Francs 2 Prozent und in Gesellschaften mit einem Grundkapital über 100 Millionen Francs mindestens 1 Prozent des Gesamtkapitals betragen muß.

10) In Aktiengesellschaften mit einem Grundkapital von über einhundert Millionen Francs reicht hierfür der Besitz von 0,5 Prozent des Gesamtkapitals aus.

11) Bei den mit einem (D) gekennzeichneten Artikelangaben handelt es sich im folgenden um Vorschriften des Dekrets über die Handelsgesellschaften.

Zeichnung anbietet („société faisant publiquement appel à l'épargne"), zusätzlich im „Bulletin des annonces légales obligatoires" (= BALO)[12)] bekanntgemacht werden (Artt. 124 Abs. 1, 126 (D)). Diejenigen Aktionäre, die seit mindestens einem Monat Inhaber von Namensaktien sind, müssen ferner brieflich von dem Vorhaben in Kenntnis gesetzt werden (Art. 125 Abs. 1 (D)).[13)] Die Einberufungsbekanntmachung („avis de convocation") muß außer den wichtigsten Gesellschaftskenndaten[14)] den Ort und den Termin der geplanten Versammlung, die Bedingungen, unter denen eine eventuell für die Teilnahme erforderliche Hinterlegung der Aktien bzw. deren Zertifikate zu erfolgen hat[15)] sowie die Tagesordnung der Hauptversammlung angeben (Art. 123 Abs. 1 (D)). Die letztere muß dabei in der Weise abgefaßt sein, daß der Inhalt und die Bedeutung der einzelnen Tagesordnungspunkte klar zum Ausdruck kommen, ohne daß zusätzliche Unterlagen hinzugezogen werden müssen.[16)] Ferner schreibt das Gesetz vor, daß sich hinter dem Tagesordnungspunkt „Verschiedenes" nur Fragen minderer Bedeutung verbergen dürfen (Art. 123 Abs. 2 (D)).

Während die soeben beschriebene Pflicht zur Bekanntmachung der Einberufung („avis de convocation") allen Gesellschaften mindestens 14 Tage vor dem anberaumten Hauptversammlungstermin auferlegt ist, verlangt das Gesetz von Gesellschaften, die ihre Anteile öffentlich zur Zeichnung anbieten, darüber hinaus noch eine zusätzliche Bekanntmachung, die gemäß Art. 130 Abs. 4 (D) bereits dreißig Tage vor der Hauptversammlung ebenfalls im „Bulletin des annon-

---

12) Dieses Blatt entspricht dem deutschen Bundesanzeiger.

13) Probleme ergeben sich allerdings dann, wenn Aktien – wie es häufig bei ausländischen Anlegern der Fall ist – über Treuhandgesellschaften gehalten werden, die mit ihrem eigenen Namen im Aktionärsregister eingetragen sind. Zu den in diesem Zusammenhang auftretenden Problemen vgl. Valuet, Rev. soc. 1996, 707 ff..

14) Gemäß Art. 123 (D) zählen hierzu der Name, die Rechtsform, die Höhe des Grundkapitals sowie die Nummern der Eintragung zum Handels- und Gesellschaftsregister und zum Statistischen Institut.

15) Gemäß Art. 136 Abs. 2 (D) kann die Gesellschaftssatzung jedoch nicht verlangen, daß die Hinterlegung früher als fünf Tage vor dem anberaumten Hauptversammlungstermin zu erfolgen hat.

16) In dieser Hinsicht legt die Rechtsprechung recht strenge Maßstäbe an. In einem – allerdings nicht veröffentlichten – Urteil des Appellationshofes Paris vom 30. April 1981 – ist etwa der Tagesordnungspunkt „Abberufung eines Direktoriumsmitglieds" als nicht ausreichend präzise angesehen worden, vgl. Mercadal/Janin, Sociétés commerciales, Rn. 1742.

ces légales obligatoires" zu erfolgen hat.[17] Der sogenannte „avis de réunion" muß neben den für die Einberufungsbekanntmachung vorgeschriebenen Pflichtinformationen noch zusätzlich den Wortlaut der Beschlußvorschläge umfassen, die der Hauptversammlung von seiten der Verwaltung zur Abstimmung vorgelegt werden sollen.

III. Die Regulierung der Stimmrechtsvertretung

1. Allgemeine Vorschriften

Gemäß Art. 161 kann sich der Aktionär zum Zwecke der Ausübung seiner Rechte in der Hauptversammlung vertreten lassen. Diese gesetzliche Garantie erfährt in der Praxis jedoch von dreierlei Seiten her Einschränkungen. Zum einen kann die Satzung einer Gesellschaft das Teilnahmerecht des Aktionärs von dem Besitz einer Mindestanzahl von Aktien abhängig machen (Art. 165 Abs. 1).[18] Ist die Beteiligung eines Aktionärs in einem solchen Fall nicht ausreichend groß, darf dieser nicht eigenständig einen Vertreter in die Hauptversammlung entsenden, sondern muß sich zu diesem Zwecke zuvor mit anderen Aktionären zusammenschließen.[19] Zum zweiten verbietet das französische Aktienrecht die vor allem aus dem deutschen Rechtskreis bekannte Figur der Legitimationsübertragung, also die Ausübung fremder Stimmrechte im eigenen Namen.[20] Und schließlich ist der Aktionär auch bei der Auswahl seines Stellvertreters nicht völlig frei, da Art. 161 Abs. 1 in satzungsfester Form (Art. 161 Abs. 5) bestimmt, daß Stimmrechtsvertreter nur der Ehegatte des vertretenen Aktionärs oder ein anderer Mitaktionär[21] sein darf. Der zuletzt genannten Vor-

---

17) Die französische Börsenaufsichtsbehörde („Commission des opérations de bourse") – im folgenden mit COB abgekürzt – empfiehlt jedoch den ihrer Aufsicht unterstellten börsennotierten Unternehmen, diese Bekanntmachung noch zusätzlich in einer überregionalen französischen Tageszeitung vorzunehmen (Empfehlungsschreiben der COB Nr. 88-02 von März 1988, S. 8).

18) In bezug auf die Teilnahme an außerordentlichen Hauptversammlungen sind solche Beschränkungen allerdings nicht zulässig (vgl. Art. 166).

19) Vgl. Art. 165 Abs. 2.

20) Vgl. hierzu Hémard/Terré/Mabilat, Sociétés commerciales, S. 139.

21) Das Erfordernis der Aktionärseigenschaft für die Person des Vertreters gilt jedoch nach einhelliger Ansicht nur im Rahmen einer gewillkürten Stellvertretung. Bei Stimmrechtsausübungen auf der Grundlage gesetzlicher oder organschaftlicher Vertretungsverhältnisse kommt es hingegen nicht zur Anwendung, vgl. etwa Mercadal/Janin, Sociétés commerciales, Rn. 1821 f.; Hémard/Terré/Mabilat, Sociétés commerciales, S. 100.

schrift, die den Sinn hat, gesellschaftsfremde professionelle Stimmrechtsvertreter von den Hauptversammlungsbeschlußfassungen fernzuhalten[22], wird allerdings auch eine Mindestgarantiefunktion dergestalt zugeschrieben, daß sie alle Erschwerungen der Stimmrechtsvertretung, die über das in ihr formulierte Maß hinausgehen, verbietet.[23] Statutarische Bestimmungen, die nur bestimmten Aktionären erlauben, als Stimmrechtsvertreter anderer Aktionäre aufzutreten[24] oder die Beauftragung eines Aktionärsvertreters in gewissen Fällen – etwa in Zusammenhang mit einzelnen Beschlußfassungsmaterien – ganz verbieten, sind deshalb unzulässig und nichtig. Das gleiche gilt gemäß Art. 161 Abs. 2 i.V.m. Art. 161 Abs. 5 für den Fall, daß Satzungsbestimmungen quantitative Höchstgrenzen hinsichtlich der Anzahl von Stimmrechtsvollmachten statuieren, die von ein und demselben Aktionärsvertreter auf einer Hauptversammlung ausgeübt werden dürfen.[25]

Will sich ein Aktionär in der Hauptversammlung vertreten lassen, muß er – was die formellen Anforderungen anbelangt – gemäß Art. 132 Abs. 1 S. 1 (D) in der von ihm erteilten Vollmacht seinen Wohnort angeben und die Vollmachtsurkunde mit seinem Vor- und Nachnamen unterschreiben.[26] Angaben zur Person des Stimmrechtsvertreters sind hingegen gemäß Art. 132 Abs. 1 S. 2 (D)

---

[22] Mansuy, Assemblées d'actionnaires, Nr. 21.

[23] Vuillermet, Droit des sociétés commerciales, S. 471; Mercadal/Janin, Sociétés commerciales, Rn. 1824 f..

[24] Nach überwiegender Ansicht garantiert Art. 161 Abs. 1 auch denjenigen Aktionären die Befugnis, als Stimmrechtsvertreter aufzutreten, die nicht im Besitz einer eventuell von der Gesellschaftssatzung für die Hauptversammlungsteilnahme geforderten Mindestanzahl von Aktien sind, vgl. Mansuy, Assemblées d'actionnaires, Nr. 24; Mercadal/Janin, Sociétés commerciales, Rn. 1825; a.A. allerdings Hémard/Terré/Mabilat, Sociétés commerciales, S. 112.

[25] Quantitative Beschränkungen werden nur dann ausnahmsweise vom Gesetz als zulässig erachtet, wenn sie sich nicht unmittelbar gegen die Stimmrechtsvertretung als solche richten, sondern vielmehr mittelbar aus der Tatsache resultieren, daß eine Gesellschaftssatzung Höchstgrenzen hinsichtlich der Anzahl der Stimmrechte statuiert, über die ein einzelner Aktionär – unabhängig davon, ob er in eigenem oder fremdem Namen auftritt – in einer Hauptversammlung verfügen darf. Solche Höchststimmrechtsklauseln sind gemäß Art. 177 zulässig.

[26] Darüber hinaus kann die Gesellschaftssatzung zum Zwecke der besseren Überprüfung der Legitimation des Stimmrechtsvertreters die rechtzeitige Hinterlegung der ausgestellten Stimmrechtsvollmachten am Gesellschaftssitz verlangen, vgl. Mansuy, Assemblées d'actionnaires, Nr. 39.

nicht unbedingt erforderlich, was die Erteilung von Blankovollmachten möglich macht.[27)]

Gemäß Art. 132 Abs. 2 S. 1 (D) beschränkt sich die Geltungsdauer einer Stimmrechtsvollmacht grundsätzlich[28)] auf den Zeitraum einer Hauptversammlung. Zudem kann die erteilte Vertretungsmacht vom Aktionär jederzeit widerrufen werden.[29)] In diesem Fall ist allerdings eine entsprechende Mitteilung an die Gesellschaft erforderlich.[30)]

2. Die Praxis der „pouvoirs en blanc"

Für den Fall, daß ein Aktionär an einer bestimmten Hauptversammlung nicht persönlich teilnehmen kann oder will, läßt ihm Art. 161 zwar ausdrücklich die Möglichkeit offen, sich durch eine individuelle Person seines Vertrauens zum Zwecke der Ausübung seiner Aktionärsrechte „privat" vertreten zu lassen. Angesichts der Tatsache, daß das Gesetz grundsätzlich nur Aktionären die Ausübung fremder Stimmrechte gestattet[31)] und sich – vor allem in den großen Publikumsgesellschaften – die einzelnen Gesellschafter in aller Regel untereinander nicht kennen[32)], ist die Einschaltung einer solchen Vertrauensperson zum Zwecke der Stimmrechtsvertretung jedoch nur in den seltensten Fällen mög-

---

27) Zu den sich hieraus ergebenden rechtlichen Konsequenzen vgl. die Darstellung im sich unmittelbar anschließenden Kapitel „Die Praxis der pouvoirs en blanc".

28) Ausnahmen von diesem Grundsatz sieht das Gesetz in zwei Fällen vor: Zum einen behält die Vollmacht für den Fall, daß das für die Beschlußfähigkeit der Hauptversammlung geforderte konstitutive Quorum im ersten Anlauf nicht erreicht wird, auch für die darauffolgende Hauptversammlung in zweiter Einberufung ihre Gültigkeit, sofern die Tagesordnungen beider Versammlungen identisch sind (Art. 132 Abs. 3 (D)). Zum anderen kann sich die Geltungsdauer einer Stimmrechtsvollmacht ausnahmsweise dann auf zwei verschiedene Aktionärstreffen erstrecken, wenn sie für eine ordentliche und eine außerordentliche Hauptversammlung erteilt wird und beide Versammlungen innerhalb eines Zeitraums von höchstens 14 Tagen abgehalten werden (Art. 132 Abs. 2 S. 2 (D)).

29) Dies ergibt sich aus der allgemeinen Vorschrift des Art. 2003 Code Civil.

30) Vgl. Mercadal/Janin, Sociétés commerciales, Rn. 1832.

31) Ausnahmen gelten nur für den Ehegatten des vertretenen Aktionärs sowie für die Fälle gesetzlicher oder organschaftlicher Vertretung, vgl. die Darstellung oben S. 111 f..

32) Hierauf weist Mansuy, Assemblées d'actionnaires, Nr. 31 hin.

lich.[33)] Da zudem die Bereitschaft der Kleinaktionäre, persönlich an der Hauptversammlung teilzunehmen, trotz einer leichten Wiederbelebung der Präsenzen in den letzten Jahren[34)] nach wie vor äußerst gering ist, kommt der organisierten Stimmrechtsvertretung in Frankreich vor allem im Hinblick auf die Erreichung der vom Gesetz geforderten Mindestpräsenzen eine herausragende Bedeutung zu.[35)] Diese Sicherungsfunktion übernimmt in Frankreich das System der Blankovollmachten („pouvoirs en blanc"), das im Anschluß an eine jahrzehntelange statutarische Praxis[36)] im Zuge der Aktienrechtsreform von 1966 ausdrücklich vom Gesetzgeber abgesegnet und zudem einer umfangreichen Reglementierung

---

33) Hémard/Terré/Mabilat, Sociétés commerciales, S. 121. Zudem bringt die Bevollmächtigung einer individuellen Vertrauensperson aus Sicht des Aktionärs den Nachteil mit sich, daß der von ihm ausgewählte Stimmrechtsvertreter für den Fall, daß er wider Erwarten an der Hauptversammlungsteilnahme gehindert sein sollte, seinerseits keine Unterbevollmächtigung vornehmen darf (Art. 132 Abs. 1 a.E. (D)).

34) Guyon, Droit des affaires, S. 300 spricht in diesem Zusammenhang von einer „renaissance des assemblées d'actionnaire" und führt dieses Phänomen außer auf eine verbesserte Informationspolitik der betroffenen Gesellschaften und die Zahlung von Anwesenheitsgeldern („jetons de présence") als Belohnung für Aktionäre, die persönlich an der Hauptversammlung teilnehmen, vor allem auf ein gesteigertes Engagement institutioneller Anleger zurück. Art. 13 eines Gesetzes vom 25. März 1997 sieht sogar vor, Pensionsfonds in Zukunft dazu zu verpflichten, die Stimmrechte aus den von ihnen gehaltenen Aktien im Interesse der Fondsteilhaber auszuüben. Allerdings verweist diese Vorschrift für die Einzelheiten ihrer Anwendung auf eine Verordnung, die bis zum jetzigen Zeitpunkt noch nicht existiert und mit deren Erlaß auf kurze Sicht auch nicht gerechnet werden kann, vgl. hierzu die Darstellung im Kapitel „Kritik und Verbesserungsvorschläge von seiten des Schrifttums". Schließlich fördert das Gesetz seit einigen Jahren auch eine stärkere Repräsentation der Interessen von Arbeitnehmeraktionären. So sehen Art. 161 Abs. 3 und 4 in der Fassung des Gesetzes Nr. 94-640 vom 25. Juli 1994 vor, daß der Präsident des Verwaltungsrates bzw. des Direktoriums vor Hauptversammlungen die Arbeitnehmeraktionäre der Gesellschaft konsultieren kann (in manchen Fällen statuiert das Gesetz sogar eine diesbezügliche Pflicht), um diesen die Möglichkeit zu geben, ein oder mehrere Vertreter zu benennen, die ihre Interessen in der Hauptversammlung zur Geltung bringen sollen.

35) Als Beispiel führt Guyon, Droit des affaires, S. 298, die Daten einer Jahreshauptversammlung der Société Air Liquide vom 23. Mai 1991 an, bei der den 2700 Aktionären, die persönlich anwesend waren, eine Zahl von 113400 Aktionären gegenüberstand, die der Gesellschaft Blankovollmachten erteilt hatten. Trotzdem liegt die durchschnittliche Hauptversammlungspräsenz in den börsennotierten Gesellschaften bei lediglich 30 Prozent, vgl. Guyon, Droit des affaires, S. 301.

36) Hinsichtlich der Rechtslage vor 1966 vgl. die Darstellung bei Tiling, Die Macht des Aktionärs in der Generalversammlung der französischen Aktiengesellschaft, S. 103 ff. und S. 120 ff. sowie die zusammenfassende Übersicht bei Deuß, Die Ausübung des aktienrechtlichen Stimmrechts durch Dritte, S. 484 ff.. Weitere Literaturhinweise finden sich ferner bei Hémard/Terré/Mabilat, Sociétés commerciales, S. 121 (Fn. 1).

unterworfen worden ist. Das System vollzieht sich in der Praxis dergestalt, daß die Gesellschaftsverwalter – meistens parallel zur Versendung der Einberufungsschreiben – Vollmachtsformulare an die ihnen bekannten Aktionäre verschicken[37], verbunden mit der Bitte, diese unterschrieben und ohne eine Angabe zur Person des Vertreters an die Gesellschaft oder einen von ihr bestellten Empfangsvertreter zurückzuschicken.[38] Falls die angeschriebenen Aktionäre – was aufgrund ihrer Passivität, ihres Desinteresses an einer persönlichen Hauptversammlungsteilnahme sowie des Mangels an Vertretungsalternativen regelmäßig der Fall ist[39] – der geäußerten Bitte nachkommen, legt das Gesetz – und hierin liegt die Besonderheit des französischen Rechts – schon im vorhinein fest, in welcher Weise von den so erteilten Blankovollmachten Gebrauch zu machen ist; gemäß Art. 161 Abs. 6 S. 1 muß der Vorsitzende der Hauptversammlung[40] mit diesen für die vom Verwaltungsrat bzw. Direktorium[41] formulierten Beschlußvorschläge stimmen und gegen alle sonstigen, von anderer Seite her eingebrachten Beschlußanträge, es sei denn, die letzteren würden von der Gesellschaftsverwaltung gutgeheißen. Falls der Aktionär der Gesellschaft eine Blankovollmacht ausstellt, kann er – im Unterschied zur Situation vor 1966[42] – auch keine anderslautenden Instruktionen im Hinblick auf die von ihm ge-

---

37) An welche und wieviele Aktionäre sich die Gesellschaftsverwalter im Einzelfall wenden, ist dabei ihrem freien Ermessen überlassen, vgl. Ripert/Roblot/Germain, Traité de droit commercial, S. 863 (Fn. 1).

38) Mercadal/Janin, Sociétés commerciales, Rn. 1832; Guyon, Droit des affaires, S. 297.

39) Guyon, Droit des affaires, S. 297. Hinsichtlich des Mangels an Vertretungsalternativen vgl. die sich unmittelbar anschließende Darstellung. Bisweilen soll es sogar vorkommen, daß den Aktionären für die Erteilung einer Blankovollmacht kleinere Belohnungen wie Metrotickets oder Karten für den Besuch des Eiffelturms versprochen werden, vgl. Goehrmann, Das Informations- und Stimmrecht des Aktionärs, S. 270.

40) In Gesellschaften mit zweigliedrigem Verwaltungsaufbau wird diese Funktion vom Vorsitzenden des Aufsichtsrats, in Gesellschaften mit eingliedrigem Verwaltungsaufbau hingegen vom Vorsitzenden des Verwaltungsrats wahrgenommen (Art. 146 Abs. 1 (D)).

41) Die Tatsache, daß in Gesellschaften mit zweigliedrigem Verwaltungsaufbau der Aufsichtsratsvorsitzende in seiner gleichzeitigen Funktion als Vorsitzender der Hauptversammlung (vgl. Art. 146 (D) und die vorangegangene Fußnote) mit den Blankovollmachten für die Beschlußvorschläge des Direktoriums stimmen muß, hat zu Kritik von seiten des Schrifttums geführt. In dem Fall, daß sich Aufsichtsrat und Direktorium über den Inhalt der Beschlußvorschläge nicht einigen können, führe diese Regelung nämlich dazu, daß sich der Aufsichtsratsvorsitzende letztendlich dem Direktorium beugen müsse, was nicht mit seiner Kontroll- und Überwachungsfunktion in Einklang zu bringen sei, vgl. Mansuy, Assemblées d'actionnaires, Nr. 34; Guyon, Droit des affaires, S. 298.

42) Vor 1966 war es dem Aktionär noch erlaubt, die mandats en blanc mit Weisungen hinsichtlich des von ihm gewünschten Abstimmungsverhaltens zu versehen; Moreau, La société anonyme, I, S. 356 f..

wünschte Abstimmungsrichtung erteilen.[43] Will er etwa gegen einen bestimmten, von der Gesellschaftsverwaltung eingebrachten Beschlußvorschlag stimmen oder möchte er sich der Stimme enthalten, muß er sich folglich einem individuellen Stimmrechtsvertreter anvertrauen, der bereit ist, die ihm erteilte Vollmacht den spezifischen Anweisungen des Aktionärs entsprechend auszuüben (Art. 161 Abs. 6 S. 2). Allerdings unterliegen weder die Gesellschaft selbst noch deren Verwalter im Rahmen der Stimmrechtsvertretung einem wie auch immer gearteten gesetzlichen Kontrahierungszwang.[44] Ebensowenig erbieten sich die Banken ihren Kunden gegenüber zur Vertretung von Aktienstimmrechten auf den Hauptversammlungen ihrer Portfoliogesellschaften. Vielmehr beschränken sie sich in diesem Zusammenhang auf eine bloße Vermittlerrolle[45], indem sie sich einzelnen Gesellschaften auf deren Wunsch hin als Beschaffer und Sammelstellen einer möglichst großen Anzahl von Blankovollmachten aus dem Kreise ihrer Depotkunden zur Verfügung stellen, die sie anschließend an die Auftraggebergesellschaften weiterleiten.[46]

Die Beschränkung der Banken auf die soeben beschriebene Vermittlerrolle ist im wesentlichen auf drei Ursachen zurückzuführen. Zum einen wollen sie sich das Wohlwollen des von der Sammlung der Blankovollmachten profitierenden Managements sichern, um sich auf diese Weise den Zugang zum Finanzdienstleistungsgeschäft mit der jeweils betroffenen Gesellschaft offenzu-

---

43) Mansuy, Assemblées d'actionnaires, Nr. 31; Guyon, Droit des affaires, S. 298.

44) Zwar unterliegen die Verwaltungsratsmitglieder und die Generaldirektoren der Gesellschaft gemäß Art. 444 einer sanktionsbewehrten Pflicht, jedem Aktionär, der dies beantragt, ein Vollmachtsformular zur Verfügung zu stellen. Dies bedeutet jedoch nicht, daß die genannten Personen, falls sie anschließend in eigener Person namentlich bevollmächtigt werden, dazu gezwungen wären, die ihnen angetragene Stimmrechtsvertretung auch dann zu übernehmen, wenn ihnen die vom Aktionär erteilten Weisungen nicht genehm sind. (Vgl. im Gegensatz hierzu die abweichende Lösung des deutschen Rechts, das in § 135 Abs. 10 AktG den Depotbanken in bestimmten Fällen einen Kontrahierungszwang auferlegt.) Immerhin sind seit den achtziger Jahren einige börsennotierte Gesellschaften dazu übergegangen, in ihren Einberufungsschreiben eine Person zu benennen, die dazu bereit ist, als Stimmrechtsvertreter all derjenigen Aktionäre aufzutreten, die die Beschlußvorlagen der Verwaltung nicht unterstützen wollen (Rapport der COB über das Börsengeschäftsjahr 1981, Nr. 32).

45) Dieser Vermittlerrolle kommt vor allem im Zusammenhang mit Inhaberaktien eine besondere Bedeutung zu, da deren Inhaber der Gesellschaft in den meisten Fällen nicht bekannt sind, vgl. Hohn Abad, Das Institut der Stimmrechtsvertretung, S. 69.

46) Goehrmann, Das Informations- und Stimmrecht des Aktionärs, S. 288; Ripert/Roblot/Germain, Traité de droit commercial, S. 862. Was die Einzelheiten der Organisation dieses recht komplizierten Vermittlungssystems betrifft, wird vom Verfasser auf die sehr ausführliche Darstellung bei Goehrmann, Das Informations- und Stimmrecht des Aktionärs, S. 288 ff. verwiesen.

halten oder bereits bestehende Geschäftsbeziehungen abzusichern.[47] Zum zweiten erhalten die Kreditinstitute als Gegenleistung für ihre Vermittlungsdienste aus der Kasse der Auftraggebergesellschaft[48] eine in Abhängigkeit zur Menge der ihr übermittelten Blankovollmachten bemessene Schalterprovision („commission de guichet“) und verfügen auf diese Weise über eine zusätzliche kontinuierliche Einnahmequelle.[49] Und schließlich streben die Banken mit dem Verzicht auf ein Engagement als Stimmrechtsvertreter zumindest den äußeren Anschein einer strikten Neutralität bei den Auseinandersetzungen zwischen Aktionären und Gesellschaftsverwaltung an.[50] Den von ihnen gewünschten Einfluß auf die Geschäftspolitik der einzelnen Unternehmen versuchen die Banken demgegenüber über ihre Präsenz in den Verwaltungsräten der betroffenen Gesellschaften geltend zu machen.[51]

Auch Aktionärsvereinigungen[52] haben in Frankreich als Stimmrechtsvertreter bislang kaum eine Rolle gespielt.[53] Zwar dürfen sie diese Funktion – wie andere juristische Personen auch[54] – wahrnehmen.[55] Die Übernahme eines aktiveren Parts ist jedoch bislang an einem Marktversagensproblem gescheitert, das schlicht und einfach darin besteht, daß die wenigsten Aktionäre dazu bereit sind, die im Rahmen einer qualitativ hochwertigen Stimmrechtsvertretung notwendigerweise anfallenden Kosten zu tragen.[56] Schließlich formiert sich auch

---

47) Diese Information verdankt der Verfasser Herrn Professor Yves Guyon von der Universitée Paris I.

48) Sämtliche Kosten, die im Zusammenhang mit der Beschaffung der Blankovollmachten anfallen, werden von der Gesellschaft selbst getragen, vgl.Guyon, in: Baums/Wymeersch, Shareholder voting rights, S. 95 [107].

49) Die Zahlung der Schalterprovision an die mit der Vermittlung der Blankovollmachten betrauten Banken wird von der französischen Rechtsprechung seit langem als zulässig erachtet, sofern sie ihrer Höhe nach nicht auf einen – unzulässigen – Stimmenkauf hinausläuft, vgl. Goehrmann, Das Informations- und Stimmrecht des Aktionärs, S. 292 (dort auch mit weiteren Informationsdetails und Rechtsprechungsnachweisen). Hinsichtlich der Zulässigkeitsgrenzen im Zusammenhang mit der Zahlung von Schalterprovisionen dieser Art vgl. auch Hémard/Terré/Mabilat, Sociétés commerciales, S. 121.

50) Goehrmann, Das Informations- und Stimmrecht des Aktionärs, S. 278.

51) Goehrmann, Das Informations- und Stimmrecht des Aktionärs, S. 277 f..

52) In Frankreich existieren lediglich zwei Aktionärsvereinigungen mit mehr als 1000 Mitgliedern: Die ANAF (Association Nationale des Actionnaires de France) und die FNCI (Fédération Nationale des Clubs d'Investissement), vgl. Danglehant, Rev. soc. 1996, 217 [231, Fn. 98].

53) Guyon, Questionnaire sur le vote des actionnaires, S. 13.

54) Mercadal/Janin, Sociétés commerciales, Rn. 1825.

55) Voraussetzung ist allerdings, daß sie Aktionäre der Gesellschaft sind.

56) Goehrmann, Das Informations- und Stimmrecht des Aktionärs, S. 281.

nur in seltenen Fällen eine gut organisierte Verwaltungsopposition, der die Aktionäre als Alternative zur stereotypen Erteilung einer Blankovollmacht die Ausübung ihres Stimmrechts anvertrauen könnten. Stimmrechtskampagnen nach dem Muster der US-amerikanischen Proxy-fights[57] kommen in der französischen Gesellschaftspraxis kaum vor.[58] Zwar heißt die Börsenaufsichtsbehörde solche gezielten Vorstöße einzelner Opponenten ausdrücklich gut und fördert sie nach Kräften, indem sie den ihrer Aufsicht unterstellten Gesellschaften empfiehlt, zumindest dann, wenn Vollmachtsformulare an Aktionäre verschickt werden, neben dem Wortlaut auch die Begründung etwaiger verwaltungsfeindlicher Beschlußvorschläge und den Namen sowie die Anschrift(en) ihrer Initiatoren bekanntzugeben.[59] Was die Sammlung von Stimmrechtsvollmachten betrifft, sind potentielle Opponenten gegenüber den Gesellschaftsverwaltern jedoch von vornherein erheblich benachteiligt, da sie – anders als die letzteren – zu diesem Zwecke nicht auf einen eingespielten Organisationsapparat zurückgreifen können[60] und zudem die umfangreichen Kosten für den Druck und die Versendung der Vollmachtsformulare aus dem eigenen Portemonnaie finanzieren müssen.[61]

Vor dem Hintergrund der geschilderten Umstände nimmt es nicht wunder, daß dem System der Blankovollmachten in Frankreich quasi eine Monopolstellung im Bereich der organisierten Stimmrechtsvertretung zukommt. Da dieser Mechanismus jedoch nicht nur dem Erreichen höherer Hauptversammlungspräsenzen dient, sondern zugleich auch einen erheblichen Machtzuwachs für das von der Erteilung der Blankovollmachten begünstigte Management bedeutet, hat der Gesetzgeber des Jahres 1966 dieses Rechtsinstitut einer umfangreichen und zum Teil sanktionsbewehrten Reglementierung zugeführt, die es auf eine unter aktionärsdemokratischen Gesichtspunkten tragfähigere Legitimationsgrundlage stellen soll.[62]

---

57) Vgl. hierzu etwa Wiethölter, Interessen und Organisation der Aktiengesellschaft im amerikanischen und deutschen Recht, S. 259 ff. sowie Hoffmann, Systeme der Stimmrechtsvertretung, S. 95 ff..

58) Guyon, Droit des affaires, S. 297.

59) Mercadal/Janin, Sociétés commerciales, Rn. 1733 und 1762 mit Verweis auf das Bulletin der Börsenaufsichtsbehörde von Oktober 1977, S. 8.

60) Immerhin jedoch steht Opponenten – wie jedem anderen Aktionär auch – das Recht zu, zwei Wochen vor dem anberaumten Hauptversammlungstermin, Einsicht in die Aktionärslisten zu nehmen (Art. 169 i.V.m. Art. 140 (D), was ihnen erleichtert, Kontakt mit anderen Aktionären aufzunehmen.

61) Goehrmann, Das Informations- und Stimmrecht des Aktionärs, S. 281.

62) Ripert/Roblot/Germain, Traité de droit commercial, S. 862.

3. Das Informationssystem

Im Mittelpunkt der gesetzlichen Regulierung der Blankovollmachten steht ein umfangreiches und kompliziertes Geflecht von Vorschriften, das in detaillierter Weise festlegt, in welchem Umfang und unter welchen Konditionen die Gesellschaft ihren Aktionären bereits im Vorfeld der Hauptversammlung[63] Auskünfte erteilen und Informationsunterlagen zur Verfügung stellen muß. Ziel dieses Informationssystems ist es nicht nur, den Aktionär über die rechtlichen Konsequenzen der Erteilung einer Blankovollmacht und die ihm diesbezüglich zu Gebote stehenden Handlungsalternativen aufmerksam zu machen, sondern auch, diesem das Maß an Information zu garantieren, welches erforderlich ist, damit er sich ein auf ausreichender Sachkenntnis beruhendes Urteil über die Geschäftsführung und den Geschäftsgang der Gesellschaft bilden kann (Art. 162 Abs. 1). Im letzteren Zusammenhang unterscheidet das französische Aktienrecht zwischen dem „droit de communication périodique“ und dem „droit de communication permanent“, je nachdem, ob das Informationsrecht des Aktionärs in zeitlicher Hinsicht an die Einberufung einer Hauptversammlung gebunden ist oder unabhängig hiervon jederzeit besteht.[64] Wie die nachfolgende Darstellung zeigen wird, existieren daneben jedoch auch noch zahlreiche weitere Differenzierungskriterien.

a) Die an die Verschickung eines Vollmachtsformulars gekoppelte Pflichtinformation

Quasi als erste Stufe des französischen Informationssystems werden der Gesellschaft durch Art. 133 (D) gewisse Mindestinformationspflichten für den Fall auferlegt, daß diese bzw. die von ihr beauftragten Personen oder Institutionen[65] Vollmachtsformulare an Aktionäre verschicken. Ob die Versendung der Formulare auf Initiative der Gesellschaft selbst oder aber auf ein entsprechendes Ver-

---

63) Daneben existieren im französischen Aktienrecht auch Vorschriften, die die Gesellschaft(sverwaltung) zur Erteilung gewisser Auskünfte erst in der jeweiligen Hauptversammlung selbst verpflichten. So hat beispielsweise gemäß Art. 162 Abs. 3 jeder Aktionär die Möglichkeit, im Vorfeld einer Hauptversammlung schriftlich Fragen an die Gesellschaft zu richten, die die Verwaltung jedoch erst im Verlaufe der Hauptversammlung zu beantworten hat.

64) Mercadal/Janin, Sociétés commerciales, Rn. 1760.

65) Wie bereits oben S. 116 erwähnt, handelt es sich hierbei zumeist um – der Gesellschaft nahestehende – Finanzinstitute.

langen des Aktionärs hin erfolgt, ist dabei unerheblich.[66] Entscheidend ist nur, daß der Vollmachtsvordruck von der Gesellschaft stammt.[67] Ist dies der Fall, verlangt Art. 133 (D), daß jeder Adressat eines solchen Formulars in dem entsprechenden Anschreiben deutlich darauf hingewiesen wird, daß sein Stimmrecht, falls er der Gesellschaft eine Blankovollmacht erteilen sollte, ausschließlich zur Stützung der von der Gesellschaftsverwaltung formulierten oder gebilligten Beschlußvorschläge verwendet wird und daß er als Alternative zur Ausstellung einer Blankovollmacht auch seinen Ehegatten oder einen anderen Aktionär mit seiner Stimmrechtsvertretung beauftragen kann.[68] Damit der Anteilseigner nicht nur die abstrakte Abstimmungsrichtung, sondern auch den konkreten Inhalt der Beschlußvorschläge erfährt, deren Annahme er mit der Erteilung einer Blankovollmacht unterstützt, verlangt Art. 133 (D) darüber hinaus auch noch die gleichzeitige Mitteilung der Tagesordnung sowie des Wortlauts sämtlicher von Verwaltungs- oder Aktionärsseite vorgeschlagener Beschlußanträge unabhängig davon, ob diese dem Aktionär bereits vorher bekannt waren[69] oder nicht.

Im Zusammenhang mit der Legitimationsfunktion, die den soeben aufgezählten Informations- und Hinweispflichten im Hinblick auf die Erteilung von Blankovollmachten zukommen soll, ergeben sich allerdings unter zwei Gesichtspunkten Probleme. Zum einen sieht das Gesetz für den Fall, daß Beschlußvorschläge von Aktionären auf der Tagesordnung stehen, an keiner Stelle eine Pflicht der Verwaltung vor, in den Einberufungsschreiben oder den Vertretungsgesuchen darüber Auskunft zu erteilen, ob sie diese Vorschläge gutheißt oder ablehnt.[70] Fehlt aber eine solche Angabe und läßt auch nicht der Inhalt der Beschlußvorschläge selbst eine entsprechende Schlußfolgerung zu, ist der von Art. 133 (D) vorgeschriebene Hinweis darauf, daß mit den der Gesellschaft überlassenen Blankovollmachten nur für die Annahme der von der Verwaltung gebilligten und gegen alle sonstigen Beschlußanträge gestimmt wird, für seinen

---

66) Mercadal/Janin, Sociétés commerciales, Rn. 1762.

67) Mansuy, Assemblées d'actionnaires, Nr. 43.

68) Daneben verlangt Art. 133 (D) auch einen Hinweis darauf, daß dem Aktionär das Recht zusteht, schriftlich von außerhalb der Hauptversammlung abzustimmen. Auf diese und weitere Informationspflichten, die sich speziell auf das Rechtsinstitut der Briefwahl beziehen, wird jedoch noch gesondert in dem für die Darstellung dieses Rechtsinstituts eigens vorgesehenen Kapitel (unten S. 131 ff.) eingegangen werden.

69) Der Wortlaut der Verwaltungsvorschläge etwa gehört gemäß Art. 130 (D) bereits zum Pflichtinhalt des „avis de réunion", zu dessen Bekanntmachung Gesellschaften, die ihre Anteile öffentlich zur Zeichnung anbieten, bereits 30 Tage vor dem geplanten Hauptversammlungstermin verpflichtet sind, vgl. die Darstellung oben S. 110 f..

70) Mercadal/Janin, Sociétés commerciales, Rn. 1733.

Adressaten ohne konkreten Informationswert. Zum anderen stellt sich im Hinblick auf die Möglichkeit, daß im Verlaufe der Hauptversammlung neue Beschlußvorschläge zu einem Tagesordnungspunkt präsentiert oder bereits formulierte Vorschläge abgeändert oder ergänzt werden, die Frage, ob und inwieweit im Rahmen der Abstimmung über diese neuen Beschlußanträge ein Gebrauch der zuvor erteilten mandats en blanc zulässig ist. Nach der ganz überwiegenden Auffassung im Schrifttum, die sich vor allem auf den Wortlaut des Art. 161 Abs. 6 stützt[71)], darf der Vorsitzende der Hauptversammlung mit den der Gesellschaft überlassenen Blankovollmachten auch für solche neu eingebrachten oder inhaltlich abgeänderten Beschlußvorschläge stimmen, sofern diese entweder von der Verwaltung selbst stammen oder von ihr – notfalls im Anschluß an eine kurze Beratungspause während der Hauptversammlung – ausdrücklich gebilligt worden sind.[72)] Einige Autoren hingegen halten eine Verwendung der ursprünglich mit einem anderen inhaltlichen Bezugsgegenstand erteilten Blankovollmachten ohne jegliche Rücksichtnahme auf Grundsätze der Interessenwahrung unter dem Gesichtspunkt der Aktionärsdemokratie für bedenklich, da unsicher sei, ob der Aktionär auch in Anbetracht der abgeänderten Beschlußvorschläge eine Blankovollmacht ausgestellt hätte.[73)] In der Praxis der großen börsennotierten Gesellschaften wird das soeben beschriebene Problem mittlerweile jedoch häufig dadurch umgangen, daß Vollmachtsformulare verwendet werden, die die Aktionäre auf die Möglichkeit einer nachträglichen Neueinbringung oder Abänderung von Beschlußvorschlägen im Verlaufe der Hauptversammlung

---

71) Art. 161 Abs. 6 bestimmt lapidar, daß mit den der Gesellschaft überlassenen Blankovollmachten stets für die Annahme der von der Verwaltung präsentierten („présentés") oder von ihr gebilligten („agrés") Beschlußvorschläge gestimmt werden muß und differenziert nicht danach, wann der einzelne Beschlußvorschlag formuliert wurde bzw. wann dieser in seiner endgültigen Form feststand oder danach, ob der Aktionär, der die Blankovollmacht ausgestellt hat, Kenntnis vom Inhalt der einzelnen Vorschläge hatte.

72) Mestre, Lamy sociétés commerciales, S. 1499; Mercadal/Janin, Sociétés commerciales, Rn. 1895; Richard, Droit soc., Juni 1977, 2 [3]; Hémard/Terré/Mabilat, Sociétés commerciales, S. 130. Teilweise wird jedoch noch zusätzlich verlangt, daß die Vorlage des neuen bzw. inhaltlich abgeänderten Beschlußvorschlags gutgläubig („de bonne fois") erfolgt sein muß und sich als eine „normale" Reaktion auf die vorausgegangene Hauptversammlungsdebatte darstellt, vgl. Mansuy, Assemblées d'actionnaires, Nr. 33.

73) Guyon, Droit des affaires, S. 298. Ähnliche Bedenken äußern auch Hémard/Terré/Mabilat, Sociétés commerciales, S. 130.

ausdrücklich hinweisen und ihnen Gelegenheit geben, für diese Fälle gesonderte Anordnungen zu treffen.[74)]

Damit der Aktionär nicht nur den Inhalt der Beschlußvorschläge kennt, die er mit der Erteilung seiner Blankovollmacht unterstützt, sondern sich auch ein auf Sachkenntnis beruhendes Urteil über sie bilden kann, muß die Gesellschaft ihm in einem vom Gesetz genau festgelegten Umfang schließlich auch noch zusätzliche gesellschaftsbezogene Daten und Hintergrundinformationen auf eigene Kosten zur Verfügung stellen, die in den börsennotierten Gesellschaften zudem einer strengen Inhaltskontrolle durch die Börsenaufsichtsbehörde unterworfen sind.[75)] Um einen angemessenen Ausgleich zwischen den der Gesellschaft hierdurch entstehenden Kosten und dem in der Regel geringen Informationsinteresse des Aktionärs herzustellen, ist jedoch der Umfang der Informationsunterlagen, die die Gesellschaft im Falle einer Versendung von Vollmachtsformularen automatisch an die jeweiligen Aktionäre mitverschicken muß, vom Gesetzgeber bewußt kleingehalten worden[76)]; Art. 133 (D) verlangt von der Gesellschaft in diesem Zusammenhang lediglich einen zusammenfassenden Bericht über die Lage der Gesellschaft im abgelaufenen Geschäftsjahr sowie eine

---

74) Die börsennotierten Gesellschaften verwenden in der Praxis häufig einen Formulartyp, der von der ANSA (Association Nationale des Sociétés par Actions) und dem CFOMB (Comité Français d'Organisation et de Normalisation Bancaire) ausgearbeitet worden ist und in dem sich der Aktionär darüber erklären kann, ob er sich für den Fall der nachträglichen Abänderung oder Neuvorlage von Beschlußvorschlägen der Stimme enthalten, den Vorsitzenden der Hauptversammlung mit der Stimmrechtsausübung beauftragen oder zu diesem Zweck einen speziellen, von ihm namentlich benannten Stimmrechtsvertreter bestellen möchte, vgl. Mercadal/Janin, Sociétés commerciales, Rn. 1858-9. Ein Abdruck dieses Musterformulars findet sich in Droit des sociétés, Mai 1988 unter Randnummer 170.

75) Gemäß der Anordnung Nr. 67-833 vom 28. September 1967 müssen börsennotierte Unternehmen zu diesem Zweck der Börsenaufsichtsbehörde von sämtlichen Unterlagen, die der Information der Aktionäre dienen, Kopien zur Verfügung stellen. Für den Fall der inhaltlichen Unrichtigkeit der darin enthaltenen Angaben verfügt die COB zudem über weitreichende Sanktionsbefugnisse. So wurde beispielsweise der Unternehmer Bernhard Tapie im Jahre 1994 aufgrund der Verbreitung falscher Informationen mit einer Geldstrafe von einer Million Francs belegt, vgl. Revue de droit commercial et de droit économique 1995 (48), 144.

76) Trotzdem ist bisweilen kritisiert worden, daß der französische Gesetzgeber die Pflicht zur automatischen Verschaffung dieser Unterlagen an den Tatbestand der Versendung von Vollmachtsformularen durch die Gesellschaft und nicht an die reguläre Bekanntmachung der Einberufung geknüpft habe. Da nämlich – so lautet die Argumentation – die Gesellschaftsverwaltung grundsätzlich nach freiem Ermessen darüber entscheiden dürfe, ob und an wen sie Vollmachtsformulare verschicke, könne sie auf diese Weise direkt auf das Maß der sie treffenden Informationspflichten Einfluß nehmen, vgl. Guyon, Droit des affaires, S. 291; zum Ermessen der Gesellschaft, Vollmachtsformulare zu verschicken, vgl. ferner Hémard/Terré/Mabilat, Sociétés commerciales, S. 123.

Tabelle, die Aufschluß über die in den letzten fünf Geschäftsjahren erzielten Gewinne gibt.[77] Allerdings muß der Aktionär zusätzlich durch ein Formblatt darauf hingewiesen werden, daß er gemäß Art. 135 (D), falls er hieran interessiert ist, auf Kosten der Gesellschaft die Zusendung weiterer Unterlagen verlangen kann[78], deren Inhalt im folgenden dargestellt werden wird.

b) Die unabhängig von der Versendung eines Vollmachtsformulars bestehenden Informationspflichten der Gesellschaft

aa) Die Pflicht zur Versendung von Informationsunterlagen

Gemäß Art. 135 (D) i.V.m. Art. 138 (D) steht Aktionären unabhängig davon, ob ihnen zuvor von der Gesellschaft ein Vollmachtsformular zugeschickt wurde oder nicht, das Recht zu, vom Tage der Einberufung an bis spätestens fünf Tage vor dem anberaumten Hauptversammlungstermin je nach Art und Inhalt der dort zur Verhandlung anstehenden Tagesordnungspunkte die kostenlose Zusendung bestimmter Informationsunterlagen zu verlangen, die inhaltlich weit über das hinausgehen, was Art. 133 (D) der Gesellschaft im Falle der Verschickung von Vollmachtsformularen an Pflichtinformationen abverlangt.[79] Diese muß den Aktionären auf deren Wunsch hin nicht nur die Namen sämtlicher Generaldirektoren und Verwaltungsratsmitglieder[80] angeben und die Gesellschaften be-

---

77) Guyon, Droit des affaires, S. 291 bedauert, daß diese Tabelle, sofern es sich um eine börsennotierte Gesellschaft handelt, nicht noch zusätzlich eine Übersicht über den Kursverlauf der Aktie in den zurückliegenden Jahren enthalten muß. Ebensowenig hat sich der Vorschlag durchsetzen können, die Gesellschaft dazu zu verpflichten, jedem von ihr verschickten Vollmachtsformular stets eine Liste beizufügen, in der die drei größten Aktionäre der Gesellschaft, die Größe ihres jeweiligen Aktienbesitzes, die Funktionen, die sie in anderen Gesellschaften ausüben sowie die Höhe des Aktienbesitzes der Verwaltungs- bzw. der Aufsichtsratsmitglieder aufgeführt sind, vgl. Hémard/Terré/Mabilat, Sociétés commerciales, S. 127.

78) Das Formblatt, das den Aktionären zugleich als Anforderungsformular dient, muß gemäß Art. 133 Abs. 1 Nr. 4 (D) daneben auch den Hinweis enthalten, daß Inhaber von Namensaktien die Möglichkeit haben, diese Unterlagen und Auskünfte auf einen einmaligen Antrag hin auch für alle nachfolgenden Hauptversammlungen zugesandt zu erhalten.

79) Für den Fall, daß ein Aktionär kein solches Vollmachtsformular von der Gesellschaft erhalten hat, kann er gemäß Art. 138 Abs. 1 (D) von dieser jedoch auch die kostenlose Zusendung der in Art. 133 (D) genannten Unterlagen verlangen. Hinsichtlich der Art und des Umfangs dieser Informationen, die sich inhaltlich zum Teil mit denen des Art. 135 (D) überschneiden, vgl. die Darstellung oben S. 119 ff..

80) Bzw. die Namen der Aufsichtsrats- und Direktoriumsmitglieder, sofern es sich um eine Gesellschaft mit zweigliedrigem Verwaltungsaufbau handelt.

nennen, in denen diese Personen ebenfalls Geschäftsführungs-, Aufsichtsrats- oder Verwaltungsratsämter bekleiden (Art. 135 Nr. 1 (D)), sondern muß ihnen auf Anfrage auch den Bericht des Verwaltungsrats bzw. des Direktoriums an die Hauptversammlung sowie die dazu vorliegende Stellungnahme des Aufsichtsrats zukommen lassen (Art. 135 Nr. 4 (D)).[81] Als weitere wichtige Dokumente und Daten, die der bedingten Mitteilungspflicht der Gesellschaft unterliegen, zählt Art. 135 (D) den Jahresabschluß, den Konzernabschluß und -lagebericht, den Plan für die Ergebnisverwendung einschließlich der Erläuterung, woher die für eine eventuelle Ausschüttung vorgeschlagenen Gelder stammen, die Geschäftsergebnisse der letzten fünf Jahre sowie die Berichte der Bilanzprüfer („Commissaires aux comptes") auf (Art. 135 Nr. 6, 7, 8 (D)). Erwähnenswert in diesem Zusammenhang ist ferner, daß, sofern die Wahl von Verwaltungsrats- oder Aufsichtsratsmitgliedern ansteht, die Gesellschaft verpflichtet ist, Aktionären, die hieran interessiert sind, detaillierte Informationen über die zur Wahl vorgeschlagenen Kandidaten zukommen zu lassen. Für diesen Fall verlangt Art. 135 Nr. 5 (D) nicht nur die Angabe der Namen und des Alters der vorgeschlagenen Personen, sondern auch eine Aufzählung ihrer beruflichen Referenzen und Aktivitäten der zurückliegenden fünf Jahre sowie der Ämter, die sie in anderen Gesellschaften ausüben oder ausgeübt haben. Darüber hinaus muß auch angegeben werden, in welchem Verhältnis zur betroffenen Gesellschaft der jeweilige Kandidat zuvor gestanden hat und wieviele ihrer Aktien er besitzt. Sofern es sich um ein Unternehmen mit mehr als 300 Angestellten handelt, können die Aktionäre schließlich auch den sogenannten „bilan social" bei der Gesellschaft anfordern.[82] Dieser Bericht enthält Angaben zur Lohn- und Beschäftigungssituation im Unternehmen und informiert über die allgemeinen Arbeitsbedingungen im Betrieb sowie über Maßnahmen zum Zwecke der beruflichen Weiterbildung der Arbeitnehmer.[83]

---

81) Daneben verlangt Art. 135 (D) ebenso wie Art. 133 (D) die Bekanntgabe des Wortlauts sämtlicher Vorschläge zur Beschlußfassung und, sofern es sich um Aktionärsvorschläge handelt, darüber hinaus auch die Mitteilung einer eventuell dazu vorliegenden Begründung.

82) Art. 438-7 des französischen Arbeitsgesetzbuches („Code du travail"), eingefügt durch das Gesetz Nr. 77-769 vom 12. Juli 1977. Gemäß einer Verordnung vom 8. Dezember 1977 muß dem bilan social ferner ein Bericht des Betriebsrates beigefügt werden.

83) Vgl. Guyon, Droit des affaires, S. 292.

bb) Sonstige Informationsrechte des Aktionärs

Das Recht, im Vorfeld einer Hauptversammlung die Zusendung der soeben aufgezählten Unterlagen verlangen zu können, eröffnet dem Aktionär zwar die Möglichkeit, kostenlos und auf bequeme Art an die für ihn entscheidungsrelevanten Informationen und Auskünfte zu gelangen. Macht er von diesem Recht Gebrauch, ist jedoch nicht sichergestellt, daß ihn die angeforderten Unterlagen auch in jedem Fall so rechtzeitig erreichen, daß er diese bei seiner Entscheidungsfindung noch berücksichtigen kann. In diesem Zusammenhang ist vor allem problematisch, daß Art. 138 (D) der Gesellschaft keine konkrete und verbindliche Frist vorschreibt, innerhalb derer die Verschickung der vom Aktionär erwünschten Unterlagen spätestens vorgenommen worden sein muß.[84)] Um so mehr Bedeutung kommt deshalb der Tatsache zu, daß Art. 139 (D) dem Aktionär zusätzlich die Möglichkeit einräumt, zumindest während der letzten zwei Wochen vor dem geplanten Hauptversammlungstermin am Gesellschaftssitz oder bei der Geschäftsverwaltung in diese Dokumente Einsicht zu nehmen und gegebenenfalls auch Kopien von ihnen anzufertigen.[85)] Das Einsichtnahmerecht, das der Aktionär gemäß Art. 141 (D) übrigens auch durch den von ihm beauftragten Stimmrechtsvertreter ausüben lassen kann, ist dabei nicht allein auf die in Art. 135 (D) genannten Unterlagen beschränkt, sondern erstreckt sich darüber hinaus auch auf die Begründung der Verwaltungsvorschläge (Art. 168 Nr. 3 i.V.m. Art. 139 Abs. 1 (D)) und auf das Aktionärsverzeichnis (Art. 169 i.V.m. Art. 140 (D)).[86)] Außerdem muß die Gesellschaft dem Aktionär auf dessen Anfrage hin Auskünfte über das Gesellschaftsinventar (Art. 168 Nr. 1 i.V.m. Art. 139 (D)), die Bezüge der bestbezahlten Personen innerhalb des Unterneh-

---

84) Auf diesen Schwachpunkt des französischen Informationssystems machen Mercadal/Janin, Sociétés commerciales, Rn. 1770 aufmerksam.

85) Art. 139 Abs. 4 (D). Außerdem garantiert Art. 144 (D) jedem Aktionär das Recht, bei der Ausübung seines Einsichtnahmerechts die fachkundige Beratung eines Experten in Anspruch zu nehmen, der in einem Verzeichnis aufgeführt ist, das zu diesem Zwecke von den Gerichten geführt wird.

86) Dieses Verzeichnis ist für die Aktionäre aus einem doppelten Grunde von Interesse. Zum einen erleichtert es die Kommunikation zwischen den Aktionären, zum anderen ist aus ihm aber auch die Höhe des Aktienbesitzes der einzelnen Gesellschaftsverwalter ersichtlich, da Art. 162-1 sowohl Verwaltungs- als auch Aufsichtsratsmitgliedern vorschreibt, ihre Gesellschaftsanteile entweder in Form von Namensaktien zu halten oder bei der Gesellschaft auf ihren Namen zu hinterlegen.

mens[87] sowie über die Höhe der Ausgaben, die der Gesellschaft im jeweils zurückliegenden Geschäftsjahr infolge der Förderung politischer Parteien[88] oder kultureller Projekte[89] entstanden sind, erteilen. Schließlich garantieren die Artt. 170 und 142 (D) dem Aktionär auch unabhängig von einer Hauptversammlungseinberufung jederzeit das Recht, am Gesellschaftssitz Einblick in die Versammlungsprotokolle, Anwesenheitslisten und die in Art. 168 aufgeführten Dokumente[90] der drei letzten Geschäftsjahre zu nehmen.

4. Die rechtliche Behandlung von Interessenkonflikten in der Person des Abstimmenden

Das französische Aktienrecht enthält keine generalklauselartige Bestimmung, die in allgemeingültiger Form festlegt, ob und unter welchen Voraussetzungen ein Aktionär im Falle eines in seiner Person auftretenden Interessenkonflikts von seinem Stimmrecht keinen Gebrauch machen darf. Vielmehr sieht es solche Stimmverbote nur in einer begrenzten Anzahl von Fällen vor, die an verstreuten Stellen innerhalb des Gesetzes über die Handelsgesellschaften abschließend aufgezählt sind: Soweit eine Gründungshauptversammlung über die Billigung von Sacheinlagen oder die Einräumung von Sondervorteilen zugunsten von Aktionären beschließt, dürfen die Einbringer der Sacheinlagen und die mit dem

---

87) Gemäß Art. 168 Nr. 4 i.V.m. Art. 139 (D) ist die Gesellschaft verpflichtet, den Gesamtbetrag (hierzu kritisch Guyon, Droit des affaires, S. 292) der Bezüge („rémunérations") anzugeben, die die fünf bzw. in Gesellschaften mit über zweihundert Arbeitnehmern zehn bestbezahlten Personen im Unternehmen erhalten. Der Begriff „rémunération" wird dabei sehr weit ausgelegt. Er umfaßt alle geldwerten Zuwendungen und Vorteile unabhängig davon, in welcher Form sie den betroffenen Personen gewährt werden, vgl. Le Cannu, Code des sociétés, S. 328 Anm. 1.

88) Art. 14 des Gesetzes Nr. 88-227 vom 11. März 1988.

89) Art. 168 Nr. 5, eingefügt durch das Gesetz Nr. 95-65 vom 19. Januar 1995.

90) Abgesehen von den bereits aufgezählten Unterlagen zählen hierzu noch der Jahresabschluß, der Konzernabschluß, die Liste der amtierenden Verwaltungsrats-, Aufsichtsrats- und Direktoriumsmitglieder, die Berichte der Gesellschaftsverwalter und der Bilanzprüfer, die der Hauptversammlung vorgelegt werden, der Wortlaut sämtlicher Vorschläge zur Beschlußfassung samt ihrer Begründung sowie Auskünfte über Kandidaten für die Neubesetzung von Verwaltungsrats- oder Aufsichtsratsposten. Außerdem hat die französische Börsenaufsichtsbehörde COB den ihr unterstellten Gesellschaften ans Herz gelegt, besondere Sorgfalt auf die Erstellung ihres jährlichen Geschäftsberichtes („rapport annuel") zu verwenden und in diesem auch Informationen über die aktuelle Verteilung der Stimmrechte und den Umfang der Beteiligung von Führungspersonal und Angestellten am Aktienkapital des Unternehmens einfließen zu lassen, vgl. Mercadal/Janin, Sociétés commerciales, Rn. 1761.

Sondervorteil bedachten Personen nicht an den betreffenden Beschlußfassungen mitwirken (Art. 82 Abs. 2). Ebensowenig steht einem Aktionär, der seiner Gesellschaft innerhalb von zwei Jahren seit ihrer Eintragung einen Vermögensgegenstand mit einem Wert von über einem Zehntel des Gesellschaftskapitals verkaufen möchte, ein Stimmrecht im Rahmen des für die Wirksamkeit eines solchen Verkaufs erforderlichen Hauptversammlungsbeschlusses zu (Art. 157-1 Abs. 2). Die zwei übrigen Fälle eines gesetzlich angeordneten Stimmverbots beziehen sich auf Beschlußfassungen der Hauptversammlung, die notwendig werden, falls einzelne Verwaltungsratsmitglieder oder Generaldirektoren ein Abkommen mit der Gesellschaft schließen wollen[91)] oder im Rahmen einer Kapitalerhöhung das gesetzliche Bezugsrecht zugunsten einer oder mehrerer Personen ausgeschlossen werden soll. Auch in diesen beiden Fällen dürfen sich die betroffenen Gesellschaftsverwalter bzw. die von dem beabsichtigten Bezugsrechtsausschluß begünstigten Personen nicht an den entsprechenden Beschlußfassungen beteiligen (Art. 103 Abs. 4 bzw. Art. 186-3 Abs. 1).[92)]

Die aufgezählten Stimmverbote gelten entsprechend ihrem zum Teil eindeutigen Wortlaut und der Auslegung, die sie durch die Rechtsprechung erfahren haben, nicht nur für den Fall, daß der vom Interessenkonflikt betroffene Aktionär Stimmrechte aus eigenen Aktien ausüben möchte, sondern verbieten diesem darüber hinaus auch, als Stimmrechtsvertreter („mandataire") anderer Aktionäre an den erwähnten Beschlußfassungen mitzuwirken.[93)]

Komplizierter stellt sich hingegen die rechtliche Lage dar, sofern die oben beschriebenen Interessenkonflikte in der Person desjenigen auftreten, der als

---

91) Vgl. Art. 101 Abs. 1 i.V.m. Art. 103 Abs. 2. Entsprechende Vorschriften existieren ferner für den Fall, daß es sich um eine Gesellschaft mit zweigliedrigem Verwaltungsaufbau handelt. Auch hier müssen Abkommen zwischen der Gesellschaft und ihren Aufsichtsrats- oder Direktoriumsmitgliedern von der Hauptversammlung abgesegnet werden (vgl. Art. 143 Abs. 1 i.V.m. Art. 145 Abs. 2). Ebenfalls einer solchen Genehmigungspflicht unterliegen Verträge, die die Gesellschaft mit Unternehmen schließt, in denen ihre eigenen Verwalter Direktoriums-, Verwaltungsrats- oder Aufsichtsratsposten bekleiden oder als Geschäftsführer tätig sind (vgl. Art. 101 Abs. 3 i.V.m. Art. 103 Abs. 2 bzw. Art. 143 Abs. 3 i.V.m. Art. 145 Abs. 2).

92) Außerdem ordnet das Gesetz in sämtlichen aufgezählten Fällen an, daß die Aktien des von der jeweiligen Beschlußfassung ausgeschlossenen Aktionärs bei der Berechnung des Anwesenheitsquorums und der Stimmenmehrheit außer Betracht bleiben.

93) Während dies bei einem Großteil der genannten Stimmverbote direkt aus dem Wortlaut („ni pour lui ni comme mandataire") der entsprechenden Bestimmungen hervorgeht, ist die Vorschrift des Art. 103 Abs. 4, welche die Stimmrechtsvertretung nicht ausdrücklich in das von ihr formulierte Stimmverbot miteinbezieht, von der Rechtsprechung – allerdings ohne nähere Begründung – ebenfalls in diesem Sinne ausgelegt worden, vgl. das Urteil des Appellationsgerichts Paris vom 25. Januar 1972, Rev. soc. 1972 (90), 688 [692].

Vorsitzender der Hauptversammlung gemäß Art. 161 Abs. 6 für die Ausübung der von den Aktionären ausgestellten Blankovollmachten verantwortlich ist. Für einen solchen Fall unterliegt zwar auch das hierfür zuständige Verwaltungsmitglied[94)] insoweit dem jeweils einschlägigen Stimmverbot, als es im Rahmen der problematischen Beschlußfassung keine Stimmrechte aus eventuell vorhandenen eigenen Aktien ausüben kann und auch nicht als namentlich beauftragter Stimmrechtsvertreter[95)] an der Abstimmung teilnehmen darf.[96)] Eine andere Frage ist jedoch, ob der Vorsitzende der Hauptversammlung infolge eines solchen Interessenkonflikts in seiner Person darüber hinaus auch die gesetzliche Befugnis verliert, von den der Gesellschaft zur Verfügung gestellten Blankovollmachten Gebrauch zu machen. Während sich die Rechtsprechung zu diesem speziellen Problem bislang noch nicht geäußert hat[97)], wird im Schrifttum der

---

94) Die Funktion des Vorsitzenden der Hauptversammlung („président de l'assemblée générale") wird in Gesellschaften mit eingliedrigem Verwaltungsaufbau vom Vorsitzenden des Verwaltungsrats und in Gesellschaften mit zweigliedrigem Verwaltungsaufbau vom Vorsitzenden des Aufsichtsrats wahrgenommen (Art. 146 Abs. 1 (D)).

95) Sofern der Vorsitzende der Hauptversammlung selbst Aktien der Gesellschaft besitzt, kann er sich gemäß Art. 161 Abs. 2 wie jeder andere Aktionär auch Stimmrechtsvollmachten ad personam, also auf seinen eigenen Namen ausstellen lassen. Die Ausübung dieser Vollmachten, die in Abgrenzung zu den mandats en blanc „procurations nominatives" genannt werden, richtet sich nicht nach der Vorschrift des Art. 161 Abs. 6 (zum Inhalt dieser Vorschrift, die nur im Zusammenhang mit Blankovollmachten Anwendung findet, vgl. das Kapitel zur Praxis der pouvoirs en blanc, oben S. 113 ff.), sondern nach allgemeinem Auftragsrecht, vgl. Guyon, Droit des affaires, S. 297. Dies bedeutet vor allem, daß der vertretene Aktionär individuelle Abstimmungsweisungen erteilen kann, insbesondere also seinen Vertreter auch anweisen kann, gegen bestimmte Verwaltungsvorschläge zu stimmen.

96) Vgl. etwa Mansuy, Assemblées d'actionnaires, Nr. 35. Unabhängig vom Vorliegen eines solchen Interessenkonfliktes kann der Versammlungsvorsitzende auch nicht mit gesellschaftseigenen Aktien an der Beschlußfassung mitwirken, da die Stimmrechte aus diesen Aktien gemäß Art. 164 ruhen.

97) Wenig ergiebig im Hinblick auf die Beantwortung der Frage, inwieweit die aufgezählten Stimmverbote sich auch auf die eventuelle Ausübung von Blankovollmachten erstrecken, ist das Urteil der Cour de cassation vom 27. Februar 1978, Rev. soc. 1978 (96), 496 [498]. Zwar hat es dieses Gericht als rechtswidrig angesehen, wenn ein Verwaltungsratsvorsitzender als Stimmrechtsvertreter an Beschlußfassungen mitwirkt, bei denen er aufgrund eines Interessenkonfliktes in seiner Person an der Ausübung eigener Stimmrechte gehindert wäre. Jedoch geht aus den Formulierungen des zitierten Urteils nicht eindeutig hervor, ob sich diese Aussage auch auf den Fall bezieht, daß der Verwaltungsratsvorsitzende in der Funktion als Vorsitzender der Hauptversammlung (vgl. Art. 146 (D)) von den Blankovollmachten der Aktionäre Gebrauch macht. Ebenfalls offengelassen worden ist diese Frage in der von Bernard Bouloc verfaßten Anmerkung zu dem zitierten Urteil der Cour de cassation (Rev. soc. 1978 (96), 499 [501]), das sich allerdings auch nur inzident mit der Stimmverbotsproblematik befaßt.

Standpunkt vertreten, daß das Vorliegen der vom Gesetz typisierten Interessenkonflikte im Hinblick auf die Befugnis zur Ausübung der Blankovollmachten ohne Bedeutung sei.[98)] Als Begründung wird angeführt, daß der Vorsitzende der Hauptversammlung bei der Ausübung der mandats en blanc strenggenommen nicht in der Funktion eines von den Aktionären beauftragten Stimmrechtsvertreters tätig werde, sondern vielmehr in Erfüllung einer ihm auferlegten gesetzlichen Verpflichtung.[99)]

Weniger problematisch als die genaue Definition des Geltungsbereichs der aufgezählten Stimmverbote ist hingegen die Beantwortung der Frage, welche rechtlichen Konsequenzen die Nichtbeachtung dieser Verbote zur Folge hat. Insofern besteht zunächst Einvernehmen darüber, daß die widerrechtlich abgegebenen Stimmen ungültig sind und der daraufhin gefaßte Beschluß auf eine entsprechende Anfechtungsklage hin für nichtig erklärt werden muß, sofern er ohne die verbotene Stimmabgabe nicht zustandegekommen wäre.[100)]

Daneben mußte sich die Rechtsprechung im Jahre 1978[101)] noch zusätzlich mit der Frage auseinandersetzen, ob ein Versammlungsvorsitzender, der als Aktionärsvertreter bei einer Beschlußfassung mitstimmt, obwohl ihm dies infolge eines Interessenkonfliktes in seiner Person verboten ist, für dieses Verhalten

---

98) Mercadal/Janin, Sociétés commerciales, Rn. 1895; Mansuy, Assemblées d'actionnaires, Nr. 35. Beide zitierten Quellen verweisen zudem darauf, daß die französische Börsenaufsichtsbehörde (COB) in ihrem Jahresbericht von 1983 dieselbe Auffassung vertreten hat.

99) Wie bereits im Kapitel zur Praxis der pouvoirs en blanc (oben S. 113 ff.) dargestellt wurde, muß der Vorsitzende der Hauptversammlung gemäß Art. 161 Abs. 6 mit den der Gesellschaft zur Verfügung gestellten Blankovollmachten stets für die von der Verwaltung vorgeschlagenen oder gebilligten Beschlußanträge und gegen alle sonstigen Abstimmungsvorschläge stimmen.

100) Vgl. das Urteil des Landgerichts Colmar vom 10. Oktober 1986, Droit soc. 1987, Nr. 211 sowie die Anmerkung von Dominique Schmidt zum Urteil des Appellationsgerichts Paris, Rev. soc. 1972 (90), 694 [697], beide Bezug nehmend auf den Fall, daß ein Gesellschaftsverwalter sich verbotswidrigerweise an einer Beschlußfassung beteiligt, deren Gegenstand die Billigung eines Abkommens ist, das zwischen ihm und der Gesellschaft geschlossen werden soll. In gleichem Sinne äußert sich Bouloc in seiner Anmerkung zum Urteil der Cour de cassation vom 27. Februar 1978, Rev. soc. 1978 (96), 499 [501].

101) Vgl. das Urteil der Cour de cassation vom 27. Februar 1978, Rev. soc. 1978 (96), 496 ff..

auch strafrechtlich zur Verantwortung gezogen werden kann.[102] Im Mittelpunkt stand dabei das Problem, ob in einer solchen Konstellation automatisch der Straftatbestand des Art. 437 Nr. 4 verwirklicht ist, der Verwaltungsratsmitgliedern und Generaldirektoren für den Fall, daß sie Stimmrechtsvollmachten für ihre persönlichen Zwecke oder zur Begünstigung eines ihre Interessen mittelbar oder unmittelbar berührenden Unternehmens mißbrauchen, empfindliche Geld- und Freiheitsstrafen androht.[103] Nach Auffassung der Rechtsprechung ist es jedoch nicht gerechtfertigt, den verbotswidrigen Einsatz von Stimmrechtsvollmachten stets mit einem „abus des voix" i.S.d. Art. 437 Nr. 4 gleichzusetzen, da – so lautet ihre Argumentation – die genannte Vorschrift zusätzlich verlange, daß die mißbräuchliche Ausübung der fremden Stimmrechte den Interessen der Gesellschaft zuwiderlaufe und der Gesellschaftsverwalter diesbezüglich bösgläubig sei.[104] Für die Verwirklichung dieser Tatbestandsmerkmale reiche aber nicht schon der bloße Umstand aus, daß der Verwalter mit den ihm erteilten Stimmrechtsvollmachten an einer Beschlußfassung mitgewirkt habe, von der er aufgrund eines Interessenkonfliktes in seiner Person ausgeschlossen gewesen sei. Vielmehr müßten die verbotswidrigerweise eingesetzten Stimmrechtsvollmachten darüber hinaus auch zur Unterstützung eines Beschlußvorschlags ver-

---

102) Im konkreten Fall hatte die „Société du Nouveau Port de Saint-Jean-Cap-Ferrat" (S.N.P.) im Rahmen ihrer geschäftlichen Tätigkeit ein Abkommen mit der „Société d'études d'aménagement et de réalisation des ports de plaisance" (S.A.P.) geschlossen, in der der Verwaltungsratsvorsitzende der S. N.P. ebenfalls einen wichtigen Verwaltungsposten bekleidete. Gemäß Art. 101 Abs. 3 i.V.m. Art. 103 Abs. 2 bedurfte dieses Geschäftsabkommen deshalb der Billigung durch die Hauptversammlung der S. N.P.. An der entsprechenden Beschlußfassung durfte sich der Verwaltungsratsvorsitzende der S. N.P. gemäß Art. 103 Abs. 4 jedoch nicht beteiligen, und zwar weder mit Stimmrechten aus eigenen Aktien noch als namentlich beauftragter Stimmrechtsvertreter von Aktionären der Gesellschaft, vgl. hierzu die Darstellung oben S. 127 f.. Trotzdem hatte er im Vorfeld der entscheidenden Hauptversammlung einige Aktionäre der S. N.P. angeschrieben, um sie zu bitten, ihn für die bevorstehende Beschlußfassung als Stimmrechtsvertreter zu beauftragen. Von den daraufhin erteilten Vollmachten machte er bei der späteren Abstimmung verbotswidrigerweise auch Gebrauch.

103) Art. 437 Nr. 4 sieht in diesen Fällen Freiheitsstrafen zwischen einem Jahr und fünf Jahren sowie Geldstrafen zwischen 2.000 Francs und 2.500.000 Francs vor. Vgl. hierzu auch noch die Ausführungen unten S. 139 ff..

104) Vgl. das bereits mehrfach zitierte Urteil der Cour de cassation, Rev. soc. 1978 (96), 496 [498]; zustimmend Bouloc, Rev. soc. 1978 (96), 499 [502]. Zudem muß die von Art. 437 Nr. 4 geforderte Bösgläubigkeit hinsichtlich der Verletzung des Gesellschaftsinteresses gemäß dem Urteil der Cour de cassation vom 16. Januar 1989, Rev. soc. 1989 (107), 687 [689] und Bouloc, Rev. soc. 1989 (107), 691 [691] bereits im Zeitpunkt der Mißbrauchshandlung vorliegen.

wendet worden sein, von dem der Gesellschaftsverwalter gewußt habe, daß er sich seinem Inhalt nach schädigend für die Gesellschaft auswirken werde.[105)]

IV. Die schriftliche Abstimmung von außerhalb der Hauptversammlung („le vote par correspondance")

1. Die Funktion der Briefwahl im französischen Aktienrecht

Da Art. 161 Abs. 6 zwingend vorschreibt, daß mit den der Gesellschaft zur Verfügung gestellten Blankovollmachten der Aktionäre stets für die Annahme der Verwaltungsvorschläge gestimmt werden muß und angesichts der Tatsache, daß in Frankreich keine Institutionen existieren, die sich den Aktionären gegenüber zur Ausübung ihres Stimmrechts erbieten oder diesbezüglich einem gesetzlichen Kontrahierungszwang unterworfen sind[106)], stößt das französische Aktionärsvertretungssystem immer dann an seine Grenzen, wenn ein Gesellschafter beabsichtigt, mit seinen Aktien gegen die Beschlußvorschläge der Verwaltung zu stimmen. Zwar könnte der Aktionär in einem solchen Fall auch privat eine individuelle Person seines Vertrauens mit der Stimmrechtsvertretung beauftragen und diese im Hinblick auf den späteren Gebrauch seiner Vollmacht entsprechend instruieren (Art. 161 Abs. 6 S. 2).[107)] Die Erteilung eines solchen „mandat impératif" wird aber praktisch in aller Regel daran scheitern, daß das französische Aktienrecht grundsätzlich[108)] nur den Aktionären der die Hauptversammlung abhaltenden Gesellschaft die Ausübung fremder Aktienstimmrechte gestattet[109)], die einzelnen Gesellschafter sich jedoch – zumindest in den anony-

105) In dem der Cour de cassation vorgelegten Fall lagen diese Voraussetzungen nicht vor, da das Geschäftsabkommen, für dessen Genehmigung der angeklagte Gesellschaftsverwalter mit den ihm erteilten Stimmrechtsvollmachten gestimmt hatte, nach den tatrichterlichen Feststellungen der Vorinstanz unter keinem Gesichtspunkt nachteilhaft für die S. N.P. gewesen war. Der Angeklagte wurde deshalb vom Vorwurf des „abus des pouvoirs et des voix" nach Art. 437 Nr. 4 freigesprochen, vgl. das erwähnte Urteil der Cour de cassation vom 27. Februar 1978, Rev. soc. 1978 (96), 496 [498].

106) Vgl. hierzu die Ausführungen im Kapitel „Die Praxis der pouvoirs en blanc", oben S 113 ff..

107) Obwohl die Gesellschaftsverwaltung verständlicherweise an der Erteilung von Blankovollmachten interessiert ist, können die von ihr an die Aktionäre verschickten Vollmachtsvordrucke selbstverständlich auch zu diesem Zweck verwendet werden.

108) Zu den Ausnahmen siehe oben S. 111 f..

109) Vgl. Art. 161 Abs. 1.

men Großunternehmen – untereinander nur in den seltensten Fällen persönlich kennen.[110)]

Um diese unter dem Gesichtspunkt der Aktionärsdemokratie problematische Schwachstelle des französischen Stimmrechtsvertretungssystems zu überwinden und in der Absicht, den Aktionären die Ausübung ihres Kontroll- und Mitbestimmungsrechts auch fernab von dem Erfordernis einer persönlichen Hauptversammlungsteilnahme zu erleichtern, hat der Gesetzgeber sich im Jahre 1983 dazu entschlossen, dem bisherigen System der Aktionärsvertretung eine zusätzliche Form der Stimmrechtsausübung an die Seite zu stellen: Seit Januar 1988[111)] haben die Aktionäre die Möglichkeit, auf eigens hierfür vorgesehenen Formblättern schriftlich über die auf der Tagesordnung stehenden Gegenstände zur Beschlußfassung abzustimmen.

In Anbetracht der besonderen Bedeutung, die dem Briefstimmrecht als Alternative zum einseitig verwaltungsfreundlich ausgerichteten System der pouvoirs en blanc zukommt, ist dieses vom Gesetzgeber bewußt satzungsfest ausgestaltet worden.[112)] Statutarische Bestimmungen, die die schriftliche Stimmabgabe von außerhalb der Hauptversammlung ganz verbieten oder nur im Rahmen bestimmter Beschlußfassungen zulassen, sind deshalb unzulässig und nichtig.[113)] Das Gesetz gibt sich mit dieser rein rechtlichen Garantie jedoch noch nicht zufrieden, sondern verlangt von den Gesellschaften darüber hinaus, daß sie ihre Aktionäre auf das ihnen zustehende Recht, per Briefwahl abzustimmen, ausdrücklich aufmerksam machen. Zum einen sind sie gemäß Art. 133 Abs. 1 Nr. 7 lit. b) (D) zu einem entsprechenden Hinweis stets dann verpflichtet, wenn sie oder die von ihnen beauftragten Banken Vollmachtsformulare an die Aktionäre verschicken. Zum anderen muß den Gesellschaftern bereits in der Einberufungsbekanntmachung und – soweit es sich um Gesellschaften handelt, die ihre Anteile öffentlich zur Zeichnung anbieten – darüber hinaus auch im avis de réu-

---

110) Auf diese Problematik weist insbesondere Guyon, Droit des affaires, S. 297 hin. Im gleichen Sinne Mansuy, Assemblées d'actionnaires, Nr. 31.

111) Ursprünglich war die Möglichkeit der Briefwahl bereits im Gesetz Nr. 83-1 vom 3. Januar 1983 vorgesehen. Die hierfür notwendigen Ausführungsbestimmungen wurden jedoch erst mit dem Dekret Nr. 86-584 vom 14. März 1986 erlassen, das die Möglichkeit, per Briefwahl abzustimmen, zunächst für alle nach dem 19. März 1987 einberufenen Hauptversammlungen zuließ. Dieser Starttermin ist jedoch durch Art. 2 des Dekrets Nr. 87-169 vom 13. März 1987 ein weiteres Mal verschoben worden, so daß die Aktionäre von dieser Form der Stimmrechtsausübung letztendlich erst ab Anfang des Jahres 1988 Gebrauch machen konnten, vgl. hierzu Mansuy, Assemblées d'actionnaires, Nr. 53.

112) Vgl. Art. 161-1 Abs. 1 S. 2.

113) Mercadal/Janin, Sociétés commerciales, Rn. 1858-1.

nion[114] mitgeteilt werden, welche Regeln und Formalien sie bei der schriftlichen Abstimmung zu beachten haben und wo sie die hierfür erforderlichen Stimmzettel und Unterlagen erhalten können.[115]

2. Die rechtstechnische Ausgestaltung des „vote par correspondance"

Die Aktionäre können nur auf den von der Gesellschaft eigens hierfür vorbereiteten Formblättern schriftlich über die Gegenstände zur Beschlußfassung abstimmen, wobei das Formblatt für die Briefwahl[116] gemäß Art. 131-2 Abs. 3 (D) auch mit dem Vordruck für die Erteilung einer Stimmrechtsvollmacht zu einem einzigen Dokument („document unique") zusammengefaßt werden kann. Der auf dem Formblatt enthaltene Stimmzettel muß so abgefaßt sein, daß der Aktionär zu jedem einzelnen Beschlußgegenstand mit „Ja" oder „Nein" stimmen kann. Eine Stimmenthaltung hingegen ist – jedenfalls im Ergebnis – nicht möglich, da eine solche ebenso wie die Nichtangabe einer bestimmten Abstimmungsrichtung als Ablehnung des jeweils betroffenen Beschlußvorschlags gewertet wird (Art. 161-1 Abs. 2).[117] Falls die Gesellschaft – wie es vor allem in den großen börsennotierten Unternehmen üblich ist[118] – von der oben erwähnten Möglichkeit Gebrauch macht und das Formblatt für die schriftliche Abstimmung mit dem für die Erteilung einer Stimmrechtsvollmacht zu einem einheitlichen Vordruck zusammenfaßt, muß dem Aktionär darüber hinaus auch noch Gelegenheit gegeben werden, zusätzliche Vorkehrungen für den Fall zu treffen, daß im Verlaufe der Hauptversammlung neue Beschlußvorschläge präsentiert oder bereits formulierte Vorschläge nachträglich abgeändert werden. Im Hinblick auf diese Möglichkeit gesteht Art. 131-4 Nr. 3 (D) dem Gesellschafter das Recht zu, zwischen der Erteilung einer Blankovollmacht, der Beauftragung

---

114) Zum französischen Einberufungssystem vgl. das Kapitel über die Organisation der Hauptversammlung im französischen Aktienrecht, oben S. 108 ff..

115) Vgl. Art. 123 Abs. 2 (D) und Art. 130 Abs. 1 Nr. 8 (D), beide eingefügt durch das Dekret Nr. 86-584 vom 14. März 1986.

116) Die Bezeichnung „Briefwahl" ist ebenso wie der französische Ausdruck „vote par correspondance" insofern ein wenig ungenau, als die Formblätter auch per Telefax an die Gesellschaft übermittelt werden können, soweit deren Satzung diese Möglichkeit vorsieht, vgl. Guyon, in: Baums/Wymeersch, Shareholder voting rights, S. 95 [104] sowie die DSW-Europastudie, S. 33.

117) Aus diesem Grunde fassen viele Stimmzettel die Abstimmungsalternativen Stimmenthaltung und Neinstimme unter einer einzigen Rubrik zusammen, vgl. Mercadal/Janin, Sociétés commerciales, Rn. 1858-3.

118) Mercadal/Janin, Sociétés commerciales, Rn. 1858-9.

eines von ihm namentlich zu benennenden Stimmrechtsvertreters oder einer Stimmenthaltung zu wählen.[119] Versäumt es der Aktionär hingegen, eine diesbezügliche rechtliche Anordnung zu treffen, werden seine per Briefwahl abgegebenen Stimmen im Hinblick auf die neuen oder inhaltlich abgeänderten Beschlußvorschläge automatisch und ohne Rücksicht auf die ursprünglich mit ihnen verfolgte Abstimmungsrichtung als Neinstimmen gewertet.[120]

Praktische Relevanz kommt des weiteren der Frage zu, wie die Aktionäre im Einzelfall in den Besitz der für die schriftliche Abstimmung erforderlichen Formblätter gelangen können. Am einfachsten stellt sich für sie die Lage dar, wenn ihnen die Gesellschaft bzw. die von ihr eingeschaltete Bank Vordrucke für die Erteilung einer Stimmrechtsvollmacht zuschickt. Damit den Aktionären in diesem Fall eine echte Alternative zur Erteilung einer Blankovollmacht offensteht, die es ihnen erlaubt, im Bedarfsfalle auch gegen die Beschlußvorschläge der Verwaltung zu stimmen, muß dem entsprechenden Vertretungsgesuch von seiten der Gesellschaft stets ein Formblatt für die schriftliche Abstimmung beigefügt werden (Art. 133 Abs. 1 Nr. 5 (D)). Gelangt ein Aktionär nicht bereits auf diesem Wege an das von ihm gewünschte Formular und nimmt die Gesellschaft dessen Versendung auch nicht auf freiwilliger Basis vor[121], steht ihm außerdem gemäß Art. 131-1 (D) von der Einberufung der Hauptversammlung an das Recht zu, von der Gesellschaft die kostenlose Zusendung der für die Briefwahl erforderlichen Unterlagen zu verlangen. Hierfür muß er per Einschreiben mit Rückschein einen entsprechenden Antrag an das Unternehmen richten, wobei dieser so rechtzeitig abzuschicken ist, daß er spätestens sechs Tage vor dem

---

119) Eine Stimmenthaltung wird allerdings auch in diesem Fall als Neinstimme gewertet, vgl. Guyon, Droit des affaires, S. 299.

120) So Mercadal/Janin, Sociétés commerciales, Rn. 1895-1 unter Hinweis auf die Vorschrift des Art. 161-1 Abs. 2, wonach die Nichtangabe einer Abstimmungsrichtung als Ablehnung des jeweiligen Beschlußvorschlags gewertet wird. Allerdings gestehen die Autoren ein, daß diese Lösung unter dem Gesichtspunkt der Interessenwahrung dann zu Unbilligkeiten führen kann, wenn der per Briefwahl abstimmende Aktionär bereits im Hinblick auf die inhaltliche Ursprungsfassung eines später abgeänderten Beschlußvorschlags mit Nein gestimmt hatte, vgl. Mercadal/Janin, Sociétés commerciales, Rn. 1895-2.

121) Die französische Börsenaufsichtsbehörde hat sich in einer Empfehlung aus dem Jahre 1988 dafür ausgesprochen, daß insbesondere die Unternehmen mit einer großen Anzahl von Kleinaktionären von sich aus die Initiative ergreifen und Formblätter für die schriftliche Abstimmung an ihre Aktionäre verschicken sollten (Empfehlungsschreiben der Commission des opérations de bourse Nr. 88-02 bezüglich der Teilnahme und der Vertretung von Aktionären auf der Hauptversammlung, teilweise abgedruckt in Juris-Classeur, Sociétés (4), Fascicule 136-20, Nr. 53).

anberaumten Hauptversammlungstermin am Gesellschaftssitz eintrifft.[122] Der Nachweis der Aktionärseigenschaft ist in diesem Zusammenhang jedoch nicht erforderlich.[123] Auf die Einzelheiten, die im Zusammenhang mit der Antragstellung zu beachten sind, müssen die Aktionäre bereits in der Einberufungsbekanntmachung hingewiesen werden.[124]

Schließlich sind auch im Zusammenhang mit der anschließenden Rücksendung der Formulare an die Gesellschaft einige Formalitäten und Regeln zu beachten. Zunächst muß gemäß Art. 131-3 Abs. 2 Nr. 1 (D) in jedem Formblatt, das an die Gesellschaft zurückgeschickt wird, der Name, gewöhnliche Rufname[125] und Wohnort des abstimmenden Aktionärs aufgeführt sein. Besitzer von Inhaberaktien sind darüber hinaus verpflichtet, dem ausgefüllten Stimmzettel eine Bescheinigung ihrer Depoteinrichtung beizulegen, aus der die genaue Anzahl der von ihnen gehaltenen Aktien hervorgeht und in der versichert wird, daß diese für den Zeitraum bis zur Hauptversammlung der Verfügungsgewalt ihrer Inhaber entzogen sind.[126] Große praktische Relevanz kommt des weiteren der Tatsache zu, daß die Gesellschaft einen Zeitpunkt im Vorfeld der Hauptversammlung festlegen kann, ab dem Stimmzettel, die bis dahin nicht bei ihr eingetroffen sind, bei der Stimmenauszählung keine Berücksichtigung mehr finden. Sofern eine entsprechende Bestimmung im Statut der Gesellschaft vorgesehen ist, kann diese Ausschlußfrist sogar bereits früher als drei Tage vor dem anberaumten Hauptversammlungstermin beginnen (Art. 131-3 Abs. 1 (D)). In Anbetracht der Tatsache, daß die Einberufung der Hauptversammlung im Regelfall erst vierzehn Tage vor dem für sie angesetzten Termin erfolgt[127], kann es

---

[122] Dies ergibt sich indirekt aus der Vorschrift des Art. 131-1 Abs. 2 (D), wonach die Gesellschaft Anträge, die später als sechs Tage vor dem anberaumten Hauptversammlungstermin bei ihr eintreffen, nicht mehr berücksichtigen muß. Allerdings machen Mercadal/Janin, Sociétés commerciales, Rn. 1858-5 darauf aufmerksam, daß selbst bei Einhaltung dieser Frist nicht sichergestellt sei, daß die angeforderten Unterlagen den Aktionär auch in jedem Fall rechtzeitig erreichen, da Art. 131-1 (D) keine konkrete und verbindliche Frist vorschreibe, innerhalb derer die Versendung der Formblätter durch die Gesellschaft spätestens erfolgt sein müsse.

[123] Das Erfordernis eines besonderen Legitimationsnachweises für die bloße Anforderung der Formblätter ist durch das Dekret Nr. 88-55 vom 19.1.1988 abgeschafft worden.

[124] Vgl. Art. 123 Abs. 2 (D) und Art. 130 Abs. 1 Nr. 8 (D), beide eingefügt durch das Dekret Nr. 86-584 vom 14. März 1986.

[125] Daneben ist selbstverständlich auch die Unterschrift des Aktionärs bzw. seines gesetzlichen oder gerichtlich bestellten Vertreters erforderlich (Art. 131-3 Abs. 2 Nr. 3 (D)).

[126] Mercadal/Janin, Sociétés commerciales, Rn. 1858-6. Gemäß Art. 136 S. 2 (D), eingefügt durch das Dekret Nr. 86-584 vom 14. März 1986, sind die Depoteinrichtungen zur Ausstellung einer entsprechenden Bescheinigung verpflichtet.

[127] Vgl. Art. 126 (D).

also vorkommen, daß dem Aktionär für die Anforderung des Briefwahlformulars, die Einholung der notwendigen Informationen, die Beibringung des Zertifikats der Depoteinrichtung sowie die Rücksendung des ausgefüllten Stimmzettels an die Gesellschaft gerade einmal zehn Tage zur Verfügung stehen.

3. Das Informationssystem

Ähnlich wie im Rahmen der Stimmrechtsvertretung sieht das französische Aktienrecht auch für die Briefwahl ein umfangreiches Informationssystem vor. Dieses beinhaltet zunächst all diejenigen Klarstellungen rechtstechnischer und formeller Art, die notwendig sind, um den Aktionären den Funktionsmechanismus der schriftlichen Abstimmung von außerhalb der Hauptversammlung verständlich zu machen. So muß jedes Formblatt, das den Gesellschaftern zu diesem Zwecke zur Verfügung gestellt wird, gemäß Art. 131-2 (D) darauf hinweisen, daß Stimmenthaltungen oder die Nichtangabe einer bestimmten Abstimmungsrichtung als Ablehnung des jeweiligen Beschlußvorschlags gewertet werden[128], daß die an die Gesellschaft zurückgeschickten Stimmzettel ihre Gültigkeit auch für eventuell nachfolgende Hauptversammlungen mit der gleichen Tagesordnung behalten[129] und daß, sofern die Gesellschaft getrennte Formulare für die Erteilung einer Stimmrechtsvollmacht und die schriftliche Abstimmung verwendet, der Aktionär auf keinen Fall beide zusammen an die Gesellschaft zurückschicken darf.[130] Ferner hat jedes Formblatt für die schriftliche Abstimmung genau darüber zu informieren, welche Mindestangaben die Stimmzettel enthalten müssen, welche Legitimationsnachweise für die schriftliche Ausübung des Stimmrechts erforderlich sind und bis zu welchem Termin die ausgefüllten Stimmzettel spätestens bei der Gesellschaft oder den von ihr beauftrag-

---

128) Soweit Beschlußvorschläge der Verwaltung betroffen sind, führt die Rücksendung eines „Blankostimmzettels" an die Gesellschaft also zu genau den entgegengesetzten rechtlichen Konsequenzen wie die Ausstellung einer Blankovollmacht, da mit der letzteren gemäß Art. 161 Abs. 6 ausschließlich für die von der Gesellschaftsverwaltung formulierten oder gebilligten Abstimmungsvorschläge gestimmt werden darf.

129) Ein solcher Fall kann etwa dann eintreten, wenn das für die Beschlußfähigkeit der Hauptversammlung erforderliche konstitutive Quorum aufgrund einer zu schwachen Präsenz im ersten Anlauf nicht erreicht wird und deshalb die Hauptversammlung erneut einberufen werden muß, vgl. hierzu das Kapitel über die Organisation der Hauptversammlung im französischen Aktienrecht, oben S. 108 ff..

130) Vgl. Art. 133 Abs. 1 Nr. 8 (D). Allerdings bestimmt dieselbe Vorschrift, daß bei einem Verstoß gegen diese Regel grundsätzlich der Stimmzettel für die Briefwahl beachtlich ist. Eine Ausnahme gilt nur dann, wenn auf diesem keine Stimmangaben gemacht worden sind. In diesem Fall wird nur die Stimmrechtsvollmacht berücksichtigt.

ten Empfangsvertretern[131)] einzureichen sind, damit sie im Rahmen der Stimmenauszählung noch Berücksichtigung finden. Sofern die Gesellschaft von der Möglichkeit Gebrauch macht und das Formblatt für die schriftliche Abstimmung mit dem Vordruck für die Erteilung einer Stimmrechtsvollmacht zu einem einzigen Dokument[132)] zusammenfaßt, ist der Aktionär darüber hinaus noch darauf hinzuweisen, daß dieses „document unique" hinsichtlich jeder einzelnen Beschlußfassung wahlweise als Vollmachts- oder Briefwahlformular verwendet werden kann und daß es dem Aktionär Gelegenheit bietet, sich darüber zu erklären, ob er für den Fall, daß im Verlaufe der Hauptversammlung neue Beschlußvorschläge präsentiert oder bereits formulierte Vorschläge nachträglich abgeändert werden, einen namentlich benannten Stimmrechtsvertreter beauftragen, eine Blankovollmacht erteilen oder sich der Stimme enthalten möchte (Art. 131-4 Nr. 1 und 3 (D)).[133)]

Abgesehen von diesen Hinweisen rechtstechnischer Art verlangt das französische Aktienrecht im Rahmen der schriftlichen Abstimmung aber auch die Zurverfügungstellung zusätzlicher gesellschaftsbezogener Daten und Hintergrundinformationen. In diesem Teilbereich weist das an die Briefwahl gekoppelte Informationssystem große inhaltliche und strukturelle Ähnlichkeiten mit dem für die Stimmrechtsvertretung vorgesehenen Informationssystem auf.[134)] Den Formblättern für die schriftliche Abstimmung sind gemäß Art. 131-2

---

131) Auch im Zusammenhang mit der Versendung der Formblätter für die schriftliche Abstimmung werden von den Gesellschaften häufig Kreditinstitute eingeschaltet. Diese fungieren zumeist auch als Sammelstelle für die ausgefüllten Stimmzettel und leiten sie anschließend an die Gesellschaftsverwaltung weiter, vgl. Mercadal/Janin, Sociétés commerciales, Rn. 1858-3 und die in diesem Zusammenhang aufschlußreiche Vorschrift des Art. 131-2 Abs. 4 a.E. (D). Hinsichtlich der Funktion der Banken innerhalb des Systems der Blankovollmachten vgl. im übrigen die Darstellung im Kapitel über die Praxis der pouvoirs en blanc, oben S. 113 ff..

132) Zu diesem Zweck ist von der ANSA (Association Nationale des Sociétés par Actions) und dem CFOMB (Comité Français d'Organisation et de Normalisation Bancaire) ein Musterformular ausgearbeitet worden, das vor allem von den börsennotierten Gesellschaften häufig verwendet wird.

133) Darüber hinaus muß auf dem Formular auch die Vorschrift des Art. 161 abgedruckt sein, die die wichtigsten Bestimmungen bezüglich der Stimmrechtsvertretung enthält (Art. 131-4 Nr. 2 (D)).

134) In diesem Zusammenhang sei klargestellt, daß von einem eigenständigen Informationssystem für die Briefwahl überhaupt nur dann die Rede sein kann, wenn die Formblätter für die schriftliche Abstimmung nicht – wie im Regelfall – mit den Vordrucken für die Erteilung einer Stimmrechtsvollmacht zusammen an die Aktionäre verschickt werden, da anderenfalls ausschließlich das in Art. 133 (D) verankerte Informationssystem für die Stimmrechtsvertretung als die speziellere Regelung zur Anwendung kommt, vgl. Mercadal/Janin, Sociétés commerciales, Rn. 1858-4.

Abs. 5 (D) stets der Wortlaut sämtlicher Beschlußvorschläge samt ihrer jeweiligen Begründung[135] und der Angabe ihrer Verfasser, ein zusammenfassender Bericht über die Lage der Gesellschaft im abgelaufenen Geschäftsjahr, eine Tabelle mit den in den letzten fünf Geschäftsjahren erzielten Ergebnissen sowie ein Antragsformular für die kostenlose Zusendung weiterer Informationsunterlagen beizulegen. Bei den zuletzt genannten Unterlagen handelt es sich um die gleichen Dokumente, die die Aktionäre auch im Zusammenhang mit der Erteilung einer Stimmrechtsvollmacht von der Gesellschaft anfordern können. Darüber hinaus steht den per Briefwahl abstimmenden Gesellschaftern wie allen anderen Aktionären auch die Möglichkeit offen, am Gesellschaftssitz von ihren umfangreichen Einsichtnahme- und Informationsrechten Gebrauch zu machen.[136]

4. Kritik und Bedeutung in der Gesellschaftspraxis

Trotz der wichtigen Funktion, die der schriftlichen Abstimmung im französischen Aktienrecht zukommt, hat diese neue Form der Stimmrechtsausübung bislang weder im Schrifttum noch bei den Aktionären besonderen Zuspruch finden können. Die Literatur erkennt zwar an, daß die Einführung der Briefwahl unter dem Gesichtspunkt der Aktionärsdemokratie insofern einen bedeutsamen Fortschritt darstellt, als sie es den Gesellschaftern ermöglicht, im Bedarfsfall auch gegen die Beschlußvorschläge der Verwaltung zu stimmen, ohne dabei auf die vorherige Beauftragung eines Stimmrechtsvertreters angewiesen zu sein.[137] Gegen die schriftliche Stimmabgabe von außerhalb der Hauptversammlung wird jedoch eingewandt, daß sie der beratenden Funktion, die der Hauptver-

---

135) Hierin liegt zugleich der wichtigste Unterschied zwischen den für die schriftliche Abstimmung und die Stimmrechtsvertretung vorgesehenen Informationssystemen. Für den Fall, daß die Gesellschaft Vollmachtsformulare an die Aktionäre verschickt, erlegt ihr Art. 133 Abs. 1 Nr. 2 (D) nämlich lediglich die Pflicht auf, den Wortlaut der Beschlußvorschläge, nicht aber deren Begründung mitzuteilen. Angesichts der Tatsache, daß für diese Differenzierung des Gesetzgebers kein sachlicher Grund ersichtlich ist, spricht sich das Schrifttum de lege ferenda für eine Angleichung der beiden Informationssysteme in diesem Punkt aus, vgl. Mansuy, Assemblées d'actionnaires, Nr. 57 und Mercadal/Janin, Sociétés commerciales, Rn. 1858-4.

136) Angesichts der Tatsache, daß hinsichtlich der beiden zuletzt genannten Punkte keinerlei Unterschiede zwischen den verschiedenen Informationssystemen bestehen, wird für die inhaltlichen Einzelheiten dieser Informationsrechte auf die entsprechenden Ausführungen im Kapitel zum allgemeinen und stimmrechtsvertretungsbezogenen aktienrechtlichen Informationssystem (oben S. 119 ff.) verwiesen.

137) Vgl. etwa Guyon, Droit des affaires, S. 299; Mansuy, Assemblées d'actionnaires, Nr. 31; Ripert/Roblot/Germain, Traité de droit commercial, S. 864.

sammlung als Ort des Informations- und Meinungsaustausches zwischen den Aktionären und der Gesellschaftsverwaltung zukomme, nicht gerecht werde[138] und daß sie in letzter Konsequenz auf eine Ersetzung des klassischen Hauptversammlungsmodells durch einen bloßen schriftlichen Meinungsaustausch der Aktionäre („consultation écrite") hinauslaufe, der aktienrechtlich jedenfalls de lege lata nicht zulässig sei.[139] Zum anderen wird darauf hingewiesen, daß die Briefwahl stets die Gefahr von Manipulationen bei der Stimmenauszählung in sich berge, was nicht zuletzt dazu geführt habe, daß diese Form der Stimmrechtsausübung im Bereich politischer Wahlen mittlerweile nicht mehr zur Anwendung komme.[140]

Auch in der Praxis ist die Briefwahl seit ihrer Einführung im Jahre 1988 kaum auf positive Resonanz gestoßen. Bislang haben nur sehr wenige Aktionäre von dieser Möglichkeit Gebrauch gemacht, was nach Auffassung des Schrifttums vor allem auf die zu komplizierte Abfassung der Formulare zurückzuführen ist, die trotz – oder vielleicht auch wegen – der zahlreichen auf ihnen abgedruckten Erläuterungen und Hinweise für die Aktionäre nur schwer verständlich seien.[141] Darüber hinaus wird auch darauf hingewiesen, daß mit den wenigen Stimmrechten, die bislang über die Briefwahl ausgeübt wurden, zumeist die Beschlußvorschläge der Gesellschaftsverwaltung unterstützt worden seien[142], woraus geschlossen werden kann, daß dem „vote par correspondance" in der Praxis keine eigenständige Bedeutung neben dem System der Blankovollmachten zukommt.

V. Sanktionsvorschriften

Das französische Aktienrecht sieht für den Bereich der Stimmrechtsvertretung kein eigenes, in sich geschlossenes Sanktionensystem vor. Die Rechtsfolgen, die an die Nichteinhaltung der einzelnen Aktionärsvertretungsvorschriften geknüpft sind, werden nur für zwei spezielle Konstellationen vom Gesetz ausdrücklich festgeschrieben und sind in beiden Fällen strafrechtlicher Natur.

---

138) Hémard/Terré/Mabilat, Sociétés commerciales, S. 129; Guyon, Droit des affaires, S. 299; Mansuy, Assemblées d'actionnaires, Nr. 52.

139) Guyon, Droit des affaires, S. 299. Nach Auffassung von Ripert/Roblot/Germain, Traité de droit commercial, S. 864 ist das Verfahren der Briefwahl daneben auch zu kostspielig und kompliziert.

140) Guyon, Droit des affaires, S. 299.

141) Guyon, Droit des affaires, S. 299.

142) Guyon, in: Baums/Wymeersch, Shareholder voting rights, S. 95 [104].

In diesem Zusammenhang ist zunächst die Vorschrift des Art. 437 Nr. 4 zu nennen, die dem Präsidenten, den Verwaltungsratsmitgliedern und den Generaldirektoren einer Aktiengesellschaft Freiheitsstrafen zwischen einem Jahr und fünf Jahren sowie Geldstrafen bis zu zweieinhalb Millionen Francs für den Fall androht, daß sie ihre Machtbefugnisse oder die Stimmrechte, über die sie in ihrer Eigenschaft als Gesellschaftsverwalter verfügen, für persönliche Zwecke oder zur Begünstigung einer anderen Gesellschaft, an der sie mittelbar oder unmittelbar interessiert sind, mißbrauchen („abus des pouvoirs et des voix"). Während die erste Alternative der Vorschrift („abus des pouvoirs") verhindern will, daß die Gesellschaftsverwalter die ihnen durch Satzung und Gesetz eingeräumten Rechte und Gestaltungsspielräume für die Verwirklichung persönlicher Interessen und zum Nachteil der Gesellschaft ausnutzen[143)], soll die zweite Alternative („abus des voix") nach einhelliger Ansicht des Schrifttums vor allem einer mißbräuchlichen Verwendung der von den Aktionären erteilten Stimmrechtsvollmachten entgegenwirken.[144)] Maßgeblich für die Beantwortung der Frage, ob ein solcher Mißbrauch im Einzelfall vorliegt, ist das Kriterium des gesellschaftsschädigenden Verhaltens; der objektive Tatbestand des „abus des voix" i.S. des Art. 437 Nr. 4 ist nur dann erfüllt, wenn ein Gesellschaftsverwalter mit den ihm erteilten Stimmrechtsvollmachten für Beschlußvorschläge stimmt, die ihrem Inhalt nach im Widerspruch zu den Interessen der Gesellschaft stehen.[145)] Der Schutzzweck der Norm ist folglich nicht in erster Linie in der Wahrung und Durchsetzung der individuellen Interessen der vertretenen Aktionäre zu sehen, weshalb der bloße Umstand, daß eine Abstimmungsweisung des Vollmachtgebers mißachtet worden ist, allenfalls Schadensersatzansprüche des übergangenen Aktionärs gegen seinen Stimmrechtsvertreter auslöst.[146)] Ebensowenig ist der Tatbestand des Art. 437 Nr. 4 schon allein aufgrund

---

143) Vitu, Regards sur le droit pénal des sociétés, S. 247 [256]; Mercadal/Janin, Sociétés commerciales, Rn. 1898.

144) Robert, Droit pénal des sociétés, Rn. 252; Bézard, La société anonyme, Rn. 952; Mercadal/Janin, Sociétés commerciales, Rn. 1898.

145) Vgl. das Urteil der Cour de cassation, Rev. soc. 1978 (96), 496 [498]; im Ergebnis zustimmend Bouloc, Rev. soc. 1978, 499 [502]. Vgl. hierzu ferner das Kapitel über die rechtliche Behandlung von Interessenkonflikten in der Person des Stimmrechtsvertreters, oben S. 126 ff..

146) Mansuy, Assemblées d'actionnaires, Nr. 47. Es sei jedoch noch einmal darauf aufmerksam gemacht, daß dem Aktionär die Erteilung von Weisungen nur dann erlaubt ist, wenn er seinen Stimmrechtsvertreter in der Vollmachtsurkunde namentlich benennt (sog. „procuration nominative"). Stellt der Aktionär der Gesellschaft hingegen eine Blankovollmacht aus, kann er diese nicht mit speziellen Instruktionen bezüglich des von ihm gewünschten Abstimmverhaltens versehen, da Art. 161 Abs. 6 für diesen Fall bereits verbindlich die Abstimmungsrichtung vorschreibt, vgl. hierzu das Kapitel über die Praxis der pouvoirs en blanc. Nach Guyon, Droit des affaires, S. 297, kommt die Erteilung solcher Weisungen in der französischen Gesellschaftspraxis im übrigen äußerst selten vor.

der Tatsache verwirklicht, daß ein Gesellschaftsverwalter die ihm anvertrauten Stimmrechtsvollmachten im Rahmen einer Beschlußfassung einsetzt, bei der ihm aufgrund eines Interessenkonfliktes in seiner Person jedwede persönliche Mitwirkung untersagt ist.[147)]

Aber nicht nur von der objektiven, sondern auch von der subjektiven Tatbestandsseite der Vorschrift her ist die Strafbarkeit der mit der Stimmrechtsvertretung beauftragten Verwalter an strenge Voraussetzungen geknüpft. Für einen Schuldspruch nach Art. 437 Nr. 4 ist insbesondere erforderlich, daß sich der Aktionärsvertreter über die gesellschaftsschädigende Wirkung seines Verhaltens zum Zeitpunkt der Mißbrauchshandlung im klaren war. Abgesehen von den Beweisschwierigkeiten, die in diesem Zusammenhang zwangsläufig vorprogrammiert sind, soll die Annahme einer solchen Bösgläubigkeit gemäß der Auffassung eines Teils der französischen Rechtsprechung schon dann ausgeschlossen sein, wenn der angeklagte Gesellschaftsverwalter die von ihm vertretenen Aktionäre bereits im Vorfeld der Hauptversammlung über das von ihm geplante Abstimmungsverhalten in Kenntnis gesetzt hatte.[148)]

Angesichts dieser enorm hohen Strafbarkeitsanforderungen nimmt es nicht wunder, daß das Delikt des „abus des voix" seit seiner Einführung im Jahre 1935 nahezu keine praktische Bedeutung erlangt hat.[149)] Bis heute liegt kein veröffentlichtes Urteil vor, in dem ein Gesellschaftsverwalter wegen eines Mißbrauchs der ihm anvertrauten Stimmrechtsvollmachten schuldig gesprochen worden wäre. Der einzige Fall, in dem von der Rechtsprechung bislang ein

---

147) Vgl. hierzu bereits die Ausführungen im Kapitel über die rechtliche Behandlung von Interessenkonflikten in der Person des Stimmrechtsvertreters, oben S. 126 ff..

148) In dem in Fußnote 102 geschilderten Fall hatte das Appellationsgericht Aix-en-Provence als Vorinstanz eine Bestrafung des Verwaltungsratspräsidenten nach Art. 437 Nr. 4 unter anderem noch mit der Begründung abgelehnt, daß diesem keine Bösgläubigkeit vorgeworfen werden könne, weil er den Aktionären in seinem Anschreiben offengelegt habe, daß er mit ihren Stimmrechtsvollmachten für die Billigung des mit der S. A. P. geschlossenen Geschäftsabkommens stimmen werde. Gegen diese Argumentation hatte allerdings die Staatsanwaltschaft eingewandt, daß die von Art. 437 Nr. 4 geforderte Bösgläubigkeit nicht voraussetze, daß der angeklagte Stimmrechtsvertreter seine wahren Absichten gegenüber den von ihm vertretenen Aktionären verheimlicht habe, weshalb die diesbezügliche Kenntnis und Zustimmung der vertretenen Gesellschafter den Tatbestand des „abus des voix" auch nicht ohne weiteres ausschließen könne. Die Cour de cassation, die im daraufhin eingeleiteten Revisionsverfahren den Freispruch der Vorinstanz bestätigt hat, ist auf diesen Einwand der Anklageseite in ihrer Urteilsbegründung jedoch nicht mehr näher eingegangen, da nach ihrer Auffassung das mit den Stimmrechtsvollmachten der Aktionäre unterstützte Geschäftsabkommen bereits seinem Inhalt nach nicht nachteilhaft für die S. N. P. war, vgl. das Urteil der Cour de cassation vom 27. Februar 1978, Rev. soc. 1978 (96), 496 [498] und Bouloc, Rev. soc. 1978, 499 ff..

149) Bouloc, Rev. soc. 1978, 499 [499].

„usage abusif d'un pouvoir" angenommen worden ist, betraf eine zivilrechtliche Streitigkeit[150)], die keinerlei strafrechtliche Bezugspunkte aufwies und der der Sachverhalt zugrunde lag, daß ein Gesellschaftsverwalter mit einer Stimmrechtsvollmacht für die Abberufung eines Generaldirektors gestimmt hatte, obwohl diese Beschlußfassung nicht Gegenstand der Tagesordnung gewesen war[151)] und die ihm erteilte Stimmrechtsvollmacht gemäß der ausdrücklichen Instruktion des vertretenen Aktionärs ausschließlich im Rahmen der Beschlußfassungen zu den bekanntgemachten Tagesordnungspunkten verwendet werden durfte.[152)]

Eine weitere Sanktionsnorm für den Bereich der Stimmrechtsvertretung stellt die Strafvorschrift des Art. 444 dar. Hiernach werden der Präsident, die Verwaltungsratsmitglieder und die Generaldirektoren einer Aktiengesellschaft mit Geldstrafen von 2000 bis 20000 Francs belegt, falls sie nicht jedem Aktionär, der zu diesem Zweck einen entsprechenden Antrag an das Unternehmen richtet, ein Formular für die Erteilung einer Stimmrechtsvollmacht entsprechend den Vorschriften des Dekrets über die Handelsgesellschaften sowie folgende weitere Unterlagen zuschicken: die Liste der amtierenden Verwaltungsratsmitglieder und – falls deren Posten neu zu besetzen sind – einen kurzen Bericht über die zur Wahl vorgeschlagenen Kandidaten, den Wortlaut sämtlicher Beschlußvorschläge samt deren Begründung, die Berichte des Verwaltungsrates und der Bilanzprüfer, die der Hauptversammlung vorgelegt werden – und soweit es sich um die ordentliche Jahreshauptversammlung handelt – den Jahresabschluß. Der in Art. 444 enthaltene Verweis auf das Dekret über die Handelsgesellschaften wird vom Schrifttum in der Weise interpretiert, daß die Gesellschaftsverwalter, um einer Bestrafung aus dieser Sanktionsnorm zu entgehen, den angeforderten Formularen für die Stimmrechtsvertretung auch stets die in Art. 133 (D) aufgezählten Unterlagen und Informationen beifügen müssen.[153)]

---

150) Vgl. das Urteil der Cour de cassation vom 19. Dezember 1983, Rev. soc. 1985 (103), 105 ff., insbesondere S. 107.

151) Gemäß Art. 160 Abs. 3 kann die Hauptversammlung jederzeit einzelne oder mehrere Verwaltungs- bzw. Aufsichtsratsmitglieder abberufen und ersetzen, also auch dann, wenn die Neubesetzung des entsprechenden Verwaltungspostens zunächst nicht als Tagesordnungspunkt vorgesehen war.

152) Im Mittelpunkt des zitierten Falles stand allerdings nicht so sehr die rechtliche Problematik des Mißbrauchs von Stimmrechtsvollmachten als vielmehr die Frage, unter welchen Voraussetzungen die Verletzung eines Stimmbindungsvertrages („convention de vote") angenommen werden kann und zu welchen rechtlichen Konsequenzen ein solcher Verstoß führt.

153) Für eine genaue Darstellung des Anwendungsbereiches dieser Vorschrift und des Umfangs der von ihr angeordneten Informations- und Dokumentationspflichten wird auf das Kapitel über das stimmrechtsvertretungsbezogene Informationssystem (oben S. 119 ff.) verwiesen.

Damit soll sichergestellt werden, daß der Adressat des Formulars sowohl auf die rechtlichen Konsequenzen der Erteilung einer Blankovollmacht als auch auf die ihm diesbezüglich zur Verfügung stehenden Handlungsalternativen hingewiesen wird und daß er neben dem Vordruck für die Erteilung einer Stimmrechtsvollmacht auch ein Formular für die Briefwahl erhält, das ihm ermöglicht, im Bedarfsfalle auch gegen die Beschlußvorschläge der Verwaltung zu stimmen. Allerdings fällt der dadurch bewirkte Aktionärsschutz insofern äußerst bescheiden aus, als Art. 444 von seinem Anwendungsbereich her nur den vergleichsweise selten vorkommenden Fall erfaßt, daß ein Aktionär im Vorfeld einer Hauptversammlung die Zusendung eines solchen Formulars von sich aus beantragt. Verschickt die Gesellschaftsverwaltung hingegen – wie gemeinhin üblich – auf eigene Initiative hin Vollmachtsvordrucke an die Aktionäre, um sie bei dieser Gelegenheit um die Erteilung einer Blankovollmacht zu bitten, entfaltet die Strafandrohung der Vorschrift hingegen keine Wirkung, so daß ausgerechnet in dieser für die Praxis so überaus wichtigen Konstellation die Vollständigkeit und inhaltliche Richtigkeit der von der Gesellschaft mitzuliefernden Informationen und Unterlagen strafrechtlich nicht sanktioniert ist. Dieser erhebliche Schwachpunkt des Art. 444 wird auch nicht dadurch ausgeglichen, daß die Norm – anders als die zuvor dargestellte Vorschrift des Art. 437 Nr. 4 – keine vorsätzliche Tatbegehung verlangt[154], die Vorschrift in subjektiver Hinsicht also relativ geringe Anforderungen an die Strafbarkeit des Täters stellt.

Außer den beiden bislang behandelten strafrechtlichen Sanktionsnormen enthält das französische Aktienrecht keine weiteren gesetzlichen Bestimmungen, die sich unmittelbar mit den rechtlichen Folgen von Verstößen gegen Aktionärsvertretungsvorschriften auseinandersetzen.[155] Angesichts der Tatsache, daß das französische Modell der Stimmrechtsvertretung seine Legitimationskraft vor allem aus dem umfangreichen aktienrechtlichen Informationssystem schöpft, sollte in diesem Zusammenhang jedoch nicht unerwähnt bleiben, daß der französische Gesetzgeber den die einzelnen Informationsrechte der Aktionä-

---

154) Vgl. Fougères, Assemblées d'actionnaires, Nr. 12.

155) So ist beispielsweise gesetzlich nicht geregelt, welche Rechtsfolgen eintreten, wenn der von einem Aktionär beauftragte Stimmrechtsvertreter nicht die hierfür erforderliche Aktionärseigenschaft (vgl. Art. 161 Abs. 1) besitzt. Was diesen Fall anbelangt, besteht jedoch Einvernehmen darüber, daß die Stimmabgabe des Vertreters ungültig ist und der daraufhin gefaßte Beschluß annulliert werden muß, wenn er ohne die vom Stimmrechtsvertreter ausgeübten Stimmrechte nicht zustandegekommen wäre, vgl. Hémard/Terré/Mabilat, Sociétés commerciales, S. 144; Mansuy, Assemblées d'actionnaires (Fascicule 136), Nr. 109 und Nr. 164. Bezüglich der Rechtsfolgen, die eintreten, falls ein Stimmrechtsvertreter trotz eines Interessenkonfliktes in seiner Person verbotswidrigerweise an einer Beschlußfassung mitwirkt, vgl. die Darstellung im Kapitel über die rechtliche Behandlung von Interessenkonflikten in der Person des Stimmrechtsvertreters, oben S. 126 ff..

re konstituierenden Sachvorschriften ebenfalls einige Sanktionsnormen zur Seite gestellt hat. Dies gilt vor allem für das in den Artt. 168, 169 i.V.m. 139 (D) verankerte Recht des Aktionärs, während der letzten vierzehn Tage vor einem anberaumten Hauptversammlungstermin am Gesellschaftssitz in die von Art. 168 und Art. 169 aufgezählten Informationsunterlagen Einsicht zu nehmen. Stellt die Gesellschaft diese Dokumente – hierzu zählen u.a. der Jahresabschluß, das Inventar, gegebenenfalls der Konzernabschluß, die Berichte des Verwaltungsrats und der Bilanzprüfer an die Hauptversammlung, das Aktionärsverzeichnis, der Wortlaut und die Begründung sämtlicher vorgeschlagener Beschlüsse, die Liste der amtierenden Verwaltungsrats- bzw. Direktoriums- und Aufsichtsratsmitglieder sowie ein Bericht über die für eine eventuelle Neubesetzung dieser Verwaltungsposten vorgeschlagenen Kandidaten – ihren Aktionären nicht in der vorgeschriebenen Weise zur Verfügung, können diese gemäß Art. 172 i.V.m. Art. 143 (D) beim Handelsgericht den Erlaß einer einstweiligen Verfügung zum Zwecke der Durchsetzung ihres Informationsrechts beantragen, wobei der daraufhin getroffenen richterlichen Anordnung durch die Festsetzung eines Zwangsgeldes („astreinte") noch zusätzlicher Nachdruck verliehen werden kann.[156)] Für den Fall, daß die Gesellschaft auch daraufhin nicht ihre Verweigerungshaltung aufgibt, droht das Gesetz sogar noch härtere Sanktionen an: Die verantwortlichen Gesellschaftsverwalter müssen gemäß Art. 445 Nr. 1 mit Geldstrafen bis zu 60.000 Francs rechnen, und im Extremfall kann die Hauptversammlung auf Antrag des in seinem Informationsrecht verletzten Aktionärs[157)] sogar annulliert werden (vgl. Art. 173 Abs. 2).

Neben dem periodischen Informationsrecht schützt das Gesetz über die Handelsgesellschaften aber auch das permanente Informationsrecht der Aktionäre[158)]; gemäß Art. 445 Nr. 4 werden der Präsident, die Verwaltungsratsmitglieder und die Generaldirektoren einer Aktiengesellschaft zu Geldstrafen bis zu maximal 60.000 Francs verurteilt, wenn sie den Aktionären nicht jederzeit am Gesellschaftssitz die Berichte des Verwaltungsrats, des Direktoriums und der Bilanzprüfer sowie die Jahresabschlüsse, Inventare, Anwesenheitslisten und Hauptversammlungsprotokolle der zurückliegenden drei Geschäftsjahre zugänglich machen.

Schließlich sanktioniert das französische Aktienrecht mit der Strafvorschrift des Art. 443 auch die Einhaltung der im Zusammenhang mit der Einberufung

---

156) Vgl. Goehrmann, Das Informations- und Stimmrecht des Aktionärs, S. 145 f..

157) Vuillermet, Droit des sociétés commerciales, S. 489.

158) Zur Unterscheidung zwischen dem „droit de communication périodique" und dem „droit de communication permanent" siehe oben S. 119.

einer Hauptversammlung zu beachtenden Publizitätspflichten, ein Umstand, dem deshalb besondere Bedeutung zukommt, weil zu den im Rahmen der Einberufung bekanntzumachenden Pflichtinformationen auch die Angabe der Bedingungen zählt, unter denen die Aktionäre Formulare für die Stimmrechtsausübung per Briefwahl bei ihrer Gesellschaft anfordern können.[159)]

VI. Kritik und Verbesserungsvorschläge von seiten des Schrifttums

Angesichts der Tatsache, daß der auf Kleinanleger entfallende Anteil am Gesamtkapitalvolumen des französischen Aktienmarktes auf über dreißig Prozent geschätzt wird[160)] und diese Kleinaktionäre sich nur in den seltensten Fällen anschicken, von ihrem Stimmrecht mittels persönlicher Anwesenheit in der Hauptversammlung[161)] oder auf dem Wege der Briefwahl Gebrauch zu machen[162)], ist man sich im Schrifttum zunächst darüber einig, daß die Hauptversammlung nur dann funktionsfähig gehalten werden kann, wenn die Vermittlung dieser Stimmrechte durch Vollmachten institutionalisiert und erleichtert wird.[163)]

Von großen Teilen der französischen Literatur wird jedoch bezweifelt, daß mit dem System der Blankovollmachten in seiner gegenwärtigen rechtlichen Ausgestaltung eine optimale Lösung zur Bewältigung dieses Problems gefunden worden ist. Am häufigsten wird als Kritikpunkt vorgebracht, daß die Regelung des Art. 161 Abs. 6, wonach mit den von den Aktionären erteilten Blankovollmachten stets im Sinne der Anträge der Gesellschaftsverwaltung gestimmt werden muß, eine erhebliche Verschiebung der innergesellschaftlichen Machtverhältnisse zugunsten des Verwaltungsrats bzw. des Direktoriums bedeute.[164)]

---

159) Zur besonderen Funktion der Briefwahl im französischen Aktienrecht vgl. die Darstellung im vorangegangenen Kapitel, oben S. 131 ff..

160) Vgl. Danglehant, Rev. soc. 1996 (114), 217 [218, Fn. 6]; ebenso Torino, Riv. soc. 1998, 603 [607, Fn. 14].

161) Danglehant, Rev. soc. 1996 (114), 217 [226, Fn. 60] verweist in diesem Zusammenhang auf eine in Frankreich durchgeführte Umfrage, wonach bei 75 Prozent der 2000 befragten börsennotierten Aktiengesellschaften die Hauptversammlung von weniger als hundert Aktionären persönlich besucht wurde.

162) Siehe oben S. 139.

163) Mitunter wird in diesem Zusammenhang auch darauf verwiesen, daß die physische Präsenz von z.T. mehr als drei Millionen Aktionären in der Hauptversammlung – dies entspricht etwa dem Aktionärsbestand der Société Elf seit ihrer Privatisierung im Jahre 1994 – schlicht den Rahmen der technischen Möglichkeiten sprengen würde, vgl. Danglehant, Rev. soc. 1996 (114), 217 [226, Fn. 63].

164) Vgl. etwa Juglart/Ippolito, Droit commercial II, S. 775; Goré, Droit des affaires, S. 366; Merle, Les contrôles internes, S. 41 [43]; Jeantin, Droit des sociétés, S. 108.

Die Praxis der pouvoirs en blanc – so wird argumentiert – erlaube es den Gesellschaftsverwaltern, sich auf künstlichem Wege und in einer die wahren Kräfteverhältnisse innerhalb der Hauptversammlung verfälschenden Weise die für die Durchsetzung ihrer Beschlußanträge erforderlichen Mehrheiten zu verschaffen.[165)] Auf diese Art werde der einzelne Aktionär zumindest faktisch aus seiner Rolle als Kontrolleur der Gesellschaftsverwaltung entlassen[166)], so daß die ursprünglich vorgesehene Fremdkontrolle durch eine Selbstkontrolle („autocontrôle“) der Verwaltung ersetzt werde.[167)] Aber nicht nur wegen der hieraus resultierenden Interessenkonflikte sei das gegenwärtige Modell der Stimmrechtsvertretung bedenklich[168)], sondern vor allem auch deshalb, weil es der herkömmlichen Konzeption der Hauptversammlung als dem in der Gesellschaftshierarchie an oberster Stelle rangierenden Organ und den daraus abgeleiteten Souveränitätsansprüchen in keiner Weise gerecht werde.[169)] Im übrigen sei auch höchst zweifelhaft, ob das System der pouvoirs en blanc unter dem Gesichtspunkt der Aktionärsdemokratie bereits dadurch eine Aufwertung erfahre, daß das Gesetz der Gesellschaft die Pflicht auferlege, die von ihr angeschriebenen Aktionäre auf die rechtlichen Folgen der Erteilung einer Blankovollmacht hinzuweisen. Denn auch dieser Umstand ändere nichts daran, daß die Ausstellung der mandats en blanc letztendlich eher auf die Gleichgültigkeit und Bequemlichkeit der Aktionäre als auf deren tatsächliche Zustimmung zur Geschäftspolitik der Gesellschaftsverwaltung zurückzuführen sei.[170)]

---

165) Ripert/Roblot/Germain, Traité de droit commercial, Band 1, S. 863; Chartier, Droit des affaires, S. 297 f.; ähnlich Goré, Droit des affaires, S. 366.

166) Hémard/Terré/Mabilat, Sociétés commerciales, S. 121 sprechen in diesem Zusammenhang von einer „démission de l'actionnaire“.

167) Cozian/Viandier, Droit des sociétés, S. 302; Danglehant, Rev. soc. 1996 (114), 217 [226].

168) Auf diesen Aspekt verweisen insbesondere Hémard/Terré/Mabilat, Sociétés commerciales, S. 109.

169) So wird beispielsweise davon gesprochen, daß die Souveränität der Hauptversammlung infolge der häufigen Erteilung von Blankovollmachten faktisch auf die Gesellschaftsverwaltung übergegangen und die Idee von der Omnipotenz der Hauptversammlung deshalb zu einer Illusion verkommen sei, vgl. Juglart/Ippolito, Droit commercial II, S. 775 und Goré, Droit des affaires, S. 366.

170) In diesem Sinne Bulle/Germain, Pratique de la société anonyme, S. 198; im Ergebnis ganz ähnlich Richard, Droit soc. 1977 (Juni), 2 [2], nach dessen Auffassung die Erteilung einer Blankovollmacht kein mandat impératif darstellt, also nicht als Weisung des Aktionärs verstanden werden kann, daß mit der von ihm erteilten Vollmacht für die Verwaltungsvorschläge gestimmt werden soll. Ganz ähnlich dürfte die Einschätzung derjenigen Autoren sein, die die Erteilung einer Blankovollmacht mit dem Ausdruck „quasi-absenteisme“ (= eine andere Form der Abwesenheit des Aktionärs) charakterisieren (vgl. etwa Vidal, Droit des sociétés, S. 412 und Cozian/Viandier, Droit des sociétés, S. 302) und damit zu erkennen geben, daß sie die Ausstellung eines mandat en blanc nicht als genuine Form der Mitwirkung an der gesellschaftlichen Willensbildung anerkennen.

Trotz der vorgetragenen Kritikpunkte scheint sich jedoch der überwiegende Teil der französischen Autoren mit dem gegenwärtig praktizierten System der Stimmrechtsvertretung abzufinden. Zumeist wird darauf verwiesen, daß ohne die pouvoirs en blanc die für die Beschlußfähigkeit der Hauptversammlung erforderlichen Präsenzquoren nicht erreichbar wären.[171)] Vorschläge für eine Reformierung des geltenden Aktionärsvertretungssystems finden sich hingegen nur vereinzelt und enthalten – abgesehen von der Idee, die Stimmrechtsvertretung der Aktionäre eigens zu diesem Zweck ins Leben zu rufenden, unabhängigen Voting Services unter der Oberaufsicht der COB zu überlassen[172)] – keine Plädoyers für die radikale Abschaffung des Systems der pouvoirs en blanc, sondern kreisen vielmehr um die Frage, auf welchem Wege der enorme Einfluß der Blankovollmachten auf die Willensbildung der Gesellschaft ein wenig zurückgedrängt werden kann. Neben Maßnahmen zur Steigerung der Hauptversammlungsbesucherzahlen[173)] wird beispielsweise vorgeschlagen, daß die Banken, anstatt sich weiterhin auf ihre Rolle bei der Vermittlung von Blankovollmachten an die Gesellschaftsverwaltung zu beschränken, auch selbst die Stimmrechtsvertretung ihrer Kunden übernehmen könnten.[174)] Ein anderer Vorschlag geht dahin, zumindest im Rahmen einzelner wichtiger und für die Gesellschaftsver-

---

171) Jauffret, Droit commercial, S. 296; Merle, Les contrôles internes, S. 41 [43]; Hémard/Terré/Mabilat, Sociétés commerciales, S. 122; Mansuy, Assemblées d'actionnaires, Nr. 28.

172) Dieser Vorschlag stammt von Goré, Droit des affaires, S. 374.

173) Als Mittel, um den Kleinaktionären den persönlichen Besuch der Hauptversammlung attraktiver zu machen, werden beispielsweise die verstärkte Zahlung von Anwesenheitsgeldern (jetons de présence) oder der Einsatz moderner Medien – gedacht ist hier vor allem an Filmvorführungen – in der Hauptversammlung vorgeschlagen, vgl. Guyon, in: Baums/Wymeersch, Shareholder voting rights, S. 95 [103]. Nach Auffassung von Danglehant, Rev. soc. 1996 (114), 217 [236, Fn. 136] ist in diesem Zusammenhang auch der Stellenwert eines gezielten Dialogs zwischen Aktionären und Unternehmensleitung – etwa durch die Einrichtung von Aktionärskomitees, die mittlerweile in vielen der großen börsennotierten Unternehmen existieren (vgl. Danglehant, a.a.O., 217 [235]) – nicht zu unterschätzen. Bezeichnenderweise seien nämlich in den letzten Jahren die Hauptversammlungen derjenigen Gesellschaften am besten besucht gewesen, die auf eine ausgeprägte Kommunikation mit ihren Aktionären Wert gelegt hätten. Der Einsatz eines modernen Videokonferenzsystems in der Weise, daß die Hauptversammlung per Videoleinwand an mehreren Versammlungsorten gleichzeitig übertragen wird, um auf diese Weise den verstreut lebenden Aktionären die Teilnahme zu erleichtern und ihnen Reisekosten zu ersparen, kommt hingegen nach Auffassung von Guyon, in: Baums/Wymeersch, Shareholder voting rights, S. 95 [103] – jedenfalls nach geltendem Recht – nicht in Frage, da das französische Aktienrecht verlange, daß die Hauptversammlung an einem einzigen Ort stattfinde. Folglich könnten auch nur diejenigen Aktionäre an den Beschlußfassungen mitwirken, die am offiziellen Versammlungsort anwesend oder vertreten seien.

174) Vgl. etwa Schmidt, Les droits de la minorité dans la société anonyme, S. 90; Goré, Droit des affaires, S. 374.

walter mit besonders starken Interessenkonflikten verbundener Beschlußfassungen den Einsatz von Blankovollmachten zu verbieten.[175)]

Schließlich hat sich auch der Rapport Marini, ein im Jahre 1995 von der französischen Regierung in Auftrag gegebener Bericht über den Reform- und Modernisierungsbedarf in den verschiedenen Bereichen des französischen Gesellschaftsrechts[176)], mit dem Problem auseinandergesetzt, welche rechtlichen Maßnahmen erforderlich sind, um die Kleinaktionäre aktiver als bisher an der Kontrolle des Managements zu beteiligen und ihre Interessen stärker in die gesellschaftliche Entscheidungsfindung einfließen zu lassen. Zur Erreichung dieser Ziele schlägt der Bericht im Ergebnis Maßnahmen auf zwei verschiedenen Ebenen vor. Zum einen sei es notwendig, daß den Aktionären die Ausübung von Opposition erleichtert werde. Hierzu müsse zunächst die äußerst knapp bemessene Einberufungsfrist von 14 Tagen[177)] auf einen Monat verlängert werden, da nur so gewährleistet sei, daß opponierenden Gesellschaftern im Vorfeld der Hauptversammlung genügend Zeit zur Verfügung stünde, sich mit gleichgesinnten Aktionären zum Zwecke der Ausübung gezielter Opposition zusammenzuschließen.[178)] Außerdem empfiehlt der Bericht in diesem Zusammenhang, eine Neuregelung einzuführen, die die Gesellschaften dazu verpflichtet, einen unabhängigen Stimmrechtsvertreter zu bestimmen, den die Aktionäre für den Fall, daß sie der Verwaltung keine Blankovollmacht ausstellen wollen, mit der Ausübung ihres Stimmrechts betrauen können. Die unabhängigen Vertreter sollen von der Hauptversammlung des jeweiligen Unternehmens aus einer von der Börsenaufsichtsbehörde zu führenden Liste geeigneter Personen ausgewählt und für eine Amtsdauer von sechs Jahren bestellt werden.[179)] Die beschriebene Empfehlung ist jedoch vom Gesetzgeber bislang nicht aufgegriffen worden und hat auch im Schrifttum nur wenig Zustimmung gefunden. Zum einen wird gegen sie eingewandt, daß die Unabhängigkeit des für den Fall seiner Ernennung

---

175) Vgl. Guyon, Traité des contrats, S. 144, der als Beispiel die Beschlußfassung über die Entlastung der Gesellschaftsverwalter anführt.

176) Der Bericht ist am 10. September 1996 vom Senator Philippe Marini vorgelegt worden und enthält insgesamt 103 Vorschläge zur Reformierung des französischen Gesellschaftsrechts.

177) Vgl. Art. 126 (D).

178) Der Bericht hat allerdings offengelassen, ob auch die dreißigtägige Frist für die Bekanntmachung des „avis de réunion", zu der Art. 130 (D) die im Wege öffentlicher Zeichnung entstandenen Gesellschaften verpflichtet (vgl. hierzu das Kapitel über die Organisation der Hauptversammlung im französischen Aktienrecht, oben S. 108 ff.), entsprechend verlängert werden soll. Ebenfalls für eine Verlängerung der Einberufungsfrist des Art. 126 (D) spricht sich Guyon, in: Baums/Wymeersch, Shareholder voting rights, S. 95 [97] mit Blick auf die zunehmende Zahl ausländischer Anleger aus .

179) Rapport Marini, S. 90.

mit erheblicher Stimmrechtsmacht ausgestatteten Aktionärsvertreters nur äußerst schwer zu überprüfen geschweige denn sicherzustellen sei.[180] Zum anderen mache eine solche Regelung auch deshalb keinen Sinn, weil das französische Aktienrecht anders als das Schweizer Obligationenrecht, von dem der Vorschlag maßgeblich inspiriert sei[181], das Institut der Briefwahl kenne und diese als rechtliche Alternative zur Erteilung einer Blankovollmacht völlig ausreichend sei.[182]

Ein wenig mehr Beachtung als die Idee von der Einsetzung eines unabhängigen Stimmrechtsmandatars hat hingegen eine andere vom Rapport Marini ausgesprochene Empfehlung gefunden, nämlich die kontinuierlich steigende Zahl institutioneller Investoren[183] im Hinblick auf die Ausübung ihrer Mitgliedschaftsrechte stärker als bisher in die Verantwortung zu nehmen. Um den Einfluß der mandats en blanc auf die Willensbildung der Gesellschaft zurückzudrängen, schlägt der Bericht vor, die OPCVM (Organismes de Placement Collectif en Valeurs Mobilières)[184] und die Pensionsfonds in Zukunft dazu zu ver-

---

180) Merle, Les contrôles internes, S. 41 [44].

181) Durch das Bundesgesetz vom 04. Oktober 1991 über die Revision des 26. Titels des schweizerischen Obligationenrechts ist das Stimmrechtsvertretungssystem der Schweiz u.a. um einen Artikel 689 lit. c) ergänzt worden, der wie folgt lautet: „Schlägt die Gesellschaft den Aktionären ein Mitglied ihrer Organe oder eine andere abhängige Person für die Stimmrechtsvertretung in einer Generalversammlung vor, so muß sie zugleich eine unabhängige Person bezeichnen, die von den Aktionären mit der Vertretung beauftragt werden kann." Nach Böckli, Das neue Aktienrecht, S. 371 liegen dieser Vorschrift zweierlei Erwägungen zugrunde, nämlich erstens, daß es mit der Freiheit der Willensbildung unvereinbar sei, wenn ein in Opposition stehender Aktionär gezwungen wäre, der Unternehmensleitung im voraus seine Entscheidung durch die Erteilung einer entsprechenden Weisung bekanntzugeben und zweitens, daß es diesem Aktionär auch nicht zuzumuten sei, eine in einem Interessenkonflikt stehende Person mit der Durchsetzung seines oppositionellen Willens betrauen zu müssen.

182) Merle, Les contrôles internes, S. 41 [43 f.]; ganz ähnlich Guyon, Traité des contrats, S. 144.

183) Vor allem Aktienfonds sind in Frankreich aufgrund starker Mittelzuflüsse und der positiven Börsenentwicklung auf dem Vormarsch. Sie lagen im Jahre 1998 – was die Höhe der Fondsvolumina anbelangt – mit einem Gesamtfondsvermögen von insgesamt 175,7 Milliarden DM hinter Großbritannien (484,3 Milliarden DM), in Europa auf Platz 2, (FAZ-Artikel „Die Nachfrage nach Wertpapierfonds dürfte lebhaft bleiben" vom 11. September 1998, Ausgabe Nr. 211, S. 32); ähnlich Juglart/Ippolito, Banques et bourses, S. 761 und 767, wonach sich das Sparverhalten der französischen Kleinanleger in Richtung einer vermehrten Anlage in Investmentfonds geändert hat.

184) Dieses Kürzel wird als allgemeiner Oberbegriff für Formen der kollektiven Vermögensanlage in Wertpapieren verwendet. Hierhinter verbergen sich im wesentlichen die S. I.C.A.V. („sociétés d'investissement à capital variable") und die F.C.P. („fonds communs de placement"). Bei den S. I.C.A.V. handelt es sich um Aktiengesellschaften mit variablem Grundkapital, deren Gesellschaftszweck im kollektiven Wertpapiersparen liegt. Die F.C.P. hingegen sind offene Wertpapierfonds, die als Sondervermögen von Verwal-

pflichten, die Stimmrechte aus den von ihnen gehaltenen Aktien in der Hauptversammlung auszuüben.[185] Damit die Erfüllung dieser Pflicht auch im Einklang mit den Interessen der Fondsanleger geschieht, sollen die Portfoliomanager gemäß der Empfehlung des Berichts ferner dazu angehalten werden, ihre diesbezüglichen Aktivitäten offenzulegen und ihr Abstimmungsverhalten im Bedarfsfalle ihren Kunden gegenüber zu begründen.[186]

Der Vorschlag, Stimmpflichten für institutionelle Investoren einzuführen, hat dabei einen doppelten Ursprung. Zum einen ist er inspiriert von der rechtlichen Situation in den USA, wo das Bundesarbeitsministerium (Department of Labor), die für die Beaufsichtigung der Pensionsfonds zuständige Behörde, bestimmt hat, daß die Ausübung der Stimmrechte aus den von den Pensionsfonds gehaltenen Aktien zu den fiduziarischen Pflichten der Fondsverwalter gehört.[187] Zum anderen soll angesichts der Tatsache, daß es sich bei der überwiegenden Mehrzahl der OPCVM um bankabhängige Fonds und Investmentgesellschaften handelt, verhindert werden, daß deren Portfoliomanager allein deshalb auf ein möglicherweise im Interesse ihrer Kunden liegendes verwaltungsfeindliches Votum in der Hauptversammlung verzichten und statt dessen der Gesellschaft eine Blankovollmacht erteilen, weil das die Investmentgesellschaft beherrschende Kreditinstitut enge Geschäftsbeziehungen zu dem betroffenen Unternehmen unterhält und aus diesem Grunde dementsprechenden Druck auf die Fondsmanager ausübt.[188]

Diese zwei Beweggründe sind nach Auffassung der Kritiker des genannten Vorschlags jedoch nicht ausreichend, um eine solch radikale Reform, wie sie nach ihrer Ansicht die Schaffung einer Stimmpflicht („vote obligatoire") für institutionelle Anleger darstellen würde[189], ins französische Gesellschaftsrecht einzuführen. So sei der Verweis des Rapport Marini auf das US-amerikanische

---

tungsgesellschaften aufgelegt und verwaltet werden, vgl. Juglart/Ippolito, Banques et bourses, S. 604 ff..

185) Nach Storck, La semaine juridique 1997, II, 270 [272] üben die OPCVM bzw. deren Investment-Manager die Stimmrechte aus den im Portfolio befindlichen Aktien im allgemeinen nur sehr selten aus.

186) Rapport Marini, S. 95. Bezüglich der ganz ähnlich gelagerten Überlegungen im englischen Recht vgl. außerdem die Ausführungen zum englischen Aktionärsvertretungssystem, insbesondere das Kapitel über die herausragende Rolle der institutionellen Investoren im englischen Recht, oben S. 37 ff..

187) Vgl. Baums, AG 1996, 11 [20] mit weiteren Nachweisen.

188) Rapport Marini, S. 95.

189) Merle, Les contrôles internes, S. 41 [46] spricht in diesem Zusammenhang davon, daß die Idee einer Stimmpflicht für institutionelle Investoren der „französischen Kultur" fremd sei.

Recht insofern nur bedingt richtig, als das dortige Bundesarbeitsministerium den Pensionsfonds keine strikte Abstimmungsverpflichtung auferlegt habe, sondern deren Fondsverwalter lediglich dazu verpflichte, die Stimmrechte aus den vom Fonds gehaltenen Aktien sachkundig und mit größtmöglicher Besonnenheit auszuüben.[190)] Des weiteren weise der Bericht zwar zu Recht auf die große Anzahl der bankabhängigen Fonds und Investmentgesellschaften hin. Um der Gefahr einer Einflußnahme der Kreditinstitute zugunsten einer ihnen nahestehenden Gesellschaft(sverwaltung) entgegenzuwirken, halte jedoch bereits das geltende Recht ausreichende Mittel bereit. In diesem Zusammenhang wird vor allem auf die sanktionsbewehrte Vorschrift des Art. 64 Abs. 3 des Gesetzes über die Modernisierung der Finanzdienstleistungen verwiesen[191)], wonach Fondsmanager, Verwalter von Investmentgesellschaften und sonstige professionelle Assets Manager bei der Verwaltung des ihnen anvertrauten Vermögens ihre Entscheidungsautonomie bewahren und in jedem Fall dem Interesse der Anteilsinhaber und Kunden Vorrang einräumen müssen.[192)] Zudem hätten bereits einige Kreditinstitute interne Richtlinien für das Fondsmanagement ihrer eigenen Investmentgesellschaften herausgegeben, wonach diese der Gesellschaftsverwaltung auf keinen Fall eine Blankovollmacht erteilen dürften.[193)]

---

190) Merle, Les contrôles internes, S. 41 [46]. Etwas abweichend hiervon ist die US-amerikanische Rechtslage bei Baums, AG 1996, 11 [20] und im Bericht der Beratergruppe der OECD in Corporate Governance-Fragen aus dem Jahre 1998, S. 54 – veröffentlicht unter dem Titel „Corporate Governance: Verbesserung der Wettbewerbsfähigkeit und der Kapitalbeschaffung auf globalen Märkten", – beschrieben. Gemäß der zuletzt genannten Quelle lautet die Auslegungsverlautbarung 94-2 des US-Department of Labor wie folgt: „Im Rahmen von Vorsorgeplänen sind Fonds-Treuhänder verpflichtet, ihr Depotstimmrecht in Angelegenheiten auszuüben, die den Wert der Aktien im Fonds beeinträchtigen könnten ... und Kosten und Nutzen bei der Ausübung von Stimmrechtsvollmachten in bezug auf Aktien ausländischer Gesellschaften abzuwägen, um in Kenntnis der Sachlage zu entscheiden, ob die Ausübung eines bestimmten Depotstimmrechts dem Gebot der Umsicht entspricht und allein im Interesse der Teilnehmer und Leistungsempfänger des Vorsorgeplans ist."

191) Gesetz Nr. 96-597 vom 2. Juli 1996.

192) Diese Vorschrift wird ergänzt durch das von der COB erlassene Reglement Nr. 96-03 vom 6. Januar 1997, insbesondere durch dessen Art. 8 Abs. 3, wonach die Portfoliomanager im Jahresbericht des OPCVM Rechenschaft über die Ausübung der Stimmrechte ablegen müssen. Für den Fall, daß gegen die genannten Vorschriften verstoßen wird, stellt Art. 71 des Gesetzes über die Modernisierung der Finanzdienstleistungen der COB zudem einen breiten Sanktionsmaßnahmenkatalog zur Verfügung, der von Geldstrafen bis maximal 5 Millionen Francs über den Entzug der Geschäftserlaubnis bishin zur Abberufung der verantwortlichen Geschäftsführer und Fondsmanager reicht, vgl. hierzu Storck, La semaine juridique 1997, II, 270 [272 f.].

193) Vgl. Merle, Les contrôles internes, S. 41 [47].

Ungeachtet dieser Einwände hat der Gesetzgeber die Idee der Entwicklung von Stimmpflichten für institutionelle Investoren bereits wenig später im Zusammenhang mit der gesetzlichen Einführung der Pensionsfonds („fonds d'épargne retraite") aufgegriffen; gemäß Art. 13 Abs. 1 des Gesetzes Nr. 97-277 vom 25. März 1997 sind diese verpflichtet, die Stimmrechte aus den von ihnen gehaltenen Aktien auszuüben und sich dabei ausschließlich von den Interessen der Fondsanleger leiten zu lassen. Gemäß Absatz 2 dieser Vorschrift i.V.m. dem Erlaß Nr. 67-833 vom 28. Juli 1967 kann die Börsenaufsichtsbehörde zudem empfindliche Geldstrafen für den Fall verhängen, daß ein Pensionsfonds dieser Abstimmungsverpflichtung nicht nachkommt. Die Bestimmung des Art. 13 ist jedoch bis heute nicht zur praktischen Anwendung gelangt, da sie für die näheren Einzelheiten, insbesondere für die Bestimmung der Voraussetzungen, unter denen die Stimmpflicht ausnahmsweise entfallen soll[194], auf eine Verordnung verweist, die bislang noch nicht von der französischen Regierung erlassen worden ist und mit deren Verkündung nach Ansicht informierter Kreise in nächster Zukunft auch nicht zu rechnen ist.[195]

VII. Zusammenfassung und Stellungnahme

Die institutionelle Stimmrechtsvertretung der Aktionäre erfüllt in Frankreich eine wichtige Funktion im Hinblick auf die Erreichung der für die Beschlußfähigkeit der Hauptversammlung erforderlichen Präsenzquoren. Obwohl das französische Aktiengesetz in satzungsfester Form festschreibt, daß sich auf diesem Felde jede natürliche oder juristische Person betätigen darf, sofern sie nur selbst Aktionär der die Hauptversammlung abhaltenden Gesellschaft ist, dominiert in der Praxis eindeutig das System der pouvoirs en blanc. Hierbei handelt es sich um eine spezielle Form des Verwaltungsstimmrechts, deren Besonderheit darin liegt, daß der Präsident der Hauptversammlung mit allen Stimmrechtsvollmachten, die die Aktionäre der Gesellschaft blanko unterzeichnet – d.h. ohne

---

194) Hiermit sind vor allem die Fälle gemeint, in denen die Erfüllung der Abstimmungsverpflichtung unverhältnismäßig hohe Kosten verursachen würde.

195) Guyon, Riv. soc. 1999, 20 [21 f.]; Baums, Shareholder representation, S. 545 [554, Fn. 15]. In einem Ehrenkodex für Investmentfonds, der von der Börsenaufsichtsbehörde COB und dem französischen Verband der Vermögensverwalter im April 1997 verabschiedet worden ist, wird Fondsmanagern allerdings empfohlen, von ihrem Stimmrecht Gebrauch zu machen und die aktiv ausgeübten Stimmrechte im Geschäftsbericht des jeweiligen Investmentfonds auszuweisen (Quelle: Corporate Governance: Verbesserung der Wettbewerbsfähigkeit und der Kapitalbeschaffung auf globalen Märkten – Bericht der Beratergruppe für die Wirtschaft in Corporate Governance – Fragen an die OECD, S. 54).

namentliche Bezeichnung des Vertreters – zur Verfügung stellen, im Sinne der von der Verwaltung formulierten oder gebilligten Beschlußvorschläge und gegen alle sonstigen Anträge stimmen muß. Will sich der Aktionär hingegen der Stimme enthalten oder beabsichtigt er gar, gegen einen bestimmten Verwaltungsvorschlag zu stimmen, kann er sich nur von seinem Ehegatten oder einem namentlich in der Vollmachtsurkunde von ihm zu benennenden anderen Gesellschafter vertreten lassen, der bereit ist, seine Weisungen auszuführen. Die Benennung eines solchen Vertreters stellt die Aktionäre jedoch insbesondere in den von Anonymität geprägten großen börsennotierten Gesellschaften vor Probleme: Die wenigen Aktionärsvereinigungen, die es in Frankreich gibt, stellen sich nur vereinzelt und gegen entsprechende Bezahlung als Stimmrechtsvertreter zur Verfügung. Banken und Börsenmakler beschränken sich im Rahmen der institutionellen Stimmrechtsvertretung auf eine bloße Vermittlerrolle, indem sie sich im Auftrag der Gesellschaften bei ihren Kunden für die Erteilung von Blankovollmachten einsetzen und diese anschließend gegen den Erhalt einer Schalterprovision („commission de guichet") an die Unternehmensverwaltungen weiterleiten, und die Gesellschaftsverwalter schließlich können für den Fall, daß ihnen die Ausführung einer Weisung nicht genehm ist, die Übernahme einer ihnen angetragenen Vertretung jederzeit ablehnen, da sie keinem gesetzlichen Kontrahierungszwang unterliegen.

Um zu verhindern, daß das System der Blankovollmachten auf diese Weise zu einer einseitigen Begünstigung der Verwaltung führt, hat der Gesetzgeber im Jahre 1983 das Rechtsinstitut der Briefwahl („vote par correspondance") eingeführt, das den Aktionären im Bedarfsfalle die oppositionelle Ausübung ihres Stimmrechts erleichtern soll und damit einen integralen Bestandteil des französischen Aktionärsvertretungssystems darstellt. Wenngleich die Aktionäre in der Praxis von dieser neuen Form der Stimmrechtsausübung bislang eher verhalten Gebrauch gemacht haben, was vor allem auf die zu komplizierte Abfassung der Briefwahlformulare zurückgeführt wird, ist mit ihr – jedenfalls in formeller Hinsicht – eine gewisse Symmetrie in das ansonsten so verwaltungsfreundliche System der pouvoirs en blanc gebracht worden. Versinnbildlicht wird dies durch die Vorschrift des Art. 133 (D), wonach die Gesellschaft verpflichtet ist, jedem Vordruck für die Erteilung einer Stimmrechtsvollmacht, den sie – gewöhnlich verbunden mit der Bitte um die Ausstellung einer Blankovollmacht – an die Aktionäre verschickt, stets ein Briefwahlformular beizulegen. Probleme können sich allerdings dann ergeben, wenn der Aktionär nicht bereits auf diesem Wege in den Besitz der für die Briefwahl erforderlichen Unterlagen gelangt. Aufgrund der knapp bemessenen Einberufungsfrist von vierzehn Tagen und der häufig vorhandenen statutarischen Ausschlußfristen für die Rücksendung der Stimmzettel an die Gesellschaft steht dem Aktionär in einem solchen Fall mitunter nur äußerst wenig Zeit für die Beantragung und Bearbeitung der Briefwahlunterlagen zur Verfügung.

Von zentraler Bedeutung für das französische Aktionärsvertretungsrecht ist des weiteren das sehr komplexe und umfangreiche Informationssystem, das in detaillierter Weise festlegt, in welchem Umfang und unter welchen Bedingungen die Gesellschaft ihren Aktionären bereits im Vorfeld der Hauptversammlung Informationsunterlagen zur Verfügung stellen und Auskünfte erteilen muß. Wesentliches Merkmal dieses Systems ist sein stufenförmiger Aufbau. Die erste Stufe ist unmittelbar an das Vertretungssystem gekoppelt und verpflichtet die Gesellschaft, immer dann, wenn sie Vordrucke für die Erteilung einer Stimmrechtsvollmacht an ihre Aktionäre verschickt, diesen eine gewisse Basisinformation mitzuliefern. Neben dem Hinweis auf die rechtlichen Konsequenzen der Erteilung einer Blankovollmacht und die dem Aktionär zur Verfügung stehenden Handlungsalternativen zählen hierzu vor allem der Wortlaut sämtlicher Beschlußvorschläge, über die in der Hauptversammlung abgestimmt werden soll, ein Lagebericht der Gesellschaft mit den Ergebnissen der zurückliegenden fünf Geschäftsjahre und schließlich ein Formular, mit dem interessierte Aktionäre noch weitere gesellschaftsbezogene Dokumente und Informationsunterlagen auf Kosten der Gesellschaft anfordern können. Dieses kostenlose zusätzliche Informationsrecht, auf das die Aktionäre zudem ausdrücklich hinzuweisen sind, stellt gleichzeitig die zweite Stufe des Systems dar. Als dessen dritte Stufe schließlich billigt das Gesetz den Gesellschaftern noch zusätzliche Einsichtnahmerechte in zahlreiche weitere Gesellschaftsunterlagen zu, die jedoch in keinem spezifischen Zusammenhang mehr zur Aktionärsvertretung stehen, sondern unabhängig hiervon jederzeit („droit de communication permanent“) oder innerhalb eines bestimmten Zeitraumes vor der jeweiligen Hauptversammlung („droit de communication périodique“) existieren.

Das beschriebene Informationssystem leistet ein Zweifaches. Zum einen kommt ihm eine gewisse Legitimationsfunktion zu, indem es den Aktionären im Vorfeld einer Hauptversammlung dasjenige Maß an Basisinformationen garantiert, was erforderlich ist, um die Ausstellung einer Blankovollmacht als dessen bewußte und eigenverantwortliche Entscheidung auffassen zu können. Zum anderen gewährleistet der stufenförmige Aufbau des Systems einen optimalen Ausgleich zwischen dem individuellen Informationsinteresse des einzelnen Aktionärs auf der einen und dem Umfang der von der Gesellschaft zu erfüllenden Informationspflichten auf der anderen Seite: Die Basisinformation wird immer dann zur Verfügung gestellt, wenn die Gesellschaft Vollmachtsformulare an die Aktionäre versendet und diese daher in besonderer Weise vor der übereilten Erteilung einer Blankovollmacht geschützt werden müssen, während die darüber hinausgehenden Dokumente und Informationen nur den tatsächlich interessierten Aktionären zugute kommen. Auf diese Weise werden sinnlose Papierfluten vermieden und die Gesellschaften von überflüssiger Informationslast befreit.[196] Problematisch ist allein die Tatsache, daß das Gesetz keine Fristen vorschreibt, innerhalb derer die Versendung der von den Aktionären angeforderten Unterlagen von der Gesellschaft spätestens vorgenommen worden sein muß.

Im Vergleich zum detaillierten und umfangreichen aktienrechtlichen Informationssystem sind die Bestimmungen, die sich mit den rechtlichen Folgen von Verstößen gegen die einzelnen Aktionärsvertretungsvorschriften auseinandersetzen, eher als bruchstückhaft zu bezeichnen. Das Delikt des „abus des voix" (Art. 437 Nr. 4), das den Mißbrauch von Stimmrechtsvollmachten durch Gesellschaftsverwalter unter Strafe stellt, hat aufgrund seiner enorm hohen objektiven und subjektiven Strafbarkeitsanforderungen bislang nahezu keine praktische Bedeutung erlangt. Ähnliches gilt für die Strafvorschrift des Art. 444, die die Beibringung der von Art. 133 (D) geforderten Pflichtinformationen und -unterlagen nur für den vergleichsweise selten vorkommenden Fall sanktioniert, daß der Aktionär ein Formular für die Erteilung einer Stimmrechtsvollmacht von sich aus bei der Gesellschaft beantragt und diesen folglich in der für die Praxis weitaus wichtigeren Konstellation, daß die Gesellschaftsverwaltung auf eigene Initiative hin die Versendung von Vollmachtsvordrucken an ihre Aktionäre vornimmt, schutzlos läßt.

Unbefriedigend ist schließlich auch die gesetzgeberische Antwort auf die Frage ausgefallen, ob bzw. in welchen Fällen das Vorhandensein eines Interessenkonflikts in der Person des Vertreters einen Ausschlußgrund für die Übernahme der Stimmrechtsvertretung darstellen soll. Die wenigen Vorschriften, die aus diesem Grunde ein Stimmverbot anordnen, sind sporadischer Natur und lassen kein übergeordnetes Gesamtkonzept des Gesetzgebers erkennen. Zudem betreffen sie in der Mehrzahl Fälle, die für die tägliche Gesellschaftspraxis nur von untergeordneter Bedeutung sind.

Allerdings muß in diesem Zusammenhang eingeräumt werden, daß Stimmverbote oder die Einführung eines Weisungszwanges als Mittel zur Entschärfung von Interessenkonflikten in der Person des Stimmrechtsvertreters nur im Falle der „procuration nominative", d.h. der namentlichen Bevollmächtigung

---

196) Besonders deutlich wird dies anhand einer Umfrage, die in den achtziger Jahren bei 58 börsennotierten Gesellschaften durchgeführt worden ist. Diese Studie ergab, daß im Untersuchungszeitraum nur in etwa jedem zweiten der befragten Unternehmen zusätzliche Informationen und Dokumente von Aktionären angefordert worden waren und in den meisten dieser Fälle die Zahl der Anfragen unter hundert gelegen hatte, vgl. Merle, Droit commercial, S. 477, Fn. 1.

eines Stimmrechtsvertreters Sinn machen würden. Bei den Blankovollmachten hingegen schreibt das Gesetz bereits verbindlich vor, daß diese stets zur Stützung der Verwaltungsvorschläge eingesetzt werden müssen, so daß es in diesem Fall auf die Person des Vertreters gar nicht ankommt und dessen persönliche Interessenlage auch keinen Einfluß auf das mit den Blankovollmachten praktizierte Abstimmungsverhalten haben kann.[197)] Insofern ähnelt das System der pouvoirs en blanc von seiner Struktur her eher einer Abstimmung per Briefwahl, bei der der Präsident der Hauptversammlung als bloßer Überbringer eines gesetzlich determinierten Votums der abwesenden Aktionäre auftritt. Wenngleich dieser starre und die Position der Gesellschaftsverwaltung stärkende Mechanismus in gewisser Weise dadurch legitimiert sein mag, daß der einzelne Aktionär stets über die rechtlichen Konsequenzen der Erteilung einer Blankovollmacht und die sich ihm anbietenden Alternativen aufgeklärt werden muß, offenbart sich hierin zugleich eine fundamentale Schwäche des französischen Aktionärsvertretungssystems: Es fehlt an professionellen Stimmrechtsvertretern, die den in aller Regel wirtschaftlich unerfahrenen Kleinaktionären mit unabhängigem ökonomischen Sachverstand zur Seite stehen.

---

197) Der Präsident der Hauptversammlung, der für die Ausübung der Blankovollmachten verantwortlich ist, wird deshalb von Teilen der Literatur auch mit einer „simple machine à voter" oder einem „greffier" (Urkundsbeamten) verglichen, vgl. Guyon, Droit des affaires, S. 298; Cozian/Viandier, Droit des sociétés, S. 298.

E. Das italienische Recht

I. Einführung

Die italienische Stimmrechtsvertretungsregelung weist im Vergleich zu den Regelungssystemen der anderen EU-Mitgliedstaaten einige Besonderheiten auf. So stellt das Aktionärsvertretungsrecht Italiens, das im Jahre 1998 in wesentlichen Teilen reformiert worden ist, nicht nur die – am europäischen Maßstab gemessen – jüngste und die mit Abstand komplexeste Regelung im Bereich dieser Thematik dar. Auch die Bedeutung des Aktionärsvertretungssystems als Gestaltungsmittel für die Verwirklichung eines bestimmten Corporate Governance-Modells wird in keiner anderen europäischen Aktienrechtsordnung so deutlich wie in der italienischen; dort hat die Instrumentalisierung der Stimmrechtsvertretung für die Realisierung sich mitunter konträr gegenüberstehender rechtspolitischer Auffassungen in den letzten 25 Jahren zu einer Gemengelage von sich überlagernden und sich in Teilbereichen verdrängenden Vertretungsnormierungen geführt, die in ihrer Heterogenität einzigartig in Europa ist.

Bevor die italienische Stimmrechtsvertretungsregelung und ihre zum Teil stark divergierende Interpretation in Rechtsprechung und Schrifttum dargestellt werden wird, soll zunächst zum besseren Verständnis ein Blick auf die anderen wichtigen Organisationsnormen des italienischen Hauptversammlungsrechts geworfen werden.

II. Organisation und Zuständigkeiten der Hauptversammlung im italienischen Aktienrecht

Auch das italienische Recht unterscheidet zwischen ordentlichen und außerordentlichen Hauptversammlungen. Die ordentliche Hauptversammlung bestellt gemäß Art. 2364 Abs. 1 Nr. 2 Codice Civile[1] sowohl die Aufsichts- als auch die Verwaltungsratsmitglieder und bestimmt deren Vergütung, falls diese nicht bereits im Gründungsvertrag festgelegt ist (Art. 2364 Abs. 1 Nr. 3 C.C.). Ferner ist sie für die Genehmigung des Jahresabschlusses (Art. 2364 Abs. 1 Nr. 1 C.C.), für die Entscheidung über die Erhebung von Haftungsklagen gegen Verwalter und Aufsichtsratsmitglieder (Art. 2364 Abs. 1 Nr. 4 i.V.m. Art. 2393 und Art. 2407 C.C.) und – soweit es sich um eine börsennotierte Gesellschaft handelt – für die Bestellung der mit der Buchprüfung des Unternehmens zu beauftragen-

---

[1] Im folgenden mit C.C. abgekürzt.

den Wirtschaftsprüfungsgesellschaft (società di revisione) zuständig (Art. 159 Abs. 1 des Gesetzesdekrets Nr. 58 vom 24. Februar 1998). Beschlüsse, die inhaltliche Fragen der Geschäftsführung betreffen, darf sie hingegen nur dann fassen, wenn die Gesellschaftssatzung oder die Verwalter sie hierzu ermächtigen (Art. 2364 Abs. 1 Nr. 4 C.C.).

Die ordentliche Hauptversammlung muß mindestens einmal im Jahr innerhalb von vier Monaten nach Ende des Geschäftsjahres einberufen werden. Ihre Beschlußfähigkeit setzt eine Präsenz von mindestens der Hälfte des Grundkapitals voraus, und ihre Beschlüsse kommen mit absoluter Mehrheit der abgegebenen Stimmen zustande, es sei denn, daß die Satzung eine qualifizierte Mehrheit vorschreibt (Art. 2368 Abs. 1 C.C.).

Die außerordentliche Hauptversammlung, die gemäß Art. 2365 C.C. über die Änderung der Statuten, über die Ausgabe von Schuldverschreibungen sowie über die Bestellung und über die Befugnisse der Liquidatoren zu beschließen hat, ist ebenfalls erst dann beschlußfähig, wenn mehr als die Hälfte des Grundkapitals der Gesellschaft auf der Hauptversammlung vertreten ist. Ihre Beschlüsse bedürfen gemäß Art. 126 Abs. 4 des Gesetzesdekrets Nr. 58 vom 24. Februar 1998 jedoch einer Mehrheit von mindestens zwei Dritteln des auf der Hauptversammlung präsenten Kapitals, sofern es sich um börsennotierte Aktiengesellschaften handelt.[2)]

Die Einberufung der Hauptversammlungen geschieht durch die Verwalter, wobei in börsennotierten Gesellschaften eine Aktionärsminderheit von zehn Prozent des Grundkapitals die Einberufung einer Hauptversammlung unter Angabe der von ihr gewünschten Gegenstände der Tagesordnung verlangen kann (Art. 125 Abs. 1 des Gesetzesdekrets Nr. 58 vom 24. Februar 1998).[3)] Die Einberufung einer Hauptversammlung muß im Falle einer börsennotierten Gesellschaft 30 Tage[4)] vor dem für die Versammlung angesetzten Termin im italienischen Amtsblatt („Gazzetta Ufficiale")[5)] und in einer überregionalen italieni-

---

2) Auf der außerordentlichen Hauptversammlung von nicht börsennotierten Gesellschaften ist für das Zustandekommen von Beschlüssen sogar eine Mehrheit von mindestens der Hälfte des gesamten Grundkapitals erforderlich (Art. 2368 Abs. 2 C.C.).

3) Für nicht börsennotierte Unternehmen hingegen gilt die Vorschrift des Art. 2367 C.C., wonach für das Recht, die Einberufung einer Hauptversammlung zu verlangen, ein Kapitalanteil von zwanzig Prozent erforderlich ist.

4) Vgl. Art. 1 Abs. 1 der Verordnung Nr. 437 des Justizministers vom 5. November 1998. Für nicht börsennotierte Gesellschaften gilt hingegen die 14-Tages-Frist des Art. 2366 Abs. 2 C.C..

5) Vgl. Art. 2366 Abs. 2 C.C..

schen Tageszeitung[6] bekanntgemacht werden, wobei die Bekanntmachung zumindest Zeit und Ort der Hauptversammlung angeben und ein Verzeichnis der Tagesordnungspunkte enthalten muß.[7] Die Satzung kann zusätzliche Erfordernisse aufstellen. Gemäß Art. 2369 Abs. 2 C.C. ist es ferner möglich – und in den großen Publikumsgesellschaften auch weithin üblich[8] –, daß in der Einberufungsbekanntmachung zugleich der Termin für eine möglicherweise stattfindende zweite Einberufung der Hauptversammlung festgesetzt wird. Dieses Verfahren ist insofern von großer praktischer Bedeutung, als in den großen italienischen Publikumsgesellschaften das Erreichen der für die Beschlußfähigkeit der Hauptversammlung erforderlichen Kapitalpräsenzen in der Vergangenheit oft unmöglich war[9] mit der Folge, daß die Hauptversammlung in diesen Fällen erneut einberufen werden mußte, um – auf der Grundlage der erheblich weniger strengen Kapitalpräsenzanforderungen des Gesetzes im Falle der zweiten Einberufung[10] – das Zustandekommen wichtiger Hauptversammlungsbeschlüsse sicherzustellen. In der Praxis der großen börsennotierten Gesellschaften ist es daher sogar üblich, daß die Aktionäre von vornherein erst an dem für die zweite Einberufung der Versammlung festgesetzten Termin am Hauptversammlungsort erscheinen.[11] Wird auch in diesem Fall das vom Gesetz geforderte konstitutive

---

6) Vgl. die Artt. 8 und 22 der Ausführungsbestimmungen zu den Artt. 6 und 7 des Gesetzes Nr. 157 vom 17. Mai 1991, abgedruckt in Riv. soc. 1991, 1548 ff., sowie Art. 84 des Reglements der Börsenaufsichtsbehörde (Consob) vom 14. Mai 1999.

7) Vgl. Art. 2366 Abs. 1 C.C.. Darüber hinaus sind börsennotierte Gesellschaften gemäß Art. 3 Abs. 1 der Verordnung Nr. 437 vom 5. November 1998 dazu verpflichtet, spätestens 14 Tage vor dem angekündigten Hauptversammlungstermin einen Bericht über die auf der Tagesordnung stehenden Beschlußvorschläge am Gesellschaftssitz und bei der Börsenleitungsgesellschaft zur Einsicht auszulegen.

8) Galgano, Diritto commerciale, S. 237.

9) Hierbei spielte nicht nur das weitverbreitete Desinteresse der meisten Kleinaktionäre an einer persönlichen Hauptversammlungsteilnahme, sondern – wie noch zu zeigen sein wird – auch das italienische Stimmrechtsvertretungssystem eine entscheidende Rolle.

10) Für die ordentliche Hauptversammlung existiert im Falle der zweiten Einberufung gemäß Art. 2369 Abs. 3 C.C. überhaupt kein konstitutives Quorum mehr. Bei der außerordentlichen Hauptversammlung hingegen differenziert das Gesetz: Für börsennotierte Gesellschaften schreibt Art. 126 Abs. 1 des Gesetzesdekrets Nr. 58 vom 24. Februar 1998 eine Mindestkapitalpräsenz von einem Drittel des Grundkapitals vor, für nicht börsennotierte Gesellschaften legt Art. 2369 Abs. 3 C.C. hingegen fest, daß für die Beschlußfassung die Zustimmung von mindestens einem Drittel des gesamten Grundkapitals erforderlich ist, so daß – abgesehen von der eher theoretischen Möglichkeit einer einstimmigen Beschlußfassung – die Kapitalpräsenz letztendlich über einem Drittel des Grundkapitals liegen muß.

11) Galgano, Diritto commerciale, S. 237.

Quorum nicht erreicht[12], so sieht Art. 126 Abs. 2 des Gesetzesdekrets Nr. 58 vom 24. Februar 1998 für den Bereich der börsennotierten Gesellschaften schließlich noch die Möglichkeit vor, daß die Hauptversammlung binnen 30 Tagen ein drittes Mal einberufen werden kann. In einem solchen Fall ist bereits die Präsenz von einem Fünftel des Grundkapitals für die Beschlußfähigkeit der Hauptversammlung ausreichend (Art. 126 Abs. 3 des Gesetzesdekrets Nr. 58 vom 24. Februar 1998).

Für die persönliche Teilnahme eines Aktionärs an der Hauptversammlung schließlich ist erforderlich, daß dieser spätestens 5 Tage vor dem Versammlungstermin seine Aktien oder – falls sich diese in Sammelverwahrung befinden – eine Bescheinigung hierüber am Sitz der Gesellschaft oder bei den in der Einberufungsbekanntmachung bezeichneten Kreditinstituten hinterlegt. Dies gilt auch dann, wenn – was der Regelfall ist[13] – der Aktionär bereits im Aktienbuch der Gesellschaft eingetragen ist.[14]

III. Die verschiedenen Aktionärsvertretungsnormen im italienischen Recht

Auch italienische Aktionäre können sich zum Zwecke der Ausübung ihres Stimmrechts in der Hauptversammlung vertreten lassen. Hinsichtlich der Voraussetzungen für eine solche Vertretung und der Ausgestaltung des Rechtsverhältnisses zwischen Aktionär und Vertreter existieren im italienischen Recht jedoch zwei – auch von ihrer rechtspolitischen Zielsetzung her – völlig unterschiedliche Regelungssysteme. Das eine wird von Art. 2372 C.C. verkörpert, der in seinen Grundzügen aus dem Jahre 1974 stammt und welcher – abgesehen von einigen Sonderregelungen für den Bereich der Verwaltung von Wertpapier-

---

12) Da Art. 2369 Abs. 3 C.C. für die ordentliche Hauptversammlung in zweiter Einberufung kein konstitutives Quorum mehr vorsieht, kann dies nur im Falle einer außerordentlichen Hauptversammlung geschehen.

13) Zwar können gemäß Art. 2355 C.C. Aktien nach Wahl des Aktionärs auf den Namen oder auf den Inhaber lauten, falls der Gründungsvertrag nicht ausnahmsweise festlegt, daß sie auf den Namen lauten müssen. Da aber bereits mit dem Gesetzesdekret Nr. 1148 vom 25.10.1941 ein gesetzlicher Zwang zur ausschließlichen Ausgabe von Namensaktien festgeschrieben wurde, kommen in der Praxis kaum Inhaberaktien vor. Ausnahmen existieren nur im Bereich der Sparaktien („azioni di risparmio") und der von den „Società di investimento a capitale variable" (hierbei handelt es sich um einen Investmentfonds des Gesellschaftstyps) emittierten Aktien, vgl. Art. 45 Abs. 4 des Gesetzesdekrets Nr. 58 vom 24. Februar 1998.

14) Art. 4 des Gesetzes Nr. 1745 vom 29.12.1962.

vermögen[15] – bis ins Jahr 1998 allein maßgeblich für die Regelung der Aktionärsvertretung war. Das andere in sich geschlossene System ist in den Artt. 136 ff. des Gesetzesdekrets Nr. 58 vom 24. Februar 1998 (auch „Testo Unico" genannt) und in den hierzu ergangenen Ausführungsbestimmungen der italienischen Börsenaufsichtsbehörde (Commissione nazionale per le società e la borsa, kurz: Consob) niedergelegt und regelt vor allem die Frage, unter welchen Voraussetzungen gezielte Stimmrechtskampagnen zum Zwecke der Erlangung von Aktionärsvollmachten durchgeführt werden dürfen. Diese Regelung gilt im Gegensatz zu Art. 2372 C.C. zwar nur für börsennotierte Gesellschaften, innerhalb ihres Anwendungsbereichs derogiert sie jedoch entgegenstehende Bestimmungen des Art. 2372 C.C..[16]

Auch wenn damit dem Testo Unico im Bereich der institutionellen Stimmrechtsvertretung besonders großes Gewicht zukommt, soll im folgenden zunächst die Stimmrechtsvertretungsregelung des Art. 2372 C.C., die größtenteils aus dem Jahre 1974 stammt, dargestellt werden. Dies ist zum einen erforderlich, weil das Vertretungssystem des Testo Unico vornehmlich als Antwort des italienischen Gesetzgebers auf die Schwächen des Vertretungssystems von 1974 zu interpretieren ist und deshalb sowohl die Auslegung als auch die Bewertung der jüngeren Regelung nicht ohne eine vorherige Analyse der älteren möglich ist. Zum anderen stellt der Art. 2372 C.C. in der Fassung von 1974 mit Ausnahme einer einzigen – allerdings wichtigen – Modifikation[17] neben dem Testo Unico auch weiterhin geltendes Recht dar. Diese Feststellung gilt nicht nur im Hinblick auf die ca. 57300 Gesellschaften, deren Aktien nicht zum Handel an der Börse zugelassen sind und folglich auch in Zukunft ausschließlich dem Vertretungsregime des Art. 2372 C.C. unterstehen werden, sondern auch für die ca. 200 börsennotierten Gesellschaften[18], auf deren Hauptversammlungen sich die Aktionärsvertretung ebenfalls nach Art. 2372 C.C. richtet, sofern die Bevollmächtigung des Vertreters nicht auf der Grundlage eines an die Allgemeinheit der Aktionäre gerichteten Vertretungsgesuchs erfolgt, das den Anforderungen des Testo Unico gerecht wird.

---

15) Angesprochen sind die Sondervorschriften des Reglements Nr. 330 vom 26. Juni 1997.

16) Dies ergibt sich aus Art. 137 Abs. 1 Testo Unico.

17) Hiermit ist die Aufhebung des ehemals in Art. 2372 C.C. verankert gewesenen Vertretungsverbots für Banken und Kreditinstitute durch Art. 210 Testo Unico angesprochen, auf deren Hintergründe noch ausführlich einzugehen sein wird. Um die chronologische Aufeinanderfolge der einzelnen Entwicklungsstufen der italienischen Stimmrechtsvertretungsregelung zu verdeutlichen, wird sich die nun folgende Darstellung des Art. 2372 C.C. zunächst noch an der Fassung des Jahres 1974 orientieren.

18) Die Zahlenangaben stammen von Mauri, Le società 1998, 147 [153].

1. Die Stimmrechtsvertretungsregelung des Art. 2372 C.C.

a) Überblick

Über fünfzig Jahre lang war Art. 2372 C.C. in Italien die für den Bereich der Stimmrechtsvertretung der Aktionäre allein maßgebliche Vorschrift.[19] Während ihre Ursprungsfassung aus dem Jahre 1942 die Privatautonomie der Aktionäre bei der Bevollmächtigung von Stimmrechtsvertretern nur insofern beschnitt, als sie den Verwaltern und den Gesellschaftsangestellten die Ausübung fremder Stimmrechte auf der Hauptversammlung der eigenen Gesellschaft verbat und sich in formeller Hinsicht mit der Schriftform der Bevollmächtigungserklärung begnügte, wurde dieselbe Vorschrift im Jahre 1974 aufgrund des Art. 8 des Gesetzes Nr. 216 vom 7. Juni 1974 in grundlegender Weise modifiziert und erweitert. Das Resultat war eine Stimmrechtsvertretungsregelung, die – nach Auffassung eines namhaften italienischen Autors[20] – mehr Vertretungsverbote und -beschränkungen in sich vereinigte als alle anderen europäischen Aktienrechtsordnungen zusammen. So wurden fortan nicht nur die Verwalter und Angestellten der Gesellschaft, sondern daneben auch die Mitglieder des Aufsichtsrats, abhängige Gesellschaften und deren Verwalter, Aufsichtsratsmitglieder und Angestellte sowie Kreditinstitute von der Vertretung der Aktionäre ausgeschlossen. Gleichzeitig wurden – wenn auch mit Differenzierungen zwischen börsennotierten und nicht börsennotierten Unternehmen sowie in Abhängigkeit von der jeweiligen Größe ihres Grundkapitals – strenge Höchstgrenzen hinsichtlich der Anzahl von Aktionären statuiert, die von ein und derselben Person auf einer Hauptversammlung gleichzeitig vertreten werden können (Art. 2372 Abs. 5 C.C.). Ebenso waren fortan Dauervollmachten und Blankovollmachten, die nicht auf einen namentlich bezeichneten Vertreter ausgestellt waren, verboten (Art. 2372 Abs. 2 und 3 C.C.).

Schon diese bei weitem nicht abschließende Aufzählung, die nur einen ersten Überblick über die Bandbreite der vorhandenen Verbote und Einschränkungen ermöglichen soll, läßt das extreme Mißtrauen des italienischen Gesetzgebers von 1974 gegenüber jeglichen Formen organisierter Stimmrechtsvertretung erkennen. Diese Einstellung resultierte nicht nur aus den vor 1974 mit den Hauptakteuren auf diesem Felde gemachten negativen Erfahrungen, die ihren Niederschlag in den speziellen Vertretungsverboten gefunden haben und von denen deshalb im Rahmen der Behandlung der Ratio der einzelnen Verbote

---

19) Vorgängerregelungen befanden sich jedoch schon in den italienischen Handelsgesetzbüchern von 1865 und 1882.

20) Jaeger, Giur. comm. 1974, I, 554 [556].

noch die Rede sein wird. Vielmehr war sie auch Ausdruck der viel grundsätzlicheren Überzeugung des Gesetzgebers, daß die Vollmachtserteilung von seiten schlecht informierter und desinteressierter Kleinaktionäre keine ausreichende Legitimationsgrundlage für die massive Konzentration von Stimmrechtsvollmachten in den Händen kapitalarmer Minderheiten darstellt[21)] und die Ausübung der fremden Stimmrechte unter diesen Voraussetzungen eine Verzerrung der wahren Kräfteverhältnisse innerhalb der Hauptversammlung bewirkt.[22)]

Auf der anderen Seite war sich der italienische Gesetzgeber aber auch der Tatsache bewußt, daß die Einführung einer solch restriktiven Stimmrechtsvertretungsregelung, wie sie die Vorschrift des Art. 2372 C.C. darstellt, zu einem kräftigen Absinken der Hauptversammlungspräsenzen führen und damit vor allem in den großen Publikumsgesellschaften das Erreichen der Quoren für die Beschlußfähigkeit der Hauptversammlung erschweren würde. Um deren Funktionsfähigkeit auch weiterhin zu gewährleisten, wurden deshalb parallel zur Neufassung des Art. 2372 C.C. noch zwei flankierende Bestimmungen in die italienische Aktienrechtsordnung eingeführt: zum einen die Vorschrift des Art. 2369 bis C.C., gemäß dem die außerordentliche Hauptversammlung einer börsennotierten Gesellschaft binnen dreißig Tagen erneut einberufen werden kann, falls die Hauptversammlung nach der zweiten Einberufung nicht die für die Beschlußfassung erforderliche Kapitalpräsenz erreicht[23)]; zum anderen wurde durch die Artt. 14 ff. des Gesetzes Nr. 216 vom 7. Juni 1974 zum ersten Mal die Möglichkeit der Ausgabe von Sparaktien („azioni di risparmio") geschaffen. Diese neue Aktiengattung, die zwar kein Stimmrecht verleiht, als Kompensation hierfür jedoch die Vermögensrechte des Inhabers stärkt und damit speziell auf den kleinen Sparaktionär zugeschnitten ist, sollte fortan bei der Berechnung der konstitutiven Quoren von vornherein außer Betracht bleiben.

Nach diesem ersten Überblick sollen im folgenden zunächst die einzelnen Regelungsbestandteile des Art. 2372 C.C. untersucht werden.

---

21) Jaeger/Denozza, Appunti di diritto commerciale, S. 354.

22) Galgano, Diritto commerciale, S. 237; Graziani/Minervini/Belviso, Manuale di diritto commerciale, S. 165; Di Sabato, Manuale delle società, S. 413; Vella, Partecipazione azionaria e deleghe di voto, S. 1.

23) Dieser Fall kann nur bei der außerordentlichen Hauptversammlung eintreten, da für die ordentliche gemäß Art. 2369 Abs. 3 C.C. in zweiter Einberufung keine Kapitalpräsenz mehr vorgeschrieben ist.

b) Formelle Anforderungen und statutarische Einschränkbarkeit des Vertretungsrechts

Ausgangspunkt des Art. 2372 C.C. ist der in Absatz 1 verankerte Grundsatz, daß es den Aktionären einer Gesellschaft freisteht, sich aufgrund einer schriftlich erteilten Vollmacht auf der Hauptversammlung vertreten zu lassen. Gemäß Art. 2372 Abs. 1 S. 2 C.C. müssen in diesem Fall die Vollmachtsurkunden zur Ermöglichung einer eventuellen späteren Kontrolle von der Gesellschaft aufbewahrt werden.[24)] Die vom Gesetz geforderte Schriftform für die Bevollmächtigungserklärung verlangt nach einhelliger Ansicht weder eine Datierung der Vollmachtsurkunde noch eine Beglaubigung der Unterschrift des vertretenen Aktionärs.[25)] Die Gesellschaftssatzung kann zwar theoretisch strengere Formerfordernisse für die Vollmachtserteilung aufstellen.[26)] In den meisten italienischen Aktiengesellschaften ist es hingegen zulässig und üblich, daß die Bevollmächtigung in einfacher Schriftform auf der Rückseite der Teilnehmerkarten („biglietti di ammissione") erfolgt, die den Aktionären im Anschluß an die rechtzeitige Hinterlegung der Aktienscheine bzw. der Sammelverwahrungszertifikate zugeschickt werden.[27)] Eine erteilte Vollmacht kann vom Aktionär jederzeit widerrufen werden, wobei insbesondere die persönliche Teilnahme des Vollmachtgebers an der Hauptversammlung als – stillschweigender – Widerruf angesehen wird.[28)]

Im Zusammenhang mit den allgemeinen Bestimmungen des Art. 2372 C.C. ist ferner erwähnenswert, daß dieser im Verhältnis zu den Stimmrechtsvertretungsregelungen der meisten anderen europäischen Staaten insofern eine Besonderheit aufweist, als er das Recht des Aktionärs, sich auf der Hauptversammlung vertreten zu lassen, ausdrücklich unter den Vorbehalt einer gegenteiligen Bestimmung im Gründungsvertrag stellt. Die Einräumung dieses großen statutarischen Gestaltungsspielraums, der vom Schrifttum mit der Schutzwürdigkeit des Gesellschaftsinteresses an einer den individuellen Unternehmensverhältnissen gerecht werdenden Regelung erklärt wird[29)], führt nicht nur dazu,

---

24) Über die Dauer dieser Aufbewahrungspflicht macht das Gesetz zwar keine Angaben, die Rechtsprechung verlangt jedoch einen Aufbewahrungszeitraum von mindestens fünf Jahren, vgl. Perlingieri, Codice Civile, S. 436.

25) Grippo, L'assemblea, S. 359 [400]; Jaeger, Giur. comm. 1974, I, 554 [560]; Sacchi, Voto per delega, S. 385 [387].

26) Sacchi, Voto per delega, S. 385 [387]; Grippo, L'assemblea, S. 359 [400]; anderer Ansicht nur Gatti, La rappresentanza, S. 115.

27) Frè, Società per azioni^5, S. 355.

28) Nobili/Vitale, La riforma delle società per azioni, S. 201.

29) Sacchi, Voto per delega, S. 385 [421].

daß die Satzung strengere Formvorschriften oder bestimmte Eigenschaften – etwa die Aktionärseigenschaft – in der Person des Vertreters verlangen kann, sondern eröffnet darüber hinaus auch die Möglichkeit, die Stimmrechtsvertretung in einer Gesellschaft per Satzungsvorschrift ganz zu verbieten.[30)] Die Statuten der großen italienischen Aktiengesellschaften haben solche strikten Vertretungsverbote in der Vergangenheit allerdings nur in den seltensten Fällen vorgesehen.[31)] Aber auch ohne solche satzungsmäßigen Beschränkungen waren die Einschnitte, die der Gesetzgeber selbst durch die Neufassung des Art. 2372 C.C. – vor allem im Bereich der institutionellen Stimmrechtsvertretung – vorgenommen hat, enorm, was ein Blick auf die einzelnen Verbotsbestimmungen des Art. 2372 C.C. verdeutlicht.

c) Die gesetzlichen Vertretungsverbote

Artikel 2372 Abs. 4 C.C. verbietet sowohl den Verwaltern, Aufsichtsratsmitgliedern und Dienstnehmern der Gesellschaft als auch den von der Gesellschaft kontrollierten Unternehmen und deren Verwaltern, Aufsichtsratsmitgliedern und Angestellten die Ausübung fremder Stimmrechte auf den Hauptversammlungen ihrer bzw. der herrschenden Gesellschaft. Daneben wurde durch die Neufassung des Art. 2372 C.C. auch zum ersten Mal ein Vertretungsverbot für Kreditinstitute eingeführt. Alle aufgezählten Verbote sind darüber hinaus von der Rechtsprechung als zwingendes Recht und damit als nicht durch die Gesellschaftssatzung abdingbar angesehen worden.[32)]

aa) Das Vertretungsverbot für die Verwalter der Gesellschaft

Das an die Gesellschaftsverwalter gerichtete Verbot, Aktionäre in der Hauptversammlung zu vertreten, war schon in Art. 147 Abs. 1 des Handelsgesetzbuchs

---

30) Ferri, Le società, S. 585; Frè, Società per azioni[5], S. 353; Grippo, L'assemblea, S. 359 [394]; Sacchi, Voto per delega, S. 385 [420].

31) Diese Auskunft verdankt der Verfasser Herrn Professor Marchetti von der Privatuniversität Bocconi in Mailand. Im Hinblick auf die Gesellschaftspraxis vor 1974 vgl. auch die Darstellung bei Deuß, Die Ausübung des aktienrechtlichen Stimmrechts durch Dritte, S. 563.

32) Landgericht Mailand, Riv. soc. 1984, 664 [664]. Ebenso hat das Landgericht Rom mit Urteil vom 23. März 1983 eine Satzungsvorschrift für ungültig erklärt, nach der ausschließlich Verwalter und Aufsichtsratsmitglieder der Gesellschaft von der Vertretung ausgeschlossen sein sollten.

aus dem Jahre 1865 enthalten[33] und stellt damit das älteste aller in Art. 2372 C.C. verankerten Vertretungsverbote dar. Über seine Ratio ist im Schrifttum viel nachgedacht und diskutiert worden. Nach einer Meinung soll dieses Verbot verhindern, daß der die fremden Stimmrechte ausübende Gesellschaftsverwalter Kontrollierter und Kontrolleur in einer Person wird und dadurch zugleich Opfer unüberwindbarer Interessenkonflikte.[34] Hiernach ist die Ratio des Vertretungsverbots für Gesellschaftsverwalter identisch mit derjenigen des Art. 2373 Abs. 3 C.C., wonach es den Verwaltern verboten ist, bei Beschlußfassungen, die ihre Haftung betreffen, mitzustimmen. Denn auch diese Vorschrift will eine möglichst freie, sich nur an den Belangen der Gesellschaft ausrichtende Willensbildung garantieren.

Von der herrschenden Meinung im Schrifttum[35] wird die soeben beschriebene Auffassung jedoch nicht geteilt. Gegen die Annahme, daß mit Hilfe des Vertretungsverbots Interessenkonflikte in der Person der Gesellschaftsverwalter vermieden werden sollten, spreche die Tatsache, daß diese – abgesehen von der Ausnahme des Art. 2373 Abs. 3 C.C. – vom Gesetzgeber auch nicht daran gehindert werden würden, Stimmrechte aus eigenen Aktien auszuüben, obwohl sich in diesem Fall die Problematik potentieller Interessenkonflikte in gleichem Maße stelle wie bei der Ausübung von Stimmrechtsvollmachten.[36] Nach Ansicht dieser Gegenmeinung muß das Vertretungsverbot für die Gesellschaftsverwalter – wie übrigens die meisten anderen Verbote auch – als Ausdruck der allgemein skeptischen Haltung des Gesetzgebers gegenüber jeglichen Formen institutioneller Stimmrechtsvertretung gewertet werden.[37] Seine Ratio bestehe deshalb darin, zu vermeiden, daß die Gesellschaftsverwaltung unter Ausnutzung des ihr unterstehenden Gesellschaftsapparats und begünstigt durch das weitverbreitete Desinteresse der Kleinaktionäre an einer persönlichen Hauptversammlungsteilnahme systematisch Stimmrechtsvollmachten sammele und sich hierdurch – über ihre Eigenbeteiligung hinaus – ein Einflußpotential verschaffe, welches ihre ohnehin schon beträchtliche Machtstellung bzw. die Machtstellung

---

33) Sacchi, Giur. comm. 1977, I, 248 [258].

34) Messineo, Banca, borsa, tit. cred. 1954, I, 689 [690]; Gatti, La rappresentanza, S. 128 f..

35) Sacchi, Giur. comm. 1977, I, 248 [267]; ders., Voto per delega, S. 385 [399]; Jaeger, Giur. comm. 1974, I, 554 [566]; Campobasso, Diritto commerciale, S. 300; Allegri, Diritto commerciale, S. 309; Merz, Il codice pratico, S. 286.

36) Jaeger, Giur. comm. 1974, I, 554 [566]; Sacchi, Giur. comm. 1977, I, 248 [267]; ders., Voto per delega, S. 385 [399]; Ferri, Le società, S. 583 verwendet dieses Argument sogar, um zu demonstrieren, daß das Vertretungsverbot jeglicher Ratio und Logik entbehre.

37) Sacchi, Voto per delega, S. 385 [397].

der sie stützenden Großaktionäre noch zusätzlich verstärke.[38] Insofern stehe das an die Verwalter gerichtete Vertretungsverbot von seiner Zielsetzung her in einer logischen Reihe mit Vorschriften wie Art. 2630 Abs. 1 Nr. 3 C.C., der Gesellschaftsverwaltern unter Androhung von Freiheitsstrafen und empfindlichen Geldbußen unlautere Einflußnahmen auf die Mehrheitsbildung in der Hauptversammlung verbietet, Art. 2359 bis Abs. 5 C.C., wonach es abhängigen Gesellschaften verwehrt ist, Stimmrechte aus Eigenbeteiligungen an der sie kontrollierenden Gesellschaft auszuüben und Art. 2357 ter Abs. 2 C.C., gemäß dem das Stimmrecht aus gesellschaftseigenen Aktien ruht.[39] Da also das Vertretungsverbot nicht in erster Linie Interessenkonflikten, sondern der Ausnutzung und Vergrößerung bereits vorhandener institutioneller Macht durch die Gesellschaftsverwalter vorbeugen wolle, sei es auch begrüßenswert, daß die Rechtsprechung das Verbot nicht bei Personen zur Anwendung kommen lasse, die erst im Verlaufe einer Hauptversammlung, in der sie als Vertreter mitgestimmt haben, zum Verwalter gewählt werden.[40]

Nach einer dritten im Schrifttum vertretenen Ansicht schließlich hat das Vertretungsverbot für die Gesellschaftsverwalter den Sinn, zu vermeiden, daß diese sich mittels einer großen Anzahl gesammelter Stimmrechtsvollmachten der Kontrolle durch die Hauptversammlung entziehen können[41] und daß es auf diese Weise zu einer Verwässerung der gesellschaftsinternen Gewaltenteilung und Kompetenzverteilung kommt.[42]

bb) Die Vertretungsverbote für Aufsichtsratsmitglieder, Dienstnehmer der Gesellschaft und abhängige Gesellschaften

Während das Vertretungsverbot für Dienstnehmer der Gesellschaft bereits im Codice Civile von 1942 verankert gewesen war, sind die entsprechenden Verbote für Aufsichtsratsmitglieder, abhängige Gesellschaften und deren Verwalter,

---

38) Jaeger, Giur. comm. 1974, I, 554 [566]; Sacchi, Voto per delega, S. 385 [398]; ders., Giur. comm. 1977, I, 248 [266]; Allegri, Diritto commerciale, S. 309; ganz ähnlich auch Merz, Il codice pratico, S. 286 und Campobasso, Diritto commerciale, S. 300; auch das Landgericht Mailand, Giur. comm. 1982, II, 217 [229] sieht die Ratio im Bestreben des Gesetzgebers, eine Kumulierung von institutioneller Macht und Stimmrechtsvollmachten in der Person des Gesellschaftsverwalters zu verhindern.

39) Sacchi, Voto per delega, S. 385 [398]; Jaeger, Giur. comm. 1974, I, 554 [566].

40) Sacchi, Voto per delega, S. 385 [399] mit Verweis auf eine entsprechende Entscheidung des Landgerichts Florenz vom 30. Januar 1962.

41) Galgano, Diritto commerciale, S. 239.

42) Di Sabato, Manuale delle società, S. 413; Grippo, L'assemblea, S. 359 [398].

Aufsichtsratsmitglieder und Dienstnehmer im Jahre 1974 neu in den Art. 2372 C.C. eingefügt worden.

Für den Begriff der abhängigen Gesellschaft („società controllata") wird vom Schrifttum allgemein auf die Vorschrift des Art. 2359 C.C. rekurriert[43], wonach als abhängige Gesellschaften solche gelten, die aufgrund besonderer vertraglicher Bindungen zu einer anderen Gesellschaft unter deren beherrschendem Einfluß stehen oder in denen eine andere Gesellschaft über eine Anzahl von Stimmrechten verfügt, die entweder der Mehrheit aller in der ordentlichen Hauptversammlung ausübbaren Stimmrechte entspricht oder zumindest zur Ausübung eines beherrschenden Einflusses in der ordentlichen Hauptversammlung ausreicht. Für den Begriff des Dienstnehmers („dipendente") hält das Aktiengesetz hingegen keine solche Legaldefinition bereit.[44] Jedoch neigt die herrschende Meinung im Schrifttum[45] in diesem Fall eher zu einer engen Auslegung. Danach sollen unter diesen Begriff nur Arbeitnehmer und Angestellte der Gesellschaft fallen, nicht aber Vermögens- und Steuerberater, Architekten, Werbefachleute oder sonstige Angehörige freier Berufe, die im Auftrag der Gesellschaft tätig werden.[46] Dieses Ergebnis wird aus der Ratio der beiden genannten Vertretungsverbote hergeleitet, die nach einhelliger Ansicht darin besteht, zu verhindern, daß die Gesellschaftsverwaltung bzw. die sie stützenden Machtgruppen im Kampf um die Stimmherrschaft Personen zum Zwecke der Sammlung und Ausübung von Stimmrechtsvollmachten einschalten können, die in einem besonderen Abhängigkeitsverhältnis zum Management stehen und ihm deshalb in besonderer Weise ergeben sind.[47]

Demgegenüber herrscht im Schrifttum Uneinigkeit darüber, welche Ratio dem Vertretungsverbot für Aufsichtsratsmitglieder zugrunde liegt. Nach einer Ansicht will der Gesetzgeber auf diese Weise einer allzu großen Machtkonzentration in den Händen der Aufsichtsratsmitglieder und einer möglicherweise daraus resultierenden Verwässerung der innergesellschaftlichen Gewaltentei-

---

43) Grippo, L'assemblea, S. 359 [397]; Jaeger, Giur. comm. 1974, I. 554 [567].

44) Diese Tatsache ist dem Gesetzgeber bisweilen als Versäumnis angelastet worden, vgl. etwa Bassi, Riv. dir. civ. 1975, II, 350 [358].

45) Nobili/Vitale, La riforma delle società per azioni, S. 204; Frè, Società per azioni², S. 295; Jaeger, Giur. comm. 1974, I, 554 [567].

46) Bassi, Riv. dir. civ. 1975, II, 350 [358] hält jedoch offenbar eine Anwendung dieses Verbots auf Angehörige freier Berufe für möglich, sofern diese in einem dauerhaften und nicht nur gelegentlichen geschäftlichen Kontakt zur Gesellschaft stehen.

47) Jaeger, Giur. comm. 1974, I, 554 [566] ; Campobasso, Diritto commerciale, S. 300 f.; Galgano, Diritto commerciale, S. 239; Ferri, Le società, S. 583; Grippo, L'assemblea, S. 359 [398]; Sacchi, Giur. comm. 1982, II, 217 [224].

lung entgegenwirken.[48] Einer anderen Meinung zufolge[49] bringt der Gesetzgeber mit diesem Verbot hingegen seine Einschätzung zum Ausdruck, daß die Zugehörigkeit zu einem Kontrollorgan, welches in besonderer Weise zu Autonomie und Unparteilichkeit verpflichtet und sowohl dem Verwaltungsrat als auch der Hauptversammlung übergeordnet ist[50], unvereinbar mit der Aufgabe der Aktionärsvertretung sei, bei der – jedenfalls vom theoretischen Anspruch her – die Verwirklichung fremder Interessen im Vordergrund stehe.[51] Der zuletzt genannten Ansicht wird jedoch entgegengehalten, daß die von ihr ins Feld geführte Autonomie und Unparteilichkeit der Aufsichtsratsmitglieder eher für als gegen deren Eignung spreche, in uneigennütziger Weise als Vertreter von Aktionären aufzutreten.[52] Daß der Gesetzgeber die Aufsichtsratsmitglieder dennoch aus dem Kreise möglicher Aktionärsvertreter ausgeschlossen habe, zeuge deshalb vielmehr von seinem mangelnden Vertrauen in die angebliche Autonomie und Unparteilichkeit des Aufsichtsrats, das seinen Ausdruck auch in einer Reihe anderer gesetzgeberischer Entscheidungen – etwa in der Schaffung der nationalen Börsenaufsichtskommission Consob[53] oder in der Verlagerung von Kontrollbefugnissen auf die Prüfungsgesellschaften („società di revisione")[54] – gefunden habe.[55] Dieses Mißtrauen sei im übrigen auch gerechtfertigt, da die Verwalter und die Aufsichtsratsmitglieder ihre Nominierung in aller Regel denselben Machtgruppen innerhalb der Hauptversammlung zu verdanken hätten und – was mittlerweile auch durch ausreichend viele empirische Untersuchun-

---

48) So vor allem die Rechtsprechung, vgl. die Entscheidung des Landgerichts Mailand vom 21. Mai 1981, Giur. comm. 1982, II, 217 [229]. Der gleichen Ansicht ist außerdem Di Sabato, Manuale delle società, S. 413.

49) Jaeger, Giur. comm. 1974, I, 554 [568].

50) In diesem Zusammenhang wird auf die Artikel 2377 Abs. 2 und 2403 C.C. verwiesen, wonach der Aufsichtsrat gesetzes- oder satzungswidrige Hauptversammlungsbeschlüsse anfechten kann und die Verwaltung der Gesellschaft auf ihre Gesetzmäßigkeit hin überprüfen muß.

51) Mit diesem Argument war auch schon vor 1974 ein Vertretungsverbot für die Aufsichtsratsmitglieder der Gesellschaft gefordert worden, vgl. Sacchi, Giur. comm. 1982, II, 217 [220] mit ausführlichen Literaturhinweisen in Fn. 9.

52) Sacchi, Giur. comm. 1982, II, 217 [220].

53) Diese verfügt über weitreichende und sanktionsbewehrte Informations-, Inspektions- und Kontrollrechte gegenüber Aufsichtsräten und Verwaltern von börsennotierten Gesellschaften.

54) Bei den „società di revisione" handelt es sich um ausgewählte Wirtschaftsprüfungsgesellschaften, denen der Gesetzgeber mit der Aktienrechtsreform von 1974 wichtige Kontrollbefugnisse – vor allem im Bereich der Bilanzprüfung börsennotierter Gesellschaften – anvertraut hat.

55) Sacchi, Giur. comm. 1977, I, 248 [269]; ders. Giur. comm. 1982, II, 217 [225].

gen belegt sei – die Mitglieder beider Gesellschaftsorgane häufig sowohl untereinander als auch im Verhältnis zu den sie stützenden Großaktionären enge Beziehungen unterhalten würden.[56] Auf der Basis dieser Erfahrungswerte vertritt die herrschende Meinung im Schrifttum[57] die Auffassung, daß das Vertretungsverbot für Aufsichtsratmitglieder dieselbe Ratio beinhalte wie die entsprechenden Verbote für die Dienstnehmer der Gesellschaft und abhängige Unternehmen; Ziel der Regelung sei es, zu erreichen, daß weder das Management noch die hinter ihm stehenden Machtgruppen zum Zwecke der Ausschaltung von Opposition befreundete oder ihnen nahestehende Mitglieder des Aufsichtsrats mit der Stimmrechtsvertretung von Aktionären beauftragen können. Nach dieser Ansicht hat das Vertretungsverbot für Aufsichtsratsmitglieder also letztendlich nur eine Ergänzungsfunktion, um zu verhindern, daß das Vertretungsverbot für Verwalter auf dem beschriebenen Wege allzu leicht umgangen werden kann.[58]

cc) Das Vertretungsverbot für Kreditinstitute

Im Zuge der Aktienrechtsreform von 1974 wurden schließlich auch zum ersten Mal Kreditinstitute von der Aktionärsvertretung ausgeschlossen.[59] Hierbei handelte es sich insofern um eine wesentliche und praktisch bedeutsame Neuerung, als es bis zu diesem Zeitpunkt gerade die Banken gewesen waren, die das Feld der institutionellen Stimmrechtsvertretung in ihrer Eigenschaft als Depot- und Wertpapierverwaltungseinrichtungen dominiert hatten.[60] So war es vor 1974 zum Teil gängige und von der Rechtsprechung geduldete Praxis gewesen, daß sich die Banken bei der Einrichtung von Wertpapierdepots von ihren Kunden – meistens im Rahmen allgemeiner Geschäftsbedingungen[61] – dazu ermächti-

---

[56] Sacchi, Giur. comm. 1977, I, 248 [269]; Campobasso, Diritto commerciale, S. 301.

[57] Campobasso, Diritto commerciale, S. 300 f.; Galgano, Diritto commerciale, S. 239; Ferri, Le società, S. 583 f.; Sacchi, Giur. comm. 1982, II, 217 [226]; Allegri, Diritto commerciale, S. 309; Grippo, L'assemblea, S. 359 [398); Bassi, Riv. dir. civ. 1975, II, 350 [357].

[58] Auf diesen Gesichtspunkt weist vor allem Roncero Sànchez, La representación, S. 42 f. hin. Tatsächlich war es vor 1974 häufig vorgekommen, daß die Gesellschaftsverwalter die Aktionäre um die Erteilung von Blankovollmachten gebeten hatten, um diese später von befreundeten Aufsichtsratsmitgliedern auf der Hauptversammlung ausüben zu lassen, vgl. Silveri, Le deleghe di voto e il controllo societario, S. 1.

[59] Das Vertretungsverbot für Kreditinstitute stellt zugleich den einzigen Regelungsbestandteil des Art. 2372 C.C. dar, der durch den Testo Unico im Jahre 1998 aus Gründen, von denen noch zu handeln sein wird, aufgehoben worden ist.

[60] Deuß, Die Ausübung des aktienrechtlichen Stimmrechts durch Dritte, S. 567.

[61] Galgano, Diritto Commerciale, S. 238; Bassi, Riv. dir. civ. 1975, II, 350 [359].

gen ließen, die Stimmrechte aus sämtlichen von ihnen verwahrten Aktien zeitlich unbefristet auf den Hauptversammlungen der Portfoliogesellschaften auszuüben.[62] Eine andere Möglichkeit, von der die Banken auch häufig Gebrauch gemacht hatten, bestand darin, die Hinterleger von Aktienurkunden oder andere aus dem Gesellschaftsregister leicht ausfindig zu machende Aktionäre[63] innerhalb ihres Kundenkreises um die Erteilung von Blankovollmachten zu bitten, so daß der Name des Vertreters erst unmittelbar vor der Hauptversammlung durch die Bank selbst oder Dritte in die Vollmachtsurkunde eingesetzt werden mußte.[64] Da die Aktionäre der (blanko-)bevollmächtigten Bank in den meisten Fällen auch keine Instruktionen hinsichtlich der Ausübung ihrer Stimmrechte erteilten[65], verfügten die Banken auf diese Weise über einen quasi unbeschränkten Ermessensspielraum bei der Ausübung ihrer Vollmachtsstimmrechte.

Wie sich aus den Gesetzesmaterialien ergibt[66], wollte der Gesetzgeber mit dem Verbot des Depotstimmrechts jedoch nicht allein einer unkontrollierten Machtkonzentration und Einflußnahme der Banken auf die Corporate Governance wichtiger Wirtschaftsunternehmen entgegenwirken. Primäres Ziel war vielmehr auch hier, eine Umgehung des Vertretungsverbots für Gesellschaftsverwalter soweit wie möglich auszuschließen.[67] Diese gesetzgeberische Absicht fußte auf der Erkenntnis, daß die Kreditinstitute in der Vergangenheit mit den

---

62) Deuß, Die Ausübung des aktienrechtlichen Stimmrechts durch Dritte, S. 566. Häufig wurde von den Banken folgende Vertragsklausel verwendet: „Der Kunde ermächtigt die Bank, seine Aktien zum Zwecke der Teilnahme an einer ordentlichen oder außerordentlichen Hauptversammlung zu hinterlegen und in seinem Auftrag die Stimmrechtsvertretung für ihn zu übernehmen. Er erteilt ihr zu diesem Zweck hiermit ausdrücklich den Auftrag, vor der jeweiligen Hauptversammlung das entsprechende Vollmachtsformular an seiner Stelle (des Kunden) zu unterschreiben und genehmigt alle hierauf basierenden Rechtshandlungen unabhängig von Art und Gegenstand der jeweiligen Tagesordnung". Die Klausel ist abgedruckt bei Ghezzi, Commento al T.U., art. 140, S. 1363 (Fn. 44).

63) Wie bereits oben erwähnt, lauten Aktien in Italien nur in den seltensten Fällen auf den Inhaber.

64) Silveri, Le deleghe di voto e il controllo societario, S. 1; Campobasso, Diritto commerciale, S. 301; Rossi, Il voto extrassembleare, S. 42.

65) Galgano, Diritto commerciale, S. 238. Die Banken waren zu dieser Zeit gesetzlich auch nicht dazu verpflichtet, im Falle einer Bevollmächtigung um die Erteilung solcher Weisungen zu bitten, vgl. Deuß, Die Ausübung des aktienrechtlichen Stimmrechts durch Dritte, S. 565.

66) Hiermit sind vor allem die Begründungsausführungen zum Reformentwurf „Progetto Marchetti", abgedruckt in Riv. soc. 1973, 270 ff., angesprochen. Dieser Entwurf war die maßgebliche Richtschnur für die Ausgestaltung des Stimmrechtsvertretungssystems von 1974.

67) Progetto Marchetti, Riv. soc. 1973, 270 [273]; Sacchi, Giur. comm. 1977, I, 248 [271].

Stimmrechtsvollmachten ihrer Kunden nahezu ausnahmslos die Beschlußvorschläge der Verwaltung unterstützt hatten.[68] Dabei war von den Banken oft in der Weise vorgegangen worden, daß wenn schon nicht bankeigene Angestellte mit den entsprechenden Abstimmungsdirektiven in die Hauptversammlung entsandt wurden, die Geschäftsführung des Kreditinstituts zumindest doch solche Personen zum Zwecke der Ausübung der erteilten Blankovollmachten auswählte, von denen aufgrund ihrer Verbindungen zum Unternehmensmanagement eine Zustimmung zu den Verwaltungsvorschlägen aller Voraussicht nach zu erwarten war.[69] Es war aber auch vorgekommen, daß die Banken die von ihnen eingeholten Blankovollmachten der Gesellschaftsverwaltung bzw. den sie stützenden Großaktionären von vornherein zur Verfügung stellten, was nicht selten auf deren Auftrag hin geschah, etwa dann, wenn sich hinsichtlich besonders wichtiger Gesellschaftsbeschlüsse Opposition angekündigt hatte.[70]

Das verwaltungsfreundliche Verhalten der meisten Kreditinstitute wurde vom Schrifttum vor allem auf zwei Ursachen zurückgeführt. Soweit die Bevollmächtigung der Banken im Rahmen der für die Teilnahme an der Hauptversammlung erforderlichen Hinterlegung der Aktien[71] erfolgte, erklärte man es sich damit, daß die Gesellschaftsverwaltung in der Einberufungsbekanntmachung von vornherein nur solche Banken als mögliche Hinterlegungsstellen benannte, die mit der Gesellschaft bereits in geschäftlichen Verbindungen standen.[72] Bei den Kreditinstituten hingegen, die keinerlei solcher Beziehungen als Emissionshaus, Kreditgeberin oder Hausbank zu den Unternehmen unterhielten, wurde das verwaltungsfreundliche Abstimmungsverhalten weithin als Versuch der betroffenen Banken interpretiert, einen Zugang zum lukrativen Finanzdienstleistungsgeschäft mit den jeweiligen Gesellschaften zu finden.[73]

War man sich somit auch über die Ursachen der beobachteten Mißstände im wesentlichen einig, so traten hinsichtlich der rechtlichen Instrumentarien, die

---

68) Im Progetto Marchetti, Riv. soc. 1973, 270 [273] heißt es hierzu lakonisch: „In definitiva, cioè, le deleghe raccolte dalle banche sono, nella effetiva realtà, deleghe ai consigli di amministrazione." Vgl. auch Bassi, Riv. dir. civ. 1975, II, 350 [359]; Nobili/Vitale, La riforma delle società per azioni, S. 194.

69) Campobasso, Diritto commerciale, S. 301 (Fn. 2).

70) Silveri, Le deleghe di voto e il controllo societario, S. 1; ähnlich Campobasso, Diritto commerciale, S. 301 (Fn. 2), der darauf hinweist, daß einzelne Großaktionäre bisweilen Vollmachtssammlungen mit Hilfe von Banken durchgeführt haben.

71) Siehe oben S. 160.

72) Sacchi, Giur. comm. 1977, I, 248 [270]; Rossi, Il voto extrassembleare, S. 42.

73) Buttaro, Banca, borsa, tit. cred. 1967, I, 479 [479 ff.]; Rossi, Il voto extrassembleare, S. 42; Sacchi, Giur. comm. 1977, I, 248 [270].

zum Zwecke ihrer Bekämpfung angesagt erschienen, Meinungsverschiedenheiten auf. Im Verlaufe der Vorberatungen zur Aktienrechtsreform von 1974 wurden als Alternative zur Einführung eines rigorosen Verbots des Depotstimmrechts beispielsweise auch Vertretungsmodelle diskutiert, die die Zulässigkeit des Bankenstimmrechts in Anlehnung an das Konzept des deutschen Aktionärsvertretungssystems von der Einhaltung strenger Informations-, Transparenz- und Interessenwahrungspflichten, mitunter sogar von der vorherigen obligatorischen Weisungserteilung durch den vertretenen Aktionär abhängig machen wollten.[74)] Gegen den zuletzt genannten Vorschlag wurde jedoch eingewandt, daß der Kleinaktionär aufgrund seines mangelnden unternehmerischen Sachverstandes gar nicht zur Erteilung interessengerechter Weisungen in der Lage sei und sich folglich bei deren Formulierung im Zweifel doch wieder auf den „Expertenrat" der Depotbank stützen würde, was wiederum dem Sinn einer solchen Regelung völlig zuwiderliefe.[75)] Und gegen den Vorschlag, die Banken bei der Ausübung von Aktionärsstimmrechten zur Offenlegung von Interessenkonflikten und Erfüllung strenger Informationsstandards zu verpflichten, wurde geltend gemacht, daß er insofern einen Irrweg darstelle, als er auf der falschen Annahme beruhe, daß der Grund für die rationale Apathie der Kleinaktionäre allein in einem Transparenz- und Informationsdefizit liege.[76)] Außerdem wurden noch zwei weitere Gründe vorgetragen, warum die deutsche Regelung des Depotstimmrechts nicht ohne weiteres auf die italienische Aktienrechtsordnung übertragbar sei. In Deutschland – so wurde argumentiert – seien zum einen die Industriebeteiligungen der Banken um ein Vielfaches größer, was anders als in Italien zu einem nicht unerheblichen Gleichlauf der Interessen von Depotbank und vertretenem Aktionär führen und deshalb auch zugleich die Gefahr eines aktionärsschädigenden Abstimmungsverhaltens eindämmen würde.[77)] Zum anderen wurde unter Hinweis auf die enorm hohen Staatsbeteiligungen an den italienischen Großbanken auf die Gefahr aufmerksam gemacht, daß der Staat mit Hilfe des Depotstimmrechts in unzulässiger Weise Einfluß auf die Unternehmenspolitik wirtschaftlich bedeutender Gesellschaften nehmen könnte.[78)]

Nachdem sich die Gegner des Depotstimmrechts auf diese Weise bei den Beratungen und Reformvorschlägen zur Aktienrechtsnovelle von 1974 durchge-

---

74) Bassi, Riv. dir. civ. 1975, II, 350 [359]; Di Sabato, Manuale delle società, S. 413.

75) Di Sabato, Manuale delle società, S. 413.

76) Di Sabato, Manuale delle società, S. 413.

77) Progetto Marchetti, Riv. soc. 1973, 270 [274].

78) Progetto Marchetti, Riv. soc. 1973, 270 [274]. Interessanterweise wird dieses Argument auch noch heute gegen die durch den Testo Unico erfolgte Relegalisierung des Depotstimmrechts in Stellung gebracht, vgl. hierzu unten S. 224 f..

setzt hatten, mangelte es jedoch in der Folgezeit nicht an Versuchen, das neu eingeführte Vertretungsverbot für Banken mittels einer restriktiven Auslegung zumindest teilweise zu entschärfen. Ein plastisches Beispiel hierfür stellte etwa die Meinung dar, nach der das Verbot sinnvollerweise dann nicht zur Anwendung kommen sollte, wenn die Ausübung fremder Stimmrechte im Rahmen einer umfassenden Depotverwaltung für einen Bankkunden erfolgt, da der Abschluß eines entsprechenden Vertrages – anders als im Regelfall einer „isolierten" Stimmrechtsbevollmächtigung – meist auf die Initiative des vertretenen Aktionärs zurückgehe und damit eine ungleich größere Legitimationsgrundlage für die Ausübung der Stimmrechte darstelle.[79)] Dieser Vorschlag ist jedoch im Schrifttum kaum auf Resonanz gestoßen, wobei die ablehnende Haltung abwechselnd mit der Ratio und dem eindeutigen Wortlaut des Art. 2372 Abs. 4 C.C. begründet wurde.[80)]

Auch die Rechtsprechung neigte in der Vergangenheit eher zu einer strengen Auslegung des Vertretungsverbots. In einem Obiter dictum aus dem Jahre 1988 stellte sie beispielsweise hinsichtlich des personellen Anwendungsbereichs der Verbotsnorm klar, daß Art. 2372 Abs. 4 nicht nur den Verwaltern, sondern auch den Angestellten der Depotbank die Ausübung fremder Aktionärsstimmrechte verwehre.[81)]

d) Quantitative Grenzen der Stimmrechtsvertretung und die Regelung des Prokuraindossaments

Einen weiteren wichtigen Regelungsbestandteil des Art. 2372 C.C. stellt dessen Absatz 5 dar, der in gewisser Hinsicht als die zweite tragende Säule des im Codice Civile verankerten restriktiven Stimmrechtsvertretungssystems bezeichnet werden kann; während die in Art. 2372 Abs. 4 C.C. enthaltenen Verbotsnormen – ebenso wie die später noch durch Spezialgesetze hinzugefügten Vertretungsverbote für die mit der Bilanzprüfung des betroffenen Unternehmens betrauten Wirtschaftsprüfungsgesellschaften („società di revisione")[82)] und die Sammel-

---

79) Ferri, Le società, S. 586.

80) Vgl. Bassi, Riv. dir. civ. 1975, II, 350 [360]; Sacchi, Voto per delega, S. 385 [405].

81) Vgl. das Urteil des Kassationshofs vom 20.7.1988, Nr. 4709, Giur. comm. 1989, II, 23 [36].

82) Das Vertretungsverbot für die mit der Bilanzprüfung des Unternehmens betrauten Wirtschaftsprüfungsgesellschaften und deren Verwalter, Aufsichtsratsmitglieder und Gesellschafter wurde durch Art. 3 Abs. 3 des Dekrets Nr. 136 vom 31.3.1975 eingeführt.

verwahrungseinrichtung „Monte Titoli S. p. A."[83] – insofern subjektive Anknüpfungspunkte aufweisen, als sie sich lediglich an die jeweils von ihnen speziell angesprochenen Personen oder Institutionen richten, beinhaltet die Vorschrift des Art. 2372 Abs. 5 C.C. Einschränkungen objektiver Art, die unabhängig vom Vorliegen bestimmter Eigenschaften in der Person des Stimmrechtsvertreters Gültigkeit beanspruchen. So statuiert Art. 2372 Abs. 5 C.C. – wenn auch differenzierend zwischen börsennotierten und nicht börsennotierten Unternehmen und gestaffelt nach der Größe ihres Gesamtgrundkapitals – Höchstgrenzen hinsichtlich der Anzahl von Aktionären, die gleichzeitig von ein und derselben Person auf einer Hauptversammlung vertreten werden können. In concreto liegt die zulässige Höchstzahl im Falle nicht börsennotierter Gesellschaften bei zehn, im Falle börsennotierter Gesellschaften mit einem Grundkapital bis zu zehn Milliarden Lire bei fünfzig, bei börsennotierten Gesellschaften mit einem Grundkapital zwischen zehn und fünfzig Milliarden Lire bei hundert und soweit es sich um Unternehmen handelt, deren Grundkapital fünfzig Milliarden Lire übersteigt, bei zweihundert Gesellschaftern.

Mit der Festlegung dieser quantitativen Höchstgrenzen, denen nicht nur natürliche, sondern auch juristische Personen als Stimmrechtsvertreter unterworfen sind[84], wollte der Gesetzgeber auch jenseits der zahlreichen von ihm statuierten subjektiven Vertretungsverbote jegliche Formen organisierter Stimmrechtsvertretung auf ein Maß zurückdrängen, das zwar auf der einen Seite noch geeignet ist, die Funktionsfähigkeit der Hauptversammlungen weiterhin zu gewährleisten, auf der anderen Seite aber auch eine uferlose Konzentration von Stimmrechtsmacht auf der Grundlage großangelegter Vollmachtssammlungen unmöglich macht.[85] Gerade im Hinblick auf die Erreichung der zuletzt genannten Zielsetzung sind jedoch von seiten des kommentierenden Schrifttums[86] Zweifel an der Geeignetheit des vom Gesetzgeber gewählten Anknüpfungskriteriums artikuliert worden. Denn – so wurde argumentiert – da für die Bestimmung der quantitativen Höchstgrenzen nicht – wie es ein Reformentwurf vorge-

---

83) Dieses Verbot fand mit Art. 3 Abs. 6 des Gesetzes Nr. 289 aus dem Jahre 1986 Eingang in die italienische Rechtsordnung.

84) Frè, Società per azioni[5], S. 356; Nobili/Vitale, La riforma delle società per azioni, S. 209 f..

85) Jaeger, Giur. comm. 1974, I, 554 [572].

86) Bassi, Riv. dir. civ. 1975, II, 350 [361]; Nobili/Vitale, La riforma delle società per azioni, S. 209.

schlagen hatte[87] – auf den Gesamtanteil der vertretenen Aktien am stimmberechtigten Grundkapital, sondern auf die absolute Anzahl der erteilten Vollmachten abgestellt werde, könne die Vorschrift Stimmrechtsvertreter letztendlich nicht daran hindern, in bestimmten Fällen allein auf der Grundlage der von ihnen eingeholten Aktionärsvollmachten einen beherrschenden Stimmrechtseinfluß in Hauptversammlungen auszuüben.[88] Diese Situation könne vor allem dann eintreten, wenn die ein und denselben Vertreter bevollmächtigenden Aktionäre Inhaber großer Aktienpakete seien. Nach anderer Ansicht hingegen ist gerade eine solche Konstellation im Hinblick auf die dem Art. 2372 Abs. 5 C.C. zugrundeliegende Ratio unbedenklich, da die Inhaber größerer Aktienpakete typischerweise ihre Stimmrechte nicht ohne hinreichende vorherige Information und Kontrolle aus den Händen geben würden und die Gefahr eines Stimmrechtsmißbrauches von seiten der bevollmächtigten Person, den die Vorschrift letztendlich verhindern wolle, in diesem Fall folglich eher gering einzuschätzen sei.[89]

Die quantitativen Vertretungsbeschränkungen des Art. 2372 Abs. 5 C.C. finden – ebenso wie die in Absatz 4 enthaltenen Vertretungsverbote – gemäß Art. 2372 Abs. 6 C.C. auch auf die Aktien mit Prokuraindossament („girata per procura“) Anwendung.[90] Angesichts der Tatsache, daß das Prokuraindossament dem Indossatar unter anderem auch die Ausübung des Stimmrechts gestattet, herrscht im Schrifttum Einigkeit darüber, daß die Vorschrift einer allzu leichten Umgehbarkeit der genannten Verbotsnormen vorbeugen soll.[91] Ebenso einig ist man sich ferner darüber, daß Art. 2372 Abs. 6 C.C. nicht das sogenannte Garantieindossament („girata in garanzia“) erfaßt, da dieses Rechtsinstitut, das hauptsächlich im Zusammenhang mit der Verpfändung von Namensaktien Be-

---

87) In der Reformdiskussion war vorgeschlagen worden, die Gesamtanzahl der Aktien, deren Stimmrechte durch ein und denselben Vertreter ausgeübt werden können, auf zehn Prozent des stimmberechtigten Grundkapitals zu begrenzen, vgl. hierzu die ausführlichen Nachweise bei Sacchi, Voto per delega, S. 385 [406 ff.].

88) Sacchi, Voto per delega, S. 385 [407] mit Verweis auf Bassi, Riv. dir. civ. 1975, II, 350 [361].

89) Sacchi, Voto per delega, S. 385 [407].

90) Gemäß Art. 14 des königlichen Dekrets Nr. 239 vom 29. März 1942 können Aktienscheine mit einem Prokuraindossament („Girata per procura“) versehen werden, das dem Prokuraindossatar erlaubt, alle dem Indossanten als Aktionär zustehenden Rechte – mit Ausnahme des Rechts auf Veräußerung und des Rechts, die Auszahlung des Anteils zu verlangen – für Rechnung des Indossanten auszuüben.

91) Bassi, Riv. dir. civ. 1975, II, 350 [362]; Sacchi, Voto per delega, S. 385 [408]; Jaeger, Giur. comm. 1974, I, 554 [573].

deutung erlangt, dem Indossatar die Ausübung des Stimmrechts im eigenen Interesse gestattet.[92)]

e) Sonstige Beschränkungen im Zusammenhang mit der Erteilung von Stimmrechtsvollmachten

Außer den zahlreichen bereits dargestellten Vertretungsverboten und den quantitativen Grenzbestimmungen des Absatz 5 enthält Art. 2372 C.C. noch eine Reihe weiterer Einschränkungen formeller und materieller Art. So schreibt Art. 2372 Abs. 3 S. 1 C.C. vor, daß Stimmrechtsvollmachten nur auf einen namentlich bezeichneten Vertreter ausgestellt werden können. Damit hat der Gesetzgeber ein vor 1974 vieldiskutiertes Problem[93)], nämlich die Frage nach der Zulässigkeit der Erteilung von Blankovollmachten, einer klaren gesetzlichen Regelung zugeführt. Das Verbot soll – vor dem Hintergrund der vor 1974 gemachten negativen Erfahrungen[94)] – verhindern, daß diejenigen Personen und Einrichtungen, denen das Gesetz die Ausübung fremder Aktionärsstimmrechte untersagt, die an sie gerichteten Verbote dadurch umgehen, daß sie sich von den Aktionären zunächst Vollmachten ohne jegliche Angabe zur Person des Vertreters aushändigen lassen und diese später mit den Namen von Strohmännern vervollständigen.[95)] Damit eine solche Umgehung auch nicht über den Umweg der Erteilung von Untervollmachten möglich ist, bestimmt Art. 2372 Abs. 3 S. 2 C.C. in Ergänzung zum Verbot der Blankovollmachten, daß nur solche Personen als Unterbevollmächtigte auftreten dürfen, die explizit in der Stimmrechtsvollmacht vom Aktionär benannt worden sind.[96)] Für den Fall, daß dieser eine juristische Person mit seiner Stimmrechtsvertretung beauftragt, wird Art. 2372 Abs. 3 S. 2 C.C. jedoch einschränkend dahingehend ausgelegt, daß der bevollmächtigende Aktionär neben der Bezeichnung der juristischen Person nicht auch noch zusätzlich die natürliche Person benennen muß, die in der Hauptversammlung für die juristische Person auftreten soll. Allerdings kann die juristi-

---

92) Nobili/Vitale, La riforma delle società per azioni, S. 211; Bassi, Riv. dir. civ. 1975, II, 350 [363]; Grande Stevens, Riv. soc. 1974, 802 [806].

93) Sacchi, Voto per delega, S. 385 [394].

94) Vgl. hierzu die Ausführungen oben S. 170 ff..

95) Ferri, Le società, S. 582; Bassi, Riv. dir. civ. 1975, II, 350 [357]; Di Sabato, Manuale delle società, S. 412.

96) Zur Bedeutung dieser Unterbevollmächtigungsvoraussetzungen als notwendige Ergänzung zum Verbot der Blankovollmachten vgl. etwa Grippo, L'assemblea, S. 359 [396]; Sacchi, Voto per delega, S. 385 [394].

sche Person in diesem Fall nur Gesellschaftsverwalter oder Unternehmensangestellte in die Hauptversammlung entsenden.[97)]

Schließlich beschränkt Art. 2372 Abs. 2 C.C. die Gültigkeit von Stimmrechtsvollmachten in zeitlicher Hinsicht, indem er bestimmt, daß diese nur für einzelne Hauptversammlungen erteilt werden können. Jedoch bleibt eine einmal ausgestellte Vollmacht auch dann wirksam, wenn die Hauptversammlung, für die sie ursprünglich erteilt wurde, infolge zu niedriger Kapitalpräsenzen ein zweites oder drittes Mal einberufen werden muß.[98)] Innerhalb des Schrifttums ist umstritten, ob Art. 2372 Abs. 2 C.C. über das in ihm verankerte Verbot von Dauervollmachten hinaus auch in der Weise zu interpretieren ist, daß eine Bevollmächtigung von seiten des Aktionärs erst dann wirksam vorgenommen werden kann, wenn dieser Kenntnis von den in der Hauptversammlung zu behandelnden Tagesordnungspunkten besitzt. Ein Teil des Schrifttums[99)] vertritt diese Sichtweise mit der Begründung, Sinn des Einzelvollmachtserfordernisses sei es, daß der Aktionär im Hinblick auf die jeweils zur Verhandlung anstehenden Tagesordnungspunkte jedesmal neu entscheide, ob er eine Vollmacht erteilen wolle oder nicht.[100)] Andere Autoren hingegen sehen in einer solchen Interpretation eine Überstrapazierung des Wortlauts des Art. 2372 Abs. 2 C.C. Diese Vorschrift verlange lediglich, daß anhand der Vollmachtsurkunde und der in ihr enthaltenen Daten jederzeit erkennbar sei, für welche Hauptversammlung die jeweilige Stimmrechtsvollmacht bestimmt ist.[101)]

---

97) Nobili/Vitale, La riforma delle società per azioni, S. 202.

98) Art. 2372 Abs. 2 2. Halbsatz C.C. Zum italienischen Einberufungssystem vgl. die Ausführungen oben S. 157 ff..

99) Gatti, La rappresentanza, S. 38 f.; Allegri, Diritto commerciale, S. 309; Merz, Il codice pratico, S. 286. Sacchi, Voto per delega, S. 385 [391] interpretiert das Erfordernis der Einzelvollmacht sogar in der Weise, daß der Aktionär in seiner Bevollmächtigungserklärung stets die Tagesordnungspunkte nennen muß, auf die sich die erteilte Stimmrechtsvollmacht nach seinem Willen erstrecken soll.

100) Allegri, Diritto commerciale, S. 309; Merz, Il codice pratico, S. 286.

101) Vgl. etwa Grippo, L'assemblea, S. 359 [396).

f) Sonderformen der Stellvertretung und teleologische Reduktion des Art. 2372 C.C.

Nach der fast einhelligen Ansicht von Rechtsprechung und Schrifttum[102] sollen die zahlreichen in Art. 2372 C.C. festgeschriebenen Vertretungsverbote und -beschränkungen dann nicht zur Anwendung gelangen, wenn derjenige, der die fremden Aktionärsstimmrechte ausübt, in der Eigenschaft eines gesetzlichen oder organschaftlichen Vertreters tätig wird. Dieses nahezu[103] unstreitige Ergebnis wird jedoch auf ganz unterschiedlichen Wegen hergeleitet. Während einige Autoren zur Begründung auf die rechtliche Handlungsunfähigkeit hinweisen, die juristischen Personen und nicht geschäftsfähigen Aktionären drohen würde, wenn sie sich in bestimmten Fällen nicht durch ihre gesetzlichen Stellvertreter und Organe vertreten lassen könnten[104], stützt sich der wohl überwiegende Teil des Schrifttums außer auf den Wortlaut[105] auch auf die Ratio der in Art. 2372 C.C. enthaltenen restriktiven Bestimmungen. Denn – so wird argumentiert – die Gefahr einer unkontrollierten Konzentration von Stimmrechtsmacht und deren anschließender mißbräuchlicher Ausübung sei im Falle eines gesetzlichen oder organschaftlichen Vertretungsverhältnisses, das im Gegensatz zu den Fällen der gewillkürten Stellvertretung auf Dauer angelegt sei und regelmäßig auf besonderem Vertrauen basiere, eher gering zu veranschlagen.[106]

Vom Grundsatz, daß die Vertretungsverbote und -beschränkungen im Falle einer gesetzlichen oder organschaftlichen Vertretung nicht zur Anwendung kommen, werden jedoch – in logischer Konsequenz zu dieser ratioorientierten Herleitung – zwei Ausnahmen gemacht. Zum einen sei eine solche Privilegierung dann nicht gerechtfertigt, wenn der Nachweis gelinge, daß die Stellung als gesetzlicher oder organschaftlicher Vertreter lediglich dazu mißbraucht werde, bestimmte Verbote gezielt zu umgehen.[107] Dies sei etwa dann der Fall, wenn ein

---

102) Landgericht Mailand, Urteil vom 21.5.1981, Giur. comm. 1982, II, 217 [227]; Frè, Società per azioni⁵, S. 353 (Fn. 4 ter); Jaeger, Giur. comm. 1974, I, 554 [564]; Ferrara/Corsi, Gli imprenditori, S. 518; Nobili/Vitale, La riforma delle società per azioni, S. 207.

103) Anderer Ansicht – allerdings ausschließlich im Hinblick auf die subjektiven Vertretungsverbote des Art. 2372 – ist – soweit ersichtlich – nur Salafia, Le società 1989, 1017 [1019].

104) So etwa Galgano, Diritto commerciale, S. 239.

105) In diesem Zusammenhang wird darauf hingewiesen, daß in Art. 2372 C.C. an verschiedenen Stellen von einer Erteilung („conferimento") der Stimmrechtsvollmacht die Rede sei, vgl. Jaeger, Giur. comm. 1974, I, 554 [564 f.]; Sacchi, Giur. comm. 1982, II, 217 [218].

106) Sacchi, Voto per delega, S. 385 [414]; Jaeger, Giur. comm. 1974, I, 554 [564 f.].

107) Sacchi, Voto per delega, S. 385 [414], der allerdings einräumt, daß eine solche Umgehungsabsicht in der Praxis nur schwer nachzuweisen ist.

Gesellschaftsverwalter des die Hauptversammlung abhaltenden Unternehmens zugleich Organvertreter einer anderen juristischen Person sei und in dieser Situation, um das Vertretungsverbot für Gesellschaftsverwalter zu unterlaufen, Aktionäre auffordern würde, Stimmrechtsvollmachten zu erteilen, die zwar rein formell auf den Namen der juristischen Person ausgestellt sind, in Wirklichkeit aber von ihm selbst ausgeübt werden sollen.[108)] Die andere Ausnahme betrifft das Aktionärsvertretungsverbot für die mit der Abschlußprüfung des Unternehmens betrauten Wirtschaftsprüfungsgesellschaften („società di revisione“).[109)] Denn – so lautet die Begründung – die dieser Vorschrift zugrundeliegende Ratio, jedwede Berührung der Abschlußprüfer mit außerhalb ihres Kontrollgegenstandes liegenden Gesellschaftsangelegenheiten zu unterbinden, könne nur dann wirksam durchgesetzt werden, wenn das genannte Verbot auch für die Fälle gesetzlicher und organschaftlicher Stellvertretung Gültigkeit beanspruche.[110)]

Ein weiteres, in Rechtsprechung und Schrifttum vieldiskutiertes Problem stellt die Frage dar, ob das Erfordernis der Einzelvollmacht (Art. 2372 Abs. 2 C.C.) und die Vertretungsverbote des Art. 2372 Abs. 4 C.C. auch für den Fall gelten, daß der Stimmrechtsvertreter Inhaber einer Generalhandlungsvollmacht („procura generale ad negotia“) ist, die ihn im Verhältnis zum vertretenen Aktionär – über die Ausübung der Aktienstimmrechte hinaus – zur Vertretung in dessen sonstigen vermögensrechtlichen Angelegenheiten berechtigt. Entgegen der höchstrichterlichen Rechtsprechung[111)] und der Ansicht einzelner Autoren[112)] verneint der weit überwiegende Teil des Schrifttums auch in diesem Fall den Geltungsanspruch der genannten Vorschriften.[113)] Zur Begründung wird auf die Vertrauensbeziehung hingewiesen, die in aller Regel der Erteilung einer mit solch umfangreichen rechtlichen Befugnissen ausgestatteten Vollmacht zugrunde liege und die Mißbrauchsgefahren bei der Ausübung des Stimmrechts auf ein erträgliches Maß reduziere.[114)] Aber auch diese Ansicht formuliert einen Miß-

---

108) Sacchi, Voto per delega, S. 385 [414]. Mit diesem Beispiel nimmt der Autor Bezug auf einen ganz ähnlich gelagerten Sachverhalt, der dem Urteil des Landgerichts Mailand vom 21.5.1981, Giur. comm. 1982, II 217 ff. zugrunde lag. Allerdings fehlten in diesem Fall konkrete Hinweise für eine Umgehungsabsicht.

109) Vgl. hierzu bereits oben S. 174, insbesondere Fußnote 82.

110) Sacchi, Voto per delega, S. 385 [414, Fn.102].

111) Vgl. das Urteil des Kassationshofs vom 20.7.1988 Nr. 4709, Giur. comm. 1989, II, 23 ff. (allerdings ohne nähere Begründung).

112) Etwa Bassi, Riv. dir. civ. 1975, II, 350 [356].

113) Landgericht Brescia, Giur. comm. 1982, II, 473; Perlingieri, Codice Civile, S. 437; Frè, Società per azioni[5], S. 353; Gatti, La rappresentanza, S. 118 f. u. 124 f.; Marchetti, Contratto e impresa 1986, 985 [990]; Ferri, Le società, S. 586.

114) Sacchi, Voto per delega, S. 385 [415]; Marchetti, Contratto e impresa 1986, 985 [990].

brauchsvorbehalt in die Richtung, daß die Vertretungsverbote und das Erfordernis der Einzelvollmacht dann wieder aufleben, wenn die Erteilung der Generalhandlungsvollmacht nur zum Zwecke der vertretungsweisen Ausübung von Aktienstimmrechten anläßlich einer Hauptversammlung oder zur Umgehung der genannten Vorschriften erfolgt sei.[115)]

g) Der Streit um die Zulässigkeit einer analogen Anwendung des Art. 2372 C.C.

Schon bald nach der Reform des Art. 2372 C.C. im Jahre 1974 ist vom kommentierenden Schrifttum darauf aufmerksam gemacht worden, daß die Verbote und Restriktionen, die diese Vorschrift enthält, vom Wortlaut her so eng gefaßt seien, daß ihren Adressaten mannigfaltige Möglichkeiten zur Verfügung stünden, um die einzelnen Verbotsregelungen zu umgehen.[116)] So wurde etwa darauf hingewiesen, daß Art. 2372 C.C. nur die Aktionärsvertretung im engen Sinne, also die Ausübung fremder Aktienstimmrechte im fremden Namen auf der Basis einer zuvor erteilten Stimmrechtsvollmacht regele und diese Vorschrift deshalb weder die Fälle der Legitimationsübertragung („mandato sin rappresentanza") noch die Ausübung von Stimmrechten auf der Grundlage einer fiduziarischen Vollrechtsübertragung („intestazione fiduciaria") erfasse.[117)] Außerdem – so die Klarstellung von seiten des Schrifttums – könnten die von den subjektiven Vertretungsverboten des Art. 2372 Abs. 4 C.C. betroffenen Personen und Einrichtungen die gesetzgeberischen Restriktionen ganz einfach dadurch umgehen, daß sie die Stimmrechtsvollmachten nicht selbst, sondern von ihnen nahestehenden Personen oder Institutionen, die ihrerseits nicht von den Verboten er-

---

115) Nobili/Vitale, La riforma delle società per azioni, S. 206 f.; Sacchi, Voto per delega, S. 385 [415 (Fn. 109) und 416].

116) Santini, Giur. comm. 1974, I, 432 [435]; Bassi, Riv. dir. civ. 1975, II, 350 [361]; Jaeger, Giur. comm. 1974, I, 554 [571 und 574]; Nobili/Vitale, La riforma delle società per azioni, S. 204 f..

117) Sacchi, Giur. comm. 1977, I, 248 [276]; Jaeger, Giur. comm. 1974, I, 554 [574]; Di Sabato, Manuale delle società, S. 413 f.. Eine weitere, wenn auch praktisch eher fernliegende Variante im Hinblick auf eine mögliche Umgehung des Art. 2372 C.C. wird in der Einräumung eines Pfandrechts oder Nießbrauchs von seiten des Aktionärs oder in dem Abschluß eines Aktienreportgeschäftes gemäß Art. 1548 C.C. erblickt. Diese Rechtsinstitute sind insofern für eine Umgehung geeignet, als gemäß Art. 2352 C.C. und Art. 1550 C.C. vorbehaltlich einer anderslautenden Vereinbarung dem Pfandgläubiger, Nießbraucher und dem Hereinnehmer von Aktien das Stimmrecht aus den betreffenden Aktien zusteht. Vgl. hierzu Bassi, Riv. dir. civ. 1975, II, 350 [361]; Sacchi, Giur. comm. 1977, I, 248 [276]; Grippo, L'assemblea, S. 359 [397].

faßt seien, ausüben ließen.[118] Eine Möglichkeit zur technischen Realisierung eines solchen Vorhabens bestehe etwa darin, den angeschriebenen Aktionären in den Gesuchen zur Erteilung einer Stimmrechtsvollmacht bereits den Namen des Strohmannes mit der Bitte um dessen Bevollmächtigung mitzuteilen.[119] Ohne weiteres denkbar und jedenfalls mit dem Wortlaut des Art. 2372 C.C. vereinbar sei es aber auch, wenn die den Vertretungsverboten des Art. 2372 Abs. 4 C.C. unterfallenden Personen und Institutionen von vornherein Personen ihres Vertrauens damit beauftragen würden, im eigenen Namen die Aktionärsvollmachten einzuholen und zu sammeln.[120] Wenn auch genaue Zahlen über solche Praktiken nicht bekannt geworden sind, so ist im Schrifttum dennoch lange die Frage diskutiert worden, ob die Beschränkungen des Art. 2372 C.C. über ihren Wortlaut hinaus auch auf die beschriebenen Fälle Anwendung finden sollen.

Während einige Autoren für eine eng am Wortlaut der einzelnen Regelungen orientierte Auslegung des Art. 2372 C.C. eintreten[121] und nur für den Fall einer nachgewiesenen Umgehungs- oder Vortäuschungsabsicht auf die hierfür vorgesehenen allgemeinen Rechtsinstitute des Codice Civile[122] rekurrieren wollen, plädiert ein anderer Teil des Schrifttums mit Blick auf die den einzelnen Verboten zugrundeliegende gesetzgeberische Zwecksetzung für die grundsätzliche Zulässigkeit einer analogen Anwendung des Art. 2372 C.C..[123] Das gegen diese These angeführte Argument, daß insbesondere die subjektiven Vertretungsverbote des Art. 2372 Abs. 4 C.C. nicht analogiefähige Ausnahmenormen („norme

---

118) Gerade im Zusammenhang mit dem Aktionärsvertretungsverbot für Banken ist immer wieder auf die praktisch naheliegende Möglichkeit der Einschaltung nahestehender oder abhängiger Vermögensverwaltungs- und Investmentgesellschaften hingewiesen worden, vgl. etwa Sacchi, Giur. comm. 1977, I, 248 [276]; Grande Stevens, Riv. soc. 1974, 802 [806]; Gatti, La rappresentanza, S. 123, Fn. 3.

119) Sacchi, Giur. comm. 1977, I, 248 [276].

120) Nobili/Vitale, La riforma delle società per azioni, S. 208.

121) Nobili/Vitale, La riforma delle società per azioni, S. 205. Auch im Rundschreiben Nr. 179 der Vereinigung der italienischen Aktiengesellschaften (Assonime), Riv. soc. 1974, 853 [881] wird für eine enge Auslegung des Art. 2372 C.C. plädiert.

122) In diesem Zusammenhang werden vor allem Art. 1344 C.C. und die Artt. 1414 f. C.C. genannt. Die erstere Bestimmung verbietet die Umgehung zwingender rechtlicher Vorschriften („frode alla legge"), während die beiden anderen bestimmen, daß simulierte Rechtsgeschäfte – außer gegenüber gutgläubigen Dritten – keine Rechtswirkungen entfalten.

123) Jaeger/Denozza, Appunti di diritto commerciale, S. 358; Sacchi, Giur. comm. 1977, I, 248 [272]; Jaeger, Giur. comm. 1974, I, 554 [571 und 573 f.]; Sacchi, Giur. comm. 1982, II, 217 [228]. Sacchi, Voto per delega, S. 385 [418] gesteht jedoch zugleich ein, daß der Beweis einer Verletzung von analog angewendeten Beschränkungen und Verboten des Art. 2372 C.C. in der Praxis nur schwer möglich sei.

eccezionali")[124] im Verhältnis zum in Art. 2372 Abs. 1 C.C. verankerten Grundsatz der freien Wählbarkeit eines Aktionärsvertreters darstellten, wird von dieser Meinung als nicht zugkräftiges Scheinargument zurückgewiesen. Denn – so wird als Begründung angeführt – sowohl Art. 2372 Abs. 1 C.C., der dem Aktionär das Recht garantiere, sich in der Hauptversammlung vertreten zu lassen, als auch die in den nachfolgenden Absätzen des Art. 2372 C.C. verankerten Beschränkungen der Stimmrechtsvertretung dienten – wenn auch auf unterschiedliche Art und Weise – letztendlich einem einheitlichen Ziel: der Verwirklichung der Privatautonomie des Aktionärs; Art. 2372 Abs. 1 C.C. wolle diesem die Möglichkeit einräumen, sich überhaupt in der Hauptversammlung vertreten lassen zu können, während die nachfolgenden Verbote und Einschränkungen den Zweck verfolgten, die Aktionärsvertretung so auszugestalten, daß diese für den Aktionär eine effektive und an seinen eigenen Interessen ausgerichtete Form der indirekten Teilnahme darstelle.[125]

Ausgehend von der These, daß die restriktive Aktionärsvertretungsregelung des Art. 2372 C.C. das Sammeln von Stimmrechtsvollmachten unter Ausnutzung der Gleichgültigkeit und vor allem der Desinformation der Kleinaktionäre unterbinden soll, wird allerdings zum Teil vertreten, daß eine analoge Anwendung dieser Vorschrift nur dann in Betracht kommen könne, wenn der Aktionär im Zeitpunkt der Erteilung der Vollmacht bzw. im Zeitpunkt des Auseinanderfallens von Stimmrecht und materiellem Eigentum an der Aktie nicht ausreichend informiert sei.[126] Dieser Meinungsvariante ist jedoch entgegengehalten worden, daß sie im logischen Widerspruch zu der Tatsache stehe, daß die Frage, inwieweit der vertretene Aktionär tatsächlich informiert sei, auch im Rahmen der direkten Anwendung des Art. 2372 C.C. keine Rolle spiele.[127]

Anders als das Schrifttum hat die Rechtsprechung bislang nicht in allgemeiner und abstrakter Form zu dem Problem der analogen Anwendbarkeit des Art. 2372 C.C. Stellung bezogen. Ebensowenig läßt sich aus der bisher vorhandenen Kasuistik eindeutig eine bestimmte Position ablesen. Während in einem

---

124) Das Verbot einer analogen Anwendung von Normen mit Ausnahmecharakter („norme eccezionali") ergibt sich aus Art. 14 der Vorschriften „sulla legge in generale", vgl. Sacchi, Giur. comm. 1977, I, 248 [252].

125) So Sacchi, Giur. comm. 1977, I, 248 [264]. Ähnlich auch Jaeger/Denozza, Appunti di diritto commerciale, S. 358; Sacchi, Voto per delega, S. 385 [411].

126) Sacchi, Giur. comm. 1977, I, 248 [272 ff.]; ders., Voto per delega, S. 385 [411]. Zu der Frage, auf welche Gegenstände sich die Information der Aktionäre erstrecken muß, damit diese als ausreichend informiert angesehen werden können, nimmt der zitierte Autor jedoch nicht Stellung.

127) Calandra Buonaura, Società fiduciarie e rappresentanza in assemblea, S. 41 [46].

Fall[128] die analoge Anwendung des Vertretungsverbots für Gesellschaftsverwalter auf die Bevollmächtigung eines Prokuristen der Gesellschaft abgelehnt worden ist, wurde in einem Obiter dictum aus dem Jahre 1988 das Vertretungsverbot für Banken und Kreditunternehmen in der Weise interpretiert, daß es nicht nur die Verwalter, sondern auch die Angestellten der Depotbanken von der Aktionärsvertretung ausschließe.[129]

h) Das Sanktionensystem

Das italienische Recht enthält kaum explizite Regelungen darüber, welche Rechtsfolgen und Sanktionen eine Verletzung der in Art. 2372 C.C. festgeschriebenen Verbote, Beschränkungen und sonstigen Anforderungen an die Stimmrechtsvertretung nach sich zieht. Eine Ausnahme stellt in dieser Hinsicht lediglich die Vorschrift des Art. 2630 Nr. 3 C.C. dar, wonach Gesellschaftsverwalter mit Gefängnisstrafen von sechs Monaten bis zu drei Jahren und mit Geldstrafen von vierhunderttausend bis zu zwei Millionen Lire bestraft werden, wenn sie mit unerlaubten Mitteln („mezzi illeciti") auf die Mehrheitsbildung in der Hauptversammlung Einfluß nehmen. Die Frage, ob dieser Tatbestand auch dann erfüllt ist, wenn Gesellschaftsverwalter entgegen dem Verbot des Art. 2372 Art. 4 C.C. als Stimmrechtsvertreter von Aktionären an Beschlußfassungen mitwirken, ist von der Rechtsprechung bislang zwar noch nicht entschieden worden, wird jedoch vom Schrifttum – soweit man sich mit diesem Problem überhaupt auseinandersetzt – bejaht.[130]

Was hingegen die zivilrechtlichen Folgen eines Verstoßes gegen die Regelungen des Art. 2372 C.C. anbelangt, besteht zunächst Einigkeit darüber, daß sofern die formellen Anforderungen an die Vollmachtserteilung nicht erfüllt oder die Vertretungverbote nicht eingehalten werden, dem Stimmrechtsvertreter von seiten des Hauptversammlungsleiters die Teilnahme an der Versammlung untersagt werden kann.[131] Ebenso ist es unstreitig, daß sofern der Verstoß nicht im Vorfeld der Abstimmung bemerkt wird und der Stimmrechtsvertreter an der Beschlußfassung mitwirkt, die Stimmabgabe unabhängig von der Art und Schwere des Verstoßes unwirksam ist.[132] Die Begründung für den Eintritt dieser

---

128) Urteil des Landgerichts Mailand vom 5. März 1984.

129) Urteil des Kassationshofs vom 20.7.1988, Nr. 4709, Giur. comm. 1989, II, 23 [36].

130) Jaeger, Giur. comm. 1974, I, 554 [572]; Ferri, Le società, S. 584.

131) Frè, Società per azioni[5], S. 357; Nobili/Vitale, La riforma delle società per azioni, S. 213.

132) Merz, Il codice pratico, S. 287; Di Sabato, Manuale delle società, S. 413; Ferrara/Corsi, Gli imprenditori, S. 519 f.; Frè, Società per azioni[5], S. 358 f..

Rechtsfolge fällt jedoch, je nachdem, welche der zahlreichen unterschiedlichen Regelungen des Art. 2372 C.C. im Einzelfall betroffen ist, bisweilen uneinheitlich aus. Während für den Fall, daß das Verbot der Erteilung von Blankovollmachten (Art. 2372 Abs. 3 C.C.) mißachtet worden ist, auf die Vorschrift des Art. 1343 C.C. verwiesen wird[133)], rekurriert man bei einem Verstoß gegen die von Art. 2372 Abs. 1 und Abs. 2 C.C. festgeschriebenen Erfordernisse der Schriftform und der Einzelvollmacht auf die Artt. 1325 Nr. 4, 1350 C.C.[134)], welche die Nichteinhaltung zwingender gesetzlicher Formvorschriften mit der Nichtigkeit des betroffenen Rechtsgeschäfts – hier also der Erteilung der Vertretungsmacht von seiten des Aktionärs – sanktionieren. Für den Fall schließlich, daß die in Art. 2372 Abs. 4 C.C. aufgezählten Personen entgegen dem dort festgelegten Verbot die Stimmrechtsvertretung von Aktionären übernehmen oder im Falle einer Überschreitung der gemäß Art. 2372 Abs. 5 C.C. zu beachtenden quantitativen Höchstgrenzen wird die Unwirksamkeit der Stimmabgabe entweder auf die mangelnde rechtliche Fähigkeit zur Vertretungsübernahme („difetto di capacità giuridica del soggetto“)[135)] oder auf das Fehlen der für die Stimmrechtsausübung erforderlichen Legitimation des Vertreters[136)] gestützt. Im Hinblick auf einen Verstoß gegen die Vorschrift des Art. 2372 Abs. 5 C.C. ist jedoch umstritten, ob die Unwirksamkeit der Stimmabgabe sämtliche vom Aktionärsvertreter ausgeübten Stimmrechte erfaßt[137)] oder nur die Stimmen aus denjenigen Vollmachten, die die quantitative Kapazität des Stimmrechtsvertreters im Einzelfall übersteigen.[138)] Zugunsten der rigorosen Lösung wird vor allem geltend gemacht, daß für eine differenzierende Betrachtungsweise ein geeignetes Abgrenzungskriterium fehle, um im jeweiligen Einzelfall entscheiden zu können, welche der erteilten Vollmachten in das von Art. 2372 Abs. 5 C.C. zugelassene Kontingent fallen und welche nicht.[139)]

---

133) Nobili/Vitale, La riforma delle società per azioni, S. 213. Art. 1343 C.C. verbietet unter anderem Rechtsgeschäfte, die gegen zwingendes Recht verstoßen.

134) Frè, Società per azioni[5], S. 358.

135) Di Sabato, Manuale delle società, S. 413; Ferrara/Corsi, Gli imprenditori, S. 519.

136) Frè, Società per azioni[5], S. 358, allerdings nur im Hinblick auf einen Verstoß gegen Art. 2372 Abs. 4 C.C.

137) So Jaeger, Giur. comm. 1974, I, 554 [573].

138) Nobili/Vitale, La riforma delle società per azioni, S. 214; Gatti, La rappresentanza, S. 89 ff..

139) Jaeger, Giur. comm. 1974, I, 554 [573]. Anderer Ansicht sind Nobili/Vitale, La riforma delle società per azioni, S. 214, die hierfür die zeitliche Reihenfolge der Erteilung der Stimmrechtsvollmachten maßgeblich lassen sein wollen, für den Fall, daß diese in der Praxis nicht feststellbar ist, jedoch für die Unwirksamkeit sämtlicher abgegebener Stimmen plädieren.

Von dem Problem, welche Auswirkungen Verstöße gegen die Regelungen des Art. 2372 C.C. auf die Wirksamkeit der Stimmabgabe von seiten des Vertreters haben, ist schließlich die Frage zu unterscheiden, welchem rechtlichen Schicksal eine Beschlußfassung unterworfen ist, in deren Rahmen unwirksame Stimmabgaben unberechtigterweise berücksichtigt worden sind. In diesem Zusammenhang herrscht im Schrifttum jedoch nahezu Einigkeit darüber, daß die hierauf gestützte Anfechtung eines Beschlusses nur dann begründet ist, wenn feststeht, daß ohne die fälschliche Berücksichtigung der unwirksamen Stimmen die für den Beschluß erforderliche Mehrheit nicht zustandegekommen wäre (sog. „prova di resistenza“).[140)]

i) Art. 2372 C.C. im Kreuzfeuer der Kritik des Schrifttums

Vom Beginn ihres Inkrafttretens im Jahre 1974 an hat das italienische Schrifttum praktisch ausnahmslos eine äußerst skeptische Haltung gegenüber der Regelung des Art. 2372 C.C. eingenommen und sich in zahlreichen kritischen Stellungnahmen[141)] von ihr distanziert. Die Anknüpfungspunkte dieser Kritik waren dabei jedoch ganz unterschiedlicher Natur. So wurde – abgesehen von dem Vorwurf, der Gesetzgeber habe die Novellierung des Art. 2372 C.C. in undemokratischer Weise ohne eine vorherige Anhörung der beteiligten Interessenverbände und ohne Rücksicht auf die vom Schrifttum vorgetragenen Bedenken vorgenommen[142)] – sowohl die vom Gesetzgeber getroffene rechtspolitische Grundentscheidung als auch deren rechtstechnische Umsetzung als verfehlt angesehen. Im Jahre 1974 – so wurde vorgetragen – sei eine günstige Gelegenheit versäumt worden, die antiquierte italienische Stimmrechtsvertretungsregelung an die modernen Aktionärsvertretungssysteme anzupassen.[143)] Diese weitaus li-

---

140) Perlingieri, Codice Civile, S. 438; Merz, Il codice pratico, S. 287 i.V.m. S. 289; Nobili/Vitale, La riforma delle società per azioni, S. 214 f.; Jaeger, Giur. comm. 1974, I, 554 [573]. Anderer Ansicht ist – soweit ersichtlich – nur Frè, Società per azioni[5], S. 360, der selbst für den Fall, daß das Ergebnis bei Nichtberücksichtigung der unwirksamen Stimmen nicht bestritten wird, vertritt, daß der betroffene Beschluß wegen eines Verfahrensfehlers annullierbar sein soll.

141) Campobasso, Diritto commerciale, S. 302 f.; Rossi, Il voto extrassembleare, S. 40; Jaeger, Giur. comm. 1974, I, 554 [556 ff.]; Sacchi, Voto per delega, S. 385 [418 f.]; Bassi, Riv. dir. civ. 1975, II, 350 [351 f.]; Galgano, Giur. comm. 1974, I, 425 [431]; Grippo, L‘assemblea, S. 359 [395]; vgl. ferner die im nachfolgenden Text angebrachten Zitate und Verweise.

142) Grande Stevens, Riv. soc. 1974, 802 [802].

143) Jaeger, Giur. comm. 1974, I, 554 [558].

beraleren Vertretungsregelungen[144)] zeichneten sich dadurch aus, daß sie anstelle der Einführung von Vertretungsverboten dem Stimmrechtsvertreter die Erfüllung detaillierter Informations- und Offenlegungspflichten auferlegten, um auf diese Weise zu gewährleisten, daß dem Aktionär mit dem Rechtsinstitut der Stimmrechtsvertretung ein bequemes und an seinen eigenen Interessen ausgerichtetes Instrument für eine – wenn auch indirekte – Hauptversammlungsteilnahme zur Verfügung steht.[145)] Die Entscheidung des italienischen Gesetzgebers hingegen, jegliche Formen institutioneller Stimmrechtsvertretung entweder zu verbieten oder doch zumindest durch die strengen quantitativen Begrenzungen des Art. 2372 Abs. 5 C.C. erheblich zu erschweren, stelle sich als eine völlig übertriebene und wenig durchdachte Reaktion auf die vor 1974 im Rahmen der Aktionärsvertretung beobachteten Mißbräuche dar[146)]; die Tatsache, daß Art. 2372 Abs. 4 C.C. den Hauptakteuren auf dem Gebiet der institutionellen Stimmrechtsvertretung in pauschaler und undifferenzierter Weise die Ausübung fremder Aktienstimmrechte verbiete, habe die Kleinaktionäre in noch größerem Maße von der Gesellschaft entfremdet und vor allem in den großen Publikumsgesellschaften zu extrem niedrigen Hauptversammlungspräsenzen geführt.[147)] So seien etwa im Jahre 1993 in den dreißig größten börsennotierten Unternehmen Italiens von der durchschnittlichen Aktionärsgesamtanzahl von über 30000 Anteilseignern im Durchschnitt nur etwa 80 Aktionäre persönlich auf der Hauptversammlung erschienen, und die Anzahl derer, die ihr Stimmrecht durch einen Vertreter hätten ausüben lassen, habe sich innerhalb der gleichen marginalen Größenordnung bewegt.[148)] Da auf diese Weise die Masse der Kleinaktionäre faktisch von der Unternehmenskontrolle ausgeschlossen sei[149)] und – hierdurch bedingt – die Machtposition der Großaktionäre bzw. des von ihnen gestützten Managements verfestigt werde, habe die Einführung der restriktiven

---

144) Der zitierte Autor bezieht sich in diesem Zusammenhang vor allem auf die amerikanische und die deutsche Aktionärsvertretungsregelung.

145) Jaeger, Giur. comm. 1974, I, 554 [558 f.]; Campobasso, Diritto commerciale, S. 302.

146) Rossi, Il voto extrassembleare, S. 40.

147) Vgl. die Begründung des Gesetzesvorschlags für eine Reform der Stimmrechtsvertretung vom 04. August 1994 (vorgelegt vom Abgeordneten Turci), abgedruckt in Giur. comm. 1995, I, 671; ähnlich Grippo, L'assemblea, S. 359 [395]; ebenso Vella, Partecipazione azionaria e deleghe di voto, S. 1.

148) Die Zahlenangaben stammen ebenfalls aus der Begründung des Gesetzesvorschlags vom 04. August 1994 (vgl. die vorangegangene Fußnote), Giur. comm. 1995, I, 671.

149) In diesem Zusammenhang ist zu erwähnen, daß die Beauftragung anderer professioneller Stimmrechtsvertreter in Italien unverhältnismäßig teuer ist. So verlangen etwa Anwälte oder Vermögensberater oftmals mehrere hundert Mark für den Besuch einer Hauptversammlung, vgl. Baums, Shareholder representation and proxy voting in the European Union, S. 14.

Stimmrechtsvertretungsregelung des Art. 2372 C.C. unter aktionärsdemokratischen Gesichtspunkten einen klaren Rückschritt bedeutet.[150] Hinzu komme, daß der Gesetzgeber aufgrund der kasuistischen und deshalb notwendigerweise lückenhaften Abfassung der Verbotstatbestände den hiervon betroffenen Personen im Bedarfsfall die Möglichkeit offengelassen habe, auf praktisch nicht allzu komplizierten Umwegen[151] doch noch fremde Aktionärsstimmen unter ihre Kontrolle zu bringen.[152] Demgegenüber schreibe der Codice Civile aber nach wie vor keinerlei Informationspflichten des Stimmrechtsvertreters zum Schutze des vertretenen Aktionärs fest, so daß die Gefahr eines Stimmrechtsmißbrauchs im Vergleich zur Situation vor 1974 nicht geringer geworden sei.[153]

Neben diesen eher grundsätzlichen Einwänden wurde im Schrifttum aber auch punktuelle Kritik an der mangelhaften Präzisierung einiger im Gesetzestext verwendeter Begriffe[154] und an der Einführung einzelner Vertretungsverbote laut. Vor allem das Verbot des Depotstimmrechts – so lautete die Argumentation von seiten des Schrifttums – stelle eine unzulässige Bevormundung der Aktionäre dar, weil diese durch die Erteilung der Stimmrechtsvollmachten ihr Vertrauen gegenüber der beauftragten Depotbank in ausreichendem Maß dokumentieren würden.[155] Zwar treffe es zu, daß Kreditinstitute – etwa aufgrund von Geschäftsbeziehungen oder ihrer Rolle als Kreditgeber der Gesellschaft – bei der Ausübung von Vollmachtsstimmrechten bisweilen in einen Interessenkonflikt geraten könnten. Dieser Umstand rechtfertige aber noch lange nicht ein so umfassendes und pauschales Vertretungsverbot, wie es durch Art. 2372 Abs. 4 C.C. eingeführt worden sei.[156] Dies müsse um so mehr gelten, als bislang keinerlei Nachweise dafür erbracht seien, daß sich das Bankenengagement im Bereich der Aktionärsvertretung in irgendeiner Weise negativ auf die Entwicklung der hiervon betroffenen Gesellschaften ausgewirkt habe.[157]

---

[150] Rossi, Il voto extrassembleare, S. 45; Bassi, Riv. dir. civ. 1975, II, 350 [351 f.]; Jaeger, Giur. comm. 1974, I, 554 [557 f.].

[151] Vgl. hierzu die Ausführungen oben S. 181 f..

[152] Nach Santini, Giur. comm. 1974, I, 432 [435] ist hierfür im Bedarfsfall nur etwas mehr an finanziellem und verfahrenstechnischem Aufwand erforderlich als vor der Einführung des restriktiven Aktionärsvertretungssystems. Ganz ähnlich Di Sabato, Manuale delle società, S. 413 f.; Jaeger, Giur. comm. 1974, I, 554 [556].

[153] Rossi, Il voto extrassembleare, S. 44 f.; ähnlich Sacchi, Giur. comm. 1977, I, 248 [277].

[154] Bassi, Riv. dir. civ. 1975, II, 350 [358] kritisiert etwa die mangelnde Präzisierung des in Art. 2372 Abs. 4 C.C. verwendeten Begriffes des „dipendente".

[155] Ferri, Le società, S. 583.

[156] Sacchi, Giur. comm. 1977, I, 248 [270]; Ferri, Le società, S. 585.

[157] Mauri, Le società 1998, 147 [151 f.].

Parallel zu dieser Kritik wurde im Schrifttum immer nachhaltiger die Mahnung laut, daß im Interesse der Stärkung des italienischen Finanzplatzes eine grundlegende Revision der Corporate Governance vonnöten sei, die der überragenden Bedeutung einer wirksamen Unternehmenskontrolle als Wachstums- und Effizienzfaktor in ausreichendem Maße Rechnung trage. Als Leitbild einer solchen Reform fungierte dabei allgemein das Modell einer „public company" mit weit verstreutem Aktienbesitz, in der sich die Kleinaktionäre an der Kontrolle des Managements beteiligen und die Gesellschaftsverwalter für den Fall einer ineffizienten Unternehmensführung stets mit ihrer Abberufung rechnen müßten.[158)] Um dieses Corporate Governance-Modell in der Praxis auch nur annäherungsweise durchzusetzen, sei jedoch – so wurde vom Schrifttum unmißverständlich klargemacht – neben Maßnahmen wie der Neufassung der Vorschriften über öffentliche Übernahmeangebote, der Erweiterung der Publizitäts- und Mitteilungspflichten der Gesellschaft und der Verschärfung der Verwalterhaftung vor allem eine Liberalisierung des Aktionärsvertretungssystems vonnöten.[159)] In diesem Zusammenhang komme es letztendlich darauf an, daß den Aktionären bequeme und für die Durchsetzung ihrer eigenen Interessen geeignete Formen der Stimmrechtsausübung zur Verfügung gestellt würden.[160)] Damit die Aktionärsvertretung diese Funktion übernehmen könne, müßten jedoch zuvor die zahlreichen Vertretungsverbote – vor allem das für Banken und Kreditunternehmen- aufgehoben und statt dessen die Stimmrechtsvertreter dazu verpflichtet werden, die Aktionäre bereits im Vorfeld der Hauptversammlung ausreichend über die dort zu behandelnden Angelegenheiten zu informieren und Interessenkonflikte offenzulegen.[161)] Schließlich – so wurde vorgetragen – sei es auch wünschenswert, wenn sich die wachsende Schar in- und ausländischer institutioneller Anleger[162)] mit ihrer zweifellos vorhandenen Sachkunde und Wirtschaftserfahrung stärker als Stimmrechtsvertreter der Kleinaktionäre engagieren würden.[163)]

---

158) Rossi, Il voto extrassembleare, S. 139; Jaeger, Giur. comm. 1995, I, 5 [8 f.]; Costi, Giur. comm. 1995, I, 77 [99].

159) Rossi, Il voto extrassembleare, S. 211 (Fn. 37); Jaeger, Giur. comm. 1995, I, 5 [15 ff.]; Vella, Partecipazione azionaria e deleghe di voto, S. 2.

160) Rossi, Il voto extrassembleare, S. 44.

161) Jaeger, Giur. comm. 1995, I, 5 [17].

162) Für den Bereich der Aktienfonds etwa konnte Italien im Jahre 1997 mit einem Anstieg von 86 Prozent der gesamten Fondsvermögen sowie einem Rekordmittelzufluß von rund 141 Milliarden DM – was einem Zuwachs von 146 Prozent entspricht – auf die dynamischste Entwicklung aller europäischen Staaten zurückblicken (FAZ vom 24. Februar 1998, Nr. 46, S. 24).

163) Rossi, Il voto extrassembleare, S. 458 mit weiteren Nachweisen in Fn. 7.

Als Folge dieser nach und nach immer lauter vorgetragenen Reformwünsche wurden ab Mitte der neunziger Jahre tatsächlich erste Liberalisierungstendenzen sichtbar.[164] Ein Beispiel hierfür stellte etwa der Erlaß des Gesetzesdekrets Nr. 414[165] im Jahre 1996 dar, dessen Art. 20 lit. e) Banken und Investmentgesellschaften fortan erlaubte, die Stimmrechte aus den von ihnen verwalteten Aktien als Aktionärsvertreter auszuüben.[166] In diesem Zusammenhang ebenfalls erwähnenswert ist die Tatsache, daß im Rahmen einer im Jahre 1994 durchgeführten gesetzlichen Privatisierung öffentlicher Unternehmen den hiervon betroffenen Gesellschaften das Recht zugestanden wurde, ihren Aktionären auf der Basis einer entsprechenden Satzungsänderung die Möglichkeit zur schriftlichen Stimmabgabe von außerhalb der Hauptversammlung („voto per correspondenza“) einzuräumen.[167]

Entscheidende Bedeutung für die angestrebte Liberalisierung des Aktionärsvertretungsrechts erlangte jedoch erst das Gesetzesdekret Nr. 58 vom 24. Februar 1998 („Testo unico delle disposizioni in materia di intermediazione finanziaria“), welches neben einer Reform des Finanzdienstleistungsrechts auch grundlegende Änderungen für den Bereich der institutionellen Stimmrechtsvertretung mit sich brachte. Eine wichtige Neuerung betraf zunächst das vielkritisierte Verbot des Bankenstimmrechts; durch Art. 210 des Gesetzesdekrets Nr. 58 vom 24. Februar 1998 ist die im Jahre 1974 eingeführte Bestimmung des Art. 2372 Abs. 4 a.E. C.C. aufgehoben worden, wonach es den Banken verboten war, als Stimmrechtsvertreter von Aktionären aufzutreten.[168] Ausschlaggebendes Motiv für die Abschaffung dieses Vertretungsverbots war – abgesehen von der zum Teil heftigen Kritik des Schrifttums – der Umstand, daß der Gesetzgeber eine Benachteiligung der Banken im Verhältnis zu den Wertpapierhäusern und den società di gestione del risparmio[169], die ebenfalls das Depot- und Vermögensverwaltungsgeschäft betreiben, aber im Gegensatz zu den Banken nie einem

---

164) Vella, Partecipazione azionaria e deleghe di voto, S. 2.

165) Abgedruckt in Le società 1996, 1087 ff..

166) Das gleiche Recht war mit Art. 8 lit. l) des Gesetzes 1/1991 bereits zuvor den Wertpapierhäusern („Società dell'intermediazione mobiliare“ = SIM) zugestanden worden, vgl. Vella, Partecipazione azionaria e deleghe di voto, S. 2, obwohl der Großteil der SIM von Bankkonzernen kontrolliert wird.

167) Art. 5 Nr. 5 des Gesetzes Nr 474 vom 27. Juli 1994. Vgl. hierzu auch das Kapitel über die Briefwahl im italienischen Recht, unten S. 227 ff..

168) Für die Darstellung der Einzelheiten dieser Regelung, ihrer Ratio sowie der an ihr geübten Kritik vgl. die Ausführungen oben S. 170 ff. und S. 186 f..

169) Bei den „società die gestione del risparmio“ handelt es sich um Aktiengesellschaften, die sowohl Wertpapier-Publikumsfonds als auch individuelle Kundenportfolios verwalten (Art. 34 T.U.).

Stimmrechtsvertretungsverbot unterworfen waren, vermeiden wollte.[170] Der durch die Relegalisierung des Depotstimmrechts bewirkte Liberalisierungsschub hielt sich allerdings insofern in Grenzen, als die zahlreichen anderen von Art. 2372 C.C. formulierten Verbote und Beschränkungen, insbesondere also auch die von Art. 2372 Abs. 5 C.C. für die Stimmrechtsvertretung angeordneten strengen quantitativen Höchstgrenzen, von der erwähnten Vorschrift unangetastet geblieben sind. Um so mehr Bedeutung kommt deshalb den Bestimmungen der Artt. 136 ff. des Gesetzesdekrets Nr. 58 vom 24. Februar 1998 zu, von denen im folgenden zu handeln sein wird.

2. Das Stimmrechtsvertretungssystem der Artt. 136 ff. des Testo Unico delle disposizioni in materia di intermediazione finanziaria[171]

a) Funktion der neuen Regelung

Mit dem Testo Unico sind zwei neue Rechtsinstitute für den Bereich der Stimmrechtsvertretung geschaffen worden: die „Sollecitazione" und die „Raccolta di deleghe".[172] Gemäß der Legaldefinition des Art. 136 lit b) T.U. spricht man von einer „Sollecitazione", wenn – bezogen auf eine bestimmte Hauptversammlung – die Allgemeinheit („generalità")[173] der Aktionäre um die Erteilung einer Stimmrechtsvollmacht gebeten wird. Dagegen bezeichnet „Raccolta di deleghe" den Sachverhalt, daß eine Aktionärsvereinigung („associazione di azionisti") ausschließlich ihre eigenen Mitglieder um die Erteilung einer Stimmrechtsvollmacht ersucht (Art. 136 lit e)T.U.).

Diese beiden neugeschaffenen und vom Testo Unico bzw. den auf ihm basierenden Ausführungsbestimmungen minutiös geregelten Rechtsinstitute sind insofern von zentraler Bedeutung für das Recht der Stimmrechtsvertretung, als sie innerhalb ihres gesetzlich umschriebenen Anwendungsbereichs die neben dem Testo Unico weiterhin gültige Vorschrift des Art. 2372 C.C.[174] abbedingen.[175]

---

170) Ghezzi, Commento al T.U., art. 210, S. 2063.

171) Im folgenden mit T.U. abgekürzt.

172) Geregelt in den Artt. 136-144 T.U..

173) Auf die Auslegung dieses nicht ganz eindeutigen Begriffs wird noch später, bei der Abgrenzung der Anwendungsbereiche von Art. 2372 C.C. und den Artt. 136-144 T.U. einzugehen sein.

174) Etwas anderes gilt nur im Hinblick auf das ehemals in Art. 2372 Abs. 4 C.C. verankert gewesene Stimmrechtsvertretungsverbot für Banken, das mit Inkrafttreten des Testo Unico weggefallen ist, vgl. hierzu oben S. 190.

175) Dies ergibt sich aus Art. 137 Abs. 1 T.U..

Der Gesetzgeber hat damit eine Möglichkeit geschaffen, die sowohl in quantitativer Hinsicht als auch im Hinblick auf den Kreis der für eine Stimmrechtsvertretung in Frage kommenden Personen äußerst restriktive Vorschrift des Art. 2372 C.C.[176] zu überwinden. Dahinter steht die Absicht, das Institut der Stimmrechtsvertretung aufzuwerten und stärker als bisher für eine Einbindung der Kleinaktionäre in die Überwachung des Managements zu instrumentalisieren, damit diese auf dem Wege einer erleichterten Stimmrechtsausübung effektiver ihre eigenen Interessen durchsetzen können.[177]

Die zu diesem Zweck angestrebte teilweise Liberalisierung des Aktionärsvertretungsrechts hat jedoch auch – zumindest für die Stimmrechtsvertreter – ihren Preis. Während letztere im Rahmen des Art. 2372 C.C. keinerlei Kontrolle bei der Ausübung der fremden Stimmrechte unterworfen sind und die von ihnen vertretenen Aktionäre weder über die zur Beschlußfassung anstehenden Materien informieren, noch über eventuelle Interessenkonflikte in ihrer Person unterrichten müssen, haben sie im Zusammenhang mit einer Sollecitazione i.S.d. Testo Unico zahlreiche, vom Gesetz ausführlich geregelte Informations-, Offenlegungs- und sonstige Verhaltenspflichten einzuhalten[178], die garantieren sollen, daß der Aktionär auf die Anfrage des Stimmrechtsvertreters hin eine auf möglichst großer Sachkenntnis basierende Entscheidung fällen kann. Die Transparenz und die Korrektheit des Verfahrens sind vom Gesetz zu den obersten Leitprinzipien erhoben worden.[179] Bevor auf den genauen Inhalt der Informationspflichten und die Einzelheiten des Verfahrens eingegangen werden wird, soll jedoch zunächst ein Überblick über den Geltungsbereich der neuen Regelung und die wichtigsten Merkmale der durch sie eingeführten Rechtsinstitute gegeben werden.

---

176) Vgl. Art. 2372 Abs. 4 und 5 C.C..

177) Silveri, Le deleghe di voto e il controllo societario, S. 9; Vella, Partecipazione azionaria e deleghe di voto, S. 2; Costi, Il governo delle società quotate, S. 19.

178) Diese Pflichten können auch nicht durch statutarische Vorschriften abbedungen oder eingeschränkt werden, vgl. Ghezzi, Commento al T.U., art. 137, S. 1283.

179) Dies kommt vor allem in Art. 144 Abs. 1 T.U. zum Ausdruck, durch den die Börsenaufsichtsbehörde zum Erlaß von Ausführungsbestimmungen ermächtigt worden ist, die sicherstellen sollen, daß die Sollecitazione und die Raccolta di deleghe transparent und korrekt durchgeführt werden.

b) Geltungsbereich der neuen Regelung

Die neuen Stimmrechtsvertretungsvorschriften des Testo Unico, bei deren Erlaß sich der Gesetzgeber in weiten Teilen vom Vorbild der amerikanischen proxy solicitation hat leiten lassen[180)] und durch die die restriktive Vorschrift des Art. 2372 C.C. derogiert wird, finden gemäß Art. 119 T.U. ausschließlich auf börsennotierte italienische Gesellschaften Anwendung, deren Aktien an den geregelten Märkten Italiens oder eines anderen Mitgliedstaats der Europäischen Union notiert sind.[181)] Für die nicht börsennotierten Aktiengesellschaften gelten daher auch in Zukunft weiterhin ausschließlich die restriktiven Bestimmungen des Art. 2372 C.C.

c) Die Grundstruktur der Sollecitazione

Im Zentrum des neuen Stimmrechtsvertretungssystems steht das Rechtsinstitut der Sollecitazione. Hierunter versteht der Testo Unico den Fall, daß anläßlich einer bereits einberufenen Hauptversammlung eine oder mehrere natürliche oder juristische Personen die Allgemeinheit („la generalità") der Aktionäre der betreffenden Gesellschaft darum ersuchen, ihnen zum Zwecke der Unterstützung ganz bestimmter, von ihnen zu spezifizierender Abstimmungsvorschläge eine Stimmrechtsvollmacht zu erteilen.[182)] Initiatoren einer solchen Stimmrechtskampagne – diese werden vom Testo Unico als Kommittenten bezeichnet (vgl. Art. 136 lit c) T.U.) – können gemäß Art. 139 Abs. 1 T.U. nur solche Personen sein, die allein oder zusammen mindestens ein Prozent des stimmberechtigten Kapitals der Gesellschaft auf sich vereinigen und bereits seit einem Mindestzeitraum von sechs Monaten als Inhaber dieser Rechtsposition im Aktienbuch der Gesellschaft eingetragen sind. Der Kommittent darf ferner nur ganz bestimmte, nach dem Vorbild eines von der Börsenaufsichtsbehörde herausgegebenen Musters konzipierte Bevollmächtigungsformulare verwenden und muß den Aktionären zudem einen Prospekt zur Verfügung stellen, in dem u.a. Angaben über die an der Sollecitazione beteiligten Personen, möglicherweise vorhandene Interessenkollisionen und über die Gründe, warum um die Unterstüt-

---

180) Sacchi, Le deleghe di voto, S. 2; Ghezzi, Commento al T.U., art. 137, S. 1243.

181) Eine Ausnahme gilt allerdings für börsennotierte Genossenschaften („società cooperative"), für die die Stimmrechtsvertretungsregelung des T.U. gemäß Art. 137 Abs. 4 T.U. nicht gilt.

182) Vgl. Art. 136 lit b) und c) T.U.. Die Abstimmungsvorschläge können dabei einzelne, mehrere oder auch sämtliche Tagesordnungspunkte der Hauptversammlung betreffen.

zung der jeweiligen Abstimmungsvorschläge geworben wird, enthalten sein müssen.[183)]

Schließlich darf sich der Kommittent zum Zwecke des Ersuchens um die Erteilung der Vollmachten, der Aushändigung des dazugehörigen Informationsmaterials sowie der Verteilung und anschließenden Rücknahme der Vollmachtsvordrucke nicht persönlich in seiner Eigenschaft als Kommittent an die Aktionäre wenden, sondern hat hierfür einen sog. Intermediär („intermediario“) zu beauftragen, dem die Durchführung dieser Aufgaben ausdrücklich gestattet ist.[184)] Für die Kosten der Intermediärsdienste, der Prospekterstellung und aller sonstigen mit der Stimmrechtskampagne im Zusammenhang stehenden Aufgaben muß der Kommittent aufkommen.[185)] Intermediär und Kommittent unterstehen bei der Durchführung der Sollecitazione zudem einer intensiven und sanktionsbewehrten Kontrolle durch die Börsenaufsichtsbehörde. Von besonderer Relevanz ist ferner die Tatsache, daß der Aktionär in bezug auf diejenigen Tagesordnungspunkte, die Gegenstand der Sollecitazione sind, keine Weisungen im Hinblick auf das von ihm gewünschte Abstimmungsverhalten erteilen kann, die inhaltlich nicht im Einklang mit den vom Kommittenten formulierten Abstimmungsvorschlägen stehen. Insoweit steht ihm also nur die Wahl zwischen der Unterstützung dieser Vorschläge und der Verweigerung seiner Stimmrechtsvollmacht bzw. der Beauftragung eines anderen Stimmrechtsvertreters offen.[186)]

d) Die Grundstruktur der Raccolta di deleghe

Mit dem Begriff „Raccolta di deleghe“ (= Vollmachtssammlung) bezeichnet der Testo Unico den Sachverhalt, daß eine Aktionärsvereinigung[187)] anläßlich einer

---

183) Die noch später darzustellenden inhaltlichen Einzelheiten ergeben sich aus den Vorschriften eines Reglements, das die Börsenaufsichtsbehörde Consob mit ihrem Beschluß Nr. 11971 vom 14. Mai 1999 auf der Grundlage des Art. 144 Abs. 1 T.U. erlassen hat.

184) Art. 138 Abs. 1 T.U. und Art. 140 T.U..

185) Dies ergibt sich aus Art. 134 Abs. 11 des in Fußnote 183 erwähnten Reglements.

186) Die auf diese Weise bewirkte Einengung des stimmrechtsvertretungsbezogenen Handlungsspielraums wird in Italien als one-way- proxy-System bezeichnet und ergibt sich aus Art. 135 Abs. 3 des in Fußnote 183 erwähnten Reglements.

187) Wenngleich ihre Anzahl in jüngster Zeit leicht gestiegen ist, existieren bislang nur sehr wenige Aktionärsvereinigungen („associazioni di azionisti“) in Italien. Beispiele für unternehmensinterne Zusammenschlüsse von Aktionären sind etwa die Aktionärsvereinigungen „Azionisti gruppo INA“, „Comitato dei piccoli azionisti Gemina“ und die „Associazione fra i dipendenti di gruppo azionisti della STET“ (ADAS). Erwähnenswert ist auch die Aktionärsvereinigung „Assorisparmio“, die Aktionärsinteressen in einer Vielzahl von Unternehmen vertritt (u.a. Pirelli, Scotti Finanziaria, Finbreda, Fincom, Fideu-

bereits einberufenen Hauptversammlung ihre Mitglieder um die Erteilung einer Stimmrechtsvollmacht bittet (Art. 136 lit e) T.U.). In diesem Fall sieht das Gesetz im Verhältnis zu den Anforderungen für die Durchführung einer Sollecitazione erhebliche Vereinfachungen vor. Zwar muß auch die eine Stimmrechtssammlung unter ihren eigenen Mitgliedern planende Aktionärsvereinigung einem Mindestmaß an Informationspflichten und prozeduralen Verhaltensregeln nachkommen[188] und ist in dieser Hinsicht ebenso der Aufsicht der Consob unterstellt. Von der Pflicht zur Erstellung eines Informationsprospektes und zur Einschaltung eines Intermediärs ist sie jedoch entbunden. Ebensowenig muß sie die im Rahmen einer Sollecitazione an die Person des Kommittenten gestellten strengen Anforderungen erfüllen. Vielmehr darf gemäß Art. 141 T.U. jede Aktionärsvereinigung von dem Instrument der Raccolta di deleghe Gebrauch machen, die aus mindestens fünfzig natürlichen Personen mit einem Anteil von jeweils höchstens 0,1 Prozent des stimmberechtigten Kapitals der Gesellschaft besteht[189], eine beglaubigte Gründungsurkunde vorweisen kann und keine selbständigen unternehmerischen Zwecke verfolgt. Da die aufgezählten Erleichterungen auf der Erwägung beruhen, daß sich im Falle einer Raccolta di deleghe die Stimmrechtskampagne ausschließlich an Personen richtet, die auf freiwilliger Basis Mitglieder der sie organisierenden Aktionärsvereinigung sind[190], gelten sie jedoch nur solange, wie der Kreis der Adressaten nicht auf Nichtmitglieder ausgedehnt wird.[191]

Ein weiterer wichtiger Unterschied zur Regelung der Sollecitazione besteht darin, daß die Aktionäre im Rahmen der Raccolta die deleghe stets die Mög-

---

ram, Clou, Ferfin, Gemina, Girardi Sim, Ecu Sim und SFA partecipazioni), vgl. hierzu Torino, Riv. soc. 1998, 603 [634, Fn. 88].

188) Insbesondere muß die Aktionärsvereinigung ihren Mitgliedern inhaltlich standardisierte Formblätter („moduli di delega") für die Erteilung der Stimmrechtsvollmacht zur Verfügung stellen, deren Inhalt später noch im einzelnen darzustellen sein wird.

189) Die Höchstgrenze von 0,1 Prozent des stimmberechtigten Kapitals soll nach Ansicht von Sacchi, Le deleghe di voto, S. 8 sicherstellen, daß kein einzelnes Mitglied aufgrund einer besonders hohen individuellen Beteiligung die Kontrolle über die Aktionärsvereinigung erlangen kann.

190) Sacchi, Le deleghe di voto, S. 8. Einen weiteren Grund sieht der Autor in dem Bestreben des Gesetzgebers, das Engagement der Aktionärsvereinigungen auf dem Gebiet der Stimmrechtsvertretung stärker als bisher zu fördern.

191) In diesem Fall würden – zumindest im Verhältnis zu den Nichtmitgliedern – die strengeren Anforderungen und Verhaltenspflichten der Sollecitazione zur Anwendung gelangen. Die Aktionärsvereinigung müßte folglich die in Art. 139 Abs. 1 T.U. niedergelegten Anforderungen an die Person des Kommittenten erfüllen, einen Prospekt erstellen und einen Intermediär einschalten, vgl. Sacchi, Le deleghe di voto, S. 8.

lichkeit haben, von eventuellen[192] Abstimmungsvorschlägen der Aktionärsvereinigung abweichende Weisungen zu erteilen.[193]

e) Einzelheiten zur Sollecitazione

aa) Die Voraussetzungen für die Rolle des Kommittenten

Nicht jede beliebige Person kann eine Sollecitazione ins Leben rufen, sondern gemäß Art. 139 Abs. 1 S. 1 T.U. nur solche, die über mindestens ein Prozent des stimmberechtigten Kapitals der Gesellschaft verfügen und seit mindestens sechs Monaten[194] als Inhaber dieser Rechtsposition im Aktienbuch der Gesellschaft eingetragen sind.[195] Des weiteren ist erforderlich, daß dem Kommittenten die Ausübung seines Stimmrechts im Rahmen derjenigen Tagesordnungspunkte, die von der geplanten Sollecitazione umfaßt sein sollen, auch tatsächlich erlaubt ist. Da die Stimmrechte aus eigenen Aktien der Gesellschaft sowie aus Aktien, die von abhängigen Unternehmen an ihr gehalten werden, gemäß Art. 2357 ter Abs. 2 C.C. bzw. Art. 2359 bis Abs. 5 C.C. ruhen, scheiden sowohl die Gesellschaft selbst als auch die von ihr kontrollierten Unternehmen als mögliche Kommittenten aus.[196] Das gleiche gilt konsequenterweise auch für den Verwaltungsrat, insoweit er in der Funktion als gesetzliches Vertretungsorgan der Gesellschaft auftritt.[197] Damit eine gewisse Waffengleichheit hergestellt wird

---

192) Im Unterschied zum Kommittenten kann, aber muß die Aktionärsvereinigung nicht Abstimmungsvorschläge zu bestimmten Beschlußpunkten der Tagesordnung formulieren.

193) Diese Wahlfreiheit des Aktionärs wird in Italien als „two-way-proxy-System" bezeichnet. Sie ergibt sich aus Art. 141 Abs. 4 T.U. Dieselbe Vorschrift stellt allerdings ausdrücklich klar, daß dem Aktionär selbstverständlich auch die Möglichkeit offensteht, überhaupt keine Stimmrechtsvollmacht zu erteilen.

194) Der Vorentwurf des Testo Unico – der sog. Bozza Draghi – hatte noch eine Eintragungsdauer von lediglich drei Monaten vorgesehen.

195) Presti, La sollecitazione, S. 10, macht jedoch darauf aufmerksam, daß das Gesetz nicht klarstellt, ob Anknüpfungspunkt für die 6-Monatsfrist das Datum der Einberufungsbekanntmachung oder das Datum der Hauptversammlung sein soll.

196) Sacchi, Le deleghe di voto, S. 4; Ghezzi, Commento al T.U., art. 137, S. 1267 sowie art. 139, S. 1338.

197) Ghezzi, Commento al T.U., art. 137, S. 1267. Im Rahmen der Anhörung, die das Kabinett vor der endgültigen Verabschiedung des Testo Unico durchgeführt hat, ist dieses Ergebnis aus dem Gesichtspunkt der Notwendigkeit einer Gleichbehandlung von incumbents und insurgents heraus gerechtfertigt worden; es sei unbillig, so lautete die Argumentation, wenn diejenigen Kommittenten, die nicht dem Verwaltungsrat der Gesellschaft angehörten, die Organisationskosten aus eigener Tasche bezahlen müßten und auf der anderen Seite der Verwaltungsrat in seiner Funktion als gesetzliches Vertretungsorgan sich die

und die Mitglieder des Verwaltungsrats im Falle einer verwaltungsfeindlichen Stimmrechtskampagne nicht schutzlos dastehen, sondern gegebenenfalls auch eine Gegenoffensive starten können, besteht im Schrifttum jedoch Einigkeit darüber, daß ein oder mehrere Verwalter zusammen die Rolle des Kommittenten übernehmen dürfen, falls sie in eigener Person oder zusammen die Voraussetzungen des Art. 139 Abs. 1 T.U. erfüllen und die anfallenden Organisationskosten selbst tragen.[198)] Eine Ausnahme gilt allerdings dann, wenn die Hauptversammlung über die Anstrengung einer Haftungsklage gegen ein oder mehrere Verwaltungsratsmitglieder Beschluß fassen möchte, da die Gesellschaftsverwalter gemäß Art. 2373 Abs. 3 C.C. i.V.m. Art. 2393 C.C. insoweit einem Stimmverbot unterliegen. Der generalklauselartigen Bestimmung des Art. 2373 Abs. 1 C.C., wonach derjenige Aktionär sein Stimmrecht nicht ausüben kann, dessen persönliche Interessen hinsichtlich des zur Abstimmung stehenden Beschlußvorschlags im Widerspruch zum Interesse der Gesellschaft stehen, kommt hingegen nicht die Funktion eines Ausschlußtatbestandes zu, da diese Vorschrift nach der Rechtsprechung[199)] und der herrschenden Meinung im Schrifttum[200)] kein Stimmverbot anordnet, sondern in dem Sinne interpretiert wird, daß sie lediglich das Abstimmungsermessen des vom Interessenkonflikt betroffenen Aktionärs inhaltlich einschränkt.[201)]

Die von Art. 139 Abs. 1 S. 1 T.U. für die Kommittenteneigenschaft vorgeschriebenen Erfordernisse stellen in gewisser Hinsicht einen Kompromiß dar. Zunächst wollte der Gesetzgeber den von ihm intendierten Schwellenwert in quantitativer und zeitlicher Hinsicht nicht allzu niedrig ausfallen lassen. Zum einen sollte auf diese Weise vermieden werden, daß das neugeschaffene Institut der Sollecitazione als Instrument zur Lancierung bewußter Störmanöver oder

---

Kosten aus der Gesellschaftskasse zurückerstatten lassen könnte, vgl. Sacchi, Le deleghe di voto, S. 4.

198) Ghezzi, Commento al T.U., art. 137, S. 1265 (dort in Fn. 76 m.w.N.); Silveri, Le deleghe di voto e il controllo societario, S. 11; Sacchi, Le deleghe di voto, S. 5.

199) Urteil des Kassationshofs Nr. 5498 vom 8. Mai 1992, Giur. comm. 1993, II, 351 [351].

200) Vgl. etwa Ferrara/Corsi, Gli imprenditori, S. 521 f.; Jaeger, L'interesse sociale, S. 213 ff.; Campobasso, Diritto commerciale, S. 305 f..

201) Ghezzi, Commento al T.U., art. 139, S. 1339. Für dieses Ergebnis spricht darüber hinaus auch der Umstand, daß der im Verlaufe der Sollecitazione an die Aktionäre zu verteilende Informationsprospekt gemäß den Ausführungsbestimmungen der Börsenaufsichtsbehörde genaue Informationen darüber enthalten muß, ob und inwieweit die persönlichen oder geschäftlichen Interessen des Kommittenten mit den Interessen der die Hauptversammlung abhaltenden Gesellschaft in Widerspruch stehen, vgl. hierzu die Ausführungen zum Inhalt des Informationsprospektes, unten S. 206 ff.; vom Standpunkt, daß das Vorliegen eines solchen Interessenkonflikts von vornherein die Möglichkeit ausschließt, als Kommittent aufzutreten, würden die angesprochenen Offenlegungspflichten kaum Sinn machen.

zur Erpressung des Managements mißbraucht und damit eine stabile Geschäftspolitik unmöglich gemacht wird.[202)] Zum anderen liegt der Einführung des einprozentigen Stimmrechtsanteils als Mindesterfordernis für die Kommittenteneigenschaft die Erwägung zugrunde, daß die über eine relativ hohe Beteiligungsquote verfügenden Personen – also vor allem die institutionellen Anleger – in aller Regel größere Kompetenz und Wirtschaftserfahrung besitzen als die Splitteraktionäre.[203)] Und schließlich soll die vom Gesetz geforderte relativ hohe Eigenbeteiligung[204)] Gewähr dafür bieten, daß der Kommittent mit der von ihm initiierten Stimmrechtskampagne keine spekulativen Zwecke oder privaten Sondervorteile zum Nachteil der Gesellschaft verfolgt, sondern daß die von ihm unterbreiteten Vorschläge vielmehr ausschließlich der Unternehmenswertsteigerung und damit dem Nutzen aller Aktionäre dienlich sind.[205)]

Auf der anderen Seite durften die an den Kommittenten gestellten Anforderungen in quantitativer und zeitlicher Hinsicht aber auch nicht allzu streng und restriktiv formuliert werden, wollte man verhindern, daß der Kreis potentieller Kommittenten von vornherein unverhältnismäßig eingeengt würde. Aus diesem Grunde hat der Gesetzgeber an verschiedenen Stellen flexible Regelungen und Erleichterungen geschaffen. Zum einen sieht – wie bereits angesprochen – Art. 136 lit c) T.U. die Möglichkeit vor, daß sich mehrere Personen zusammenschließen und gemeinsam die Funktion des Kommittenten übernehmen können. Zum anderen schafft Art. 139 Abs. 2 T.U. eine wichtige Erleichterung für institutionelle Investoren, indem er bestimmt, daß die Stimmrechte aus Aktien eines Pensionfonds im Hinblick auf den von Art. 139 Abs. 1 S. 1 T.U. geforderten Stimmrechtsanteil den Fondsverwaltungsgesellschaften zugerechnet werden, die für die Ausübung der Stimmrechte aus diesen Aktien zuständig sind. In diesem Zusammenhang von Bedeutung ist schließlich auch noch die Vorschrift des Art. 139 Abs. 1 S. 2 T.U., durch den die Börsenaufsichtsbehörde ermächtigt wird, in Einzelfällen den von Art. 139 Abs. 1 S. 1 T.U. geforderten Stimmrechtsanteil von mindestens einem Prozent herabzusetzen. Dies ist jedoch nur

---

202) Ghezzi, Commento al T.U., art. 137, S. 1270.

203) Ghezzi, Commento al T.U., art. 139, S. 1343. Dieser gesetzgeberische Ansatz deckt sich mit den Stimmen aus der Literatur, die sich mit der Parole „voice statt exit" schon seit längerem für ein aktiveres Engagement der institutionellen Anleger im Bereich der Unternehmenskontrolle aussprechen, so etwa Costi, Il governo delle società quotate, S. 23.

204) Enriques, Giur. comm. 1998, I, 680 [691] macht darauf aufmerksam, daß eine Kapitalbeteiligung von 1 Prozent an der ENI bereits einem Investitionswert von ca. 1 Milliarde DM entspricht.

205) Vgl. hierzu Rossi, Il voto extrassembleare, S. 68; Ghezzi, Commento al T.U., art. 139, S. 1343f..

insoweit zulässig, als es sich um hochkapitalisierte Gesellschaften mit extrem verstreutem Aktienkapital handelt.

bb) Der Intermediär

Gemäß Art. 136 lit d) T.U. ist Intermediär („intermediario"), wer die Sollecitazione im Auftrag und für Rechnung des Kommittenten durchführt. Der letztere ist zwar an der Erstellung des Informationsprospekts und der Formulare für die Erteilung der Stimmrechtsvollmachten beteiligt, und er darf die im Rahmen der von ihm initiierten Stimmrechtskampagne gesammelten Vollmachten später in der Hauptversammlung auch selbst ausüben.[206)] Für die eigentliche Durchführung der Kampagne, d.h. für die eventuelle Kontaktaufnahme mit Aktionären, für die Verbreitung des vorgeschriebenen Informationsmaterials und die Formblätter für die Vollmachtserteilung sowie für die anschließende Sammlung der erteilten Stimmrechtsvollmachten ist jedoch nicht er selbst in seiner Eigenschaft als Kommittent zuständig, sondern ein Intermediär, der von ihm gemäß Art. 138 Abs. 1 T.U. zu diesem Zweck beauftragt werden muß. Wer Intermediär sein darf, bestimmt Art. 140 T.U.. Hiernach sind für diese Aufgabe die Banken, Wertpapierhäuser, Vermögensverwaltungsgesellschaften („società di gestione del risparmio")[207)], die SICAV[208)] sowie die sogenannten „società di proxy" zuständig.[209)] Bei den letzteren handelt es sich um Kapitalgesellschaften, deren ausschließlicher Gesellschaftszweck in der Durchführung von Stimmrechtskampagnen und der Übernahme von Stimmrechtsvertretungen liegt. Mit dieser neuen Gesellschaftsspezies[210)] möchte der Gesetzgeber den Markt für Intermediärsdienste zusätzlich beleben, um so einer – von mancher Seite befürchteten –

---

206) Dies ergibt sich aus Art. 138 Abs. 2 T.U..

207) Bei den „società di gestione del risparmio" handelt es sich um Aktiengesellschaften, die sowohl als Verwaltungsgesellschaften von Fonds auftreten dürfen, als auch für den Bereich der Verwaltung individueller Kundenportfolios zugelassen sind, vgl. Art. 34 T.U..

208) Bei den Sicav (= società di investimento a capitale variabile) handelt es sich um offene Investmentfonds des Gesellschaftstyps, die in der Rechtsform der Aktiengesellschaft organisiert sind.

209) Der Ausschluß der Versicherungen aus dem Kreise der zugelassenen Intermediäre basiert nach Ansicht von Ghezzi, Commento al T.U., art. 140, S. 1353, auf der Einschätzung des Gesetzgebers, daß die italienischen Versicherungen im Vergleich zu den anderen von Art. 140 T.U. aufgezählten Einrichtungen und Gesellschaften über weniger Kompetenz und Erfahrung im Wertpapierdienstleistungsbereich verfügen.

210) Bislang existiert mit der Gesellschaft „Proxitalia" jedoch erst eine einzige „società di proxy". Diese Auskunft verdankt der Verfasser der Professorin Serenella Rossi von der Università Statale in Mailand.

zukünftigen Dominanz der Banken in diesem neugeschaffenen Dienstleistungsbereich von vornherein entgegenzuwirken.[211]

Wenngleich sich die Literatur darüber einig ist, daß der gesetzgeberische Sinn der Funktionsaufteilung zwischen Kommittent und Intermediär darin liegt, die Durchführung der Stimmrechtskampagne ausschließlich Personen anzuvertrauen, die aufgrund ihrer professionellen Kompetenz in Wirtschaftssachen, ihrer Ehrenhaftigkeit und der über sie ausgeübten strengen staatlichen Aufsicht Gewähr für eine effiziente und korrekte Ausführung der ihnen anvertrauten Aufgaben bieten[212], herrscht bezüglich der Lösung einiger Detailfragen, die mit der Funktionstrennung zwischen Kommittent und Intermediär in Zusammenhang stehen, Ungewißheit. Hiermit angesprochen ist vor allem[213] das Problem, ob ein Kommittent im Rahmen einer von ihm selbst geplanten Sollecitazione zugleich auch die Funktion des Intermediärs übernehmen darf, falls er neben den Anforderungen an die Person des Kommittenten auch die Voraussetzungen erfüllt, um gemäß Art. 140 T.U. als Intermediär tätig werden zu dürfen.[214]

Im Unterschied zum Vorentwurf des Testo Unico, dem sogenannten Bozza Draghi, dessen Art. 172 Abs. 2 die kumulative Wahrnehmung beider Funktionen in den beschriebenen Fällen noch ausdrücklich zuließ, enthalten die geltende Fassung des Testo Unico und die auf seiner Grundlage ergangenen Ausfüh-

---

211) Ghezzi, Commento al T.U., art. 140, S. 1353. Der Generaldirektor des Verbandes der börsennotierten Gesellschaften („Assonime") Cardarelli hat auf einer Anhörung, die das Kabinett zum Testo Unico im Januar 1998 durchgeführt hat, jedoch die Befürchtung geäußert, daß die „società di proxy" aufgrund der Tatsache, daß sie ihre Einnahmen ausschließlich aus der Durchführung von Stimmrechtskampagnen erwirtschaften sollen, weniger unabhängig und neutral sein könnten als die anderen von Art. 140 T.U. aufgezählten Gesellschaften und deshalb die Gefahr bestünde, daß diese sich vom Kommittenten leichter zu Unregelmäßigkeiten hinreißen lassen könnten.

212) Sacchi, Le deleghe di voto, S. 6; Ghezzi, Commento al T.U., art. 138, S. 1310.

213) Unklar ist daneben auch, ob ein Kommittent mehrere Intermediäre gleichzeitig einschalten darf, ob es zulässig ist, daß ein und derselbe Intermediär anläßlich einer bestimmten Hauptversammlung für mehrere Kommittenten – mit eventuell entgegengesetzter Zielrichtung – gleichzeitig tätig wird und ob der von einem Kommittenten eingeschaltete Intermediär seine Aufgabe an einen anderen Intermediär delegieren darf. Während die beiden zuletzt genannten Fragen vom Schrifttum unter Hinweis auf das Vertrauensverhältnis zwischen Kommittent und Intermediär verneint werden (Ghezzi, Commento al T.U., art. 138, S. 1308 und S. 1331), wird die Zulässigkeit der Einschaltung mehrerer Intermediäre durch ein und denselben Kommittenten bejaht, so etwa Sacchi, Le deleghe di voto, S. 4; Ghezzi, Commento al T.U., art. 138, S. 1307.

214) Als Beispiel denke man an eine Bank, die seit über sechs Monaten mit einer Beteiligung von über einem Prozent des stimmberechtigten Kapitals im Aktienbuch der Gesellschaft eingetragen ist, anläßlich deren Hauptversammlung sie beabsichtigt, eine Sollecitazione durchzuführen.

rungsbestimmungen der Börsenaufsichtsbehörde diesbezüglich keine eindeutige Regelung mehr. Das Schrifttum weigert sich jedoch, schon aus dieser Tatsache allein den e-contrario-Schluß gegen die Zulässigkeit der angesprochenen Aufgabenkumulation zu ziehen[215], sondern ist sich in der Bewertung dieser Frage höchst uneinig. Ein Teil der Literatur spricht sich vor allem mit Blick auf die Banken gegen die Zulässigkeit der kumulativen Wahrnehmung von Kommittenten- und Intermediärsfunktion aus und führt als Begründung für diese Ansicht an, daß die Zwischenschaltung einer dritten Person notwendig sei, um der Entstehung von Interessenkonflikten bei der Durchführung der Stimmrechtskampagne vorzubeugen und eine größtmögliche Transparenz zugunsten der Aktionäre sicherzustellen.[216] Die Gegenauffassung argumentiert hingegen, daß die obligatorische Einschaltung eines Intermediärs in den beschriebenen Fällen zu teuer, zu kompliziert und dem Kommittenten deshalb nicht zumutbar sei.[217] Im übrigen bestünde angesichts der Möglichkeit von wechselseitigen Beteiligungen oder gleicher Konzernzugehörigkeit von Kommittent und Intermediär[218] auch die Schwierigkeit zu bestimmen, bis zu welcher Grenze ein eingeschalteter Intermediär überhaupt noch als „Dritter" im Verhältnis zum Kommittenten angesehen werden könne.[219] Einig sind sich die verschiedenen Literaturmeinungen allerdings insoweit, als beide den Gesetzgeber dafür kritisieren, in einer praktisch so bedeutsamen Frage wie der vorliegenden keine ausdrückliche und eindeutige Bestimmung getroffen zu haben.[220]

---

215) Sacchi, Le deleghe di voto, S. 7.

216) Costi, Il governo delle società quotate, S. 25.

217) Diese Meinung hat etwa der Generaldirektor des Finanzministeriums Draghi in einer Anhörung im Januar 1998 – abgedruckt in Riv. soc. 1998, 204 [210] – vertreten. Ein weiteres von ihm vorgetragenes Argument lautete, daß eines der vom gesamten Testo Unico verfolgten Grundprinzipien gerade darin bestünde, Interessenkonflikte nicht von vornherein auszuschließen oder zu verbieten, sondern vielmehr diese für die Aktionäre transparent zu machen. In diesem Sinne müsse ein Hinweis auf die Wahrnehmung der Doppelrolle genügen.

218) Die Zulässigkeit solcher Verbindungen zwischen Kommittent und Intermediär ergibt sich indirekt aus den Ausführungsbestimmungen der Consob, die u.a. anordnen, daß Kommittent und Intermediär ihre gegenseitigen Beteiligungen und ihre geschäftlichen Beziehungen miteinander den Aktionären gegenüber im Informationsprospekt zur Stimmrechtskampagne offenlegen müssen, vgl. hierzu noch unten S. 206 ff..

219) Ghezzi, Commento al T.U., art. 138, S. 1315f..

220) Sacchi, Le deleghe di voto, S. 7 f.; Costi, Il governo delle società quotate, S. 25.

cc) Die Ausführungsbestimmungen der Consob

Artikel 138 Abs. 1 T.U. bestimmt lakonisch, daß die Sollecitazione mittels der Verbreitung eines Prospekts und eines Formulars für die Erteilung der Stimmrechtsvollmacht durchgeführt wird. Die im Rahmen der Stimmrechtskampagne verwendeten Bevollmächtigungsformulare und Informationsprospekte dürfen jedoch nicht nach freiem Ermessen der Organisatoren angefertigt werden, sondern müssen zum Schutz der Aktionäre den Vorgaben zweier Muster entsprechen, die von der Börsenaufsichtsbehörde auf der Grundlage des Testo Unico erstellt und dem Reglement der Consob vom 14. Mai 1999 (Beschlußnummer 11971)[221] in einem Anhang beigefügt worden sind. Daneben sind Kommittent und Intermediär noch an eine Reihe weiterer Verfahrensregeln, Publizitätspflichten und sonstiger Verhaltensregeln gebunden, die einen transparenten und geordneten Ablauf der Stimmrechtskampagne sicherstellen und der Consob die Ausübung einer möglichst effektiven Kontrolle ermöglichen sollen. Auch diese Regeln sind größtenteils im Reglement Nr. 11971 vom 14. Mai 1999[222] verankert. Die umfangreiche Regelungsbefugnis der Börsenaufsichtsbehörde gründet sich auf Art. 144 Abs. 1 T.U., durch den die Consob u.a. dazu ermächtigt worden ist, den Inhalt der Bevollmächtigungsformulare und der Informationsprospekte, die Modalitäten ihrer Verbreitung, die Einzelheiten des Ablaufs von Sollecitazione und Raccolta di deleghe sowie die Voraussetzungen und die Modalitäten für die Erteilung und den Widerruf der Stimmrechtsvollmachten festzulegen.

aaa) Das Formular für die Erteilung der Stimmrechtsvollmacht („modulo di delega“)

Die Vorgaben für die inhaltliche Ausgestaltung der im Rahmen der Sollecitazione zu verwendenden Vollmachtsformulare befinden sich im Anhang 5 Buchstabe C des Reglements Nr. 11971.[223] Das Formular muß hiernach zunächst eine Reihe wichtiger Angaben enthalten. Hierzu zählen neben der Bezeichnung

---

221) Im folgenden als „Reglement Nr. 11971“ bezeichnet.

222) Das Reglement der Börsenaufsichtsbehörde vom 1. Juli 1998 (Beschlußnummer 11520), in dem die die Stimmrechtsvertretung betreffenden Ausführungsbestimmungen zum Testo Unico ursprünglich enthalten waren, ist durch Art. 156 Abs. 1 lit. p) des Reglements Nr. 11971 vom 14. Mai 1999 aufgehoben worden. Inhaltlich ergaben sich hierdurch jedoch keine wesentlichen Änderungen.

223) Soweit keine speziellen Vorschriften zitiert werden, orientiert sich die nachfolgende Beschreibung an dem dort abgedruckten Musterformular.

des Kommittenten, des von ihm beauftragten Intermediärs und der Gesellschaft, um deren Hauptversammlung es geht, auch das Datum der Hauptversammlung, die Aufzählung der einzelnen von ihr zu behandelnden Tagesordnungspunkte, die Bekanntgabe, wer im Falle der Erteilung der Stimmrechtsvollmacht das Stimmrecht des Aktionärs in der Hauptversammlung ausüben wird[224)] und die Angabe des Datums, bis zu dem das Formblatt spätestens zum Intermediär zurückgeschickt werden muß. Vor allem aber muß aus dem Formular deutlich hervorgehen, auf welche Tagesordnungspunkte sich die Stimmrechtskampagne bezieht und wie die Abstimmungsvorschläge des Kommittenten zu diesen Tagesordnungspunkten lauten. Diese Angaben sind deshalb für den Aktionär von besonderer Bedeutung, weil seine rechtlichen Handlungsalternativen in bezug auf die von der Stimmrechtskampagne umfaßten Tagesordnungspunkte stark eingeschränkt sind. Das von der Consob ausgearbeitete Musterformular und Art. 135 Abs. 3 des Reglements Nr. 11971[225)] sehen nämlich insoweit ausschließlich das sogenannte „one-way-proxy-System" vor[226)], was bedeutet, daß dem Aktionär in bezug auf diejenigen Tagesordnungspunkte, derentwegen die Stimmrechtskampagne vom Kommittenten organisiert worden ist und zu denen dieser deshalb auch eigene Abstimmungsvorschläge formuliert hat, nur die Wahl zwischen der Unterstützung der entsprechenden Abstimmungsvorschläge und der Nichterteilung einer Stimmrechtsvollmacht offensteht.[227)] Auf keinen Fall ist es ihm jedoch möglich, dem Kommittenten eine Vollmacht zu erteilen und diesen gleichzeitig zu instruieren, gegen den oder die Vorschläge, um deren Unterstützung er mit seiner Kampagne wirbt, zu stimmen oder sich der Stimme zu enthalten.[228)] Die Erteilung der Stimmrechtsvollmacht durch den Aktionär zieht al-

---

224) Allerdings ist der Kreis der hierfür in Frage kommenden Personen bereits vom Gesetz erheblich eingegrenzt worden, da – wie noch darzustellen sein wird – die im Rahmen der Stimmrechtskampagne gesammelten Vollmachten auf der Hauptversammlung nur vom Kommittenten oder vom Intermediär ausgeübt werden dürfen.

225) Artikel ohne nähere Bezeichnung sind im folgenden solche des Reglements Nr. 11971 vom 14. Mai 1999.

226) Zur Kritik hierzu vgl. das Kapitel „Kritik von seiten des Schrifttums", unten S. 222 ff..

227) Für den Fall, daß die Sollecitazione mehrere Tagesordnungspunkte umfaßt, muß diese Wahl jedoch nicht en bloc erfolgen, sondern der Aktionär hat gemäß Art. 142 Abs. 2 T.U. und Art. 137 Abs. 2 S. 1 des Reglements Nr. 11971 die Möglichkeit, die Erteilung seiner Stimmrechtsvollmacht auf einzelne Tagesordnungspunkte zu beschränken (sog. „delega parziale").

228) Die Börsenaufsichtsbehörde hat die Wahl des one-way-proxy-Systems, das vom Testo Unico jedenfalls nicht zwingend vorgegeben war, in einem Bericht, der von ihr bereits vor dem Erlaß der Ausführungsbestimmungen zum Testo Unico veröffentlicht worden war (sog. „nota tecnica") auf die Erwägung gestützt, daß das neugeschaffene Rechtsinstitut der Sollecitazione in erster Linie der Durchsetzung der Interessen des Kommittenten

so mit anderen Worten automatisch die rechtliche Konsequenz nach sich, daß die Stimmrechte aus seinen Aktien im Sinne der vom Kommittenten formulierten Abstimmungsvorschläge ausgeübt werden. Das Gesetz sieht nur eine Ausnahme von diesem Grundsatz vor; gemäß Art. 135 Abs. 3 a.E. darf bei der Ausübung der Vollmachtsstimmen ausnahmsweise dann von den Abstimmungsvorschlägen des Kommittenten abgewichen werden, wenn im Anschluß an die Erteilung der Stimmrechtsvollmachten neue Umstände bekanntgeworden sind, die den Aktionären nicht mehr rechtzeitig mitgeteilt werden konnten, und vernünftigerweise anzunehmen war, daß diese bei Kenntnis der neuen Sachlage die abweichende Ausübung ihres Stimmrechts gebilligt hätten.[229] Das Bevollmächtigungsformular muß dem Aktionär jedoch das Recht vorbehalten, den Stimmrechtsvertreter auch im Hinblick auf diesen Eventualfall zur vorschlagskonformen Ausübung seines Stimmrechts zu verpflichten.[230]

Vollkommen andere Regeln gelten hingegen im Zusammenhang mit denjenigen Tagesordnungspunkten der Hauptversammlung, die nicht Gegenstand der Sollecitazione sind und zu denen der Kommittent folglich auch keine speziellen Abstimmungsvorschläge formuliert hat. Im Hinblick auf diese Beschlußfassungsmaterien muß das Bevollmächtigungsformular dem Aktionär die Möglichkeit bieten, Weisungen bezüglich der von ihm gewünschten Abstimmungsrichtung zu erteilen, zu dessen Ausführung der Stimmrechtsvertreter gemäß Art. 135 Abs. 7 in jedem Fall verpflichtet ist. Empfehlungen, Stellungnahmen oder Angaben des Kommittenten, die geeignet sind, den Aktionär in seiner freien Entscheidung zu beeinflussen, sind in diesem Zusammenhang ausdrücklich verboten (Art. 137 Abs. 2 S. 2). Allerdings ist darauf hinzuweisen, daß das von der Consob ausgearbeitete Musterformular dem Aktionär nicht die Möglichkeit offenläßt, auf eine Vollmachtserteilung für die von der Sollecitazione nicht erfaßten Abstimmungsgegenstände ganz oder teilweise zu verzichten. Ebensowenig ist es dem Aktionär freigestellt, die Ausübung seines Stimmrechts inhaltlich dem Ermessen des Stimmrechtsvertreters zu überantworten. Dies ergibt sich aus der Vorschrift des Art. 137 Abs. 2 S. 3, wonach das Fehlen einer konkreten Weisung des Aktionärs als Stimmenthaltung bezüglich des jeweils betroffenen Ab-

---

dienen solle und erst in zweiter Linie der Erleichterung der Stimmrechtsausübung für die Aktionäre. Zur Kritik hierzu vgl. das Kapitel „Kritik von seiten des Schrifttums", unten S. 222 ff..

229) In diesem Fall muß der Stimmrechtsvertreter dem Aktionär jedoch anschließend die Gründe für die abweichende Ausübung seines Stimmrechts offenlegen (Art. 135 Abs. 6).

230) Art. 135 Abs. 3.

stimmungsgegenstandes gewertet wird.[231)] Bezogen auf die Tagesordnungspunkte, die nicht Gegenstand der Sollecitazione sind, halten die Ausführungsbestimmungen der Consob außerdem noch eine Sonderregelung für den Fall bereit, daß die ursprünglich angekündigten Beschlußvorschläge nachträglich inhaltlich abgeändert oder um neue Vorschläge ergänzt werden. Gemäß Art. 137 Abs. 2 S. 4 muß dem Aktionär im Hinblick auf diese Möglichkeit Gelegenheit gegeben werden, auf dem Bevollmächtigungsformular zu vermerken, ob er für oder gegen die abgeänderten bzw. neueingebrachten Verwaltungs- oder Aktionärsvorschläge stimmen will oder ob er sich für diesen Fall lieber der Stimme enthalten möchte.[232)]

Schließlich muß der Aktionär im Formular auf die wichtigsten Regeln, die bei seiner Ausfüllung zu beachten sind, aufmerksam gemacht werden. Notwendig ist daneben auch ein Hinweis darauf, daß die Stimmrechtsvollmacht vom Aktionär mittels einer ausdrücklichen Erklärung gegenüber dem Intermediär noch bis zum Vortag der Hauptversammlung widerrufen werden kann.[233)] Der Aktionär selbst muß Namen, Geburtsort und -datum sowie die Anzahl der in seinem Besitz befindlichen Aktien in das Formular eintragen. Damit die Bevollmächtigung wirksam ist, muß das Formblatt zudem von ihm datiert und unterschrieben werden.[234)] Mit seiner Unterschrift attestiert der Aktionär zugleich, daß er Einsicht in den Informationsprospekt genommen hat und Kenntnis von den eventuell darin offengelegten Interessenkonflikten besitzt.

---

231) In der dem Aktionär somit zumindest faktisch auferlegten Pflicht zur Instruktionserteilung sieht das Schrifttum zu Recht einen ganz wesentlichen Unterschied zwischen der Stimmrechtsvertretungsregelung des Testo Unico und Art. 2372 C.C., der auch eine Bevollmächtigung ohne die Erteilung konkreter Weisungen ohne weiteres zuläßt. In diesem Sinne etwa Pagnoni/Providenti, Commento, artt. 136-144, S. 744 [753]; Canepari, Commento al T.U., art. 142, S. 1426.

232) Obwohl die ebenfalls durch den Testo Unico neueingeführten Regeln zur Briefwahl erst an späterer Stelle in einem eigens dafür vorgesehenen Abschnitt behandelt werden sollen, sei hier darauf hingewiesen, daß die Bestimmungen des Art. 137 Abs. 2 S. 3 und S. 4 sich inhaltlich exakt mit den entsprechenden Regeln für die Briefwahl (vgl. Art. 143 Abs. 2 und Abs. 3) decken.

233) Ein konkludenter Widerruf der Vollmacht durch persönliches Erscheinen des Aktionärs in der Hauptversammlung oder durch die spätere Bevollmächtigung eines anderen Stimmrechtsvertreters ist jedoch im Unterschied zu Art. 2372 C.C. nicht möglich.

234) Dies ergibt sich aus Art. 142 Abs. 1 T.U. und aus Punkt 1 des fünften Abschnitts des Anhangs 5 Buchstabe B zum Reglement Nr. 11971. Obwohl das Erfordernis der Unterschrift die Notwendigkeit der Schriftform impliziert, spricht sich Canepari, Commento al T.U., art. 142, S. 1419 f., für die Zulässigkeit der Bevollmächtigung per Telefax oder Internet aus.

bbb) Der Informationsprospekt

Der von Kommittent und Intermediär für die Stimmrechtskampagne anzufertigende Informationsprospekt muß gemäß Art. 143 Abs. 1 T.U. inhaltlich so beschaffen sein, daß der Aktionär durch seine Lektüre in die Lage versetzt wird, eine bewußte („consapevole") Entscheidung darüber zu treffen, ob er die vom Kommittenten formulierten Abstimmungsvorschläge durch die Erteilung seiner Stimmrechtsvollmacht unterstützen will oder nicht. Die in Konkretisierung dieser Richtvorgabe ergangenen Ausführungsbestimmungen der Consob befinden sich im Anhang 5 Buchstabe B zum Reglement Nr. 11971 vom 14. Mai 1999.

Der Prospekt muß neben der Bezeichnung des Kommittenten, des Intermediärs[235)] und der Gesellschaft, auf deren Beschlußfassungen sich die Stimmrechtskampagne bezieht, zunächst Zeit und Ort der Hauptversammlung, die dort zur Beschlußfassung anstehenden Gegenstände und – vor allem – die Abstimmungsvorschläge nennen, die der Kommittent zu den ihn interessierenden Tagesordnungspunkten formuliert hat und um deren Unterstützung er mit seiner Stimmrechtskampagne wirbt. Für den Fall, daß auf der Hauptversammlung Aufsichtsrats- oder Verwaltungsratsmitglieder neu gewählt werden sollen, verlangen die Ausführungsbestimmungen zudem, daß die Lebensläufe der vom Kommittenten favorisierten Kandidaten im Prospekt mitgeteilt werden.[236)] Des weiteren legt die Börsenaufsichtsbehörde besonderen Wert auf die Offenlegung der Beweggründe, die den Kommittenten zu seiner Initiative bewogen haben. In diesem Zusammenhang muß der Kommittent nicht nur eventuelle Geldgeber benennen, die ihn bei der Organisation der Stimmrechtskampagne finanziell unterstützen[237)], sondern er ist auch dazu verpflichtet, soweit sie ihm bekannt sind, diejenigen natürlichen oder juristischen Personen anzugeben, die einzeln oder zusammen[238)] eine direkte oder indirekte Kontrolle über ihn ausüben oder

---

235) Der Intermediär und – falls es sich um eine juristische Person handelt – auch der Kommittent müssen neben ihrer Firma und ihrem Gesellschaftssitz auch ihre Rechtsform angeben. Der Kommittent muß zudem Angaben über die von ihm ausgeübten Tätigkeiten machen.

236) Abschnitt III Punkt 1 des Anhangs 5 Buchstabe B.

237) Abschnitt II Punkt 9 des Anhangs 5 Buchstabe B.

238) Unter gemeinsam ausgeübter Kontrolle versteht die Consob eine Kontrolle, welche von mehreren Gesellschaften, Unternehmen oder Personen ausgeübt wird, die eine Vereinbarung miteinander geschlossen haben, aufgrund derer sie zur Verfolgung einer gemeinsamen Strategie gegenüber dem Kommittenten verpflichtet werden können, vgl. Abschnitt II Punkt 3 des Anhangs 5 Buchstabe B.

ausüben können.[239] Außerdem muß der Kommittent jeden einzelnen, von ihm unterbreiteten Abstimmungsvorschlag detailliert begründen.[240]

Ferner verlangt die Börsenaufsichtsbehörde, daß sowohl Kommittent als auch Intermediär die Aktionäre über den Gegenstand und die Tragweite eventueller Interessenkonflikte im Verhältnis zu der von der Stimmrechtskampagne betroffenen Gesellschaft aufklären, die aus Geschäftsbeziehungen[241] oder aus der Zugehörigkeit zu einem bestimmten Konzern resultieren. Damit sich der Aktionär ein Bild von der Unabhängigkeit des Intermediärs machen kann, muß er im Prospekt daneben auch über die Existenz und das Ausmaß eventueller Geschäftsbeziehungen zwischen Intermediär und Kommittent[242], wechselseitiger kapitalmäßiger Verflechtungen sowie über die daraus möglicherweise resultierenden Interessenkonflikte des Intermediärs informiert werden.[243] Außerdem müssen Kommittent und Intermediär in genauer Höhe den Stimmenanteil beziffern, der ihnen oder – im Falle des Kommittenten auch – den Gesellschaften gleicher Konzernzugehörigkeit aufgrund von eventuellen Eigenbeteiligungen oder aus sonstigen Gründen bereits unabhängig vom Ausgang der Stimmrechtskampagne zusteht.[244]

Schließlich verlangt die Consob noch eine Reihe von Hinweisen, die sich im wesentlichen auf zwei Themenkomplexe konzentrieren. Die eine Gruppe von

---

239) In diesem Fall muß auch die Höhe des Stimmenanteils beziffert werden, auf dem der kontrollierende Einfluß im Einzelfall beruht.

240) Abschnitt III Punkt 2 des Anhangs 5 Buchstabe B.

241) Hiermit sind nicht nur die Geschäftsbeziehungen von Intermediär und Kommittent selbst gemeint, sondern auch die von anderen Gesellschaften ihres Konzerns, vgl. Abschnitt II Punkt 7 und Abschnitt IV Punkt 4 des Anhangs 5 Buchstabe B.

242) Ghezzi, Commento al T.U., art. 138, S. 1320 f., ist der Auffassung, daß der Intermediär in diesem Zusammenhang auch offenlegen muß, welche Kosten er dem Kommittenten für die Durchführung der Sollecitazione in Rechnung stellt.

243) Abschnitt IV Punkt 5 des Anhangs 5 Buchstabe B.

244) In diesem Zusammenhang muß der Kommittent die Anzahl und die Gattungen von sämtlichen in seinem Besitz befindlichen Wertpapieren der Gesellschaft auflisten, den jeweiligen Besitzgrund spezifizieren und angeben, welchen Kapitalanteil diese Wertpapiere bezogen auf das Gesamtkapital der Gesellschaft repräsentieren. Falls der Kommittent dritten Personen ein Nießbrauch- oder Pfandrecht an diesen Papieren eingeräumt oder Report- oder Optionsverträge über sie abgeschlossen hat, muß dieser zudem die genaue Anzahl der hiervon betroffenen Wertpapiere angeben und offenlegen, wem das Stimmrecht aus ihnen zusteht, vgl. Abschnitt II, Punkt 5 und 6 des Anhangs 5 Buchstabe B. Außerdem muß der Aktionär im Prospekt gemäß Abschnitt IV Punkt 6 des Anhangs 5 Buchstabe B darüber aufgeklärt werden, ob dem Intermediär bereits in anderem Zusammenhang (genauer: im Rahmen einer etwaigen Portfolioverwaltung für Geschäftskunden) Stimmrechtsvollmachten für die bevorstehende Hauptversammlung erteilt worden sind.

Hinweisen betrifft die wichtigsten Regeln, die im Zusammenhang mit der Vollmachtserteilung zu beachten sind. Hierzu zählt vor allem die Erwähnung der Tatsache, daß das Stimmrecht des Aktionärs im Falle einer Bevollmächtigung automatisch im Sinne der vom Kommittenten formulierten Abstimmungsvorschläge ausgeübt wird und daß die Stimmrechtsvollmacht durch eine ausdrückliche Erklärung des Aktionärs gegenüber dem Intermediär noch bis spätestens zum Vortag der Hauptversammlung widerrufen werden kann.[245)] Die andere Gruppe von Hinweispflichten betrifft die Informationsmaterialien, die den Aktionären anläßlich der Hauptversammlung von seiten der Gesellschaft zur Verfügung gestellt werden. In diesem Zusammenhang verlangt die Börsenaufsichtsbehörde eine genaue Auflistung der Dokumente, die im Hinblick auf die speziellen, auf der jeweiligen Hauptversammlung zur Beschlußfassung anstehenden Verhandlungsmaterien[246)] bereitgestellt werden einschließlich des Hinweises, daß die Aktionäre die Möglichkeit haben, in diese Dokumente am Gesellschaftssitz, beim Intermediär oder bei der Marktleitungsgesellschaft („società di gestione del mercato")[247)] Einsicht zu nehmen.

ccc) Die Einzelheiten des Verfahrens

Nachdem Kommittent und Intermediär zur Vorbereitung der von ihnen geplanten Stimmrechtskampagne den Informationsprospekt und die Formulare für die Erteilung der Stimmrechtsvollmacht nach den soeben dargestellten Vorgaben der Consob erstellt haben, ist zunächst die Bekanntmachung der Sollecitazione in einer überregionalen italienischen Tageszeitung vorgeschrieben.[248)] Die Bekanntmachung muß außer der Bezeichnung des Kommittenten, des Intermediärs und der Gesellschaft das Einberufungsdatum der Hauptversammlung, die dort zur Beschlußfassung anstehenden Gegenstände, den Zeitpunkt, ab dem die Ak-

---

245) Abschnitt III Punkt 3 und Abschnitt V Punkt 4 des Anhangs 5 Buchstabe B.

246) Abschnitt I Punkt 4 des Anhangs 5 Buchstabe B nennt als Beispiele die Fusion oder Spaltung der Gesellschaft, die Ausgabe von Obligationen, den Erwerb und die Veräußerung eigener Aktien, die Kapitalherabsetzung wegen Verlusten, die Kapitalerhöhung unter Ausschluß des Bezugsrechts sowie sämtliche Änderungen des Gründungsvertrages.

247) Bei den „società di gestione del mercato" handelt es sich um spezielle Aktiengesellschaften, die seit der Umstrukturierung des Marktes für Finanzdienstleistungen durch den Testo Unico für die Organisation und Leitung der geregelten Finanzmärkte zuständig sind, vgl. Art. 61 Abs. 1 T.U.

248) Art. 134 Abs. 1 des Reglements Nr. 11971. Gemäß Art. 134 Abs. 2 des Reglements Nr. 11971 muß zudem eine Kopie dieser Bekanntmachung an die Gesellschaft, an die Börsenaufsichtsbehörde, an die Marktleitungsgesellschaft sowie an die für die Sammelverwahrung der Aktien zuständige Gesellschaft geschickt werden.

tionäre vom Intermediär den Informationsprospekt und die Stimmzettel anfordern können sowie die Abstimmungsvorschläge mitteilen, für die mit der Stimmrechtskampagne geworben werden soll.[249] Außerdem ist der Kommittent dazu verpflichtet, der Börsenaufsichtsbehörde noch vor dem eigentlichen Beginn der Sollecitazione zum Zwecke der Kontrolle jeweils ein Exemplar der für die Stimmrechtskampagne vorbereiteten Informationsprospekte und Stimmzettel zukommen zu lassen und ihr gegenüber mittels einer zuvor bei der Gesellschaft zu beantragenden Bescheinigung nachzuweisen, daß er die Anforderungen, um gemäß Art. 139 Abs. 1 T.U. als Kommittent auftreten zu dürfen, in eigener Person erfüllt.[250] Anschließend steht der Consob ein Zeitraum von fünf Arbeitstagen zur Verfügung, um sich ein Bild von der Vollständigkeit und der Richtigkeit der in den Unterlagen aufgeführten Daten zu machen und gegebenenfalls Korrekturen oder ergänzende Klarstellungen und Erläuterungen zu verlangen.[251] Im Rahmen dieser Kontrolltätigkeit stehen der Börsenaufsichtsbehörde umfangreiche Auskunftsrechte und Inspektionsbefugnisse gegenüber den Verfahrensbeteiligten zu.[252] Erst im Anschluß an diese Überprüfungsphase dürfen die – unter Umständen nachgebesserten – Informationsprospekte und Bevollmächtigungsformulare den Aktionären zur Verfügung gestellt werden.[253]

Im Hinblick auf die Information des Aktionärs sehen die Ausführungsbestimmungen der Consob ebenfalls ein standardisiertes Verfahren vor, das auf der einen Seite zwar sicherstellen will, daß möglichst viele Aktionäre von der Durchführung der Stimmrechtskampagne erfahren und – falls Interesse vorhanden ist – sich ihr anschließen können, auf der anderen Seite aber auch die infol-

---

249) Art. 134 Abs. 3 des Reglements Nr. 11971.

250) Das Erfordernis der frühzeitigen Einholung der entsprechenden Bescheinigung stößt im Schrifttum zum Teil auf Bedenken, da – so wird argumentiert – auf diese Weise das Management der Gesellschaft, gegen das die Stimmrechtskampagne unter Umständen gerichtet sei, bereits vor der Bekanntmachung der Sollecitazione von ihrer bevorstehenden Durchführung erfahre und so rechtzeitig in den Stand versetzt würde, geeignete Gegenmaßnahmen einzuleiten. In diesem Sinne etwa Ghezzi, Commento al T.U., art. 144, S. 1505f..

251) Art. 144 Abs. 2 lit a) T.U. und Art. 134 Abs. 4 des Reglements Nr. 11971. Die gleiche Kontrollbefugnis steht der Consob übrigens gemäß Art. 134 Abs. 10 des Reglements Nr. 11971 auch im Hinblick auf alle sonstigen die Stimmrechtskampagne betreffenden Informationen und Erklärungen zu, die im Verlaufe der Sollecitazione von seiten der Organisatoren oder Dritten den Aktionären zugeleitet werden.

252) Art. 144 Abs. 2 lit c) und lit d) T.U. i.V.m. Art. 115 Abs. 1 T.U..

253) Art. 134 Abs. 5 des Reglements Nr. 11971. Diese Vorschrift ordnet zudem an, daß der Intermediär eine Kopie der endgültigen Fassung von Prospekt und Bevollmächtigungsformular an die Gesellschaft, an die Consob, an die Marktleitungsgesellschaft und an die für die Sammelverwahrung der Aktien zuständige Gesellschaft schicken muß.

ge von Informationspflichten entstehenden Kosten für den Kommittenten auf ein für ihn erträgliches Maß reduzieren möchte.[254)] Während das zuerst genannte Ziel dadurch erreicht wird, daß die Nachricht von der bevorstehenden Stimmrechtskampagne mittels einer regelrechten Informationskette vom Intermediär über die mit der Sammelverwahrung der Aktien befaßte Gesellschaft[255)] und die mit ihr kooperierenden Depotbanken und Wertpapierhäuser an die Aktionäre weitergeleitet werden muß[256)], kommt die Verringerung der Informationskosten für den Kommittenten vor allem dadurch zustande, daß der Intermediär die Stimmzettel mitsamt den dazugehörigen Informationsprospekten grundsätzlich[257)] nur an diejenigen Aktionäre verschicken muß, die die entsprechenden Unterlagen zuvor bei ihm angefordert haben.[258)] Im Hinblick auf dasjenige Informationsmaterial, das die Gesellschaft selbst ihren Aktionären anläßlich bestimmter Beschlußfassungsmaterien zur Verfügung stellt, treffen den Intermediär gar noch geringere Pflichten. Hier reicht es schon aus, wenn der Intermediär die entsprechenden Dokumente zur Ermöglichung einer Einsichtnahme an seinem Geschäftssitz bereithält.[259)]

---

254) Diese beiden Zielsetzungen der Consob ergeben sich aus der „nota tecnica", einem Bericht, den die Börsenaufsichtsbehörde bereits vor dem Erlaß ihrer Ausführungsbestimmungen zum Testo Unico veröffentlicht hatte („nota tecnica", S. 48 und S. 50).

255) Die zentralisierte Verwahrung und Verwaltung der Aktien ist zwar in Italien bislang nicht gesetzlich vorgeschrieben, bei börsennotierten Papieren jedoch weithin üblich. Für diese Aufgabe war bisher ausschließlich die „Monte Titoli S. p. A. Istituto per la custodia e l'amministrazione accentrata di valori mobilari" zuständig, an der die Banca d'Italia mehrheitlich beteiligt ist. Gemäß Art. 204 T.U. muß die Banca d'Italia ihre Beteiligung jedoch bis spätestens zum 1. Juli 2000 veräußert haben. Spätestens ab diesem Zeitpunkt werden auch andere Aktiengesellschaften unter der Bezeichnung „società di gestione accentrata" als Sammelverwahrungsstellen tätig sein dürfen.

256) Art. 134 Abs. 5 und Abs. 6 des Reglements Nr. 11971. Die Vorschrift verpflichtet die Sammelverwahrungsgesellschaft und die Depoteinrichtungen zudem dazu, ihren jeweiligen Benachrichtigungspflichten so rechtzeitig nachzukommen, daß den Aktionären noch genügend Zeit bleibt, um sich der Stimmrechtskampagne gegebenenfalls anschließen zu können.

257) In Einzelfällen kann die Börsenaufsichtsbehörde als Herrin des Verfahrens jedoch auch strengere Modalitäten anordnen, vgl. Art. 144 Abs. 1 lit a) T.U. und Art. 134 Abs. 4 des Reglements Nr. 11971.

258) In diesem Zusammenhang sei jedoch noch einmal klargestellt, daß auf der Grundlage des Testo Unico eine Stimmrechtsvertretung nur dann übernommen werden darf, wenn der vertretene Aktionär zuvor vom Intermediär den Informationsprospekt erhalten oder sich auf andere Art und Weise in ihn Einblick verschafft hat.

259) Art. 135 Abs. 4 des Reglements Nr. 11971. Über die Existenz dieser zusätzlichen Informationsquelle muß der Aktionär zudem im Informationsprospekt unterrichtet werden, vgl. hierzu das Kapitel über den Inhalt des Informationsprospekts, oben S. 206 ff..

Da die genannten Erleichterungen ausschließlich dem Schutze der Organisatoren vor einer allzu hohen Kostenbelastung zu dienen bestimmt sind, steht es dem Intermediär nach Absprache mit dem Kommittenten jedoch auch jederzeit frei, den von der Consob festgelegten Informationsmindeststandard zu überschreiten. Um eine größere Unterstützung für die vom Kommittenten formulierten Abstimmungsvorschläge zu gewinnen, kann er sich beispielsweise auch persönlich an die Aktionäre wenden oder ihnen auf eigene Initiative hin die Stimmzettel und Informationsprospekte zukommen lassen.[260)] Um dem Intermediär für den Fall, daß er die Aktionäre der Gesellschaft nicht kennt, ein solches Vorgehen zu ermöglichen, sind gemäß Art. 134 Abs. 9 des Reglements Nr. 11971 sowohl die Sammelverwahrungsgesellschaft als auch die Depoteinrichtungen und die Gesellschaft selbst dazu verpflichtet, dem Intermediär auf eine entsprechende Anfrage hin die hierfür erforderlichen Daten mitzuteilen.[261)] Erwähnt sei allerdings, daß der Intermediär auch im persönlichen Umgang mit den Anteilseignern zur Beachtung einiger Verhaltensregeln verpflichtet ist. Hierzu zählt vor allem die Pflicht, dem einzelnen Aktionär klar verständliche und korrekte Auskünfte auf seine Fragen hin zu erteilen und ihm die Gründe für die Durchführung der Stimmrechtskampagne unter Offenlegung eventueller Interessenkonflikte auch im persönlichen Gespräch noch einmal[262)] genau darzulegen.[263)] Nicht eindeutig geregelt ist hingegen die Frage, ob der Intermediär

---

260) An welche und wieviele Aktionäre sich der Intermediär von sich aus wendet, ist dabei seinem freien Ermessen überlassen, vgl. Ghezzi, Commento al T.U., art. 144, S. 1510.

261) Konkret sieht Art. 134 Abs. 9 des Reglements Nr. 11971 vor, daß die Sammelverwahrungsgesellschaft auf Anfrage des Intermediärs hin verpflichtet ist, diesem unverzüglich die Depoteinrichtungen zu benennen, für die sie Aktien in Unterverwahrung genommen hat. Außerdem muß sie ihm die genaue Anzahl der Aktien angeben, die auf jede einzelne der genannten Depoteinrichtungen entfallen. Diese sind wiederum ihrerseits dazu verpflichtet, dem Intermediär die Namen ihrer Kunden und die Anzahl der von ihnen gehaltenen Aktien der Gesellschaft bekanntzugeben, falls ihnen nicht ausnahmsweise die Mitteilung dieser Daten von seiten ihrer Kunden untersagt worden ist. Die Gesellschaft selbst muß dem Intermediär schließlich alle ihn interessierenden Daten zur Verfügung stellen, die sich aus dem Aktienbuch der Gesellschaft ergeben oder sich infolge gesetzlicher Mitteilungspflichten der Aktionäre in ihrem Besitz befinden. Nicht geklärt ist hingegen, ob die Herausgabe der entsprechenden Daten in jedem Falle unentgeltlich erfolgen muß, vgl. Ghezzi, Commento al T.U., art. 140, S. 1367.

262) Wie bereits dargestellt, gehört die Darlegung der Gründe für die Durchführung der Stimmrechtskampagne und die Offenlegung eventueller Interessenkonflikte bereits zum Pflichtinhalt des Informationsprospekts.

263) Art. 135 Abs. 1 und Abs. 2 des Reglements Nr. 11971.

dem Aktionär als Gegenleistung für die Unterstützung der Stimmrechtskampagne auch geldwerte Vorteile anbieten darf.[264)]

Entscheidet sich der Aktionär für die Erteilung der Stimmrechtsvollmacht, muß er das von ihm ausgefüllte, datierte und unterschriebene Bevollmächtigungsformular zusammen mit einer Bescheinigung seiner Depotbank, aus der die genaue Anzahl der von ihm gehaltenen Aktien der Gesellschaft hervorgeht, an den Intermediär zurückschicken[265)], der bis zur Abstimmung in der Hauptversammlung Stillschweigen hierüber zu bewahren hat.[266)] Eine einmal wirksam erteilte Stimmrechtsvollmacht behält zum Schutze des Aktionärs auch für den Fall ihre Gültigkeit, daß die Stimmrechtskampagne, in deren Rahmen die Vollmacht erteilt wurde, zu einem späteren Zeitpunkt von den Organisatoren abgebrochen werden sollte.[267)] Falls infolge nachträglich bekannt gewordener Umstände der ursprünglich verwendete Informationsprospekt im nachhinein inhaltlich abgeändert wird[268)], muß der Intermediär zudem allen Aktionären, die ihre Stimmrechtsvollmacht auf der Grundlage des alten Prospekts erteilt hatten, von sich aus die aktualisierte Fassung zukommen lassen.[269)]

Für die Ausübung der Stimmrechtsvollmachten in der Hauptversammlung ist gemäß Art. 138 Abs. 2 T.U. entweder der Kommittent oder – in dessen Auftrag – der Intermediär zuständig. Eine Unterbevollmächtigung ist in keinem Fall zulässig.[270)] Im Anschluß an die Hauptversammlung ist der Intermediär zudem dazu verpflichtet, in einer Pressemitteilung Rechenschaft über die Verwendung der ihm anvertrauten Stimmrechte abzulegen und den Ausgang der einzelnen Beschlußfassungen mitzuteilen. Bei dieser Gelegenheit muß er insbesondere

---

264) Ghezzi, Commento al T.U., art. 140, S. 1356 f., hält dies für zulässig, fordert aber für diesen Fall, daß die Gegenleistung im Prospekt genannt sein muß.

265) Die Rücksendung der Unterlagen kann gemäß Art. 137 Abs. 1 des Reglements Nr. 11971 genau wie deren Anforderung auch über die Depotbank des Aktionärs erfolgen.

266) Art. 135 Abs. 5 des Reglements Nr. 11971.

267) Die entsprechenden Stimmrechte müssen folglich auf jeden Fall – und zwar im Sinne der im Prospekt genannten Abstimungsvorschläge – ausgeübt werden, vgl. Art. 138 Abs. 2 des Reglements Nr. 11971.

268) In diesem Fall muß der neue Inhalt des Prospekts allerdings zunächst einmal von der Börsenaufsichtsbehörde überprüft werden, vgl. Art. 134 Abs. 8 des Reglements Nr. 11971.

269) Art. 134 Abs. 8 des Reglements Nr. 11971.

270) Obwohl Art. 138 Abs. 2 S. 2 T.U. nur für den Intermediär ein ausdrückliches Unterbevollmächtigungsverbot statuiert, entspricht es der einhelligen Auffassung des Schrifttums, daß der Kommittent die Stimmrechte persönlich bzw. durch seinen gesetzlichen Vertreter ausüben muß, wenn er zu diesem Zwecke nicht den Intermediär beauftragen möchte, vgl. Presti, La sollecitazione, S. 13; Canepari, Commento al T.U., art. 142, S. 1425 f. (Fn. 38); Ghezzi, Commento al T.U., art. 138, S. 1330 f..

eventuelle Abweichungen vom ursprünglich vorgeschlagenen Abstimmungsverhalten rechtfertigen.[271)]

f) Einzelheiten zur Raccolta di deleghe

Sofern Aktionärsvereinigungen eine Raccolta di deleghe, also eine Vollmachtssammlung ausschließlich innerhalb ihres eigenen Mitgliederkreises durchführen möchten[272)], bedarf es zwar – anders als im Rahmen der Sollecitazione – nicht der Einschaltung eines Intermediärs, und es ist auch nicht erforderlich, daß diese für ihre Mitglieder einen Informationsprospekt ausarbeiten. Davon abgesehen weist der äußere Verfahrensablauf der Raccolta di deleghe[273)] jedoch einige Gemeinsamkeiten mit dem der Sollecitazione auf. So muß auch hier zunächst die Öffentlichkeit mittels einer Pressemitteilung von dem konkreten Vorhaben in Kenntnis gesetzt werden[274)], und auch hier ist vor der eigentlichen Durchführung der Vollmachtssammlung eine Überprüfung ihrer Zulässigkeitsvoraussetzungen[275)] und der für sie vorbereiteten Unterlagen durch die Börsenaufsichtsbehörde vorgeschrieben.[276)] Ebenfalls identisch sind schließlich die Verfahrens-

---

271) Vgl. Art. 135 Abs. 6 des Reglements Nr. 11971.

272) Vgl. die Legaldefinition des Art. 136 lit e) T.U..

273) Die Ausführungsbestimmungen der Consob zum Verfahrensablauf der Raccolta di deleghe befinden sich ebenfalls im Reglement Nr. 11971 der Börsenaufsichtsbehörde vom 14. Mai 1999.

274) Vgl. Art. 136 Abs. 1 des Reglements Nr. 11971. Diese Vorschrift verlangt außerdem, daß die Gesellschaft, die Börsenaufsichtsbehörde und die Marktleitungsgesellschaft gesondert von der bevorstehenden Aktion unterrichtet werden.

275) Zu diesem Zweck muß der Börsenaufsichtsbehörde die Gründungsurkunde der Aktionärsvereinigung vorgelegt werden. Außerdem schreibt Anhang 5 Buchstabe A im gleichen Zusammenhang vor, daß der gesetzliche Vertreter der Aktionärsvereinigung der Consob gegenüber angeben muß, aus wievielen Mitgliedern diese besteht und wie hoch der auf die einzelnen Mitglieder entfallende Stimmenanteil ist. Dies ist deshalb von Bedeutung, da Art. 141 T.U. bestimmt, daß nur solche Aktionärsvereinigungen Vollmachtssammlungen unter ihren Mitgliedern durchführen dürfen, die aus mindestens fünfzig natürlichen Personen mit einem Anteil von jeweils höchstens 0,1 Prozent des stimmberechtigten Kapitals der die Hauptversammlung abhaltenden Gesellschaft bestehen.

276) Gemäß Art. 136 Abs. 2 und Abs. 6 i.V.m. Art. 134 Abs. 10 des Reglements Nr. 11971 müssen der Consob zu diesem Zweck das für die Vollmachtssammlung konzipierte Bevollmächtigungsformular („modulo“) und alle sonstigen eventuell für sie vorbereiteten Dokumente zur Verfügung gestellt werden. Der Zeitraum für die Prüfung ist auf fünf Arbeitstage begrenzt. Ebenso wie bei dem der Sollecitazione vorgeschalteten Kontrollverfahren kann die Börsenaufsichtsbehörde Korrekturen, Klarstellungen oder Ergänzungen verlangen.

vorschriften für die Erteilung und den Widerruf der Stimmrechtsvollmacht sowie die für den Fall eines späteren Abbruchs der Vollmachtssammlung einzuhaltenden Regeln.[277)]

Unterschiedliche Anforderungen stellt die Börsenaufsichtsbehörde hingegen an die inhaltliche Ausgestaltung der für die Erteilung der Stimmrechtsvollmachten zu verwendenden Formulare.[278)] Dies hängt damit zusammen, daß nach Ansicht der Consob die Rechtsinstitute der Sollecitazione und der Raccolta di deleghe unterschiedlichen Interessen dienen. Während sie die der Sollecitazione zugrundeliegende Ratio in erster Linie darin erblickt, daß dem Kommittenten ein bequemes und kostengünstiges Instrument an die Hand gegeben werden soll, um seinen Abstimmungsvorschlägen bei den entsprechenden Beschlußfassungen zur Durchsetzung zu verhelfen, besteht die Ratio der Raccolta di deleghe nach ihrer Auffassung ausschließlich darin, den Mitgliedern der Aktionärsvereinigung die – wenn auch indirekte – Ausübung ihres Stimmrechts zu erleichtern.[279)] Hieraus ergeben sich dreierlei Konsequenzen. Zum einen verlangt die Börsenaufsichtsbehörde, daß die Bevollmächtigungsformulare stets und ohne eine vorherige Aufforderung an sämtliche Mitglieder der Aktionärsvereinigung verschickt werden.[280)] Zum anderen ist die Aktionärsvereinigung im Unterschied zum Kommittenten nicht dazu verpflichtet, Abstimmungsvorschläge zu den einzelnen Tagesordnungspunkten der Hauptversammlung zu formulieren, und, drittens, muß das Bevollmächtigungsformular dem Aktionär für den Fall, daß ihm Abstimmungsvorschläge von seiten der Aktionärsvereinigung unterbreitet werden, die Möglichkeit anheimstellen, abweichende Stimmweisungen zu erteilen.[281)] Eine Bevollmächtigung ohne jegliche Angaben des Aktionärs zu der von ihm gewünschten Abstimmungsrichtung ist allerdings

---

277) Die Aktionärsvereinigung muß also im Falle eines Abbruchs der Raccolta die deleghe all diejenigen Mitglieder auf der Hauptversammlung vertreten, die die Stimmrechtsvollmacht bereits vor der Bekanntmachung des Abbruchs erteilt hatten, vgl. Art. 138 Abs. 2 des Reglements Nr. 11971.

278) Auch für die im Rahmen der Raccolta di deleghe zu verwendenden Bevollmächtigungsformulare hat die Börsenaufsichtsbehörde ein Musterexemplar ausgearbeitet. Dieses hat sie ihren Ausführungsbestimmungen im Anhang 5 Buchstabe D beigefügt. Soweit keine speziellen Vorschriften zitiert werden, orientiert sich die folgende Beschreibung an diesem Muster.

279) So die „nota tecnica“ der Consob, S. 42.

280) Vgl. Art. 136 Abs. 3 des Reglements Nr. 11971.

281) Auch wenn die Italiener dieses System als „two-way-proxy-System“ bezeichnen, soll klarstellenderweise darauf hingewiesen werden, daß dem Aktionär im Hinblick auf jeden einzelnen Beschlußfassungsgegenstand drei Weisungsalternativen offenstehen: Zustimmung, Ablehnung und Stimmenthaltung.

– ebenso wie im Rahmen der Sollecitazione – nicht möglich. Es herrscht also ein faktischer Weisungszwang. Wichtig ist auch, daß die Erläuterungen und Informationen der Aktionärsvereinigung zu den eventuell von ihr entwickelten Abstimmungsvorschlägen nicht im Bevollmächtigungsformular selbst enthalten sein müssen, sondern daß es ausreicht, wenn dem Aktionär die Gelegenheit gegeben wird, in die entsprechenden Unterlagen am Sitz der Aktionärsvereinigung Einsicht zu nehmen.[282)] Das Formular muß den Aktionär allerdings gegebenenfalls auf diese Möglichkeit ausdrücklich hinweisen.[283)]

Das Stimmrecht der Mitglieder wird in der Hauptversammlung vom gesetzlichen Vertreter der Aktionärsvereinigung ausgeübt.[284)] Dieser darf nur dann von den Instruktionen des Aktionärs abweichen, wenn im Anschluß an die Erteilung der Stimmrechtsvollmacht neue Umstände bekannt geworden sind und er vernünftigerweise annehmen darf, daß der vertretene Aktionär die abweichende Ausübung seines Stimmrechts bei Kenntnis der neuen Sachlage billigen würde.[285)] Allerdings kann der Aktionär diese Möglichkeit von vornherein dadurch ausschließen, daß er dem Stimmrechtsvertreter kraft eines ausdrücklichen Vermerks auf dem Bevollmächtigungsformular auch für den soeben beschriebenen Sonderfall ein Abweichen von seinen Instruktionen verbietet. Im Unterschied zum Intermediär ist die Aktionärsvereinigung jedoch nicht dazu verpflichtet, ihren Mitgliedern im Anschluß an die Hauptversammlung Rechenschaft über den Gebrauch der Stimmrechtsvollmachten abzulegen und ihnen den Ausgang der einzelnen Abstimmungen mitzuteilen.

---

282) Art. 136 Abs. 4 des Reglements Nr. 11971. Diese Regelung basiert auf der Erwägung der Consob, daß anderenfalls der gesetzgeberische Wille, die Aktionärsvereinigungen von der Pflicht zur Erstellung eines Informationsprospekts zu befreien, konterkariert werden würde, vgl. die „nota tecnica" der Consob, S. 60.

283) Die gleichen Regeln gelten für den Fall, daß die Gesellschaft, deren Hauptversammlung abgehalten wird, in Ansehung bestimmter Beschlußfassungsmaterien Informationsmaterial für ihre Aktionäre vorbereitet hat; auch diese Unterlagen müssen von der Aktionärsvereinigung an deren Sitz zum Zwecke der Einsichtnahme bereitgehalten werden (Art. 136 Abs. 4 des Reglements Nr. 11971), und auch diesbezüglich muß das Bevollmächtigungsformular einen entsprechenden Hinweis enthalten.

284) Art. 141 Abs. 3 S. 2 T.U.. Unklar ist allerdings, ob eine Unterbevollmächtigung zulässig ist.

285) Art. 136 Abs. 6 i.V.m. Art. 135 Abs. 3 a.E. des Reglements Nr. 11971.

g) Das Sanktionensystem des Testo Unico

Der Testo Unico sieht eine Reihe von Sanktionen, Eingriffsmaßnahmen und Haftungsbestimmungen für den Fall vor, daß der Kommittent, der Intermediär oder die Aktionärsvereinigung die ihnen zum Schutze der Aktionäre auferlegten Informationspflichten und Verfahrensregeln nicht einhalten. In diesem Zusammenhang ist zunächst Art. 144 Abs. 2 lit b) T.U. zu nennen, wonach die Börsenaufsichtsbehörde bei Verstößen gegen die Aktionärsvertretungsvorschriften des Testo Unico[286)] die Fortführung der Sollecitazione oder der Raccolta di deleghe verbieten kann mit der Konsequenz, daß bereits erteilte Stimmrechtsvollmachten ihre Gültigkeit verlieren.[287)] Aber auch unabhängig von einem solchen Verstoß kann eine geplante Stimmrechtskampagne unter Umständen untersagt werden. Dies ist gemäß Art. 144 Abs. 4 T.U. dann der Fall, wenn das Gesetz den Erwerb qualifizierter Beteiligungen an der Gesellschaft, um deren Hauptversammlung es geht, von bestimmten Voraussetzungen abhängig macht oder verbietet und die zuständige Aufsichtsbehörde zu der Auffassung gelangt, daß die Durchführung der Sollecitazione oder der Raccolta di deleghe dem dieser Beteiligungskontrolle zugrundeliegenden Zweck zuwiderlaufen würde.[288)]

In besonderer Weise sanktionsbewehrt sind des weiteren die Vorschriften über die dem Kommittenten, dem Intermediär und der Aktionärsvereinigung im

---

286) Nach Ghezzi, Commento al T.U., art. 144, S. 1523, sind hiermit nicht nur die Vorschriften des Gesetzesdekrets Nr. 58 vom 24. Februar 1998 gemeint, sondern auch die in Konkretisierung dieser Vorschriften erlassenen Ausführungsbestimmungen der Consob.

287) Anders als im Falle eines freiwilligen Abbruchs werden die Aktionäre, die bereits vorher ihre Stimmrechtsvollmacht erteilt hatten, hier also nicht geschützt.

288) Beispielsweise machen die Artt. 19 ff. des Gesetzesdekrets Nr. 385 vom 1. September 1993 („Testo Unico delle leggi in materia bancaria e creditizia“) die Zulässigkeit eines Beteiligungserwerbs von mehr als fünf Prozent an einer Bank davon abhängig, daß der Erwerb einer soliden und gesunden Geschäftsführung des Unternehmens dienlich ist. Ähnliche Vorschriften existieren auch für die Versicherungsgesellschaften (Artt. 10 und 11 des Gesetzes Nr. 20 vom 9. Januar 1991 i.V.m. den Artt. 1 ff. der Verordnung Nr. 186 vom 24. April 1997), für die SIM und die SICAV (Art. 15 Abs. 1, 2 und 3 T.U.). Ein weiteres Beispiel stellt Art. 4 des Gesetzes Nr. 20 vom 9. Januar 1991 dar, der Versicherungsgesellschaften verbietet, Mehrheitsbeteiligungen an branchenfremden Unternehmen zu erwerben. Schließlich ist in diesem Zusammenhang auch noch Art. 19 Abs. 6 des Gesetzesdekrets Nr. 385 vom 1. September 1993 zu nennen, wonach ein Beteiligungserwerb von mehr als fünfzehn Prozent des stimmberechtigten Kapitals einer Bank durch eine Nichtbank in keinem Fall zulässig ist. In all diesen Fällen kann die Banca d'Italia bzw. die Versicherungsaufsichtsbehörde Isvap die Sollecitazione oder die Raccolta die deleghe verbieten, wenn sie zu der Auffassung gelangt, daß ihre Durchführung aufgrund des hieraus resultierenden Stimmrechtseinflusses der Organisatoren der Ratio der jeweiligen Vorschriften zuwiderlaufen würde.

Zusammenhang mit der Durchführung ihrer Vollmachtssammlungen obliegenden Informations- und Offenlegungspflichten. Verstöße gegen sie führen in zweifacher Hinsicht zu Konsequenzen. Zum einen haften die Organisatoren den Aktionären für die Schäden, die diesen infolge falscher, unvollständiger oder mißverständlicher Information entstehen[289], es sei denn – hier nimmt das Gesetz eine Beweislastumkehr vor –, daß sie nachweisen können, mit der erforderlichen Sorgfalt gehandelt zu haben.[290] Zum anderen werden sie mit Haftstrafen von sechs Monaten bis zu drei Jahren und mit Geldstrafen von fünfundzwanzig Millionen bis einhundert Millionen Lire belegt, falls sie der Börsenaufsichtsbehörde im Rahmen der von ihr vorzunehmenden Überprüfung der Informationsprospekte und Bevollmächtigungsformulare falsche Angaben machen.[291]

Weitere wichtige Sanktionsbestimmungen enthält die Vorschrift des Art. 194 T.U.. Hiernach wird mit einer Verwaltungsstrafe („sanzione amministrativa“) von zehn Millionen bis zweihundert Millionen Lire belegt, wer eine Sollecitazione oder eine Raccolta di deleghe durchführt oder in Auftrag gibt, ohne die für die Rolle des Kommittenten oder des Intermediärs erforderlichen Voraussetzungen bzw. – im Falle der Raccolta di deleghe – die Erfordernisse des Art. 141 T.U. zu erfüllen.[292] Mit derselben Bestrafung müssen gemäß Art. 194 Abs. 2 T.U. der Kommittent, die mit der Geschäftsleitung oder Geschäftsleitungskontrolle des Intermediärs betrauten Personen sowie die gesetzlichen Vertreter der Aktionärsvereinigung rechnen, falls sie die Ausübung der Stimmrechtsvollmachten in der Hauptversammlung Dritten überlassen, falls sie von Vollmachten Gebrauch machen, die nicht unterschrieben oder blanko – d.h. ohne Wei-

---

289) Die Ausführungsbestimmungen der Consob sehen in diesem Zusammenhang vor, daß Kommittent und Intermediär in ihrem Informationsprospekt eine unterschriebene Haftungserklärung („dichiarazione di responsabilità“) gegenüber den vertretenen Aktionären abgeben müssen. Diese lautet folgendermaßen: Der Kommittent erklärt, daß die im Prospekt und im Bevollmächtigungsformular enthaltenen Informationen geeignet sind, dem Aktionär eine bewußte Entscheidung darüber zu ermöglichen, ob er die formulierten Abstimmungsvorschläge unterstützen will oder nicht. Der Intermediär seinerseits ist für die Vollständigkeit der im Verlaufe der Stimmrechtskampagne verbreiteten Informationen verantwortlich.

290) Art. 143 Abs. 3 T.U.. Diese Beweislastumkehr gilt darüber hinaus auch für Schadensersatzklagen, die aus der Verletzung sonstiger Vorschriften des Testo Unico oder der zu ihm ergangenen Ausführungsbestimmungen resultieren.

291) Art. 174 Abs. 1 T.U.. Dieselbe Sanktion sieht diese Vorschrift für den Fall vor, daß der Banca d'Italia oder der Versicherungsaufsichtsbehörde Isvap im Rahmen des von Art. 144 Abs. 4 T.U. vorgeschriebenen Überprüfungsverfahrens (vgl. hierzu auch Fußnote 288) falsche Angaben gemacht werden.

292) Art. 194 Abs. 1 T.U..

sungen des Aktionärs zu der von ihm gewünschten Abstimmungsrichtung[293] – erteilt worden sind oder falls sie gegen sonstige, in den Ausführungsbestimmungen der Consob festgelegte Verfahrensregeln und Verhaltenspflichten verstoßen.[294]

Für die Verhängung der Verwaltungsstrafen schreibt Art. 195 T.U. ein eigenes Verfahren vor. Hiernach ist vorgesehen, daß die Börsenaufsichtsbehörde den beschuldigten Personen im Anschluß an die Mitteilung der ihnen zur Last gelegten Verstöße zunächst eine Frist von dreißig Tagen einräumen muß, in der diese Einwendungen gegen die Anschuldigung vorbringen können.[295] Anschließend muß die Consob auf der Grundlage aller ihr zur Verfügung stehenden Informationen und Daten einen Sanktionsvorschlag formulieren, auf dessen Basis später die genaue Höhe der Geldstrafe vom Finanzministerium per Beschluß festgestellt wird.[296] Gegen diesen kann der Betroffene innerhalb von dreißig Tagen Einspruch beim Berufungsgericht einlegen, dem allerdings keine aufschiebende Wirkung zukommt.[297] Der Sanktionsbeschluß des Finanzministeriums und dessen Begründung werden zudem auszugsweise im amtlichen Bulletin der Consob veröffentlicht. In Einzelfällen kann das Finanzministerium auf Vorschlag der Consob auch zusätzliche Modalitäten mit einem erhöhten Publizitätsgrad für seine Bekanntmachung anordnen.[298] Für die daraus resultierenden Kosten wie auch für die verhängte Geldstrafe selbst haftet neben der Person, die den Verstoß begangen hat, auch die Gesellschaft, in deren Diensten sie steht.[299]

h) Das Problem der Abgrenzung zwischen den Artt. 136 ff. T.U. und Art. 2372 C.C.

Mit dem Inkrafttreten des Testo Unico hat die ältere Stimmrechtsvertretungsregelung des Art. 2372 C.C. nicht ihre Gültigkeit verloren, sondern sie besteht

---

293) Dies gilt selbstverständlich nur insoweit, als die Erteilung solcher Weisungen überhaupt möglich ist.

294) Gedacht sei beispielsweise an die Nichterfüllung der Bekanntmachungspflichten oder an eigenmächtige, nachträglich vorgenommene inhaltliche Abänderungen der Informationsprospekte oder der Bevollmächtigungsformulare.

295) Art. 195 Abs. 2 T.U..

296) Art. 195 Abs. 1 T.U.. Der Beschluß muß zudem begründet werden.

297) Art. 195 Abs. 4 und 5 T.U..

298) Art. 195 Abs. 3 T.U..

299) Art. 195 Abs. 9 T.U..

neben den neueingeführten Vertretungsbestimmungen der Artt. 136 ff. T.U. weiter fort. Diese Feststellung gilt sowohl für den Bereich der nicht börsennotierten Gesellschaften, auf die der Testo Unico ohnehin keine Anwendung findet, als auch für den Bereich der börsennotierten Gesellschaften. Allerdings ist mit Inkrafttreten des Testo Unico das ehemalige Verbot des Bankenstimmrechts weggefallen.[300)] Fortan können Kreditinstitute also nicht nur die Rolle des Kommittenten oder des Intermediärs im Sinne der Vorschriften des Testo Unico übernehmen, sondern sie dürfen – allerdings nur im Rahmen der von Art. 2372 Abs. 5 C.C. angeordneten quantitativen Höchstgrenzen – auch unabhängig von den strengen Verfahrensvorschriften des Testo Unico Stimmrechtsvollmachten einwerben und als Aktionärsvertreter von ihnen Gebrauch machen. Vor dem Hintergrund, daß insbesondere den Banken – daneben aber auch allen anderen Einrichtungen und Personen, die nicht den Stimmrechtsvertretungsverboten des Art. 2372 Abs. 4 n.F. unterfallen[301)] – mit Art. 2372 C.C. auf der einen und den Artt. 136 ff. T.U. auf der anderen Seite zwei völlig unterschiedlich ausgestaltete Aktionärsvertretungssysteme zur Verfügung stehen, müssen die Anwendungsbereiche dieser beiden Regelungen gegeneinander abgegrenzt werden.

Im Schrifttum ist man sich zunächst darüber einig, daß der primäre Sinn der neuen Vertretungsregelung des Testo Unico darin liegt, mit den neugeschaffenen Rechtsinstituten der Sollecitazione und der Raccolta di deleghe Instrumente bereitzustellen, mit deren Hilfe die nach wie vor äußerst restriktive Stimmrechtsvertretungsregelung des Art. 2372 C.C. im Interesse einer effektiveren Corporate Governance überwunden werden kann.[302)] Daraus folgt, daß wer als

---

300) Vgl. hierzu bereits oben S. 190.

301) Art. 2372 Abs. 4 C.C. n.F. enthält weiterhin die Stimmrechtsvertretungsverbote für die Verwalter, Aufsichtsratsmitglieder und Angestellten der Gesellschaft, deren Hauptversammlung abgehalten wird, sowie für die von ihr abhängigen Gesellschaften und deren Verwalter, Aufsichtsratsmitglieder und Angestellte. Einem absoluten Stimmrechtsvertretungsverbot unterliegen ferner nach wie vor die mit der Wirtschaftsprüfung des Unternehmens betrauten Gesellschaften („società di revisione“) sowie die für die Sammelverwahrung der Aktien zuständigen „società di gestione accentrata“, vgl. Art. 160 Abs. 2 bzw. Art. 85 Abs. 7 T.U..

302) Diese Funktion geht aus der Vorschrift des Art. 137 Abs. 1 T.U. hervor, wonach die Bestimmungen des Art. 2372 C.C. im Rahmen der Sollecitazione und der Raccolta di deleghe nicht zur Anwendung kommen. Um zu verhindern, daß das Management die hiermit intendierte Wiederbelebung der Aktionärsdemokratie dadurch vereiteln kann, daß es stimmrechtsvertretungsfeindliche Bestimmungen in die Gesellschaftsstatuten einführt, ordnet Art. 137 Abs. 2 T.U. zudem an, daß alle Satzungsbestimmungen, die die Durchführung einer Sollecitazione oder einer Raccolta di deleghe in irgendeiner Weise behindern würden, insoweit unbeachtlich sind, als die vom Testo Unico vorgeschriebenen Verfahrensvorschriften eingehalten werden.

Stimmrechtsvertreter auftreten will, obwohl ihm dies gemäß Art. 2372 Abs. 4 C.C. untersagt ist, oder wer in der Hauptversammlung eine größere Anzahl fremder Stimmrechte ausüben möchte, als es ihm Art. 2372 Abs. 5 C.C. erlaubt, dies nur tun kann, wenn er die strengen Verfahrensvorschriften des Testo Unico einhält.[303)]

Schwieriger zu beantworten ist indes die vom Schrifttum bislang kaum behandelte Frage, ob auch der negative Umkehrschluß dieses Satzes zutreffend ist, ob also diejenigen Personen und Institutionen, die nicht den Stimmrechtsvertretungsverboten des Art. 2372 Abs. 4 C.C. n.F. unterfallen, solange sie die von Art. 2372 Abs. 5 C.C. festgelegten quantitativen Höchstgrenzen nicht überschreiten, stets von den strengen Verfahrensregeln und Informationspflichten des Testo Unico befreit sind. Einig ist man sich im Schrifttum bislang nur darüber, daß die Vorschriften des Testo Unico in diesen Fällen jedenfalls dann nicht zur Anwendung gelangen, wenn den Aktionären von seiten des Stimmrechtsvertreters bloße Empfehlungen oder Informationen in bezug auf die Ausübung ihres Stimmrechts gegeben werden[304)] oder wenn die Initiative zu der Erteilung der Vollmacht ausschließlich von den vertretenen Aktionären selbst ausgeht.[305)] Vom Anwendungsbereich des Testo Unico werden deshalb von vornherein nur diejenigen Fälle erfaßt, in denen sich Stimmrechtsvertreter anläßlich einer bereits einberufenen Hauptversammlung von sich aus an die Aktionäre wenden und diese unmittelbar um die Erteilung einer Stimmrechtsvollmacht bitten.[306)] Bislang noch nicht abschließend geklärt ist hingegen die Frage, ob das bloße Vorliegen dieser Voraussetzungen schon stets für sich allein die Pflicht des Vertreters zur Einhaltung der Verfahrensregeln des Testo Unico auslöst oder ob die von den Artt. 136 ff. T.U. zum Schutze des Aktionärs aufgestellten strengen Verfahrensanforderungen nur dann von ihm erfüllt werden müssen, wenn die Anzahl der von Art. 2372 Abs. 5 C.C. maximal zugelassenen Stimmrechtsvollmachten überschritten wird. Auch wenn eingeräumt wird, daß die Schutzbedürftigkeit des einzelnen Aktionärs nicht von der Anzahl der Vollmachten abhängig ist, die dem Vertreter für die Hauptversammlung erteilt werden, favorisieren die wenigen Autoren, die sich bislang mit diesem Problem auseinandergesetzt haben, die zuletzt genannte Lösung. Nach ihrer Auffassung kommen die

---

303) Sacchi, Le deleghe di voto, S. 2.

304) Dies gilt selbst dann, wenn die entsprechenden Erklärungen und Mitteilungen letztendlich ursächlich für die spätere Erteilung von Stimmrechtsvollmachten werden sollten; in diesem Sinne Ghezzi, Commento al T.U., art. 138, S. 1288f..

305) „Nota tecnica“ der Consob, S. 48; Sacchi, Le deleghe di voto, S. 3.

306) Der Testo Unico umschreibt diesen Sachverhalt mit der Formulierung „la richiesta di conferimento di deleghe“.

Bestimmungen des Testo Unico erst dann zur Anwendung, wenn der Stimmrechtsvertreter eine die quantitativen Grenzen des Art. 2372 Abs. 5 C.C. übersteigende Anzahl von Aktionären vertreten möchte.[307)] Gestützt wird diese Sichtweise vor allem auf den Wortlaut des Art. 136 lit b) T.U., der die Sollecitazione als die an die Allgemeinheit („generalità") der Aktionäre gerichtete Bitte um die Erteilung einer Stimmrechtsvollmacht definiert.[308)]

In Anbetracht der Tatsache, daß Art. 2372 C.C. – abgesehen von den Verboten seines Absatzes 4 – auch den für die Rolle des Kommittenten oder des Intermediärs in Frage kommenden Personen und Einrichtungen die Ausübung fremder Aktienstimmrechte gestattet und diese im Rahmen des Art. 2372 C.C. keine speziellen Informationspflichten oder Verfahrensregeln zum Schutze der vertretenen Aktionäre zu beachten haben, stellt sich im Zusammenhang mit dem Konkurrenzverhältnis zwischen Art. 2372 C.C. und den Artt. 136 ff. T.U. abschließend noch die Frage, ob es möglich ist, daß die Organisatoren einer Sollecitazione parallel zu ihrer Stimmrechtskampagne nach den Vorschriften des Testo Unico auch Stimmrechtsvollmachten entsprechend den Bestimmungen des Art. 2372 C.C. sammeln dürfen. Im Hinblick auf den Kommittenten wird diese Frage von den Ausführungsbestimmungen der Consob ausdrücklich verneint.[309)] Anders stellt sich die Lage beim Intermediär dar. Da die Ausführungsbestimmungen des Reglements Nr. 11971 für diesen kein entsprechendes Verbot vorsehen, wird im Wege eines e-contrario-Schlusses gefolgert, daß er sich parallel zur Durchführung der Sollecitazione auch nach der Vorschrift des Art. 2372 C.C. bevollmächtigen lassen kann.[310)]

---

307) So vor allem Ghezzi, Commento al T.U., art. 138, S. 1292 ff., der in diesem Zusammenhang auch auf die übereinstimmende Ansicht von Jaeger, Le deleghe di voto (Relazione presentata al Convegno di Studio „La riforma delle società quotate", S. ta Margherita Ligure, 13-14 giugno 1998), S. 14, verweist.

308) Ghezzi, Commento al T.U., art. 138, S. 1290, räumt allerdings ein, daß der Begriff der „generalità", abgesehen von einer zahlenmäßigen Bedeutung, auch als bloßes Abgrenzungskriterium im Verhältnis zur Raccolta di deleghe verstanden werden kann, welche sich – anders als die Sollecitazione – ausschließlich an die Mitglieder der sie organisierenden Aktionärsvereinigung richten darf. Ähnlich Pagnoni/Providenti, Commento, artt. 136-144, S. 744 [750], die die strengen Ausführungsbestimmungen der Consob nur dann zur Anwendung kommen lassen wollen, wenn sich die Vollmachtswerbung des Kommittenten an die Allgemeinheit der Aktionäre richtet, nicht aber, wenn in den Grenzen des Art. 2372 Abs. 5 C.C. lediglich bestimmte Aktionäre zur Erteilung einer Vollmacht aufgefordert werden.

309) Art. 135 Abs. 8 des Reglements Nr. 11971.

310) Ghezzi, Commento al T.U., art. 140, S. 1360f.. Der Autor sieht deshalb die Gefahr, daß das Verbot für den Kommittenten einfach dadurch umgangen wird, daß der Intermediär

i) Kritik von seiten des Schrifttums

Was die Bewertung der neuen Aktionärsvertretungsbestimmungen des Testo Unico durch das Schrifttum anbelangt, ist zu differenzieren. Auf der einen Seite wird die Intention des Gesetzgebers, die Masse der Kleinaktionäre auf dem Wege einer kontrollierten Liberalisierung der Stimmrechtsvertretung stärker als bisher an der gesellschaftlichen Willensbildung und an der Überwachung des Managements teilhaben zu lassen, allseits begrüßt.[311)] Andererseits stößt die mit dem Testo Unico und seinen Ausführungsbestimmungen versuchte Umsetzung dieses neuen rechtspolitischen Ansatzes in vielen Punkten auf Kritik. So wird beispielsweise bemängelt, der Gesetzgeber habe mit den Artt. 136 ff. T.U. eine in doppelter Hinsicht unvollständige Regelung geschaffen. Zum einen seien einige für den Charakter der neuen Stimmrechtsvertretungsregelung wesentliche Fragen entweder gar nicht oder aber erst von den Ausführungsbestimmungen der Börsenaufsichtsbehörde beantwortet worden.[312)] Zum anderen würden die Bestimmungen der Artt. 136 ff. T.U. nur für die gerade einmal zweihundert börsennotierten Aktiengesellschaften gelten, während die 57500 nicht börsennotierten Aktiengesellschaften von ihrem sachlichen Anwendungsbereich ausgeschlossen seien.[313)] Diese Ungleichbehandlung erfolge – zumindest was die großen nicht börsennotierten Publikumsgesellschaften anbelange – ohne jede sachliche Rechtfertigung und führe zudem zu einer unnötigen Verkomplizierung des geltenden Stimmrechtsvertretungssystems.[314)]

---

diese Tätigkeit im Auftrag und im Interesse des Kommittenten mitübernimmt, vgl. Ghezzi, Commento al T.U., art. 137, S. 1271 f..

311) Vella, Partecipazione azionaria e deleghe di voto, S. 5; Costi, Il governo delle società quotate, S. 25; Silveri, Le deleghe di voto e il controllo societario, S. 9. Ebenfalls positiv zur gesetzgeberischen Intention haben sich der Generaldirektor des Finanzministeriums Draghi und der Vizepräsident der Banca d'Italia Ciocca in einer Anhörung im Januar 1998 geäußert, vgl. Audizione Draghi, Riv. soc. 1998, 204 [209] und Audizione Ciocca, Riv. soc. 1998, 231 [238].

312) Sacchi, Le deleghe di voto, S. 7; Ghezzi, Commento al T.U., art. 138, S. 1293. In diesem Zusammenhang sei beispielsweise noch einmal auf die bereits oben (S. 218 ff.) dargestellten Unklarheiten bei der Abgrenzung zwischen den Artt. 136 ff. T.U. und Art. 2372 C.C. verwiesen sowie auf die bis heute ungeklärte Frage, ob die Vereinigung der Intermediärs- und der Kommittentenfunktion in einer Person zulässig ist, sofern diese die für die jeweilige Rolle erforderlichen Voraussetzungen erfüllt.

313) Auf der Hauptversammlung einer nicht börsennotierten Aktiengesellschaft wird ein Stimmrechtsvertreter deshalb auch in Zukunft in keinem Fall mehr als zehn Aktionäre gleichzeitig vertreten dürfen, vgl. Art. 2372 Abs. 5 C.C..

314) Mauri, Le società 1998, 147 [153]; Ghezzi, Commento al T.U., art. 137, S. 1263. In gleichem Sinne hat sich der Präsident der Consob Padoa Schioppa in einer Anhörung vom 20. Januar 1998 geäußert (abgedruckt in Riv. soc. 1998, 217 [230]). Vella, Partecipazione

Heftige Kritik hat auch die Bestimmung der Consob auf sich gezogen, wonach der Aktionär im Rahmen einer Sollecitazione in keinem Fall inhaltlich von den Vorschlägen des Kommittenten abweichende Weisungen erteilen darf.[315] Mit dem Argument, daß die institutionelle Stimmrechtsvertretung auf diese Weise primär in den Dienst des Kommittenten gestellt werde, wird in der Entscheidung für das one-way-proxy-System zum Teil ein Verstoß gegen die dem Testo Unico zugrundeliegende Ermächtigungsgrundlage des Art. 21 Abs. 4 des Gesetzes Nr. 52 vom 6. Februar 1996 gesehen, wonach sämtliche Bestimmungen des Testo Unico in erster Linie dem Schutz der Kleinanleger zu dienen bestimmt sind.[316] Konsequenterweise ist deshalb auch schon die Forderung erhoben worden, der Gesetzgeber müsse von sich aus eingreifen und die von der Börsenaufsichtsbehörde getroffene Bestimmung entweder aufheben und durch die Anordnung des two-way-proxy-Systems ersetzen[317] oder dem Kommittenten zumindest die Möglichkeit einräumen, von sich aus auf die Anwendung des one-way-proxy-Systems zu verzichten.[318]

Ein weiterer Kritikpunkt betrifft die von Art. 139 T.U. formulierten subjektiven Zulassungsvoraussetzungen für die Funktion des Kommittenten. Während einige Autoren die von der genannten Vorschrift festgelegten Schwellenwerte sowohl in bezug auf die Höhe der geforderten Kapitalmindestbeteiligung als auch im Hinblick auf die verlangte Mindestdauer für ihre Eintragung im Aktienbuch der Gesellschaft als zu niedrig einschätzen, um die Seriosität der Kommittenteninitiative gewährleisten zu können und zu verhindern, daß durch Störaktionen oder allzu häufig wechselnde Mehrheiten eine stabile Geschäftspolitik der Gesellschaft gefährdet wird[319], sprechen sich andere Stimmen für die Herabsetzung dieser Grenzwerte aus. Als Begründung wird angeführt, daß anderenfalls den Investmentgesellschaften ein aktives Engagement für die Wert-

---

azionaria e deleghe di voto, S. 6, spricht sich deshalb dafür aus, daß über kurz oder lang eine einheitliche Stimmrechtsvertretungsregelung geschaffen wird.

315) Vgl. Art. 135 Abs. 3 und Abschnitt III Punkt 3 des Anhangs 5 Buchstabe B des Reglements Nr. 11971.

316) Ghezzi, Commento al T.U., art. 137, S. 1249.

317) In diesem Sinne hat sich der Generaldirektor der Assonime Cardarelli in Riv. soc. 1998, 246 [256] geäußert.

318) So Ghezzi, Commento al T.U., art. 138, S. 1301, der in diesem Zusammenhang insbesondere an den Fall denkt, daß der Kommittent mit seiner Stimmrechtskampagne in erster Linie das Erreichen des für die Beschlußfähigkeit der Hauptversammlung erforderlichen konstitutiven Quorums sicherstellen will.

319) Marchetti, Riv. soc. 1998, 140 [148]. In die gleiche Richtung weisen die Stellungnahmen des Generaldirektors der Assonime Cardarelli (Riv. soc. 1998, 246 [256]) und der italienischen Bankenvereinigung „Associazione Bancaria Italiana“, Riv. soc. 1998, 257 [268 f.].

steigerung der in ihren Fonds befindlichen Wertpapiere zum Nachteil der Anleger über Gebühr erschwert würde.[320)]

Ein letzter Streitpunkt betrifft schließlich die Frage, welche Rolle den Banken innerhalb des reformierten Stimmrechtsvertretungssystems zukommen wird. Einzelne Autoren befürchten, daß diese – und im Falle von Staatsbeteiligungen mittelbar auch die öffentliche Hand – mit Hilfe der neuen Vertretungsregelung enorme Stimmrechtsmacht auf sich konzentrieren und auf diese Weise in Zukunft einen dominierenden Einfluß auf die Corporate Governance der großen Industrieunternehmen ausüben könnten.[321)] Auch wird von dieser Seite nicht ausgeschlossen, daß die Banken bei der zukünftigen Stimmrechtsvertretung von Aktionären wieder genauso eng und einseitig mit dem Management der betroffenen Gesellschaften kooperieren werden wie vor 1974.[322)] Demgegenüber halten andere Stimmen diese Bedenken größtenteils für unbegründet. Zwar sei es wahrscheinlich, daß die Banken aufgrund von Wettbewerbsvorteilen gegenüber ihren Konkurrenten in Zukunft den Markt für Intermediärsdienste beherrschen würden.[323)] Auf einen Mißbrauch von Stimmrechtsmacht oder ein kollusives Zusammenwirken von Banken und Management zum Nachteil der vertretenen Aktionäre könne aber deshalb allein noch nicht geschlossen werden. Dies verhinderten nicht nur die außerordentlich hohen Transparenzanforderungen des neuen Stimmrechtsvertretungsverfahrens, sondern auch die intensiven Kontrollen von seiten der Consob und die strengen Haftungs- und Sanktionsbestimmungen für den Fall, daß Unregelmäßigkeiten aufgedeckt würden.[324)] Aus dem gleichen Grunde sei auch das Gefahrenpotential, das von den Banken in der Rolle des Kommittenten ausgehe, eher als gering einzustufen, zumal diese in vielen Fällen gar nicht über die von Art. 139 Abs. 1 T.U. geforderte einpro-

---

320) So vor allem Ghezzi, Commento al T.U., art. 139, S. 1345 mit Verweis auf Tantalo, Ruolo e funzione delle società, S. 4.

321) Vella, Partecipazione azionaria e deleghe di voto, S. 3 und S. 5; Marchetti, Riv. soc. 1998, 140 [149], hätte es deshalb gerne gesehen, wenn der Gesetzgeber den Banken im Bereich der Stimmrechtsvertretung gesetzliche Limits auferlegt hätte.

322) Für eine Beschreibung der Stimmrechtsvertretungspraxis vor 1974 vgl. die Ausführungen oben S. 170 ff..

323) Diese Annahme wird von Ghezzi, Commento al T.U., art. 140, S. 1362 und S. 1366 f., auf die Vermutung gestützt, daß die Banken bei der Beantwortung der Frage, welche Aktionäre als potentielle Adressaten einer Stimmrechtskampagne in Betracht kommen, aufgrund des von ihnen betriebenen Depot-, Vermögensverwaltungs- und Emissionsgeschäfts einen entscheidenden Informationsvorsprung gegenüber anderen Intermediären haben werden.

324) Costi, Il governo delle società quotate, S. 25; Ghezzi, Commento al T.U., art. 140, S. 1362 ff..

zentige Beteiligung verfügten.[325] Ein an die Banken gerichtetes Verbot, als Kommittent einer Sollecitazione aufzutreten, würde nach dieser Ansicht zudem deren legitime Interessen als institutionelle Investoren mißachten und außerdem dazu führen, daß ihr unbestrittener ökonomischer Sachverstand und das daraus resultierende Kontrollpotential im Hinblick auf die Überwachung des Managements ungenutzt bleiben müßten.[326] Als bedenklich wird allerdings die Tatsache eingestuft, daß die Ausführungsbestimmungen der Consob dem Intermediär erlauben, neben der Durchführung der Stimmrechtskampagne nach den Vorschriften des Testo Unico auch gleichzeitig noch Stimmrechtsvollmachten nach der Vorschrift des Art. 2372 C.C. zu sammeln. Anders als der Testo Unico – so die Argumentation – biete nämlich Art. 2372 C.C. den Aktionären keinen Schutz vor unlauteren Vorgehensweisen des Intermediärs, was insbesondere dann relevant werden könne, wenn die mit der Durchführung einer Sollecitazione betraute Intermediärbank sich infolge von geschäftlichen Verbindungen zur Gesellschaft oder zum Kommittenten oder aufgrund ihrer Rolle als Kreditgeberin des von der Stimmrechtskampagne betroffenen Unternehmens in einem Interessenkonflikt befinde.[327]

3. Sondervorschriften für die Stimmrechtsvertretung im Bereich der individuellen Vermögensverwaltung

Außer den bis hierhin dargestellten Stimmrechtsvertretungssystemen des Testo Unico und des Art. 2372 C.C. existiert in Italien noch ein weiteres Regelwerk von Sondervorschriften für den Fall, daß die Aktionärsvertretung von einer Bank, einem Wertpapierhaus („impresa di investimento“), einer Vermögensverwaltungsgesellschaft („società di gestione del risparmio“) oder einem Börsenmakler („agente di cambio“) wahrgenommen wird und Stimmrechte aus Aktien betrifft, die von den genannten Personen und Einrichtungen im individuellen Auftrag ihrer Kunden verwaltet werden. Die diesbezüglichen Regelungen finden sich in der Verordnung Nr. 470 vom 11. November 1998[328], die auf der

---

325) Hierauf hat die italienische Bankenvereinigung „Associazione Bancaria Italiana“ in Riv. soc. 1998, 257 [270] hingewiesen.

326) In diesem Sinne hat sich der Generaldirektor des Finanzministeriums Draghi in seiner Anhörung zum Vorentwurf des Testo Unico, dem nach ihm selbst benannten „Bozza Draghi“, geäußert, vgl. Riv. soc. 1998, 204 [210].

327) Ghezzi, Commento al T.U., art. 140, S. 1364f. und S. 1366, dort insbesondere Fn. 52.

328) Diese löst zugleich die Vorgängerregelung der Verordnung Nr. 330 des Finanzministers vom 26. Juni 1997 ab, deren Ermächtigungsgrundlage (Art. 20 lit. e) des Gesetzesdekrets Nr. 415 vom 23. Juli 1996) durch den Testo Unico aufgehoben worden ist.

Grundlage von Art. 24 Abs. 1 lit. e) T.U. nach vorheriger Anhörung der Consob und der Banca d'Italia vom Finanzminister erlassen worden ist. Sie sollen im folgenden kurz dargestellt werden.

a) Die Stimmrechtsvertretungsvorschriften der Verordnung des Finanzministers Nr. 470 vom 11. November 1998[329)]

Artikel 2 der Verordnung bestimmt zunächst, daß die Erteilung einer Stimmrechtsvollmacht nur im Hinblick auf bereits einberufene Hauptversammlungen zulässig ist und dem Vertreter gegenüber bis spätestens einen Tag vor dem Versammlungsdatum schriftlich widerrufen werden kann. Die Bevollmächtigung des jeweiligen Stimmrechtsvertreters muß auf vorgefertigten Formularen erfolgen (Art. 3), die so konzipiert sein müssen, daß der vertretene Aktionär zu jedem Beschlußpunkt der Tagesordnung[330)] das von ihm gewünschte Votum angeben kann[331)] mit der Folge, daß der Vertreter hieran gebunden ist und von der gewünschten Abstimmungsrichtung nur dann abweichen darf, wenn im Anschluß an die Erteilung der Vollmacht Tatsachen von erheblicher Bedeutung bekannt werden, die vernünftigerweise vermuten lassen, daß der vertretene Aktionär in diesem Falle eine andere Weisung erteilt hätte (Art. 4 Abs. 2 i.V.m. Art. 5 Abs. 1 S. 1).[332)] Auf die Möglichkeit einer solchen Abweichung muß der Aktionär jedoch bereits auf dem Vollmachtsformular hingewiesen werden (Art. 4 Abs. 1 lit. f)).[333)] Das letztere muß daneben noch eine Reihe weiterer Informationen enthalten. Hierzu zählt nicht nur die Angabe der Tagesordnung und des Einberufungsdatums der Hauptversammlung, für die die Stimmrechtsvollmacht erteilt werden soll, sondern auch die Mitteilung der Beschlußvorschläge, für oder gegen die der Stimmrechtsvertreter in der Hauptversammlung zu votieren beabsichtigt, falls ihm keine anderweitigen Instruktionen von seiten des Aktio-

---

329) Artikel ohne nähere Bezeichnung sind im folgenden solche der Verordnung Nr. 470 vom 11. November 1998.

330) Insbesondere muß dem Aktionär im Zusammenhang mit der Wahl von Organmitgliedern die Möglichkeit gegeben werden, über jede individuelle Kandidatur einzeln zu entscheiden (Art. 4 Abs. 2).

331) Ein faktischer Weisungszwang wie beim Testo Unico besteht allerdings nicht.

332) Falls der Vertreter von den Weisungen des Aktionärs abweicht, muß er diesen jedoch umgehend hiervon unterrichten und ihm die Gründe mitteilen, die zu dieser Entscheidung geführt haben (Art. 5 Abs. 1 S. 2).

333) Allerdings kann der Aktionär auf dem Vollmachtsformular auch vermerken, daß sein Stimmrecht in jedem Falle weisungskonform ausgeübt werden soll (Art. 5 Abs. 2). In diesem Fall ist eine Abweichung nicht zulässig.

närs erteilt werden. Außerdem muß der Aktionärsvertreter seinem Kunden eventuell existierende Interessenkonflikte offenlegen und ihn darüber informieren, unter welchen Voraussetzungen der Widerruf einer bereits erteilten Stimmrechtsvollmacht möglich ist (Art. 4 Abs. 1 lit. e) und c)).

Von Bedeutung ist schließlich noch die Vorschrift des Art. 6, wonach mit Ausnahme des Abs. 5 die Bestimmungen des Art. 2372 C.C. Anwendung finden, soweit sie nicht durch die Verordnung ausdrücklich abbedungen werden. Hieraus folgt zum einen, daß die Erteilung von Blankovollmachten generell unzulässig und eine Unterbevollmächtigung nur insoweit gestattet ist, als die unterbevollmächtigte Person im Vollmachtsformular namentlich benannt ist (vgl. Art. 2372 Abs. 3 C.C.). Und zum anderen ist damit auch klargestellt, daß die vom Anwendungsbereich der Verordnung Nr. 470/98 erfaßten Personen und Institutionen im Bereich ihrer vermögensverwalterischen Tätigkeit nicht an die im Rahmen einer Stimmrechtsvertretung nach Art. 2372 C.C. zu beachtenden quantitativen Höchstgrenzen gebunden sind, folglich also eine beliebig große Anzahl ihrer Kunden gleichzeitig in einer Hauptversammlung vertreten können. Die Literatur sieht hierin nur einen scheinbaren Widerspruch zu den neugeschaffenen Stimmrechtsvertretungsvorschriften des Testo Unico; diese ordneten zwar als Preis für die Befreiung von den quantitativen Höchstgrenzen des Art. 2372 C.C. die Einhaltung detaillierterer und strengerer Informations- und Offenlegungspflichten an, als sie die Verordnung Nr. 470/98 vorschreibe. Deren geringere Anforderungen seien aber insofern gerechtfertigt, als in den von ihr behandelten Fällen der individuellen Vermögensverwaltung bereits eine Vertrauensbeziehung zwischen Vollmachtgeber und Stimmrechtsvertreter bestehe und der letztere im Bereich der Vermögensverwaltung ohnehin an besondere, gesetzlich festgeschriebene Treue- und Sorgfaltspflichten gegenüber seinen Kunden gebunden sei.[334)]

IV. Die Briefwahl („voto per corrispondenza“)

1. Überblick

Das Rechtsinstitut der Briefwahl war dem italienischen Gesellschaftsrecht bis zum Jahre 1998 hin zwar nicht gänzlich unbekannt gewesen, bis zu diesem Zeitpunkt hatte es jedoch – von einer Ausnahme abgesehen[335)] – keine Veranke-

---

334) Ghezzi, Commento al Testo Unico, art. 137, S. 1277.

335) Gemäß Art. 2532 Abs. 5 C.C. kann das Stimmrecht in Genossenschaften („società cooperative“) per Briefwahl ausgeübt werden, sofern die Satzung dies erlaubt.

rung im diritto comune besessen, sondern war von seinem Anwendungsbereich her auf zwei gesetzliche Spezialfälle beschränkt gewesen. Zunächst hatte Art. 5 Abs. 3 des Gesetzesdekrets Nr. 84 vom 25. Januar 1992 den Sicav („Società di investimento a capitale variabile")[336)] die Möglichkeit eröffnet, den Aktionären auf der Grundlage einer entsprechenden Satzungsvorschrift diese zusätzliche Form der Stimmrechtsausübung anzubieten.[337)] Später, im Jahre 1994, war dieses Recht auch den in Form einer Aktiengesellschaft organisierten Banken, Versicherungen und öffentlichen Versorgungsunternehmen eingeräumt worden, die von der gesetzlichen Privatisierung desselben Jahres betroffen waren (Art. 5 Abs. 5 des Gesetzes Nr. 474 vom 30. Juli 1994).[338)] Die in diesem Zusammenhang mit der Briefwahl gemachten Erfahrungen waren jedoch insbesondere in den privatisierten Gesellschaften – hier sind sich die betroffenen Unternehmen, die Börsenaufsichtsbehörde und das Schrifttum einig – mehr als ernüchternd. Schon bald mußte festgestellt werden, daß der hinter der Einführung des neuen Instruments stehende Zweck, nämlich den Kleinaktionären die Stimmrechtsausübung zu erleichtern und diese dadurch zu einer stärkeren Beteiligung an der Willensbildung der Gesellschaft und der Kontrolle des Managements anzuregen[339)], nicht erreicht werden konnte.[340)] Ebenso wurde kritisiert, daß das Verfahren zur Durchführung der Briefwahl zu kompliziert und aufwendig ausgestaltet worden sei und daß der hierdurch den Gesellschaften entstandene Organisationsaufwand – ganz zu schweigen von den Kosten – in keinem angemessenen Verhältnis mehr zur spärlichen Beteiligung der Aktionäre gestanden ha-

---

336) Bei den Sicav handelt es sich um offene Investmentfonds des Gesellschaftstyps, die in der Rechtsform der Aktiengesellschaft organisiert sind.

337) Die verfahrenstechnischen Einzelheiten, die bei der Durchführung der Briefwahl in den Sicav beachtet werden müssen, sind in der Rechtsverordnung des Schatzministers vom 29. Juli 1992 geregelt.

338) Gemäß Art. 1 Abs. 3 des Reglements vom 30. Dezember 1994, das die näheren Durchführungsmodalitäten regelte und zusammen von der Banca d'Italia, der Consob und der Isvap – der für die Versicherungsaufsicht zuständigen Behörde – erlassen worden war, bestand für alle Gesellschaften, in denen der Staatsanteil mittels eines öffentlichen Verkaufsangebotes („tramite offerta pubblica di vendita") veräußert wurde, sogar die Pflicht, in ihren Statuten die Möglichkeit der Briefwahl vorzusehen.

339) Rossi, Il voto extrassembleare, S. 139 f..

340) In denjenigen privatisierten Gesellschaften, in denen die Ausübung des Stimmrechts per Briefwahl nach 1994 eingeführt worden ist – hierzu zählen die Unternehmen Comit, Credit, Imi, Ina und Eni – ist bislang kaum von dieser Möglichkeit Gebrauch gemacht worden, vgl. Dibattista, Le società 1997, 17 [17] und die Ausführungen der Consob, nota tecnica, S. 43 und S. 65. Anläßlich der Jahreshauptversammlung der Ina im Jahre 1996 übten beispielsweise nur ca. 10 Aktionäre ihr Stimmrecht auf dem Wege der Briefwahl aus, vgl. Rossi, Il voto extrassembleare, S. 451 (Fn. 4).

be.[341)] Zu Problemen und Rechtsunsicherheit führten schließlich auch Auslegungsstreitigkeiten hinsichtlich einiger Verfahrensfragen von nicht zu unterschätzender praktischer Relevanz wie etwa das Problem, ob und inwieweit die per Briefwahl ausgeübten Stimmrechte auch noch dann Berücksichtigung finden sollten, wenn die ursprünglich angekündigten Beschlußvorschläge im Anschluß an die Stimmabgabe abgeändert oder ergänzt werden bzw. ob eine nachträgliche Abänderung oder Neueinbringung von Abstimmungsvorschlägen im Falle der Briefwahl überhaupt zulässig sei.[342)]

Trotz dieser Probleme und einer weitgehend skeptischen Haltung des italienischen Schrifttums[343)] hat der Gesetzgeber des Jahres 1998 sich nicht davon abschrecken lassen, im neugeschaffenen Testo Unico eine Vorschrift zu verankern, die die schriftliche Form der Stimmrechtsausübung von außerhalb der Hauptversammlung einem größeren Kreis von Aktiengesellschaften als bisher

341) Im Kreuzfeuer der Kritik standen vor allem die den Gesellschaften im Zusammenhang mit der Durchführung der Briefwahl auferlegten umfangreichen Informations- und Dokumentationspflichten; Art. 2 Abs. 4 und 5 des Reglements betreffend die Modalitäten der Ausübung des Stimmrechts per Briefwahl in den privatisierten Gesellschaften schrieb beispielsweise jedem Unternehmen vor, vom Tage der Einberufungsbekanntmachung an am Gesellschaftssitz und an allen für die Hinterlegung der Aktien zuständigen Stellen Kopien mit dem vollständigen Wortlaut sämtlicher für die jeweilige Hauptversammlung angekündigter Beschlußvorschläge sowie eigens zu den jeweiligen Beschlußvorschlägen anzufertigende erläuternde Berichte („relazione illustrativa") auszulegen. Die gleiche Hinterlegungspflicht traf die Gesellschaft gemäß Art. 2 Abs. 5 des gleichen Reglements auch im Hinblick auf sämtliche Dokumente, die der jeweiligen Hauptversammlung im Zusammenhang mit speziellen Beschlußfassungsgegenständen vorzulegen waren. Zur Kritik vgl. Dibattista, Le società 1997, 17 [17 (Fn. 4)].

342) Dieser Streit betraf jedoch nur die privatisierten Gesellschaften, da im Reglement vom 30.12.1994 diese Frage nicht ausdrücklich geregelt war. Die Rechtsverordnung des Schatzministers vom 29. Juli 1992 betreffend die Modalitäten der Ausübung des Stimmrechts per Briefwahl in den Sicav hingegen löste das umschriebene Problem in der Weise, daß eine Abänderung von Beschlußvorschlägen in der Hauptversammlung stets möglich war, die per Briefwahl ausgeübten Stimmrechte in diesem Fall jedoch keine Berücksichtigung mehr finden sollten. Ob diese Lösung auch für die Briefwahl in den privatisierten Gesellschaften übernommen werden sollte, war umstritten. Dafür sprach sich Dibattista, Le società 1997, 17 [20] aus, dagegen (genauer: gegen die Zulässigkeit einer nachträglichen Abänderung und Ergänzung von Beschlußvorschlägen) Rossi, Giur. comm. 1995, II, 883 [886]; dies., Il voto extrassembleare, S. 151 ff.. Folge dieser Rechtsunsicherheit war, daß die Verwalter der privatisierten Aktiengesellschaften, in denen die Ausübung des Stimmrechts per Briefwahl nach 1994 zulässig war, zunächst nicht wußten, ob sie Beschlußvorschläge nachträglich abändern durften oder ob die Zulassung neuer Beschlußanträge von seiten der Aktionäre überhaupt möglich war, vgl. Rossi, Il voto extrassembleare, S. 35/36 (Fn.39).

343) Vgl. etwa Campobasso, Diritto commerciale, S. 303; Montalenti, Giur. comm. 1998, I, 329 [346]; Jaeger, Giur. comm. 1995, I, 5 [14 f.].

zugänglich macht. Konkret erlaubt der am 1. Juli 1998 in Kraft getretene Art. 127 T.U. allen italienischen Aktiengesellschaften, deren Aktien an den geregelten Märkten Italiens oder anderer Mitgliedstaaten der Europäischen Union zum Handel zugelassen sind[344], auf der Grundlage einer entsprechenden Satzungsvorschrift die Möglichkeit der Briefwahl einzuführen.[345] Die Entscheidung für oder gegen die Einführung dieser neuen Form der Stimmrechtsausübung ist somit in das Belieben der jeweiligen Gesellschaft selbst gestellt.[346] Etwas anderes gilt jedoch hinsichtlich der konkreten Modalitäten ihrer Durchführung. Hier läßt der Testo Unico den einzelnen Gesellschaften keinen statutarischen Handlungsspielraum, sondern verweist auf die diesbezüglichen Ausführungsbestimmungen der italienischen Börsenaufsichtsbehörde.[347] Beim Erlaß dieser Vorschriften, die im folgenden kurz dargestellt werden sollen, war es oberstes Ziel der Consob, die organisationstechnisch äußerst komplizierten Regelungen der früheren Jahre abzulösen[348] durch eine jeden unnötigen Ballast vermeidende schlichtere Verfahrensregelung, die im übrigen in weiten Teilen stark von der französischen „vote par correspondance" inspiriert ist.[349]

---

[344] Der Anwendungsbereich der Vorschrift ergibt sich aus Art. 119 T.U..

[345] Die Möglichkeit der Einführung der Briefwahl ist dabei nicht auf bestimmte Arten von Hauptversammlungen beschränkt, vgl. die „nota tecnica" der Consob, S. 64.

[346] Nach Ansicht des Generaldirektors des Schatzministeriums – abgedruckt in Riv. soc. 1998, 204 [208] – hat der Gesetzgeber mit dem fakultativen Charakter der Regelung den im Zusammenhang mit der Briefwahl gemachten negativen Erfahrungen Rechnung getragen.

[347] Diese sind in den Artt. 139 ff. des Reglements Nr. 11971 vom 14. Mai 1999 niedergelegt.

[348] Sowohl Art. 5 Abs. 3 des Gesetzesdekrets Nr. 84 aus dem Jahre 1992 (bezogen auf die Briefwahl in den Sicav) als auch die Vorschriften über die Ein- und Durchführung der Briefwahl in den 1994 privatisierten Aktiengesellschaften sind durch den Testo Unico aufgehoben worden (Art. 214 Abs. 1 lit cc) und ii)T.U.). Im Falle der Sicav hält der Testo Unico jedoch eine eigene Vorschrift für die Briefwahl bereit (Art. 46 Abs. 2), die den Wortlaut des derogierten Art. 5 Abs. 3 des Gesetzesdekrets Nr. 84/1992 fast wörtlich wiedergibt. So schreibt Art. 46 Abs. 2 T.U. insbesondere vor, daß falls das Statut einer Sicav die Briefwahl zuläßt, die Bekanntmachung der Einberufung den vollen Wortlaut sämtlicher Beschlußvorschläge umfassen muß und daß im Falle ihrer nachträglichen Abänderung oder Ergänzung die zuvor per Briefwahl abgegebenen Stimmen bei der Auszählung nicht berücksichtigt werden, sondern nur im Hinblick auf das Zustandekommen des für die Beschlußfähigkeit erforderlichen konstitutiven Quorums ihre Gültigkeit bewahren. Die sonstigen verfahrenstechnischen Einzelheiten sollen in Kürze durch eine vom Schatzministerium zu erlassende Verordnung festgelegt werden.

[349] Nota tecnica der Consob, S. 64.

2. Die rechtstechnische Ausgestaltung der Briefwahl

Artikel 139 der Ausführungsbestimmungen[350)] schreibt zunächst fest, daß falls das Statut einer Aktiengesellschaft die Stimmrechtsausübung per Briefwahl zuläßt, in der Bekanntmachung der Hauptversammlungseinberufung auf dieses Recht der Aktionäre hingewiesen werden muß. Darüber hinaus hat die Einberufungsbekanntmachung auch Informationen darüber zu enthalten, unter welchen Voraussetzungen und bei wem die Stimmzettel für die Briefwahl angefordert werden können und an welche Stellen und innerhalb welcher Fristen diese spätestens wieder zurückgeschickt werden müssen, damit sie bei der Stimmenauszählung noch Berücksichtigung finden. Damit möglichst viele Aktionäre auch tatsächlich Kenntnis von diesen Hinweisen erlangen, schreibt Art. 139 Abs. 2 außerdem vor, daß eine Kopie der Einberufungsbekanntmachung an die für die Sammelverwahrung der Aktien zuständige Gesellschaft zu schicken ist und diese ihrerseits sämtliche Depoteinrichtungen informieren muß, die bei ihr Wertpapierkonten unterhalten.[351)] Anschließend kann gemäß Art. 140 Abs. 2 jeder Aktionär, der zur Teilnahme an der Hauptversammlung legitimiert ist, gegebenenfalls auch über seine Depoteinrichtung die Stimmzettel für die Briefwahl bei der Gesellschaft anfordern.

Der einzelne Stimmzettel („scheda di voto") muß neben der Bezeichnung des Emittenten, den Angaben zur Person des Stimmrechtsinhabers und zur Anzahl der in seinem Besitz befindlichen Aktien auch die Tagesordnung der einberufenen Hauptversammlung und den Wortlaut sämtlicher Beschlußvorschläge enthalten, über die eine Abstimmung stattfinden soll. Außerdem muß er so konzipiert sein, daß das Votum des Aktionärs bis zum Beginn der Stimmenauszählung in der Hauptversammlung geheim bleibt (Art. 140 Abs. 1). Dem ausgefüllten, datierten und vom Aktionär unterschriebenen Stimmzettel muß schließlich noch ein von der Depoteinrichtung gemäß Art. 85 Abs. 4 T.U. auszustellendes Zertifikat beigefügt werden, das als Legitimationsnachweis für die Anzahl der auf den einzelnen Aktionär entfallenden Stimmen dient (Art. 140 Abs. 1). Fehlt dieses Zertifikat oder ist der Stimmzettel nicht unterschrieben, wird dieser weder im Rahmen der Stimmenauszählung noch im Zusammenhang mit der Feststellung eines eventuell für die Beschlußfähigkeit der Hauptversammlung erforderlichen konstitutiven Quorums berücksichtigt (Art. 143 Abs. 1). Was die dem Aktionär zu Gebote stehenden Abstimmungsalternativen anbelangt, steht

---

350) Artikel ohne nähere Bezeichnung sind im folgenden solche des Reglements Nr. 11971 vom 14. Mai 1999.

351) Die Informationen gelangen also auf dem gleichen Wege zu den Aktionären wie im Falle der Ankündigung einer Sollecitazione i.S.d. Testo Unico, vgl. hierzu oben S. 209 f..

es ihm – anders als etwa dem Aktionär im französischem Recht[352] – auch offen, sich hinsichtlich eines oder mehrerer Abstimmungsvorschläge der Stimme zu enthalten. Eindeutig Pate gestanden hat das französische Recht der Briefwahl hingegen im Falle des Art. 143 Abs. 3, wonach dem Aktionär die Möglichkeit offenstehen muß, auf dem Stimmzettel zu vermerken, ob er, falls die ursprünglichen Beschlußvorschläge nachträglich abgeändert oder ergänzt werden sollten, gegen oder für die abgeänderten bzw. neu eingebrachten Verwaltungs- oder Aktionärsvorschläge stimmen will oder ob er sich in diesem Fall lieber der Stimme enthalten möchte.[353] Nimmt der Aktionär keine solche Bestimmung vor, wird das von ihm abgegebene Votum im Falle einer späteren inhaltlichen Abänderung der der Stimmabgabe ursprünglich zugrunde gelegten Abstimmungsvorschläge als Stimmenthaltung gewertet. Dieses Ergebnis ergibt sich indirekt aus der Vorschrift des Art. 143 Abs. 2, wonach die Nichtabgabe eines Votums mit einer Stimmenthaltung bezüglich des betroffenen Abstimmungsgegenstandes gleichgesetzt wird.[354]

Der ausgefüllte Stimmzettel und die ihm beigefügte Bescheinigung der Depoteinrichtung müssen ferner so rechtzeitig vom Aktionär an die Gesellschaft zurückgeschickt werden, daß sie dort spätestens 48 Stunden vor dem für die Hauptversammlung angesetzten Termin eintreffen (Art. 141 Abs. 2). Das Empfangsdatum muß deshalb von der für die Annahme der Stimmzettel zuständigen Geschäftsstelle auf dem Stimmzettel vermerkt werden (Art. 142 Abs. 1). Wird die vorgeschriebene Frist nicht eingehalten, findet die abgegebene Stimme weder im Rahmen der Stimmenauszählung noch im Hinblick auf die Feststellung eines für die Beschlußfähigkeit der Hauptversammlung erforderlichen konstitutiven Quorums Berücksichtigung (Art. 143 Abs. 1). Rechtzeitig eingetroffene Stimmzettel behalten hingegen auch dann ihre Gültigkeit, wenn die Hauptversammlung aufgrund einer zu niedrigen, den Anforderungen an ihre Beschlußfähigkeit nicht genügenden Präsenz, für einen späteren Termin erneut einberufen werden muß (Art. 141 Abs. 3 a.E.). Bis zur Hauptversammlung werden alle

---

352) Bei der französischen Briefwahl wird eine Stimmenthaltung gemäß Art. 161-1 Abs. 2 des Gesetzes über die Handelsgesellschaften als Neinstimme gewertet.

353) Die Ähnlichkeit mit dem französischen Recht besteht jedoch nur im Hinblick auf die grundsätzliche Möglichkeit des Aktionärs, für diesen Fall rechtliche Vorkehrungen treffen zu können. Was hingegen den Inhalt der dem Aktionär zu Gebote stehenden Entscheidungsalternativen anbelangt, existieren erhebliche Unterschiede zwischen italienischem und französischem Recht; gemäß Art. 131-4 Nr. 3 der Verordnung Nr. 67-236 vom 23. März 1967 kann der Aktionär in Frankreich wählen, ob er eine Blankovollmacht erteilen, einen namentlich von ihm zu benennenden Stimmrechtsvertreter beauftragen oder ob er sich der Stimme enthalten will, was als Neinstimme gewertet wird.

354) Vgl. Mirone, Riv. soc. 1999, 751 [775 f.].

Stimmzettel vom Präsidenten des Aufsichtsrates verwahrt (Art. 142 Abs. 2). Über ihren Inhalt ist zudem bis zu Beginn der Stimmenauszählung in der Hauptversammlung Stillschweigen zu bewahren (Art. 141 Abs. 3). Eine per Briefwahl erfolgte Stimmabgabe kann schließlich auch mittels einer ausdrücklichen Erklärung des stimmberechtigten Aktionärs gegenüber der Gesellschaft widerrufen werden, sofern der Widerruf spätestens bis zum Vortag der Hauptversammlung zur Kenntnis der sie abhaltenden Gesellschaft gelangt (Art. 141 Abs. 4).

V. Zusammenfassung und Stellungnahme

Abgesehen von einer Sonderregelung für die Verwaltung von Kundenportfolios durch Banken, Wertpapierhäuser und Vermögensverwaltungsgesellschaften hält das italienische Recht mit Art. 2372 C.C. auf der einen und den Artt. 136 ff. T.U. auf der anderen Seite zwei höchst unterschiedliche Regelungssysteme für die Stimmrechtsvertretung von Aktionären in der Hauptversammlung börsennotierter Unternehmen bereit. Ausgangsbasis ist die Vorschrift des Art. 2372 C.C.. Sie stammt – abgesehen von der im Jahre 1998 erfolgten Abschaffung des ehemaligen Aktionärsvertretungsverbots für Banken (Art. 2372 Abs. 4 C.C. a.F.) – aus dem Jahre 1974 und stellt in mehrfacher Hinsicht eine sehr restriktive Regelung dar. Zum einen schließt sie die Verwalter, Aufsichtsratsmitglieder und Angestellten der die Hauptversammlung abhaltenden Gesellschaft sowie die von ihr abhängigen Unternehmen und deren Verwalter, Aufsichtsratsmitglieder und Angestellten von der Stimmrechtsvertretung aus. Zum anderen verbietet sie den Banken wie auch allen sonstigen natürlichen oder juristischen Personen, die als Stimmrechtsvertreter zugelassen sind, je nach Grundkapitalhöhe der Gesellschaft mehr als fünfzig, hundert oder zweihundert Aktionäre auf ein und derselben Hauptversammlung gleichzeitig zu vertreten, und schließlich garantiert sie das Recht des Aktionärs, sich bei der Ausübung seines Stimmrechts auf der Hauptversammlung vertreten zu lassen, nicht in satzungsfester Form, so daß es durch eine entsprechende statutarische Bestimmung jederzeit weiter eingeschränkt oder sogar ganz ausgeschlossen werden kann.

Das restriktive Vertretungssystem des Art. 2372 C.C. wird unterdessen von vielen Seiten zu Recht kritisiert. Wenn auch die Ratio dieser Vorschrift, nämlich den Gleichlauf von Kapitalbeteiligung und Herrschaft sicherzustellen und die Konzentration von Stimmrechtsmacht in den Händen der Gesellschaftsverwalter bzw. der sie stützenden Machtgruppen zu verhindern, auf den ersten Blick der Förderung der Aktionärsdemokratie dienlich erscheinen mag, hat sie in Wirklichkeit das genaue Gegenteil bewirkt. Abgesehen davon, daß der fragmentarische Charakter der Verbote und Beschränkungen deren Adressaten im Ernstfall stets eine Hintertür für mögliche Umgehungen offenläßt, haben die Einschränkungen im Bereich der institutionellen Stimmrechtsvertretung zu einem faktischen Ausschluß der Kleinaktionäre von der Unternehmenskontrolle und damit zu einer Verstärkung der Machtposition der Großaktionäre geführt. Bedenklich ist auch, daß Art. 2372 C.C. innerhalb der von ihm abgesteckten engen Grenzen zulässiger Aktionärsvertretung keinerlei Anforderungen an das Verhalten des Stimmrechtsvertreters stellt. Dieser ist im Vorfeld der Hauptversammlung weder zur Formulierung von Abstimmungsvorschlägen oder zur Einholung von Weisungen verpflichtet, noch muß er die von ihm vertretenen Aktionäre über die Beschlußfassungsmaterien der Hauptversammlung, über eventuelle Interessenkonflikte in seiner Person oder über das von ihm beabsichtigte Abstimmungsverhalten bezüglich der einzelnen Beschlußfassungsgegenstände im vorhinein in Kenntnis setzen, so daß ihm bei der Ausübung der fremden Aktienstimmrechte ein denkbar weiter Ermessensspielraum zusteht. Schließlich hat sich die restriktive Stimmrechtsvertretungsregelung des Art. 2372 C.C. auch unter praktischen Gesichtspunkten als problematisch erwiesen, da die hierdurch bedingten niedrigeren Kapitalpräsenzen nicht nur die Gefahr von Zufallsmehrheiten heraufbeschwörten, sondern auch das Erreichen der für die Beschlußfähigkeit der Hauptversammlung geforderten konstitutiven Quoren mitunter erheblich erschwert haben.

Aus diesen Gründen hat der italienische Gesetzgeber im Jahre 1998 mit dem Testo Unico delle disposizioni in materia di mercati finanziari zwei wichtige Neuerungen eingeführt, die allerdings nur für den Bereich der börsennotierten Aktiengesellschaften gelten. Dabei handelt es sich zum einen um die Möglichkeit der schriftlichen Abstimmung von außerhalb der Hauptversammlung („voto per corrispondenza“), auf die die Aktionäre gemäß Art. 127 T.U. jedoch nur dann zurückgreifen können, wenn die Gesellschaft diese erleichterte Form der Stimmrechtsausübung in ihren Statuten ausdrücklich vorsieht. Vor allem aber sind hiermit die neugeschaffenen Rechtsinstitute der Sollecitazione und der Raccolta di deleghe angesprochen, die in den Artt. 136 ff. T.U. geregelt sind und dem Stimmrechtsvertreter unter bestimmten Bedingungen die Möglichkeit eröffnen, die restriktiven Bestimmungen des Art. 2372 C.C. zu überwinden. Als Kompensation für die partielle Liberalisierung des Aktionärsvertretungssystems, welche vor allem institutionelle Investoren und Aktionärsvereinigungen dazu anspornen soll, sich künftig stärker als bisher im Bereich der Stimmrechtsvertretung zu engagieren, schreiben die Artt. 136 ff. T.U. und die hierzu ergangenen Ausführungsbestimmungen der Börsenaufsichtsbehörde ein im Detail geregeltes, sanktionsbewehrtes Verfahren vor, das den Aktionär vor einer übereilten und unreflektierten Vollmachtserteilung schützen und den Vertreter an einer mißbräuchlichen Ausübung der ihm anvertrauten Stimmrechte hindern soll.

Soweit es sich nicht um Vollmachtssammlungen von Aktionärsvereinigungen innerhalb ihres eigenen Mitgliederkreises (=Raccolta di deleghe) handelt, schreibt der Gesetzgeber zur Erreichung des zuerst genannten Ziels die Erstellung eines Informationsprospekts vor, in dem die Initiatoren der Stimmrechtskampagne die Aktionäre unter anderem auf die Existenz und das Ausmaß eventueller Interessenkonflikte in ihrer Person hinweisen und die von ihnen formulierten Abstimmungsvorschläge detailliert begründen müssen. Außerdem sind die Organisatoren dazu verpflichtet, die Adressaten ihrer Kampagne darauf aufmerksam zu machen, falls die Gesellschaft in Ansehung bestimmter Beschlußfassungsmaterien der bevorstehenden Hauptversammlung zusätzliche Informationsunterlagen für die Aktionäre vorbereitet hat. Um die Vollständigkeit und Richtigkeit all dieser Angaben zu gewährleisten, ist die Börsenaufsichtsbehörde mit umfangreichen Kontroll- und Sanktionsbefugnissen ausgestattet worden. Zudem droht der Testo Unico für den Fall von Falschangaben mit strengen zivilrechtlichen und strafrechtlichen Sanktionen.

Schließlich werden auch dem möglichen Mißbrauch der dem Bevollmächtigten zur Ausübung anvertrauten Stimmrechte gleich mehrere Riegel vorgeschoben. Zum einen läßt der Gesetzgeber von vornherein nur solche Personen als Initiatoren einer Stimmrechtskampagne zu, von denen aufgrund wirtschaftlicher Erwägungen anzunehmen ist, daß sie sich mit ihrer Aktion für die Belange der Gesellschaft und damit für das Wohl aller Aktionäre einsetzen werden. Zum anderen ist der Ermessensspielraum der Stimmrechtsvertreter bei der Abstimmung in der Hauptversammlung praktisch auf Null reduziert, da die mit den Stimmrechtsvollmachten zu verfolgende Abstimmungsrichtung bei der Sollecitazione stets im vorhinein festgelegt und den Aktionären bekannt ist[355)]; diese ist entweder durch die jeweiligen Abstimmungsvorschläge der Organisatoren selbst oder, falls solche zu einzelnen Tagesordnungspunkten nicht formuliert worden sein sollten, in Gestalt der Weisungen des Aktionärs vorgegeben, zu deren Erteilung er in diesem Fall stets verpflichtet ist. Hinzu kommt, daß den vertretenen Aktionären im Anschluß an die Hauptversammlung Rechenschaft über die Verwendung ihrer Stimmrechtsvollmachten abgelegt werden muß.

---

355) Eine Ausnahme gilt nur dann, wenn im Anschluß an die Erteilung der Stimmrechtsvollmacht neue Umstände bekannt werden und der Aktionär dem Vertreter für diesen Fall erlaubt hat, von den ursprünglich formulierten Abstimmungsvorschlägen abzuweichen.

Angesichts dieser zahlreichen Kautelen und Schutzvorkehrungen zugunsten der vertretenen Aktionäre stoßen die mit dem Testo Unico vorgenommene Liberalisierung des Aktionärsvertretungssystems und die Relegalisierung des Bankenstimmrechts kaum auf Bedenken.[356)] Im Gegenteil, diese Maßnahmen müssen sogar mit Nachdruck begrüßt werden, da sie als Grundstein für eine stärkere Beteiligung der Kleinaktionäre an der Unternehmenskontrolle die Voraussetzung dafür schaffen, daß das Institut der Stimmrechtsvertretung künftig gezielt und zum Wohle aller Gesellschafter als Instrument zur Disziplinierung des Managements eingesetzt werden kann. Eine andere Frage ist allerdings, ob diese Möglichkeit künftig auch in ausreichendem Maß genutzt werden wird. Zweifel hieran ergeben sich insofern, als abzuwarten bleibt, ob sich in Anbetracht der strengen gesetzlichen Anforderungen an die Person des Kommittenten, der zahlreichen ihm auferlegten Informationspflichten, der komplizierten Verfahrensregeln, der überaus strengen Sanktionsbestimmungen sowie der vom Kommittenten zu tragenden Kosten überhaupt hinreichend viele institutionelle Investoren zu einem aktiven Engagement im Bereich der Stimmrechtsvertretung bereitfinden werden. Insbesondere kann man darüber streiten, ob die Pflicht zur Einschaltung eines Intermediärs in Anbetracht der strengen Kontrollen, denen der Kommittent von seiten der Consob unterworfen ist, das Stimmrechtsvertretungsverfahren nicht unnötig verkompliziert und verteuert. Dies gilt um so mehr, als das dem Kommittenten als Kompensation für das teure und aufwendige Verfahren zugestandene „one-way-proxy"-System die Abstimmungsfreiheit der vertretenen Aktionäre in unverhältnismäßiger Weise beschneidet.

Ein letzter Kritikpunkt betrifft schließlich die rechtstechnische Umsetzung der gesetzgeberischen Liberalisierungsbestrebungen. Da die Artt. 136 ff. T.U. die ältere Vorschrift des Art. 2372 C.C. nicht ersetzen, sondern lediglich innerhalb ihres begrenzten Anwendungsbereiches derogieren, ist mit Inkrafttreten des Testo Unico eine Gemengelage grundlegend verschiedener Stimmrechtsvertretungsregelungen entstanden. Diese unnötige Verkomplizierung des italienischen Aktionärsvertretungssystems führt nicht nur zu den bereits angesprochenen Abgrenzungs- und Konkurrenzproblemen, was das Verhältnis der verschiedenen Vertretungsregelungen zueinander anbelangt, sondern birgt auch die Gefahr in sich, daß Verfahrensanforderungen, die der Testo Unico zum Schutze der vertretenen Aktionäre aufstellt, durch den Rückgriff auf die weniger aktionärsfreundlichen und schutzintensiven Vertretungsregelungen umgangen werden.

[356)] Hinsichtlich der theoretischen Möglichkeit einer Umgehung der genannten Schutzvorschriften vgl. jedoch noch die Darstellung am Ende dieses Abschnitts.

Dritter Teil

Untersuchungsauswertung und Entwicklung von Vorschlägen für aktionärsvertretungsbezogene Mindeststandards in Europa

A. Zusammenfassung der im Rechtsvergleich gewonnenen Erkenntnisse

Auch wenn mit Deutschland, England, Spanien, Frankreich und Italien lediglich die Aktionärsvertretungssysteme der fünf größten EU-Mitgliedstaaten behandelt worden sind, hat die bisherige Untersuchung zu einigen Erkenntnissen geführt, deren Zusammenfassung zugleich als Ausgangsbasis für die weitere Bearbeitung dienen soll. Im einzelnen lassen sich folgende Zwischenergebnisse resümieren.

I. Unüberwindbarkeit der rationalen Apathie

Das Desinteresse der meisten Kleinaktionäre an einer persönlichen Ausübung ihres Stimmrechts muß unabhängig von den spezifischen rechtlichen und institutionellen Rahmenbedingungen der einzelnen Mitgliedstaaten als Faktum akzeptiert werden. Insbesondere die niedrigen Hauptversammlungspräsenzen in Frankreich und Italien zeigen, daß die rationale Apathie der Anteilseigner auch nicht durch die Schaffung von Anreizen – wie etwa die Zahlung von Präsenzgeldern für persönlich in der Hauptversammlung anwesende Aktionäre – oder durch die Einführung konstitutiver Quoren als Voraussetzung für die Beschlußfähigkeit der Hauptversammlung überwunden werden kann. Ausdruck dieser allgemein feststellbaren Passivität der Kleinaktionäre ist darüber hinaus auch die Tatsache, daß selbst dort, wo den Aktionären die Alternative anheimgestellt wird, ihr Stimmrecht auf bequemen Wege schriftlich von außerhalb der Hauptversammlung auszuüben, von diesem Instrument bislang kaum Gebrauch gemacht worden ist.

II. Unverzichtbarkeit der institutionellen Stimmrechtsvertretung

In Anbetracht dieses eindeutigen Befundes wird die institutionelle Stimmrechtsvertretung mittlerweile in fast allen untersuchten Mitgliedstaaten als unverzichtbares Instrument zur Vermeidung von Zufallsmehrheiten und zur Sicherung der Funktionsfähigkeit der Hauptversammlung[1] angesehen. Lediglich England nimmt aufgrund der außerordentlich hohen Anteilsquote institutioneller Investoren und deren wachsender Bereitschaft, aktiv von ihren Stimmrechten Gebrauch zu machen, im Verhältnis zu den übrigen Mitgliedstaaten eine gewisse Sonderstellung ein.

III. Liberalisierungstendenzen auf nationaler Ebene

Als Ausfluß der Erkenntnis, daß die institutionelle Stimmrechtsvertretung im Kampf gegen die Verödung der Hauptversammlungen unverzichtbar ist und sich gesetzliche Restriktionen aufgrund der stets verbliebenen Umgehungsmöglichkeiten in der Praxis zum Teil als nicht sonderlich effektiv erwiesen haben, sind in den zurückliegenden elf Jahren zahlreiche gesetzliche Vorschriften, die bestimmte Personen oder Institutionen von vornherein von der Stimmrechtsvertretung ausschließen, entweder vollständig abgeschafft oder doch zumindest in ihrem Anwendungsbereich stark eingeschränkt worden.[2] Als Konsequenz dieser Entwicklung ist es mittlerweile in sämtlichen der untersuchten Mitgliedstaaten grundsätzlich[3] auch den Depotbanken und den Gesellschaftsverwaltern erlaubt, als Stimmrechtsvertreter von Aktionären tätig zu werden. Absolute Vertretungsverbote oder partielle Stimmverbote zu Lasten einzelner Personen oder Institutionen sehen die nationalen Aktienrechte demgegenüber nur äußerst

---

1) Diese Feststellung bezieht sich vor allem auf diejenigen Länder, in denen – wie in Frankreich, Spanien und Italien – die Beschlußfähigkeit der Hauptversammlung vom Erreichen bestimmter Kapitalmindestpräsenzen abhängig ist.

2) In diesem Zusammenhang sei sowohl an die Abschaffung des ehemaligen Vertretungsverbots für juristische Personen im Zuge der spanischen Aktienrechtsreform von 1989 als auch an die Einschränkung der restriktiven Stimmrechtsvertretungsregelung des Art. 2372 C.C. durch das Gesetzesdekret Nr. 58 vom 24. Februar 1998 im italienischen Recht erinnert.

3) Die Aktiengesetze einiger Mitgliedstaaten schreiben allerdings vor, daß der Stimmrechtsvertreter Aktionär der Gesellschaft sein muß (Beispiel: Frankreich) oder verlangen für die Durchführung von Stimmrechtskampagnen den Nachweis einer Mindestkapitalbeteiligung an der Gesellschaft (Beispiel: Italien). Zudem kann der Personenkreis, der für eine Stimmrechtsvertretung in Frage kommt, in einigen Ländern aufgrund statutarischer Bestimmungen eingeschränkt werden, vgl. hierzu auch noch nachfolgend den Punkt VI. 6.

selten und darüber hinaus nur in Fällen von relativ geringer praktischer Relevanz vor.[4)]

IV. Haupttypen der institutionellen Stimmrechtsvertretung

Auch wenn infolge der aufgezeigten Liberalisierungstendenzen in den meisten der untersuchten Mitgliedstaaten mittlerweile nahezu jeder natürlichen und juristischen Person die Ausübung fremder Aktienstimmrechte gestattet ist, wird die institutionelle Stimmrechtsvertretung in der Praxis zumeist entweder von der Gesellschaftsverwaltung (England, Frankreich) oder von den die Aktien ihrer Effektenkunden verwahrenden Depotbanken[5)] (Deutschland, Spanien) wahrgenommen.[6)] Die Stimmrechtsvertretung durch Aktionärsvereinigungen oder sonstige Interessenvertreter der Kleinaktionäre hat demgegenüber bislang in keinem der untersuchten Mitgliedstaaten praktische Bedeutung erlangt.

V. Entwicklung von Alternativen zur institutionellen Stimmrechtsvertretung

Trotz der Erkenntnis, daß eine organisierte Aktionärsvertretung unerläßliche Voraussetzung für das Erreichen zufriedenstellender Hauptversammlungspräsenzen ist, und ungeachtet der teilweise zu beobachtenden Liberalisierung na-

---

4) Die meisten absoluten Vertretungsverbote finden sich nach wie vor im italienischen Recht. In diesem Zusammenhang sei an das Vertretungsverbot für die mit der Abschlußprüfung betrauten Wirtschaftsprüfungsgesellschaften („società di revisione") sowie an den Umstand erinnert, daß die die Hauptversammlung abhaltende Gesellschaft nicht als Kommittent einer Sollecitazione auftreten darf.

5) Die vorgenommene Differenzierung zwischen Verwaltungs- und Depotstimmrecht sollte jedoch nicht darüber hinwegtäuschen, daß in der Praxis auch Mischformen zwischen diesen beiden Typen der institutionellen Stimmrechtsvertretung vorkommen. In diesem Zusammenhang sei vor allem an das französische Aktionärsvertretungssystem erinnert, bei dem die Stimmrechtsvollmachten der Aktionäre zwar meistens von der Gesellschaftsverwaltung ausgeübt werden, die eigentliche Vermittlung und Einwerbung dieser Vollmachten jedoch regelmäßig durch die Depotbanken geschieht. Ebenso hat die Untersuchung des spanischen Stimmrechtsvertretungssystems gezeigt, daß die spanischen Depotbanken in nicht seltenen Fällen Verwaltungsratsmitglieder der Gesellschaft mit der Ausübung der ihnen erteilten Stimmrechtsvollmachten betrauen.

6) Zur italienischen Praxis liegen aufgrund der erst jüngst vorgenommenen Liberalisierung des Aktionärsvertretungsrechts bislang noch keine gesicherten Erkenntnisse vor.

tionaler Stimmrechtsvertretungssysteme ist man sich in sämtlichen der untersuchten Mitgliedsländer jedoch nach wie vor der Gefahr bewußt, daß die massenhafte und automatisierte Vollmachtserteilung von seiten der Kleinaktionäre insbesondere dann, wenn die Gesellschaftsverwalter oder die Depotbanken mit der Ausübung der Vollmachtsstimmrechte betraut werden, zu Machtmißbräuchen, zur Infiltration aktionärsfremder Interessen und zu einer Verwässerung der gesellschaftsinternen Gewaltenteilung führen kann. Aus diesem Grunde wird in zunehmendem Maße über die Einführung flankierender Instrumentarien nachgedacht, die die Bedeutung der institutionellen Stimmrechtsvertretung für die Sicherung der Funktionsfähigkeit der Hauptversammlung zumindest ein Stück weit relativieren sollen. Neben der in einigen europäischen Mitgliedstaaten bereits eingeführten Möglichkeit zur schriftlichen Abstimmung von außerhalb der Hauptversammlung[7)] wird in diesem Zusammenhang vor allem die Idee diskutiert, die wachsende Zahl institutioneller Anleger zur Ausübung ihrer Stimmrechte in der Hauptversammlung zu verpflichten, so daß die desinteressierten und wirtschaftlich unerfahrenen Kleinanleger auf diese Weise vom Engagement der institutionellen Investoren profitieren könnten. Die Idee einer Stimmpflicht für institutionelle Anleger hat indes bis heute in keinem der untersuchten Mitgliedstaaten eine abschließende positivrechtliche Umsetzung erfahren.

VI. Defizite der nationalen Vertretungssysteme

Schließlich und vor allem hat die Untersuchung gezeigt, daß mittlerweile alle großen europäischen Mitgliedstaaten der institutionellen Stimmrechtsvertretung eine Reihe von Spezialnormen zur Seite gestellt haben, die dem Aktionärsvertreter zum Schutze seiner Vollmachtgeber ein Mindestmaß an Verhaltenspflichten abverlangen und dem vertretenen Aktionär diejenigen Freiheiten und Rechte garantieren sollen, die notwendig sind, damit er im Rahmen des Vertretungsverhältnisses seinen eigenen Willen und seine eigenen Interessen zur Geltung bringen kann. Allerdings hat sich im Rahmen der Untersuchung herausgestellt, daß – gemessen an der Regelungsdichte und Schutzintensität dieser Regelungen – zum Teil erhebliche qualitative Unterschiede zwischen den Vertretungssystemen der einzelnen Mitgliedstaaten bestehen. Insbesondere sind bei der Analyse der verschiedenen nationalen Vertretungsregelungen zahlreiche Lücken und Schwachstellen zutage getreten, die sich wie folgt resümieren lassen.

---

7) Die Stimmrechtsausübung per Briefwahl ist bereits heute in Frankreich, England und Italien zulässig.

1. Unzureichende Anknüpfungspunkte für das Sonderregime

Die Anknüpfungspunkte für die flankierenden Schutzvorschriften sind in einigen der untersuchten Mitgliedstaaten zu eng gewählt. So knüpft beispielsweise das Sonderregime für die institutionelle Stimmrechtsvertretung in Frankreich ausschließlich an den Tatbestand der Versendung von Vollmachtsformularen durch die Gesellschaftsverwaltung an, nicht aber an das öffentliche Erbieten zur Stimmrechtsvertretung durch außerhalb der Verwaltung stehende Personen oder Einrichtungen. In Italien kommen die strengen Vertretungsregelungen des Gesetzesdekrets Nr. 58 vom 24. Februar 1998 im Falle großer börsennotierter Gesellschaften nach dem gegenwärtigen Erkenntnisstand[8)] erst dann zur Anwendung, wenn der Stimmrechtsvertreter mehr als zweihundert Aktionäre gleichzeitig vertreten möchte. Unterhalb dieses Schwellenwerts sind die vertretenen Aktionäre folglich weitestgehend schutzlos gestellt.

2. Hauptversammlungsbezogene Informationsdefizite

Die hauptversammlungsbezogenen Informationspflichten des Stimmrechtsvertreters reichen teilweise nicht aus, um interessierten Aktionären eine selbständige Urteilsbildung bezüglich der in der Hauptversammlung anstehenden Beschlußfassungen zu ermöglichen. Dies wird in besonderer Weise am Beispiel Spaniens deutlich, wo den vertretenen Aktionären noch nicht einmal der Inhalt der Beschlußvorschläge mitgeteilt werden muß, für oder gegen die mit ihren Aktien gestimmt werden soll.[9)] Zwar sind die Informationssysteme der meisten untersuchten Mitgliedstaaten so konzipiert, daß die Aktionäre im Rahmen der institutionellen Stimmrechtsvertretung zumindest auf die ihnen gegenüber der Gesellschaft zustehenden Informationsrechte hingewiesen werden müssen.[10)] Die Realisierung dieser Rechte, insbesondere die Anforderung des Geschäftsberichts und anderer gesellschaftsbezogener Informationsunterlagen wird jedoch im Regelfall dadurch erschwert, daß die Fristen für die Einberufung der Hauptversammlung in den meisten Fällen sehr kurz bemessen sind.[11)] Zusätzliche Probleme entstehen dann, wenn nicht der eigentliche Aktionär, sondern ein zwi-

---

8) Vgl. hierzu oben S. 218 ff..

9) In England gilt im Ergebnis das gleiche, weil zwar hier die Pflicht besteht, die Aktionäre über den Inhalt der Beschlußvorschläge zu informieren, jedoch diesen nicht mitgeteilt werden muß, in welchem Sinne ihr Stimmrecht ausgeübt wird, falls von ihrer Seite keine speziellen Weisungen erteilt werden.

10) Negatives Ausnahmebeispiel ist insoweit Spanien.

11) Vgl. hierzu auch den Punkt VI. 6. der vorliegenden Zusammenfassung.

schengeschalteter Intermediär (Broker, Depotbank, Treuhandgesellschaft etc.) im Verhältnis zur Gesellschaft formell legitimiert ist[12], da in diesem Fall der eigentliche Investor kein originäres Informationsrecht gegenüber der Gesellschaft besitzt.[13]

3. Mangelhafte Transparenz-, Interessenwahrungs- und Aktivierungspflichten

Neben den aktienrechtlichen Informationssystemen haben sich auch die sonstigen zum Schutze des Aktionärs vorgeschriebenen Transparenzanforderungen und Verhaltensregeln zum Teil als unzureichend erwiesen. Insbesondere die Problematik der Behandlung von Interessenkonflikten in der Person des Stimmrechtsvertreters wird ungeachtet der Tatsache, daß die Stimmrechtsvertretung der Aktionäre in den meisten der untersuchten Mitgliedsländer von der Gesellschaftsverwaltung oder den Depotbanken wahrgenommen wird, vielfach entweder ganz außer acht gelassen oder aber nur im Zusammenhang mit Fällen von minderer praktischer Relevanz thematisiert. So sind die Depotbanken gemäß dem spanischen Aktionärsvertretungsrecht nicht dazu verpflichtet, ihren Kunden die Ursachen möglicher Interessenkonflikte – wie etwa die Unterhaltung von Geschäftsverbindungen zur Gesellschaft oder die Existenz personeller Verflechtungen zwischen Bank und Gesellschaft – offenzulegen, und die englische Gesellschaftsverwaltung kann die ihr überlassenen Stimmrechtsvollmachten auch ohne eine entsprechende ausdrückliche Weisung der vertretenen Aktionäre zur Stützung ihrer eigenen Beschluß- und Wahlvorschläge verwenden.[14] Zudem

---

12) Die Untersuchung hat gezeigt, daß dies vor allem in England häufig der Fall ist.

13) Da das Informationsrecht primär den Sinn hat, dem Aktionär eine sach- und interessengerechte Ausübung seines Stimmrechts bzw. die gezielte Erteilung von Weisungen zu ermöglichen, gibt dieser Umstand in der Praxis jedoch nur dann zu Bedenken Anlaß, wenn nach den Vereinbarungen im Innenverhältnis die Kontrolle über die Ausübung des Stimmrechts beim wirtschaftlichen Eigentümer – und nicht beim formell legitimierten Intermediär – liegen soll.

14) Auch der Entwurf für eine fünfte gesellschaftsrechtliche Richtlinie würde für den Fall seines Inkrafttretens in den genannten Fällen kaum Verbesserungen mit sich bringen; dieser ordnet im Hinblick auf die Behandlung von Interessenkonflikten lediglich an, daß ein Aktionär oder ein Aktionärsvertreter das Stimmrecht aus eigenen oder fremden Aktien nicht ausüben darf, wenn die Beschlußfassung die Entlastung des Aktionärs, die Geltendmachung von Ansprüchen der Gesellschaft gegen den Aktionär, die Befreiung des Aktionärs von Verbindlichkeiten gegenüber der Gesellschaft oder die Zustimmung zu Verträgen zwischen der Gesellschaft und dem Aktionär zum Gegenstand hat, vgl. Art. 34 des Richtlinienentwurfs.

erschöpft sich das Sonderregime für die institutionelle Stimmrechtsvertretung zumeist in einer Aneinanderreihung rein verfahrensrechtlicher Vorschriften. Materielle Verhaltensbindungen in der Gestalt von Interessenwahrungs- oder Treupflichten, die das Abstimmungsermessen des Stimmrechtsvertreters inhaltlich begrenzen, sehen die nationalen Aktionärsvertretungssysteme hingegen nur in äußerst seltenen Fällen[15)] vor.[16)]

Auch im Hinblick auf die Zielsetzung, den Aktionär zu aktivieren und ihn im Rahmen der Stimmrechtsvertretung zu verstärktem Engagement zu bewegen, weisen einige der untersuchten Aktionärsvertretungsregelungen Defizite auf. So sehen mit Deutschland und Spanien nur zwei der insgesamt fünf untersuchten Mitgliedstaaten eine Pflicht des Stimmrechtsvertreters vor, im Zusammenhang mit der Einholung von Aktionärsvollmachten um die Erteilung von Weisungen zu bitten.[17)] Zudem fehlt es in den meisten Ländern[18)] an ausdrücklichen gesetzlichen Bestimmungen, die einen sich öffentlich erbietenden Stimmrechtsvertre-

---

15) Ein Beispiel stellt die Vorschrift des § 128 Abs. 2 S. 3 AktG dar, wonach sich die Depotbanken bei der Ausarbeitung ihrer Abstimmungsvorschläge am Aktionärsinteresse zu orientieren haben, und in Frankreich bestimmt Art. 437 Nr. 4 des Gesetzes über die Handelsgesellschaften, daß die Vollmachtsstimmrechte nicht in gesellschaftsschädigender Weise ausgeübt werden dürfen. Das individuelle Interesse des vertretenen Aktionärs stellt im französischen Recht hingegen kein ausdrückliches materielles Kriterium für das Abstimmungsverhalten des Stimmrechtsvertreters dar, was schon daran deutlich wird, daß die der Gesellschaft überlassenen Blankovollmachten automatisch und unabhängig von einer eventuell im nachhinein erfolgten inhaltlichen Abänderung zur Stützung der Verwaltungsvorschläge verwendet werden.

16) Auch der Vorschlag für eine fünfte gesellschaftsrechtliche Richtlinie schreibt keine ausdrücklichen inhaltlichen Kriterien für die Ausübung von Vollmachtsstimmrechten vor. Eine Interessenwahrungspflicht des Stimmrechtsvertreters läßt sich allenfalls – und auch nur mittelbar – aus Art. 28 lit. f) des Richtlinienentwurfs ableiten, wonach das Stimmrecht ausnahmsweise abweichend von den Weisungen des Aktionärs oder der ihm angekündigten Abstimmungsrichtung ausgeübt werden kann, wenn Umstände eintreten, die bei der Erteilung der Weisungen bzw. bei der Absendung der Aufforderung zur Erteilung der Stimmrechtsvollmacht nicht bekannt waren, und anderenfalls die Interessen des Aktionärs gefährdet würden.

17) Anders stellt sich die Rechtslage in England und Frankreich dar, wo die angeschriebenen Aktionäre lediglich darauf hingewiesen werden müssen, daß eine Weisungserteilung bzw. eine Abstimmung per Briefwahl möglich ist. In Italien schließlich ist den Aktionären die Möglichkeit zur Erteilung individueller Weisungen nach den Regelungen des Gesetzesdekrets Nr. 58 vom 24. Februar 1998 und den auf ihm basierenden Ausführungsbestimmungen in bestimmten Fällen sogar gänzlich abgeschnitten. Vgl. hierzu auch den Punkt VI. 7. der vorliegenden Zusammenfassung.

18) Hierzu zählen Spanien, England, Frankreich und Italien.

ter auch dann zur Übernahme einer ihm angetragenen Vertretung verpflichten, wenn ihm die Weisungen seines Vollmachtgebers nicht genehm sein sollten.[19)]

4. Benachteiligung von Opponenten

Unter dem Blickwinkel einer möglichst effektiven Corporate Governance und im Hinblick auf das Bedürfnis nach einer Maximierung der dem Aktionär zur Verfügung stehenden personellen Auswahlalternativen erscheint des weiteren die Tatsache bedenklich, daß in den meisten der untersuchten Mitgliedstaaten potentielle Opponenten oder typischerweise verwaltungskritisch eingestellte geschäftsmäßige Vertreter wie beispielsweise Aktionärsvereinigungen bei der Einwerbung von Stimmrechtsvollmachten regelmäßig benachteiligt sind. Dieses Defizit ist vor allem in Ländern wie England und Frankreich zutage getreten, wo die Vertretung der Aktionäre in erster Linie durch die Gesellschaftsverwaltung erfolgt und wo die Untersuchung gezeigt hat, daß die Kampfparität zwischen Verwaltung und Opposition aufgrund von Zeit-, Informations- und vor allem Kostenvorteilen auf seiten des Managements in erheblicher Weise beeinträchtigt ist. Hinzu kommt, daß in einigen Mitgliedstaaten wichtige Minderheitenrechte wie etwa das Recht, einen zusätzlichen Tagesordnungspunkt einzubringen, gänzlich unbekannt sind.[20)] Kritikwürdig ist in diesem Zusammenhang schließlich auch die Tatsache, daß die Gesellschaftsverwalter bzw. die Depotbanken in einigen Ländern nicht dazu verpflichtet sind, die Aktionäre auf Gegenanträge zu den Beschlußvorschlägen der Verwaltung hinzuweisen.[21)]

5. Mangel an effektiven Sanktionen

Ein weiterer Kritikpunkt betrifft die zivil- und strafrechtlichen Sanktionensysteme, die in den meisten der untersuchten Mitgliedstaaten nur wenig effektiv

---

19) Auch der Entwurf für eine fünfte gesellschaftsrechtliche Richtlinie enthält keine Regelung, die institutionellen Stimmrechtsvertretern unter bestimmten Umständen einen Kontrahierungszwang auferlegt. Zu der Frage, ob die amtliche Begründung zu Art. 28 des Richtlinienentwurfs dennoch von einem Kontrahierungszwang institutioneller Aktionärsvertreter ausgeht, vgl. die Darstellung bei Körber, Die Stimmrechtsvertretung durch Kreditinstitute, S. 259 ff. [259] m.w.N. in Fn. 58.

20) So hat die Untersuchung gezeigt, daß das Recht einer Aktionärsminderheit auf einen zusätzlichen Tagesordnungspunkt in Spanien nicht anerkannt ist.

21) So sehen weder die spanische noch die neue italienische Aktionärsvertretungsregelung eine derartige Pflicht des Stimmrechtsvertreters vor.

ausgestaltet sind. Ordnungswidrigkeiten oder Strafvorschriften, die die Einhaltung der zum Schutze des Aktionärs vorgeschriebenen Verfahrensvorschriften sanktionieren, existieren nur in wenigen Fällen und betreffen zudem häufig Verstöße, die in der Praxis entweder kaum eine Rolle spielen[22] oder aufgrund allzu hoher Verschuldensanforderungen nur schwierig nachweisbar sind.[23] Auch die zur Verfügung stehenden zivilrechtlichen Sanktionsmittel laufen in der Praxis meistens leer; eine Beschlußanfechtung scheitert, falls sie nicht bereits aufgrund gesetzlicher Vorschriften als nachträgliches Korrektiv für Pflichtenverstöße ausscheidet[24], im Regelfall an dem Umstand, daß das Beschlußergebnis im Zweifel nicht auf der fehlerhaften und unter Umständen unwirksamen Stimmabgabe des Aktionärsvertreters beruht, und auch Schadensersatzansprüche kommen als zivilrechtliche Sanktionsmittel gegen Pflichtenverstöße des Stimmrechtsvertreters nur für den äußerst seltenen Fall in Betracht, daß der hierfür erforderliche und oftmals nur schwer zu erbringende Schadens-, Kausalitäts- und Verschuldensnachweis[25] gelingt.

6. Unnötige Erschwernisse bei der Stimmrechtsvertretung

Aus Sicht der Kleinaktionäre nachteilhaft stellt sich des weiteren die Tatsache dar, daß die untersuchten Aktionärsvertretungssysteme teilweise Regelungen enthalten, die das Recht zur Beauftragung und freien Auswahl eines Stimmrechtsvertreters gezielt beschränken oder zumindest faktisch beeinträchtigen. Neben den in vielen Fällen zu kurz bemessenen Einberufungsfristen[26] kommt

---

22) Als Beispiel wird auf die Strafvorschrift des Art. 444 des französischen Gesetzes über die Handelsgesellschaften verwiesen, die einen Verstoß gegen die im französischen Recht zu beachtenden Verfahrensvorschriften nur für den vergleichsweise selten vorkommenden Fall sanktioniert, daß der Aktionär die Zusendung eines Vollmachtformulars von sich aus bei der Gesellschaft beantragt, den für die Praxis weitaus wichtigeren Fall, daß sich die Gesellschaftsverwaltung auf eigene Initiative hin an die Aktionäre wendet, hingegen außer acht läßt.

23) In diesem Zusammenhang sei an das Delikt des „abus des voix" (Art. 437 Nr. 4 des französischen Gesetzes über die Handelsgesellschaften) erinnert, auf dessen Grundlage in mittlerweile über 60 Jahren kein einziges veröffentlichtes Urteil ergangen ist.

24) Vgl. hierzu etwa die §§ 135 Abs. 6, 243 Abs. 3 AktG im deutschen Recht.

25) In diesem Zusammenhang sei etwa an die strengen Verschuldensanforderungen erinnert, die der Bundesgerichtshof im Fall Girmes aufgestellt hat.

26) In einigen der untersuchten Mitgliedstaaten beträgt die Minimalfrist für die Einberufung der Jahreshauptversammlung gerade einmal zwei Wochen. Hinzu kommt, daß die nationalen Aktiengesetze teilweise keine Höchstgrenzen für die im Zusammenhang mit der

in diesem Zusammenhang vor allem den in einigen Ländern (mitunter) vorhandenen personellen und quantitativen Vertretungsschranken[27)] eine maßgebliche Bedeutung zu.[28)]

Darüber hinaus existieren innerhalb der nationalen Vertretungssysteme noch eine Reihe weiterer Regelungen, die die Stimmrechtsvertretung aus Sicht der Kleinaktionäre zum Teil unnötig erschweren. So verlangen beispielsweise das spanische und das italienische Recht[29)] – von wenigen Ausnahmen abgesehen[30)] – die Erteilung von Einzelvollmachten für jede separate Hauptversammlung und lassen somit – anders als das deutsche Recht[31)] – nicht die Erteilung von Dauervollmachten zu. In Spanien schließlich kann sich die Lage sogar noch zusätzlich

---

Anmeldung zur Hauptversammlung und der Hinterlegung der Aktien zu beachtenden Ausschlußfristen statuieren.

27) So ist in Frankreich nur dem Ehegatten des vertretenen Anteilseigners oder Aktionären der Gesellschaft die Ausübung fremder Aktienstimmrechte gestattet. In Spanien kann der Personenkreis der für eine Stimmrechtsvertretung in Frage kommt, zumindest auf statutarischem Wege eingeschränkt werden. In Italien schließlich stellt sich die Rechtslage zwar differenzierter, aber nicht weniger restriktiv dar. Dort kann das Recht, sich durch einen Aktionärsvertreter bei der Ausübung seines Stimmrechts vertreten zu lassen, innerhalb des Anwendungsbereiches des Art. 2372 C.C. sogar völlig durch die Gesellschaftssatzung ausgeschlossen werden. Daneben sei daran erinnert, daß Art. 2372 C.C. zahlreiche Personengruppen und Institutionen von vornherein von der Aktionärsvertretung ausschließt und zudem vorschreibt, daß die zur Stimmrechtsvertretung zugelassenen Personen nur eine bestimmte Höchstzahl von Aktionären gleichzeitig auf der Hauptversammlung vertreten dürfen. Auch die neue Vertretungsregelung des Gesetzesdekrets Nr. 58 vom 24. Februar 1998 weist insofern restriktive Züge auf, als sich nach ihr – abgesehen von Aktionärsvereinigungen – nur solche Personen oder Einrichtungen den Aktionären gegenüber zur Stimmrechtsvertretung erbieten dürfen, die in Höhe einer Mindestkapitalbeteiligung von einem Prozent an der Gesellschaft beteiligt sind.

28) Da der Entwurf für die Strukturrichtlinie lediglich vorsieht, daß der Aktionär stets einen anderen Aktionär zu seinem Vertreter bestellen können muß (vgl. Art. 27 Abs. 2 S. 2 des Richtlinienentwurfs) und ansonsten für die Zulässigkeit der institutionellen Stimmrechtsvertretung auf die jeweils geltenden nationalen Regelungen verweist (vgl. Art. 28 Abs. 1 des Richtlinienentwurfs), würde auch er im Falle seiner Verabschiedung durch den Rat kaum zu Veränderungen auf nationaler Ebene führen.

29) Das gleiche gilt für den Entwurf der fünften gesellschaftsrechtlichen Richtlinie (vgl. Art. 28 Abs. 1 lit. a) des Richtlinienentwurfs). Das englische und das französische Recht lassen zwar im Rahmen der Aktionärsvertretung ebenfalls grundsätzlich keine Dauervollmachten zu. Hier macht das Erfordernis der Einzelvollmacht jedoch insofern Sinn, als die Stimmrechtsvertretung der Aktionäre praktisch ausschließlich von der Verwaltung der jeweiligen Gesellschaft und nicht von den Depotbanken wahrgenommen wird.

30) Eine Ausnahme stellt etwa die „representación familiar“ (vgl. Art. 108 TRLSA) im spanischen Recht dar.

31) Vgl. § 135 Abs. 2 S. 2 AktG.

dadurch verkomplizieren, daß sich die Aktionäre unter bestimmten Umständen[32] zunächst im Vorfeld der Hauptversammlung zusammenschließen müssen, um anschließend – gemeinsam – einen Stimmrechtsvertreter beauftragen zu dürfen.

7. Eingeschränkte Mitwirkungsmöglichkeiten

Kritikwürdig ist schließlich auch der Umstand, daß den Aktionären in einigen Mitgliedsländern im Rahmen der Stimmrechtsvertretung weniger Mitwirkungs- und Gestaltungsmöglichkeiten offenstehen als im Falle einer persönlichen Hauptversammlungsteilnahme. Extremes Negativbeispiel in dieser Hinsicht ist England, wo das Stimmrecht des vertretenen Aktionärs im Rahmen des gemeinhin üblichen Abstimmungsmodus des „show of hands" regelmäßig keine Berücksichtigung findet, wo der stimmrechtsbevollmächtigten Person in ihrer Funktion als Aktionärsvertreter auf der Hauptversammlung kein Rederecht zusteht und wo dem Aktionär im Rahmen der Stimmrechtsvertretung regelmäßig die Abstimmungsalternative der Stimmenthaltung vorenthalten wird.[33] Auch in Italien schränkt die neue Aktionärsvertretungsregelung den rechtlichen Gestaltungsspielraum der vertretenen Aktionäre in starkem Maße ein. Hier ist es den Anteilseignern aufgrund des im Rahmen der Sollecitazione geltenden one-way-proxy-Systems sogar verwehrt, von den Abstimmungsvorschlägen des Kommittenten abweichende Weisungen zu erteilen.

VII. Fehlen einer Patentlösung

Parallel zu den bis hierhin aufgezeigten Detail- und Systemschwächen der nationalen Vertretungsregelungen hat die Untersuchung aber auch die übergeordnete Grunderkenntnis zutage gefördert, daß für den Bereich der organisierten Stimmrechtsvertretung keine regelrechte Ideallösung existiert, die die Kluft

---

[32] Da das Recht, sich in der Hauptversammlung vertreten zu lassen, in Spanien in rechtstechnischer Hinsicht an das Teilnahmerecht des Aktionärs geknüpft ist, besteht dieses Erfordernis immer dann, wenn – wie es in den großen spanischen börsennotierten Gesellschaften häufig der Fall ist – die Gesellschaftssatzung das Teilnahmerecht von dem Besitz einer Mindestanzahl von Aktien abhängig macht und diese Anzahl von einzelnen Kleinanlegern nicht erreicht wird.

[33] Das gleiche gilt im Ergebnis auch für Frankreich, wo eine Stimmenthaltung bei der „vote par correspondance" automatisch als Neinstimme gewertet wird.

zwischen der rationalen Apathie der Kleinaktionäre einerseits und dem auf dem Gedanken der Aktionärsdemokratie basierenden Organisationsmodell der Hauptversammlung andererseits vollständig überbrücken könnte. Zu mannigfaltig und mitunter auch widersprüchlich sind die Anforderungen, die an eine optimale Stimmrechtsvertretungsregelung gestellt werden: Auf der einen Seite muß sie alle Voraussetzungen dafür bieten, daß die Kleinaktionäre zu mehr Kontrollengagement im Rahmen der Aktionärsvertretung aktiviert werden und unternehmerisch interessierten Aktionären auch tatsächlich die Möglichkeit geboten wird, aktiv gestaltend tätig zu werden und ihre Interessen gegenüber dem Stimmrechtsvertreter durchzusetzen. Auf der anderen Seite darf sie potentielle Aktionärsvertreter aber auch nicht von vornherein durch unverhältnismäßig strenge Informationspflichten, Verhaltensanforderungen und Sanktionsandrohungen von der Ausübung fremder Aktionärsstimmrechte abschrecken; einerseits soll sie eine möglichst sachgerechte und kompetente Ausübung der Vollmachtsstimmrechte gewährleisten, andererseits muß sie die im Rahmen der Stimmrechtsvertretung anfallenden Kosten angesichts der Trittbrettfahrermentalität der Kleinaktionäre möglichst gering halten; einerseits ist ihr die Aufgabe zugewiesen, durch die Verhinderung allzu niedriger Hauptversammlungspräsenzen Zufallsmehrheiten entgegenzuwirken und die Funktionsfähigkeit der Hauptversammlung sicherzustellen, andererseits darf sie aber auch nicht in das organschaftliche Zuständigkeitsgefüge eingreifen und auf diese Weise die innergesellschaftliche Gewaltenteilung verwässern; einerseits wird von ihr verlangt, daß sie Mißbrauchsgefahren mit restriktiven Maßnahmen wie Vertretungs- oder Stimmverboten begegnet, andererseits soll sie den Aktionär aber auch nicht bei der Auswahl seines Stimmrechtsvertreters in unzulässiger Weise bevormunden oder diesem gar einen ganz bestimmten Vertreter aufzwingen; einerseits soll sie den Durchschnittsaktionär vor einer übereilten und unreflektierten Erteilung einer Stimmrechtsvollmacht schützen, andererseits muß sie aber auch dessen Recht auf Desinteresse respektieren.

Wenn sich auf diese Weise auch zeigt, daß das mangelnde Interesse der Kleinaktionäre, aktiv an der Willensbildung ihrer Gesellschaft mitzuwirken, letztendlich durch keine Gesetzgebungskunst ersetzbar ist[34)], soll in einem sich nun anschließenden letzten Schritt dennoch der Versuch unternommen werden, aufbauend auf den im Rahmen des Rechtsvergleichs gewonnenen Erkenntnissen einige Mindestanforderungen an die gesetzliche Ausgestaltung der institutionellen Stimmrechtsvertretung zu formulieren, die im Interesse eines möglichst weitgehenden Aktionärsschutzes von allen Mitgliedstaaten umgesetzt und eingehalten werden sollten. Um Mißverständnissen vorzubeugen, sei jedoch der

---

34) So bereits treffend Müller-Erzbach, Die Entartung des deutschen Aktienwesens, S. 5.

Eindruck vermieden, der Verfasser wolle mit den angekündigten Vorschlägen einen – bisher nicht gefundenen – Königsweg für die gesetzliche Regulierung der Stimmrechtsvertretung präsentieren. Angesichts der zahlreichen aufgezeigten Zielkonflikte, die hierbei zu bewältigen wären, und in Anbetracht der zum Teil höchst unterschiedlichen rechtlichen und institutionellen Rahmenbedingungen, die in den verschiedenen Mitgliedstaaten vorzufinden sind, wäre ein solch ehrgeiziges Vorhaben auch von vornherein zum Scheitern verurteilt. Im Mittelpunkt soll vielmehr die Erarbeitung von Vorschlägen für die Schaffung europaweiter Mindeststandards stehen, die die im Rechtsvergleich aufgedeckten Defizite der nationalen Vertretungssysteme zumindest teilweise zu vermeiden oder abzuschwächen helfen.

Die Notwendigkeit der Entwicklung und Festschreibung solcher Mindeststandards resultiert nicht nur aus dem Umstand, daß der Entwurf für eine fünfte gesellschaftsrechtliche Richtlinie (Strukturrichtlinie)[35], deren Verabschiedung aufgrund der heiklen Mitbestimmungsproblematik bis heute nicht erfolgt ist, nahezu keine Lösungsansätze für eine Beseitigung oder Verringerung der aufgezeigten nationalen Mißstände bereithält.[36] Für ein solches Bedürfnis spricht vielmehr auch die Tatsache, daß aufgrund der Einführung des Euro, der zunehmenden Globalisierung der Wirtschaft, der steigenden Anzahl grenzüberschreitender Fusionen und der Angleichung der internationalen Rechnungslegung mit einem stetigen Anstieg der Anteile ausländischer Aktionäre am Grundkapital der europäischen börsennotierten Gesellschaften zu rechnen ist. In Anbetracht dieser Entwicklung ist es dringend geboten, einen Katalog von Rechten und Sicherungsmaßnahmen aufzustellen, die im Falle einer Stimmrechtsvertretung allen Aktionären unabhängig davon, in welche europäischen Aktiengesellschaften sie ihr Kapital im Einzelfall investieren möchten, gleichermaßen zugute kommen.

---

35) Vgl. insbesondere die Artt. 27 und 28 des mittlerweile dritten geänderten Vorschlags einer fünften gesellschaftsrechtlichen Richtlinie vom 20. November 1991 (ABl. EG Nr. C 321 vom 12.12.1991, 9 ff.), abgedruckt bei Lutter, Europäisches Unternehmensrecht, 4. Auflage (1996), S. 188 f..

36) Der besseren Übersicht halber, werden – soweit dies bis hierhin noch nicht geschehen ist – die wenigen Regelungen, die der Richtlinienentwurf zur Problematik der organisierten Stimmrechtsvertretung vorsieht, im Zusammenhang mit den Themengebieten der jeweiligen Vorschläge mitbehandelt werden.

B. Vorschläge für Mindeststandards im Bereich der Stimmrechtsvertretung

I. Abschaffung unnötiger Erschwernisse

Angesichts der Tatsache, daß infolge der zunehmenden Internationalisierung der Wertpapierdepots die Kosten für eine höchstpersönliche Hauptversammlungsteilnahme der Anleger weiter ansteigen werden und damit auch die Bedeutung der institutionellen Stimmrechtsvertretung für die Sicherung der Hauptversammlungspräsenzen – zumindest vorerst[1] – eher zunehmen als abnehmen dürfte, müßte zunächst sichergestellt werden, daß den Anteilseignern die Stimmrechtsvertretung so einfach und bequem wie möglich gemacht wird.

1. Stimmrechtsvertretung als individuelles Recht des Anteilsinhabers

Um zu verhindern, daß sich Aktionäre – wie es zum Teil in Spanien der Fall ist[2] – zum Zwecke ihrer Stimmrechtsvertretung zunächst zusammenschließen müssen, sollte als erstes klargestellt werden, daß das Recht, sich in der Hauptversammlung vertreten zu lassen, nicht von dem Besitz einer Mindestanzahl von Aktien abhängig gemacht werden darf, sondern jedem Aktionär – unabhängig von der Höhe seiner individuellen Beteiligung – unmittelbar in eigener Person zusteht.[3]

2. Verlängerung der Einberufungsfristen

Angesichts der Tatsache, daß einige der untersuchten Aktienrechtsordnungen zwischen der öffentlichen Bekanntmachung der Hauptversammlung bzw. der

---

1) Zu den Einsatzmöglichkeiten neuer Kommunikationsmittel (Internet, Videokonferenzsysteme etc.), die zumindest auf längerfristige Sicht die Bedeutung der Stimmrechtsvertretung ein Stück weit relativieren könnten, vgl. das Schlußkapitel der vorliegenden Arbeit, unten S. 299 ff..

2) Vgl. Punkt VI. 6. der Ergebniszusammenfassung im vorangegangenen Abschnitt.

3) Nach der Formulierung des Art. 27 Abs. 1 des Entwurfs für eine fünfte gesellschaftsrechtliche Richtlinie („Jeder Aktionär ist berechtigt, sich auf der Hauptversammlung vertreten zu lassen") wäre es demgegenüber möglich, das statutarische Erfordernis eines vorherigen Aktionärszusammenschlusses – ähnlich wie die gemeinhin statuierte Pflicht zur Erbringung von Legitimationsnachweisen – als eine bloße formelle Voraussetzung für die Inanspruchnahme des Vertretungsrechts zu interpretieren.

Versendung der Einberufungsschreiben an die Aktionäre und dem späteren Termin der Hauptversammlung lediglich eine Mindestfrist von zwei Wochen vorschreiben, sollte des weiteren auch über eine Verlängerung der gesetzlichen Einberufungsfristen nachgedacht werden. Eine solche Maßnahme wäre aus mehreren Gründen notwendig. Zum ersten deshalb, weil schon die Versendung der Einberufungsunterlagen an ausländische Aktionäre, insbesondere solange die diesbezügliche Information nicht per E-Mail, sondern in Papierform und gegebenenfalls über eine Kette von Intermediären mitgeteilt wird, zum Teil beträchtliche Zeit in Anspruch nehmen kann; zum zweiten, damit den Aktionären genügend Zeit für eine geordnete Abwicklung der Stimmrechtsvertretung[4) – d.h. für die Auswahl und Beauftragung eines geeigneten Vertreters, die eventuelle Anforderung und Auswertung zusätzlicher Informationsunterlagen, die Erteilung von Weisungen, die rechtzeitige Rücksendung der Vollmacht und die Beibringung von Legitimationsnachweisen – zur Verfügung steht. Und schließlich müßte auch potentiellen Verwaltungsgegnern ein ausreichend bemessener Zeitrahmen zur Verfügung gestellt werden, damit diese im Bedarfsfalle Stimmrechtsvollmachten von den Aktionären einholen und auf diese Weise den Aufbau einer schlagkräftigen Opposition organisieren können.

Vor diesem Hintergrund sollte man zumindest für die Einberufung der Jahreshauptversammlung – ebenso wie im deutschen und neuen italienischen Recht[5) – eine Mindestfrist von einem Monat festschreiben.[6) Zudem wäre es sinnvoll, wenn – ähnlich wie im englischen Recht[7) – klargestellt würde, daß im Falle einer Stimmrechtsvertretung die Hinterlegung der erteilten Vollmacht oder

---

4) Diese Feststellung bezieht sich nicht nur auf die Stimmrechtsvertretung der kleinen Privatanleger, sondern auch auf den Fall, daß institutionelle Investoren von ihren Stimmrechten Gebrauch machen möchten. Dies wird vor allem am Beispiel Englands deutlich, wo sich die Pensionsfonds und Versicherungen unter Hinweis auf die notwendige Koordinierung der Stimmrechtsausübung zwischen den an ihr mitwirkenden Personen (Treuhänder, Fondsverwalter, voting advisory service, Versammlungsvertreter) für eine Verlängerung der gesetzlichen Einberufungsfrist auf 20 Werktage einsetzen. Vgl. hierzu die Ausführungen oben S. 48.

5) Vgl. § 123 Abs. 1 AktG bzw. Art. 1 Abs. 1 der Verordnung Nr. 437 des Justizministers vom 5. November 1998.

6) Die gleiche Empfehlung ist von der Deutschen Schutzvereinigung für Wertpapierbesitz e.V. (DSW) anläßlich ihrer Studie zu den Aktionärsrechten in Europa ausgesprochen worden, vgl. S. 95 der Europastudie. Der Entwurf für eine fünfte gesellschaftsrechtliche Richtlinie sieht demgegenüber in Art. 24 Abs. 3 einen Mindeststandard von lediglich 21 Tagen vor (kritisch hierzu Körber, Die Stimmrechtsvertretung durch Kreditinstitute, S. 117, der sich ebenfalls für eine europaweit geltende Einberufungsfrist von einem Monat ausspricht).

7) Vgl. s. 372 (5) Companies Act.

die Erfüllung etwaiger sonstiger Legitimationsanforderungen frühestens 48 Stunden vor dem für die Hauptversammlung anberaumten Termin zu erfolgen hat. Auf diese Weise würde einerseits der Gesellschaft ermöglicht, die Berechtigung des Stimmrechtsvertreters bereits im Vorfeld der Hauptversammlung zu überprüfen, und andererseits könnte gleichzeitig vermieden werden, daß der vorgeschlagene Mindeststandard für die Einberufungsfrist durch allzu strenge gesetzliche oder statutarische Anforderungen an den Zeitpunkt der Vollmachtshinterlegung oder der Erbringung sonstiger Legitimationsnachweise auf nationaler Ebene ausgehöhlt wird.

3. Zulässigkeit von 15-Monats-Dauervollmachten

Ein weiterer Vorschlag betrifft die zulässige Geltungsdauer der Stimmrechtsvollmacht. Um zu vermeiden, daß die an einer Stimmrechtsvertretung interessierten Aktionäre für die Hauptversammlungen sämtlicher Gesellschaften, an denen sie beteiligt sind, gesonderte Vollmachten ausstellen müssen, wäre es sinnvoll, wenn den Anteilseignern auf europäischer Ebene das Recht zugestanden würde, die Geltungsdauer ihrer Stimmrechtsvollmachten zumindest auf den Zeitraum einer ganzen Hauptversammlungssaison auszudehnen.[8)] Damit die Erteilung einer solchen Dauervollmacht im Ergebnis nicht einer Abtretung des Stimmrechts an den Vertreter gleichkommt, sondern der Aktionär seine Entscheidung in periodischen Abständen immer wieder neu überdenken muß, sollte jedoch die zulässige Höchstdauer der Stimmrechtsvollmacht ebenso wie im früheren deutschen Recht[9)] auf maximal 15 Monate begrenzt werden. Dieses zeitliche Limit[10)], verbunden mit einer Garantie für den Aktionär, seine Dauervollmacht jederzeit widerrufen zu können, würde in jedem Falle eine ausreichende Legitimationsgrundlage für das Handeln des (dauer)bevollmächtigten Stimmrechtsvertreters darstellen.[11)] Um dem Aktionär die Bedeutung einer solchen Vollmachtserteilung vor Augen zu führen und die Möglichkeit einer AGB-mäßigen Erteilung von Dauervollmachten auszuschließen, wäre es allerdings darüber hinaus noch sinnvoll, ein Ausschließlichkeitserfordernis in dem Sinne

---

8) In diesem Sinne hat sich auch die DSW auf ihrer Pressekonferenz vom 14.12.1998 geäußert (Quelle: Bericht der DSW von ihrer Pressekonferenz am 14.12.1998, S. 10). Auch Körber, Die Stimmrechtsvertretung durch Kreditinstitute, S. 208, spricht sich aus europäischer Perspektive für die Zulässigkeit von Dauervollmachten aus.

9) Vgl. § 135 Abs. 2 S. 1 AktG a.F..

10) Um die Einhaltung dieser Maximalfrist kontrollieren zu können, wäre es zudem sinnvoll, eine Datierung der Vollmachtsurkunde vorzuschreiben.

11) Im gleichen Sinne Körber, Die Stimmrechtsvertretung durch Kreditinstitute, S. 206 f..

aufzustellen, daß die Vollmachtsurkunde im Falle einer Dauerbevollmächtigung keine weiteren Erklärungen enthalten darf.[12)]

Auf das Erfordernis einer separaten Vollmachtserteilung für jede einzelne Hauptversammlung – so wie es neben den Aktienrechtsordnungen einiger europäischer Mitgliedstaaten[13)] auch der Entwurf einer fünften gesellschaftsrechtlichen Richtlinie[14)] vorsieht – sollte hingegen trotz des mit ihm verbundenen größeren Legitimationseffektes verzichtet werden.[15)] Denn abgesehen von dem erheblich größeren Arbeits- und Kostenaufwand und den nicht zu unterschätzenden organisatorischen Schwierigkeiten, die infolge einer solchen Regelung auf einige professionelle Stimmrechtsvertreter[16)] zukommen würden, brächte die generelle Einführung der obligatorischen Einzelvollmacht auch die Gefahr einer Überforderung der desinteressierten Kleinanleger[17)] und damit eines weiteren Absinkens der Hauptversammlungspräsenzen in Europa mit sich. Diese Annahme wird nicht zuletzt durch die Ergebnisse der rechtsvergleichenden Untersuchung gestützt, die gezeigt haben, daß die Präsenzwerte in Ländern, die – wie Frankreich und Spanien – trotz einer ansonsten liberal ausgestalteten Vertretungsregelung auf dem Erfordernis der Einzelvollmacht bestehen, mit durchschnittlichen Kapitalquoten von 30 bzw. 40 Prozent weit unterhalb der durchschnittlichen Präsenzzahlen in Deutschland (ca. 58 Prozent) liegen.

---

12) Im gleichen Sinne Körber, Die Stimmrechtsvertretung durch Kreditinstitute, S. 200 f..

13) Hierzu zählen beispielsweise Spanien und Frankreich.

14) Dies gilt jedenfalls für den Bereich der institutionellen Stimmrechtsvertretung, vgl. Art. 28 Abs. 1 lit. a) des Richtlinienentwurfs.

15) Im gleichen Sinne Körber, Die Stimmrechtsvertretung durch Kreditinstitute, S. 204 ff.. Auch die DSW hat sich für eine Abschaffung der obligatorischen Einzelvollmacht innerhalb der EU ausgesprochen , vgl. hierzu die DSW-Europastudie, S. 96.

16) Körber, Die Stimmrechtsvertretung durch Kreditinstitute, S. 206, macht zu Recht darauf aufmerksam, daß angesichts der Tatsache, daß sich die Hauptversammlungen der börsennotierten Gesellschaften in der Praxis zumeist auf wenige Monate konzentrieren, das Erfordernis der Einzelvollmacht vor allem aus Sicht der deutschen Depotbanken zu kaum überwindbaren zeitlichen und organisatorischen Schwierigkeiten führen würde. Grundlegend anders liegen natürlich die Dinge, sofern nicht die Depotbanken sondern – wie es im europäischen Ausland häufig der Fall ist – die jeweilige Gesellschaft selbst bzw. deren Verwalter mit der Stimmrechtsvertretung betraut werden.

17) Zutreffend Körber, Die Stimmrechtsvertretung durch Kreditinstitute, S. 205.

4. Erleichterungen bei der Vollmachtserteilung

Des weiteren sollte im Zusammenhang mit der Schaffung europäischer Mindeststandards für eine aktionärsfreundlichere Stimmrechtsvertretungsregelung auch über Erleichterungen im Hinblick auf die Form der Vollmachtserteilung nachgedacht werden. Unter diesem Gesichtspunkt wäre es nicht nur aus Kostengründen, sondern auch aus Praktibilitätserwägungen heraus wünschenswert, wenn es den Aktionären zukünftig in ganz Europa gestattet werden würde, ihre Stimmrechtsvollmachten außer in der traditionellen Schriftform auch unter Verwendung moderner elektronischer Kommunikationsmittel (insbesondere E-Mail) zu erteilen.[18)] Angesichts der Tatsache, daß bereits heute Aktien im Wege des Electronic Banking veräußert und erworben werden können, sind jedenfalls keine einleuchtenden Gründe dafür ersichtlich, warum man sich auf Dauer einer solchen Modernisierungsmaßnahme verschließen sollte.[19)] Damit der Einsatz elektronischer Medien nicht mit einem Verlust an Rechtssicherheit für die auf die Wirksamkeit der Stimmrechtsvollmachten vertrauenden Gesellschaften einhergeht, müßte allerdings zuvor die Authenzität der Bevollmächtigungserklärungen durch die Verwendung elektronischer Sicherungstechniken – wie etwa einer digitalen Signatur – in hinreichendem Ausmaß sichergestellt werden.[20)]

5. Vertretungserlaubnis für jede natürliche und juristische Person / Abbau quantitativer Beschränkungen

Ebenfalls einer erleichterten Stimmrechtsvertretung wäre es dienlich, wenn den Aktionären zukünftig – in satzungsfester Form – das Recht zugestanden würde, jede beliebige natürliche[21)] oder juristische Person mit der Ausübung ihres

---

18) Die DSW hat anläßlich ihrer Europastudie eine gleichlautende Empfehlung abgegeben. Zudem hat sie sich dafür ausgesprochen, daß in Zukunft auch der Legitimationsnachweis als Aktionär über elektronische Medien möglich sein sollte, vgl. hierzu die DSW-Europastudie, S. 96.

19) Auf diesen Gesichtspunkt macht Mutter, in: FAZ Nr. 48 vom 26. Februar 1999, S. 22 zu Recht aufmerksam. In den USA, die beim Einsatz neuer Medien im Rahmen von Hauptversammlungen Vorreiter sind, war die Stimmrechtsübertragung via Internet bereits im Jahre 1999 in 20 Bundesstaaten und über 500 Unternehmen möglich, vgl. den Bericht der FAZ Nr. 233 vom 7. Oktober 1999, S. 33 [35].

20) Ähnlich Assmann, AG-Sonderheft „Die Aktienrechtsreform 1997", 100 [105].

21) Zu Recht empfindet es die DSW als einen unhaltbaren Zustand, daß in einem vereinten Europa nicht jede natürliche Person als Vertreter eines Aktionärs eine Hauptversammlung besuchen kann (Quelle: Bericht der DSW von ihrer Pressekonferenz am 14.12.1998, S. 5).

Stimmrechts zu betrauen. Ein solcher Mindeststandard, der in der gegenwärtigen Fassung des Entwurfs für eine fünfte gesellschaftsrechtliche Richtlinie nicht vorgesehen ist[22)], würde sich aufgrund seiner Aktionärsfreundlichkeit in jedem Fall positiv auf die Hauptversammlungspräsenzen in Europa auswirken.

Damit die Freiheit des Aktionärs bei der Auswahl seines Stimmrechtsvertreters nicht nur auf die Fälle beschränkt ist, in denen die Initiative zur Stimmrechtsvertretung ausnahmsweise vom Vollmachtgeber selbst ausgeht, sollte daneben jedoch auch im Bereich der institutionellen Stimmrechtsvertretung, d.h. im Hinblick auf die Frage, wer sich den Aktionären gegenüber zur Ausübung fremder Stimmrechte öffentlich erbieten darf, eine möglichst liberale Regelung angestrebt werden. Die diesbezüglich zu beobachtende fortschreitende Liberalisierung auf nationaler Ebene[23)] sollte durch Regelungen im supranationalen Bereich eher unterstützt und vorangetrieben als konterkariert werden. Denn zum ersten ist zu Recht darauf hingewiesen worden, daß nicht Restriktion, sondern Transparenz das einer freiheitlichen Wirtschaftsordnung angemessene Mittel sei, um die mit der institutionellen Stimmrechtsvertretung verbundenen Mißbrauchsrisiken zu kontrollieren und einzudämmen[24)]. Zum zweiten lehren die im Zusammenhang mit der ehemaligen spanischen und italienischen Vertretungspraxis gemachten Erfahrungen, daß gesetzliche Restriktionen im Bereich der organisierten Stimmrechtsvertretung zumeist entweder leicht umgehbar[25)] und daher in der Praxis wenig effektiv sind oder aber infolge sinkender Hauptversammlungspräsenzen die Gefahr von Zufallsmehrheiten heraufbeschwören[26)]. Und schließlich führt eine Erweiterung der Auswahlalternativen für den Aktionär auch zu einer größeren Legitimation des später beauftragten Stimmrechtsvertreters.

---

22) Art. 27 Abs. 2 S. 2 des Richtlinienentwurfs garantiert lediglich das Recht, sich durch einen anderen Aktionär vertreten zu lassen.

23) Vgl. hierzu den Punkt III. der Ergebniszusammenfassung, oben S. 238 f..

24) Vgl. Schneider/Burgard, DB 1996, 1761 [1762, 1767].

25) In diesem Zusammenhang sei an das ehemalige Vertretungsverbot für juristische Personen im spanischen Recht (Art. 60 LSA) erinnert, das von den Depotbanken mit Hilfe von Blankovollmachten problemlos umgangen werden konnte. Vgl. hierzu die Darstellung oben S. 66 f.. Ferner sollte bedacht werden, daß zahlreiche gesetzliche Vertretungsverbote mittels einer treuhänderischen Übertragung der Aktien umgangen werden könnten.

26) So übte im Jahre 1993, also zu einer Zeit, als in Italien noch ausschließlich die restriktive Stimmrechtsvertretungsregelung des Art. 2372 C.C. galt, im Durchschnitt noch nicht einmal jeder hundertste Aktionär sein Stimmrecht persönlich oder vertreten durch eine bevollmächtigte Person aus, vgl. hierzu die Darstellung oben S. 186 f..

Unter dem Vorbehalt ausreichender Schutzgarantien zugunsten des Aktionärs[27] sollte deshalb grundsätzlich jeder natürlichen und juristischen Person – und zwar unabhängig davon, ob sie im Einzelfall Aktionär der jeweiligen Gesellschaft ist oder nicht – das Recht eingeräumt werden, sich öffentlich zur Ausübung fremder Aktionärsstimmrechte zu erbieten. Angesichts der Tatsache, daß ein europaweites Verbot des Verwaltungsstimmrechts[28] aus der Sicht einiger wichtiger EU-Mitgliedstaaten[29] eine Maßnahme von systemsprengenden Charakter darstellen würde, sollten insbesondere auch die Gesellschaftsverwalter nicht von diesem Recht ausgeschlossen werden.[30] Allerdings wäre es ratsam, wenn als Zulässigkeitsvoraussetzung für jedwedes öffentliche Erbieten zur Stimmrechtsvertretung festgeschrieben würde, daß die im Zusammenhang mit der Einwerbung und Ausübung von Stimmrechtsvollmachten anfallenden Kosten auf keinen Fall aus der Gesellschaftskasse des die Hauptversammlung einberufenden Unternehmens oder einer abhängigen Gesellschaft bestritten werden dürfen. Eine solche Einschränkung wäre aus einem doppelten Grunde sinnvoll; zum einen, weil auf diese Weise im Wettstreit um den Erhalt der meisten Vollmachtsstimmen zumindest unter Kostentragungsgesichtspunkten eine gewisse Kampfparität zwischen Gesellschaftsverwaltung und Opposition hergestellt würde[31], und zum anderen, weil sich eine Finanzierung der Aktionärsvertretung durch die Gesellschaft nicht mit dem Umstand verträgt, daß für die Ausübung des Stimmrechts der Aktionär und nicht die Aktiengesellschaft zuständig ist.[32]

---

27) Für die Bestimmung des erforderlichen Mindestinhalts dieser flankierenden Schutzvorschriften wird auf die folgenden Abschnitte verwiesen.

28) Wie die rechtsvergleichende Untersuchung gezeigt hat, sieht gegenwärtig keiner der großen europäischen Mitgliedstaaten ein generelles Verbot des Verwaltungsstimmrechts vor.

29) Hiermit sind vor allem England und Frankreich angesprochen.

30) Der Entwurf für eine fünfte gesellschaftsrechtliche Richtlinie verweist zwar für die Frage, welche Personen und Institutionen sich öffentlich zur Ausübung fremder Stimmrechte erbieten dürfen, auf die jeweils einschlägigen Vorschriften des nationalen Rechts (vgl. Art. 28 Abs. 1 des Richtlinienentwurfs), geht jedoch – wie Art. 28 Abs. 2 zeigt – offensichtlich ebenfalls von der grundsätzlichen Zulässigkeit des Verwaltungsstimmrechts aus. Für die Beibehaltung des Verwaltungsstimmrechts auf europäischer Ebene spricht sich auch Körber, Die Stimmrechtsvertretung durch Kreditinstitute, S. 217 aus. Anderer Ansicht insoweit Sonnenberger, AG 1974, 33 [38].

31) Dies würde vor allem für Staaten wie England und Frankreich gelten, wo die Verwalter für die Kosten ihrer Stimmrechtskampagnen in Zukunft selbst aufkommen müßten.

32) Zutreffend Hammen, ZIP 1995, 1301 [1306]: „... die Ausübung des Stimmrechts ist ein Geschäft des Aktionärs und keines der Aktiengesellschaft." Im gleichen Sinne Timm, Gesellschaftsrecht 1995 (RWS-Forum 8), S. 241 [254]. A.A. allerdings Raiser, NJW 1996, 2257 [2262] sowie Noack, in: Festschrift für Lutter, S. 1472.

Des weiteren sollten auch alle gesetzlichen Bestimmungen für unzulässig erklärt werden, die die Anzahl der Aktionäre oder die Kapitalquote, die von ein und demselben Stimmrechtsvertreter auf einer Hauptversammlung vertreten werden darf, in quantitativer Hinsicht begrenzen.[33] Denn anderenfalls könnte der freie Zugang zur geschäftsmäßigen Stimmrechtsvertretung über eine Beschränkung des zulässigen Vertretungsumfangs in faktischer Weise beeinträchtigt werden.

In Anbetracht der Tatsache, daß sich die vorgeschlagenen Maßnahmen aufgrund ihres liberalen Charakters aller Voraussicht nach positiv auf die europäischen Hauptversammlungspräsenzen auswirken würden, könnte und sollte im Gegenzug auf die Festschreibung eines für die Beschlußfähigkeit der Hauptversammlung erforderlichen Mindestquorums verzichtet werden.[34] Dies gilt um so mehr, als die niedrigeren Hauptversammlungspräsenzen in Spanien und Frankreich zeigen, daß die Existenz eines konstitutiven Quorums in der Praxis ohnehin keinen disziplinierenden Einfluß auf die teilnahmemüden Kleinaktionäre ausübt.

II. Erweiterung der Mitwirkungs- und Gestaltungsmöglichkeiten

Da die Untersuchung gezeigt hat, daß die nationalen Stimmrechtsvertretungsregelungen den vertretenen Aktionären zum Teil nur sehr begrenzte Mitwirkungs- und Gestaltungsrechte garantieren, wäre es des weiteren sinnvoll, wenn auch in dieser Hinsicht die Rechte der Aktionäre gestärkt und auf europäischer Ebene

---

33) Im gleichen Sinne hat sich auch die DSW auf ihrer Pressekonferenz vom 14.12.1998 geäußert (Quelle: Bericht der DSW von ihrer Pressekonferenz am 14.12.1998, S. 10). Quantitative Beschränkungen der Stimmrechtsvertretung sollten – anders als etwa im französischen Recht (Art. 161 Abs. 2 i.V.m. Art. 177 des französischen Gesetzes über die Handelsgesellschaften) – auch nicht für den Fall zugelassen werden, daß die Gesellschaftssatzung eine Höchststimmrechtsklausel enthält, da derartige, gegen den Grundsatz „one share – one vote“ verstoßende und deshalb abzulehnende Stimmrechtsbeschränkungen nicht noch zusätzlich durch entsprechende Regelungen im Bereich der Stimmrechtsvertretung sanktioniert werden sollten.

34) Die DSW schlägt im Ergebnis sogar eine europaweite Abschaffung konstitutiver Quoren (genauer: die Einführung eines gesetzlichen Mindestquorums von lediglich zwei in der Hauptversammlung anwesenden Aktionären) vor. Zur Begründung führt sie u.a. an, daß die Notwendigkeit, im Falle des Nichterreichens der geforderten Quoren eine zweite – bzw. in Italien sogar unter Umständen eine dritte – Einberufung der Hauptversammlung vornehmen zu müssen, in der Praxis dazu führt, daß die Aktionäre bzw. deren Stimmrechtsvertreter sich im Zweifel für mehrere Hauptversammlungstermine bereithalten müssen.

standardmäßig abgesichert werden würden. Zu diesem Zweck sollten alle gesetzlichen und statutarischen Vertretungsvorschriften, die den Aktionär im Hinblick auf seine Einflußnahme- und Gestaltungsmöglichkeiten schlechterstellen als im Falle einer persönlichen Hauptversammlungsteilnahme, für unzulässig und nichtig erklärt werden. Auf diese Weise wäre es fortan nicht mehr möglich, daß nationale Aktiengesetze den Aktionären in bestimmten Fällen das Recht abschneiden, ihrem Vertreter individuelle Abstimmungsweisungen zu erteilen, in der Hauptversammlung Kritik und Stellungnahmen zu einzelnen Beschlußvorschlägen verlautbaren zu lassen oder von ihrem Stimmrecht in einer bestimmten Weise Gebrauch zu machen.[35)] Und schließlich und vor allem würde durch diese Maßnahme auch sichergestellt, daß die dem Aktionärsvertreter zur Ausübung anvertrauten Vollmachtsstimmrechte in jedem Fall in die Beschlußfassungen der Hauptversammlung einfließen.[36)] So müßte etwa das englische Aktionärsvertretungsrecht dahingehend reformiert werden, daß der Stimmrechtsvertreter zukünftig auch im Rahmen einer Beschlußfassung im Wege des show of hands[37)] mitstimmen darf. Wie jedoch gerade dieses Beispiel zeigt, wäre durch den vorgeschlagenen Mindeststandard noch nicht sichergestellt, daß die Vollmachtsstimmen auch in jedem Fall entsprechend den jeweiligen Kapitalanteilen der Vollmachtgeber ausgezählt werden. Um einen Verstoß gegen den Grundsatz „one share – one vote" zu vermeiden, sollte deshalb die Forderung der DSW unterstützt werden, die sich im Rahmen ihrer Untersuchungsstudie zu den Aktionärsrechten in Europa dafür ausgesprochen hat, daß – bezogen auf das Abstimmungsprocedere bei Hauptversammlungsbeschlußfassungen – generell eine genaue Auszählung der Stimmen und nicht nur der Aktionäre erfolgen sollte.[38)]

III. Flankierende Schutzvorschriften zugunsten der vertretenen Aktionäre

Mit Blick auf die der institutionellen Stimmrechtsvertretung immanenten Mißbrauchsgefahren sind des weiteren flankierende Vorschriften erforderlich, die geschäftsmäßigen Vertretern zum Schutze der Aktionäre gewisse Transparenz-,

---

35) Zu den diesbezüglichen Defiziten der nationalen Vertretungssysteme vgl. den Punkt VI. 7. der Ergebniszusammenfassung, oben S. 247.

36) Zu Recht spricht sich die OECD in ihren Principles of Corporate Governance (Teil 2, I.C.3.), abgedruckt bei Seibert, AG 1999, 337 [344] dafür aus, daß den von Aktionären abgegebenen Stimmen im Falle einer Stimmrechtsvertretung das gleiche Gewicht zukommen sollte wie im Falle einer persönlichen Hauptversammlungsteilnahme.

37) Zum Abstimmungsmodus des „show of hands" siehe oben S. 35 f..

38) DSW-Europastudie, S. 97.

Informations-, Aktivierungs- und Interessenwahrungspflichten auferlegen. Angesichts der mitunter stark divergierenden Schutzintensität der diesbezüglichen nationalen Regelungsinhalte[39] sollten vor allem auch in diesem Bereich verbindliche europäische Mindeststandards geschaffen werden.

1. Geeignete Anknüpfungstatbestände

Zu diesem Zweck müßten zunächst geeignete Anknüpfungstatbestände für das zu errichtende Sonderregime gefunden werden. Um einen möglichst lückenlosen Schutz für die vertretenen Aktionäre zu erreichen und Umgehungen weitestgehend auszuschließen, sollte man den Anwendungsbereich der flankierenden Schutzvorschriften – anders als etwa in Frankreich und England[40] – auf keinen Fall von vornherein in personeller oder institutioneller Hinsicht einengen. Als Kompensation dafür, daß nach dem oben[41] befürworteten liberalen Ansatz jeder natürlichen und juristischen Person der Zugang zur geschäftsmäßigen Aktionärsvertretung offenstünde, sollte vielmehr eine Lösung favorisiert werden, die den Geltungsbereich der Schutzvorschriften auf den gesamten Bereich der institutionellen Stimmrechtsvertretung ausdehnt.

Mit Blick auf diejenigen Fälle, in denen die Aktionäre um die Erteilung einer Spezialvollmacht (Einzelvollmacht) für eine konkrete Hauptversammlung ersucht werden, böte sich zunächst das Anknüpfungskriterium des öffentlichen Sicherbietens zur Einholung von Stimmrechtsvollmachten an, so wie es neben der spanischen und neuen italienischen Vertretungsregelung[42] auch der Vorschlag für eine fünfte gesellschaftsrechtliche Richtlinie[43] vorsieht. Um Auslegungsstreitigkeiten auf nationaler Ebene vorzubeugen und Umgehungsmöglichkeiten soweit wie möglich auszuschließen, müßte dieser Tatbestand jedoch noch in zwei Richtungen präzisiert werden. Zum einen sollte man sinnvollerweise

---

39) Vgl. hierzu vor allem die Punkte VI. 1.-4. der Ergebniszusammenfassung, oben S. 241 ff..

40) Zur Kritik an den nationalen Anknüpfungspunkten vgl. den Punkt VI. 1. der Ergebniszusammenfassung, oben S. 241.

41) Vgl. hierzu den Vorschlagspunkt I. 5., oben S. 255 ff..

42) Das spanische Anknüpfungskriterium („solicitud pública", vgl. Art. 107 TRLSA) und das italienische Anknüpfungskriterium („la richiesta di conferimento di deleghe di voto rivolta alla generalità degli azionisti", vgl. Art. 136 Abs. 1 lit. b) T.U.) sind jedoch genaugenommen von ihrem Wortlaut her etwas enger formuliert, weil sie nur das öffentliche/allgemeine Ersuchen um die Erteilung einer Stimmrechtsvollmacht, nicht jedoch bereits das bloße öffentliche Sichbereiterklären zur Übernahme einer Aktionärsvertretung erfassen.

43) Vgl. Art. 28 Abs. 1 des Richtlinienentwurfs.

klarstellen, daß die Auslösung der entsprechenden Verhaltenspflichten unabhängig davon erfolgt, ob die fremden Aktionärsstimmrechte im eigenen oder im fremden Namen ausgeübt werden sollen[44], und zum anderen wäre es ratsam, den Begriff des öffentlichen Sicherbietens auch in quantitativer Hinsicht zu konkretisieren. Zu diesem Zweck sollte – ähnlich wie im spanischen Recht[45] – eine gesetzliche Vermutung aufgestellt werden, daß immer dann, wenn eine Person mehr als zehn Aktionäre gleichzeitig auf einer Hauptversammlung vertritt, davon auszugehen ist, daß der Stimmrechtsvertretung ein öffentliches Erbieten vorausgegangen ist. Durch diese Maßnahme würde die in quantitativer Hinsicht uneinheitliche europäische Rechtspraxis beseitigt, die zur Zeit noch darin zum Ausdruck kommt, daß die Schutzvorschriften für den Bereich der institutionellen Stimmrechtsvertretung teilweise bereits im Falle einer gleichzeitigen Vertretung von vier Aktionären gelten[46], während sie anderenorts erst dann zur Anwendung gelangen, wenn eine Person die Stimmrechtsvertretung von mehr als 200 Aktionären in derselben Hauptversammlung wahrnehmen möchte.[47] Mit Rücksicht auf eventuelle Ausnahmekonstellationen[48] sollte die vorgeschlagene gesetzliche Vermutung jedoch in jedem Fall widerlegbar sein.

Schließlich müßte sich der Anwendungsbereich der flankierenden Schutzvorschriften auch auf diejenigen Fälle erstrecken, in denen eine Stimmrechtsvertretung auf der Grundlage einer bereits zuvor vom Aktionär erteilten Dauervollmacht[49] erfolgen soll. Da der Stimmrechtsvertreter im Falle einer Dauerbevollmächtigung nicht auf die Erteilung gesonderter Vollmachten für die einzelnen in den Bevollmächtigungszeitraum fallenden Hauptversammlungen angewiesen ist, wird diese Konstellation allerdings noch nicht vom Anknüpfungs-

---

44) Damit könnte sichergestellt werden, daß der Aktionär auch für den Fall einer – eventuell zulässigen – Legitimationszession die gleichen Schutzrechte genießt wie im Rahmen einer echten Stimmrechtsvertretung.

45) Vgl. Art. 107 Abs. 3 TRLSA. Ähnliche quantitative Anknüpfungspunkte sieht auch das US-amerikanische und das portugiesische Recht vor, vgl. oben S. 83 (Fußnote 113).

46) Hiermit ist die spanische Vertretungsregelung angesprochen, vgl. Art. 107 Abs. 3 TRLSA.

47 Zu diesem – sich allerdings nur auf die Stimmrechtsvertretung in großen börsennotierten Aktiengesellschaften beziehenden – Ergebnis gelangt das italienische Schrifttum aufgrund seiner Auslegung des Begriffs der „generalità“ (Art. 136 Abs. 1 lit. b) T.U.) im neuen italienischen Aktionärsvertretungsrecht, vgl. hierzu die Darstellung oben S. 218 f. und den Punkt VI. 1. der Ergebniszusammenfassung, oben S. 241.

48) In diesem Zusammenhang wäre beispielsweise an den Fall zu denken, daß die Mitglieder eines Stimmrechtskonsortiums von sich aus einen gemeinsamen Vertreter für die Ausübung ihres Stimmrechts beauftragen.

49) Ein typisches Beispiel hierfür stellt der Fall dar, daß eine Depotbank beabsichtigt, Stimmrechte ihrer Effektenkunden auf der Basis einer – im Rahmen der Depoteröffnung erteilten – Dauervollmacht auszuüben.

kriterium des öffentlichen Sicherbietens zur Einholung von Stimmrechtsvollmachten erfaßt, so daß für die genannten Fälle ein gesonderter Anknüpfungstatbestand geschaffen werden müßte. Insofern sollte klargestellt werden, daß die im folgenden noch näher zu bestimmenden flankierenden Schutzvorschriften auch dann zur Anwendung gelangen, wenn eine Person beabsichtigt, fremde Aktienstimmrechte auf der Grundlage einer unabhängig von der konkret bevorstehenden Hauptversammlung erteilten Dauervollmacht auszuüben oder ausüben zu lassen.

2. Der Regelungsinhalt der flankierenden Schutzbestimmungen

Was den Inhalt des Spezialregimes für die soeben näher eingegrenzten Fälle der institutionellen Stimmrechtsvertretung anbelangt, sollten zunächst einige Verfahrensregeln und Verhaltensstandards festgeschrieben werden, die darauf abzielen, daß die Ausübung der fremden Aktionärsstimmrechte in enger Anbindung an den Willen und die Interessen der vertretenen Anteilseigner erfolgt.

a) Pflicht, zur Erteilung von Weisungen aufzufordern

Um den Aktionär zu mehr Engagement im Rahmen der Stimmrechtsvertretung zu bewegen und ihn zu motivieren, seine eigenen Vorstellungen und Wünsche hinsichtlich der jeweiligen Beschlußpunkte der Tagesordnung zum Ausdruck zu bringen, müßte man den Vertreter – wie im spanischen und deutschen Recht[50)] – zunächst dazu verpflichten, die Inhaber der vertretenen Stimmrechte vor jeder Hauptversammlung zur Erteilung individueller Abstimmungsweisungen aufzufordern und ihnen zu diesem Zweck ein gesondertes Formblatt zur Verfügung zu stellen. Letzteres sollte zudem so ausgestaltet sein, daß es dem Aktionär neben der Möglichkeit, für oder gegen die einzelnen Beschlußvorschläge zu stimmen, auch die Abstimmungsalternative der Stimmenthaltung eröffnet.

---

50) Vgl. Art. 107 TRLSA und § 128 Abs. 2 S. 3 AktG. Auch der Vorschlag für eine fünfte gesellschaftsrechtliche Richtlinie sieht für den Bereich der institutionellen Stimmrechtsvertretung die Pflicht des Vertreters vor, seinen potentiellen Vollmachtgeber um die Erteilung konkreter Abstimmungsweisungen zu bitten, vgl. Art. 28 Abs. 1 lit. d) dd) des Richtlinienentwurfs.

b) Pflicht zur Unterbreitung verbindlicher Vorschläge für die Ausübung des Stimmrechts

Auch die im deutschen[51] und spanischen[52] Recht vorgesehene Regelung, wonach den Aktionären von seiten des Stimmrechtsvertreters vor jeder Hauptversammlung Vorschläge für die Ausübung ihres Stimmrechts unterbreitet werden müssen, an die der Vertreter im Falle des Ausbleibens anderweitiger Weisungen gebunden ist, sollte in den Rang eines europäischen Mindeststandards erhoben werden.[53] Denn zum einen haben die Kleinanleger ein schutzwürdiges Interesse daran, verbindlich und genau zu erfahren, in welchem Sinne ihr Stimmrecht ausgeübt wird, falls sie – was der Regelfall sein wird – ihrem Vertreter keine konkreten Abstimmungsweisungen erteilen.[54] Und zum anderen kann auch nur auf dem Wege der Unterbreitung von Abstimmungsvorschlägen sichergestellt werden, daß die geschäftsmäßigen Aktionärsvertreter eine ihrer wichtigsten Funktionen erfüllen können, nämlich, den in aller Regel wirtschaftlich unerfahrenen Kleinaktionär im Hinblick auf die Ausübung seines Stimmrechts fachkundig und sachgerecht zu beraten. Da diese wirtschaftliche und unternehmerische Unerfahrenheit auf der anderen Seite aber auch dazu führt, daß die vertretenen Aktionäre die ihnen unterbreiteten Abstimmungsvorschläge nicht ohne weiteres auf ihre Sachangemessenheit hin überprüfen können und somit die Gefahr besteht, daß sie sich aus eigener Unkenntnis heraus Empfehlungen ihrer Vertreter anschließen, die ihren eigenen Interessen und Belangen unter Umständen zuwiderlaufen, sollte die Pflicht zur Formulierung von Abstimmungsvorschlägen noch um weitere Schutzbestimmungen ergänzt werden.

aa) Orientierung am Aktionärsinteresse

Angesichts der Gefahr, daß professionelle Stimmrechtsvertreter ihren Wissens- und Erfahrungsvorsprung bewußt zur Durchsetzung eventueller Eigeninteressen mißbrauchen könnten, müßte zunächst klargestellt werden, daß sich die Ausarbeitung der Abstimmungsvorschläge ausschließlich am Aktionärsinteresse zu orientieren hat.[55] Da die Investitionsziele der Aktionäre in der Praxis höchst

---

51) Vgl. § 128 Abs. 2 S. 1 AktG.

52) Vgl. Art. 107 TRLSA.

53) Insofern ist es zu begrüßen, daß der Vorschlag für eine fünfte gesellschaftsrechtliche Richtlinie bereits eine entsprechende Regelung enthält, vgl. Art. 28 Abs. 1 lit. d) ee) und lit. e) des Richtlinienvorschlags.

54) In diesem Sinne bereits Körber, Die Stimmrechtsvertretung durch Kreditinstitute, S. 233.

55) Im gleichen Sinne Körber, Die Stimmrechtsvertretung durch Kreditinstitute, S. 242.

unterschiedlich sind und eine diesbezügliche Befragung jedes einzelnen Anteilseigners bereits aus praktischen Gründen nicht zu bewerkstelligen ist, ergibt sich allerdings das aus dem deutschen Recht bekannte[56] Problem, daß die individuellen Interessenlagen der vertretenen Aktionäre dem Stimmrechtsvertreter in den meisten Fällen nicht bzw. allenfalls nur bis zu einem bestimmten Grade bekannt sind. So kann zwar für den Aktionärsvertreter nicht der mindeste Zweifel daran bestehen, daß Abstimmungsvorschläge, die auf eine Schädigung der Gesellschaft hinauslaufen oder die ihrem Inhalt nach die Erreichung des Verbandszwecks gefährden, niemals in Einklang mit den Interessen der vertretenen Aktionäre stehen werden.[57] Ob der (potentielle) Vollmachtgeber als Spekulationsaktionär primär kurzfristige Gewinnziele vor Augen hat oder als Anlageaktionär eher eine langfristige Investmentstrategie verfolgt, läßt sich dagegen aus seiner Sicht nicht ohne weiteres feststellen.[58]

Da andererseits aber auch die Typisierung eines „mittleren" Interesses im Sinne einer durchschnittlichen Interessenlage aller Aktionäre kaum zu bewerkstelligen sein dürfte[59], stellt sich somit die Frage, ob man das Orientierungskriterium „Aktionärsinteresse" nicht im Wege einer gesetzlichen Präzisierung auf einen ganz bestimmten Aktionärstyp zuschneiden sollte. So könnte beispielsweise die gesetzliche Vermutung aufgestellt werden, daß die Interessenlage des Aktionärs mangels gegenteiliger Anhaltspunkte stets auf die langfristige Wertsteigerung seiner Unternehmensbeteiligung ausgerichtet ist. Eine Lösung dieser Art wäre jedoch aus zwei Gründen nicht sinnvoll. Denn zum einen ist nicht einzusehen, warum auf diese Weise einem von mehreren gleichermaßen legitimen Aktionärsinteressen von vornherein ein gesetzlicher Vorrang eingeräumt werden sollte. Und zum anderen würde eine solche Maßnahme auch Komplikationen in denjenigen Fällen mit sich bringen, in denen die Stimm-

---

56) Vgl. hierzu etwa Mülbert, Gutachten E für den Deutschen Juristentag, S. E 88 f..

57) Falls dies ausnahmsweise doch einmal der Fall sein sollte, wäre ein solches Interesse jedenfalls nicht schützenswert, da es seinem Inhalt nach im Widerspruch zu den gesellschaftlichen Treupflichten des Aktionärs stehen würde.

58) Das gleiche gilt im Hinblick auf die Frage, ob der Aktionär im Einzelfall eher Gewinnausschüttungs- oder Thesaurierungsinteressen verfolgt.

59) In der deutschen Literatur ist ein solcher Versuch allerdings bisweilen unternommen worden. So interpretiert Zöllner das Kriterium „Interesse des Aktionärs" in § 128 Abs. 2 S. 2 AktG als wohlverstandenes Interesse des Durchschnittsaktionärs, das auf „solides Wachstum bei angemessener Verzinsung und Kurspflege" gerichtet ist, vgl. Zöllner, in: Kölner Kommentar zum Aktiengesetz, § 128, Rn. 16. Kritisch hierzu Schmidt, Die Stimmrechtsvertretung durch Kreditinstitute, S. 28 f. und Körber, Die Stimmrechtsvertretung durch Kreditinstitute, S. 239 f., die zu Recht die Unschärfe dieser Begriffsformel kritisieren und zudem darauf hinweisen, daß es nicht Aufgabe des Stimmrechtsvertreters sei, zwischen den verschiedenen Aktionärsinteressen zu vermitteln.

rechtsvertretung der Aktionäre von der Gesellschaftsverwaltung wahrgenommen wird. Denn um nicht Gefahr zu laufen, sich mit der Formulierung der Abstimmungsvorschläge unter Umständen zu den eigenen Beschlußanträgen in Widerspruch setzen zu müssen, wären die Verwalter faktisch gezwungen, ihre Beschlußanträge für die Hauptversammlung von vornherein an dem gesetzlich spezifizierten Aktionärsinteresse auszurichten. Dies aber würde bedeuten, daß der geschäftsleiterische Ermessensspielraum der Verwalter bei der Abfassung ihrer Beschlußvorschläge in bedenklicher Weise eingeengt wäre. Abgesehen von dem Ausnahmefall, daß die individuelle Interessenlage des Vollmachtgebers dem Stimmrechtsvertreter bereits im vorhinein bekannt ist, sollte diesem deshalb die Entscheidung, ob er die von ihm zu formulierenden Abstimmungsvorschläge im Einzelfall eher an den Interessen eines Dauer- oder an denen eines Spekulationsaktionärs ausrichten möchte, sinnvollerweise selbst überlassen bleiben.

bb) Begründungs- und Dokumentationspflicht

Als Kompensation für den dem Stimmrechtsvertreter zugebilligten Ermessensspielraum bei der Formulierung seiner Abstimmungsvorschläge sollte diesem ferner die Pflicht auferlegt werden, seine Stimmempfehlungen detailliert zu begründen.[60)] Um einen echten Informations- und Transparenzgewinn für die Aktionäre zu bewirken und die Gefahr einer rein paraphrasierenden Wiederholung der Beschlußvorschläge[61)] zu minimieren, müßte eine solche Begründung allerdings bestimmte Mindestinhalte umfassen. Neben der Erläuterung schwieriger Sachverhalte und komplizierter Rechtslagen sollten hierzu vor allem die genaue Angabe und Spezifizierung des Aktionärsinteresses gehören, von dem sich der Stimmrechtsvertreter bei der Ausarbeitung seiner Abstimmungsvorschläge im Einzelfall hat leiten lassen. Denn nur auf diese Weise wäre es den Anteilseignern möglich zu überprüfen, ob die den Vorschlägen zugrunde gelegten Zielsetzungen auch tatsächlich ihren individuellen Vorstellungen und Wünschen entsprechen.[62)] Daneben wäre es auch wichtig, daß der Stimmrechtsvertreter dem

---

60) Im Ergebnis ebenso Körber, Die Stimmrechtsvertretung durch Kreditinstitute, S. 241 f.. Ganz ähnlich – allerdings bezogen auf das deutsche Recht – Claussen, AG 1996, 481 [483]; Schneider/Burgard, DB 1996, 1761 [1765]; Mülbert, Gutachten E für den Deutschen Juristentag, S. E 100, 118. Der Vorschlag für eine fünfte gesellschaftsrechtliche Richtlinie sieht hingegen keine derartige Begründungspflicht vor.

61) Mit diesem Argument lehnt Assmann, AG-Sonderheft, „Die Aktienrechtsreform 1997“, 100 [105] die Einführung einer Begründungspflicht in das deutsche Recht ab.

62) So zu Recht Körber, Die Stimmrechtsvertretung durch Kreditinstitute, S. 241.

Aktionär darlegt, warum er seine Abstimmungsvorschläge als geeignet für die Durchsetzung des zugrunde gelegten spezifischen Aktionärsinteresses ansieht.

Schließlich sollte dem Stimmrechtsvertreter auch die Pflicht auferlegt werden, die seinen Abstimmungsvorschlägen zugrundeliegenden Erwägungen stets aktenkundig zu machen. Eine solche generelle Dokumentationspflicht würde nicht nur eine unter Umständen später notwendig werdende gerichtliche Kontrolle[63)] und Bewertung der Stimmempfehlungen erleichtern, sondern den Aktionärsvertreter auch zu größerer Gewissenhaftigkeit bei der Ausarbeitung seiner Abstimmungsvorschläge zwingen.

cc) Das Abweichen von den Abstimmungsvorschlägen

Da im Zeitraum zwischen der Einholung der Aktionärsvollmacht und der Stimmabgabe in der Hauptversammlung unvorhersehbare Situationsveränderungen eintreten können, die für die Ausübung des Vollmachtsstimmrechts von Belang sind, steht es außer Frage[64)], daß der Stimmrechtsvertreter unter bestimmten Umständen von der ursprünglich geplanten Abstimmungsrichtung – d.h. entweder von seinen eigenen Abstimmungsvorschlägen oder von den Weisungen des Aktionärs – abweichen können muß. Allerdings wäre es sinnvoll und konsequent, wenn man in diesem Zusammenhang dieselben strengen Anforderungen an das Verhalten des Stimmrechtsvertreters stellen würde, wie sie zuvor für den Bereich der Abstimmungsvorschläge formuliert worden sind. Maßgebliches Kriterium für die Abweichungsbefugnis dürfte also auch hier allein das den Abstimmungsvorschlägen des Vertreters zugrundeliegende bzw. das in den Weisungen des Vollmachtgebers zum Ausdruck kommende Aktionärsinteresse sein. Insoweit sollte klargestellt werden, daß der Stimmrechtsvertreter immer dann, wenn ein Festhalten an der ursprünglich geplanten Abstimmungsrichtung die Verwirklichung der Aktionärsinteressen gefährden würde, nicht nur dazu befugt, sondern auch dazu verpflichtet ist, sein Abstimmungsverhalten an die geänderten Rahmenbedingungen anzupassen.[65)] Auch wenn sich dieses Interessenwahrungsgebot in den meisten Fällen bereits aus allgemeinen Auftrags-

---

63) Beispielsweise im Rahmen eines Schadensersatzprozesses wegen eines aktionärsschädigenden Abstimmungsverhaltens des Stimmrechtsvertreters.

64) Körber, Die Stimmrechtsvertretung durch Kreditinstitute, S. 243 weist in diesem Zusammenhang zu Recht darauf hin, daß anderenfalls Berichte, Aussprachen und Diskussionen auf den Hauptversammlungen und damit auch das Auskunfts- und Rederecht weitgehend überflüssig wären.

65) Im gleichen Sinne Körber, Die Stimmrechtsvertretung durch Kreditinstitute, S. 244.

grundsätzen ergibt, wäre insbesondere mit Blick auf die französische Stimmrechtsvertretungspraxis[66] die Festschreibung eines entsprechenden europäischen Mindeststandards wünschenswert.

Darüber hinaus sollte der Stimmrechtsvertreter auch dazu verpflichtet sein, die von ihm vertretenen Aktionäre unverzüglich von einer abweichenden Ausübung ihres Stimmrechts in Kenntnis zu setzen und ihnen Rechenschaft über die Gründe für sein geändertes Abstimmungsverhalten abzulegen.[67] Außerdem wäre es zu begrüßen, wenn er die seiner Entscheidung zugrundeliegenden Erwägungen – ebenso wie die Begründung seiner Abstimmungsvorschläge – zur Erleichterung einer eventuellen späteren Überprüfung stets aktenkundig zu machen hätte.

c) Kontrahierungszwang

Da die rechtsvergleichende Untersuchung gezeigt hat, daß die Entscheidung über die Durchführung eines Stimmrechtsvertretungsauftrags in den meisten Ländern[68] in das Ermessen des Aktionärsvertreters gestellt ist, müßte dieser zumindest in bestimmten Fällen einem ausdrücklichen gesetzlichen Kontrahierungszwang unterworfen werden. Denn anderenfalls könnte der Vertreter die Ausführung von mißliebigen Weisungen stets dadurch umgehen, daß er die Annahme des zugrundeliegenden Stimmrechtsvertretungsauftrags willkürlich verweigert. Eine solche Rechtslage würde aber nicht nur jegliche Informations- und Aktivierungspflichten des Aktionärsvertreters von vornherein sinnlos machen[69], sondern hätte auch zur Folge, daß der Aktionär im ungünstigsten Fall

---

66) In diesem Zusammenhang sei daran erinnert, daß die mandats en blanc im französischen Recht nach der ganz überwiegenden Ansicht im Schrifttum selbst im Falle einer nachträglichen Veränderung der Antragslage ohne Rücksicht auf interessenwahrende Grundsätze stets im Sinne der Beschlußvorschläge der Verwaltung ausgeübt werden dürfen, vgl. die Ausführungen oben S. 121. Der Vorschlag für eine fünfte gesellschaftsrechtliche Richtlinie sieht demgegenüber zwar vor, daß der Stimmrechtsvertreter im Interesse des Aktionärs von seiner ursprünglich geplanten Abstimmungsrichtung abweichen darf (vgl. Art. 28 Abs. 1 lit. f) des Richtlinienentwurfs). Die in diesem Zusammenhang gewählte Formulierung („kann“) gibt jedoch keinen Aufschluß darüber, ob der Aktionärsvertreter zu einer Abweichung lediglich befugt oder darüber hinaus auch verpflichtet ist.

67) Eine solche Benachrichtigungs- und Rechenschaftspflicht sieht bereits der Vorschlag für eine fünfte gesellschaftsrechtliche Richtlinie vor, vgl. Art. 28 Abs. 1 lit. g) des Richtlinienentwurfs.

68) Auch der Vorschlag für eine fünfte gesellschaftsrechtliche Richtlinie schreibt an keiner Stelle einen Kontrahierungszwang vor.

69) So zu Recht Körber, Die Stimmrechtsvertretung durch Kreditinstitute, S. 260.

zumindest faktisch ganz von der Ausübung seines Stimmrechts ausgeschlossen wäre.[70] Aus diesem Grunde sollte man dem Vertreter zumindest im Verhältnis zu denjenigen Aktionären, denen gegenüber er sich im konkreten Fall zur Stimmrechtswahrnehmung erbietet, einen gesetzlichen Kontrahierungszwang auferlegen.[71]

Die Entscheidung, welchen und wievielen Anteilseignern gegenüber sich der Aktionärsvertreter im Einzelfall zur Stimmrechtsvertretung erbieten möchte, sollte diesem allerdings – wie im französischen, italienischen und spanischen Recht – selbst überlassen bleiben. Gegen die Statuierung einer Bestimmung, wonach im Bereich der institutionellen Stimmrechtsvertretung stets alle nach Namen und Wohnort bekannten Aktionäre zur Erteilung einer Vollmacht aufzufordern sind[72], sprechen vor allem zwei Überlegungen. Zunächst ist zu bedenken, daß infolge einer solchen Regelung vor allem in den großen börsennotierten Gesellschaften immense Kosten auf die Stimmrechtsvertreter zukommen würden mit der Folge, daß insbesondere die weniger etablierten und in der Regel verwaltungskritischer eingestellten geschäftsmäßigen Vertreter (z.B. Aktionärsvereinigungen) von einem möglichen Engagement abgeschreckt werden könnten. Und zum anderen ließe sich eine solche generelle Aufforderungspflicht auch nicht aus dem Gesichtspunkt der Gleichbehandlung aller Aktionäre heraus rechtfertigen, da von ihr in erster Linie die namentlich bei der Gesellschaft registrierten Aktionäre, dagegen aber nur ausnahmsweise die Besitzer von Inhaberaktien profitieren würden.

Eine andere Frage ist allerdings, ob die Stimmrechtsvertreter nicht auch im Verhältnis zu denjenigen Aktionären, die nicht zuvor von ihnen zur Erteilung einer Vollmacht aufgefordert wurden, einem Kontrahierungszwang unterworfen werden sollten.[73] Für die Festschreibung eines solchermaßen erweiterten Kontrahierungszwanges spricht, daß auf diese Weise allen Aktionären, denen nicht bereits von seiten eines geschäftsmäßigen Vertreters die Ausübung des Stimm-

---

70) Etwa dann, wenn ihm die Ablehnung seines Stimmrechtsvertretungsauftrags zu spät angezeigt wird, um noch rechtzeitig eine andere Person oder Institution mit der Ausübung seines Stimmrechts betrauen zu können.

71) Im Ergebnis ebenso Sonnenberger, AG 1974, 33 [39].

72) Eine Pflicht diesen Inhalts sieht beispielsweise der Vorschlag für eine fünfte gesellschaftsrechtliche Richtlinie vor (vgl. Art. 28 Abs. 1 lit. c) des Richtlinienvorschlags). Eine ganz ähnliche Regelung existiert auch im Recht der englischen börsennotierten public companies, wo die Formblätter für die Erteilung einer Stimmrechtsvollmacht an sämtliche stimmberechtigten Aktionäre verschickt werden müssen, vgl. paras. 9.26 und 13.28 lit. a) der Listing Rules und die Darstellung oben S. 47 f..

73) Im Ergebnis bejahend Körber, Die Stimmrechtsvertretung durch Kreditinstitute, S. 261.

rechts angeboten wird[74], eine sichere Möglichkeit zur Verfügung stünde, ihr Stimmrecht im Bedarfsfall in der Hauptversammlung ausüben zu lassen. Angesichts der Tatsache, daß die Kleinanleger erfahrungsgemäß nur in den seltensten Fällen aus eigener Initiative heraus einen Stimmrechtsvertreter einschalten, würde ein entsprechender europäischer Mindeststandard auch keine unverhältnismäßige Belastung für die in Anspruch genommenen Personen und Institutionen bedeuten.

d) Informations- und Offenlegungspflichten

aa) Hauptversammlungsbezogene Informationspflichten

Die rechtzeitige Information des Aktionärs über die in der Hauptversammlung zu behandelnden Angelegenheiten ist von zentraler Bedeutung für die Legitimation des Stimmrechtsvertreters. Denn durch die Möglichkeit, sich ein persönliches Bild über die den Beschlußfassungen zugrundeliegenden Fakten zu machen und die Plausibilität der vorgeschlagenen Maßnahmen selbständig zu beurteilen, werden interessierte Aktionäre überhaupt erst in die Lage versetzt, ihren Willen und ihre individuellen Interessen gegenüber dem Stimmrechtsvertreter zur Geltung zu bringen.[75] Die Bereitstellung der hierfür notwendigen Informationen sollte daher auch nicht (ausschließlich) im Wege einer anonymen öffentlichen Bekanntmachung[76] oder im Zusammenhang mit der Versendung der Einladung zur Hauptversammlung[77], sondern zumindest auch durch den jeweiligen institutionellen Stimmrechtsvertreter selbst erfolgen.[78] Um sinnlose Papierfluten zu vermeiden und den mit der Verschaffung der Informationsunterlagen verbundenen Aufwand für den Stimmrechtsvertreter in Grenzen zu halten, sollte der Umfang dieser hauptversammlungsbezogenen Mitteilungspflichten jedoch so bemessen sein, daß er noch in einem angemessenen Verhält-

---

74) Gedacht sei beispielsweise an den Besitzer von Inhaberaktien, der in keinerlei Geschäftsbeziehungen zu einer Depotbank steht, weil er seine Aktien selbst verwahrt.

75) Ähnlich Körber, Die Stimmrechtsvertretung durch Kreditinstitute, S. 133.

76) So wäre es beispielsweise wenig sinnvoll, wenn die entsprechenden Daten ausschließlich in den Gesellschaftsblättern mitgeteilt würden, da diese von den Aktionären praktisch nicht zur Kenntnis genommen werden.

77) Hierdurch wären die Besitzer von Inhaberaktien faktisch von der jeweiligen Information ausgeschlossen.

78) Ähnlich Körber, Die Stimmrechtsvertretung durch Kreditinstitute, S. 195 f., der sich für eine eigenständige – d.h. unabhängig von einer konkreten Vertretungsabsicht bestehende – Informationspflicht der Depotbanken und Aktionärsvereinigungen ausspricht.

nis zu dem in der Praxis doch eher geringen Informationsinteresse (rationale Apathie) der meisten Kleinanleger steht.

aaa) Mitteilung der Tagesordnung und der Beschlußvorschläge

Neben der Angabe von Zeit, Art und Ort der Hauptversammlung, auf die sich die Vertretungsabsicht konkret bezieht, sollte zum Inhalt der vom Aktionärsvertreter zu erfüllenden Informationspflichten auf jeden Fall die Bekanntgabe der vollständigen[79] Tagesordnung und die Mitteilung der zu ihren einzelnen Gegenständen angekündigten Beschlußvorschläge gehören.[80] In diesem Zusammenhang bedürfte es jedoch noch weiterer Präzisierungen.

(1) (Gegen-)Anträge

Zunächst müßte klargestellt werden, daß die Mitteilungspflicht auch die von der Aktionärsseite angekündigten (Gegen-)Anträge und Wahlvorschläge samt ihrer Begründung und einer etwaigen Stellungnahme der Gesellschaft erfaßt. Denn ohne diese zusätzliche Information würde der vertretene Aktionär über die Bandbreite der sich ihm bietenden Abstimmungsalternativen im unklaren gelassen und damit der Aufbau einer gefestigten Verwaltungsopposition von vornherein erschwert. Damit dem Stimmrechtsvertreter trotz dieser Mitteilungspflicht noch genügend Zeit für die Einholung seiner Vollmachten zur Verfügung stünde, müßte allerdings ein strenger Zeitrahmen für die Ankündigung etwaiger (Gegen-)Anträge festgesetzt werden. Bei einer angesetzten Einberufungsfrist von einem Monat würde sich in diesem Zusammenhang eine Übernahme der entsprechenden deutschen Fristen[81] geradezu anbieten. So sollte man den Aktionären eine Frist von einer Woche für die Einreichung ihrer Beschlußanträge

---

79) D.h. insbesondere auch die Bekanntgabe der zusätzlichen, auf das Verlangen einer Aktionärsminderheit hin eingebrachten Tagesordnungspunkte.

80) Eine entsprechende Regelung enthält auch bereits der Vorschlag für eine fünfte gesellschaftsrechtliche Richtlinie, vgl. Art. 28 Abs. 1 lit. d) aa) und bb) des Richtlinienvorschlags.

81) Gemäß den §§ 125, 126, 127 AktG müssen Gegenanträge und Wahlvorschläge von Aktionären innerhalb einer Woche nach der Einberufung gestellt werden und spätestens binnen weiterer fünf Tage an die Aktionärsvereinigungen und Kreditinstitute weitergeleitet werden, die sie dann ihrerseits unverzüglich ihren Mitgliedern bzw. Kunden mitzuteilen haben (§ 128 Abs. 1 und Abs. 5 AktG).

und Wahlvorschläge zubilligen[82] und anschließend der Gesellschaftsverwaltung noch einmal weitere fünf Tage einräumen, um eine Stellungnahme zu den mitgeteilten Anträgen ausarbeiten zu können. Im Anschluß hieran – also spätestens 12 Tage nach der Einberufung – sollte dann der Inhalt der etwaigen Beschlußanträge bzw. Wahlvorschläge nebst ihrer Begründung, der Angabe ihrer Verfasser und der Stellungnahme der Verwaltung öffentlich bekanntgemacht werden[83], so daß ab diesem Zeitpunkt alle Personen, die eine Stimmrechtsvertretung übernehmen wollten, Zugriff auf die entsprechenden Daten hätten. Dieser Termin wäre dann gleichermaßen der Startschuß für die Einwerbung der Stimmrechtsvollmachten durch die Aktionärsvertreter, so daß auf diese Weise auch in zeitlicher Hinsicht eine gewisse Kampfparität im Wettstreit um den Erhalt der meisten Vollmachtsstimmrechte hergestellt werden könnte.[84]

(2) Konkretisierung von Beschlußfassungsinhalten

Da Beschlußvorschläge in manchen Fällen erst einer inhaltlichen Konkretisierung bedürfen, um für die Aktionäre informativ und verständlich zu sein, erschiene es ferner sinnvoll, wenn der Bezugsgegenstand der vom Stimmrechtsvertreter zu erfüllenden Mitteilungspflicht im Hinblick auf bestimmte Beschlußfassungsmaterien genauer definiert würde. So sollte festgeschrieben werden, daß die vertretenen Aktionäre vor Beschlußfassungen über Satzungsänderungen stets vom vollständigen Wortlaut der geplanten Änderung in Kenntnis zu setzen

---

82) Außerdem sollte das Recht, Gegenanträge zu stellen – wie im deutschen Recht – jedem einzelnen Aktionär zugestanden werden. Ebenso Körber, Die Stimmrechtsvertretung durch Kreditinstitute, S. 174.

83) Körber, Die Stimmrechtsvertretung durch Kreditinstitute, S. 173 f., spricht sich zwar ebenfalls für die öffentliche Bekanntmachung etwaiger (Gegen-)Anträge und Wahlvorschläge von Aktionären aus. Aus seiner Sicht wäre es jedoch ausreichend, wenn diese erst 16 Tage nach der Einberufung publik gemacht würden. Ob diese Frist – bei der auch von Körber zugrunde gelegten Einberufungsfrist von einem Monat würden bis zum Hauptversammlungstermin nur noch 14 Tage verbleiben – für die Stimmrechtsvertreter ausreichend wäre, um anschließend noch auf geordnete Weise ihre Stimmrechtskampagnen durchführen zu können, darf allerdings – insbesondere in Anbetracht der wachsenden Internationalisierung des Anlegerpublikums – bezweifelt werden.

84) In diesem Zusammenhang sei auf die Darstellung des englischen Aktionärsvertretungsrechts (insbesondere auf das Kapitel über die proxy fights, oben S. 49 ff.) verwiesen, wo sich gezeigt hat, daß dem Zeitfaktor neben der Frage der Kostentragung die größte Bedeutung für den Ausgang und den Erfolg der Stimmrechtskampagnen zukommt.

sind.[85] Denn angesichts der herausgehobenen Bedeutung dieser Beschlußfassungsmaterie wäre es unzureichend, wenn man den Anteilseignern lediglich das Recht zugestehen würde, sich auf einen entsprechenden Antrag hin eine Kopie des Wortlauts zusenden zu lassen.[86] Ganz ähnlich stellt sich die Lage dar, wenn die Hauptversammlung über einen Vertrag beschließen soll, der ihrer Zustimmung bedarf. Auch hier gebietet es die besondere Tragweite der projektierten Verträge, daß die Aktionäre vom Stimmrechtsvertreter zumindest über deren wesentlichen Inhalt aufgeklärt werden.[87]

Schließlich wäre es auch sinnvoll, gewisse Informationsmindeststandards für den Fall vorzuschreiben, daß in der Hauptversammlung, auf die sich die Vertretungsabsicht bezieht, Organmitglieder neu gewählt werden sollen. In dieser Hinsicht wäre es wünschenswert, wenn der Vertreter seinem (potentiellen) Vollmachtgeber nicht nur die Wahlvorschläge mitteilen, sondern diesem auch stets detaillierte Angaben zur Person des jeweiligen Kandidaten machen müßte. Damit der vertretene Aktionär sich ein besseres Bild über die zur Wahl vorgeschlagene Person machen kann, sollte die diesbezügliche Unterrichtungspflicht nicht nur den Namen, den Beruf und die wichtigsten Daten zur Ausbildung und Berufserfahrung des Kandidaten umfassen, sondern auch die Angabe der Unternehmen, mit denen dieser als Inhaber, gesetzlicher Vertreter oder Organmitglied in Verbindung steht.[88] Die letztere Information wäre für die Aktionäre insbe-

---

85) Eine solche Informationspflicht sieht im Ergebnis auch das deutsche Aktionärsvertretungsrecht vor, vgl. §§ 124 Abs. 2 S. 2, 125 Abs. 1, 128 Abs. 1 und Abs. 5 AktG. Ebenfalls eine solche Mitteilungspflicht befürwortet Körber, Die Stimmrechtsvertretung durch Kreditinstitute, S. 136.

86) So sieht es allerdings der Vorschlag für eine fünfte gesellschaftsrechtliche Richtlinie vor, vgl. Art. 38 Abs. 2 des Richtlinienentwurfs. Diesbezüglich kritisch Körber, Die Stimmrechtsvertretung durch Kreditinstitute, S. 136.

87) Zutreffend Körber, Die Stimmrechtsvertretung durch Kreditinstitute, S. 138. Insofern ist die entsprechende Regelung des deutschen Rechts (vgl. §§ 124 Abs. 2 S. 2, 125 Abs. 1, 128 Abs. 1 und 5 AktG) ausdrücklich zu begrüßen. Der Vorschlag für eine fünfte gesellschaftsrechtliche Richtlinie sieht demgegenüber lediglich vor, daß der zustimmungsbedürftige Vertrag den Aktionären vom Tag der Einberufung an zur Verfügung stehen muß und daß diese die Möglichkeit haben müssen, eine Abschrift desselben auf Antrag kostenlos von der Gesellschaft zu beziehen, vgl. Art. 30 Abs. 1 und 2 des Richtlinienvorschlags.

88) Ebenso Körber, Die Stimmrechtsvertretung durch Kreditinstitute, S. 138. Eine vertretungsspezifische Informationspflicht diesen Inhalts sieht der Vorschlag für eine fünfte gesellschaftsrechtliche Richtlinie nicht vor. Art. 9 Abs. 3 des Richtlinienvorschlags bestimmt lediglich ganz allgemein, daß Kandidaten für ein Aufsichtsorganmandat angeben müssen, welche selbständige oder unselbständige Tätigkeit sie für eigene oder fremde Rechnung in einem anderen Unternehmen ausüben.

sondere im Hinblick auf mögliche Abhängigkeitsverhältnisse und Interessenkonflikte des vorgeschlagenen Kandidaten von besonderem Interesse.[89)]

Voraussetzung dafür, daß die Stimmrechtsvertreter ihren detaillierten Mitteilungspflichten eigenständig nachkommen könnten, wäre allerdings, daß die Gesellschaft zu einer rechtzeitigen Veröffentlichung der entsprechenden Daten und Hintergrundinformationen verpflichtet würde.[90)] Grundlage hierfür könnte zunächst noch die öffentliche Bekanntmachung der Hauptversammlung in den Gesellschaftsblättern sein. Aus Kosten- und Praktikabilitätsgründen erschiene es jedoch sinnvoll, wenn zumindest auf längerfristige Sicht die bislang übliche Bekanntmachung in den Gesellschaftsblättern durch eine elektronische Publikation im Internet abgelöst werden würde.[91)]

bbb) Pflichthinweis auf zusätzliche Informationsmöglichkeiten

Um ein angemessenes Verhältnis zwischen dem Informationsaufwand des Stimmrechtsvertreters und dem hieraus resultierenden Transparenzgewinn für die Aktionäre zu wahren, sollten die vertretungsspezifischen Mitteilungspflichten – jedenfalls was die Information zu den Beschlußfassungsgegenständen der Hauptversammlung anbelangt – auf die soeben aufgezählten Mindestinhalte (Spezifizierung der Hauptversammlung, Mitteilung der vollständigen Tagesordnung, Bekanntgabe der Verwaltungsvorschläge und eventueller (Gegen-)Anträge einschließlich des Wortlauts vorgeschlagener Satzungsänderungen, des wesentlichen Inhalts zustimmungsbedürftiger Verträge und näherer Angaben zur Person von Verwaltungsorgankandidaten) beschränkt werden. Allerdings wäre es sinnvoll, wenn man den Stimmrechtsvertreter darüber hinaus standardmäßig dazu verpflichten würde, die von ihm angeschriebenen Aktionäre stets über die von der Gesellschaft im Einzelfall angebotenen zusätzlichen Informationsmöglichkeiten zu unterrichten.[92)] Gegenstand dieser Mitteilungspflicht sollten dabei vor allem auch die für die Wahrnehmung der entsprechenden Infor-

---

89) Im gleichen Sinne Körber, Die Stimmrechtsvertretung durch Kreditinstitute, S. 140.

90) So zutreffend Körber, Die Stimmrechtsvertretung durch Kreditinstitute, S. 170 f., der sich dafür ausspricht, allein die öffentliche Hauptversammlungsbekanntmachung zur Grundlage der Aktionärsinformation zu machen, vgl. Körber, a.a.O., S. 194.

91) Im gleichen Sinne Claussen, AG 2001, 161(167f.) ; Mutter, in FAZ Nr. 48 vom 26. Februar 1999, S. 22. Einen ersten Schritt in diese Richtung macht im deutschen Recht der neue § 25 S. 2 AktG, wonach Bekanntmachungen der Gesellschaft zwar nach wie vor im Bundesanzeiger erfolgen müssen, daneben aber auch eine Publizität durch „elektronische Informationsmedien" zulässig ist.

92) Im gleichen Sinne Körber, Die Stimmrechtsvertretung durch Kreditinstitute, S. 154.

mationsangebote einzuhaltenden Modalitäten sein.[93] Denn auf diese Weise würde interessierten Aktionären der Zugriff auf ergänzende Gesellschaftsdokumente[94] und weitere tagesordnungsspezifische Detailinformationen[95] wesentlich erleichtert.

Soweit das Stimmrechtsvertretungsverhältnis auf einer Dauervollmacht basieren sollte, wäre es schließlich auch zu begrüßen, wenn sich der Aktionärsvertreter seinem Vollmachtgeber gegenüber dazu erbieten würde, die Anforderung bestimmter Informationsunterlagen wie beispielsweise des Geschäftsberichtes oder des Jahresabschlusses im Bedarfsfalle stets selbst in dessen Namen vorzunehmen. Dies hätte den Vorteil, daß der vertretene Aktionär die gewünschten Unterlagen bereits zusammen mit der regulären Pflichtinformation vom Vertreter zugesandt erhalten könnte, so daß ihm letztendlich erheblich mehr Zeit für die Lektüre und das Durcharbeiten der zusätzlichen Informationsunterlagen zur Verfügung stünde.

bb) Angaben zur Person des Stimmrechtsvertreters/Offenlegung potentieller Interessenkonflikte

Für den vertretenen Aktionär sind aber nicht allein die soeben aufgezählten Informationsinhalte zu den Beschlußgegenständen der Hauptversammlung von Bedeutung. Vielmehr ist es aus seiner Sicht mindestens ebenso wichtig, über die Person seines Stimmrechtsvertreters, und hierbei insbesondere über Ursachen möglicher Interessenkonflikte in dessen Person, aufgeklärt zu werden. Denn erst wenn auch in diesem Bereich ein Mindestmaß an Transparenz herrscht, kann sich der Aktionär ein Bild über die Objektivität seines Vertreters machen und eigenverantwortlich darüber entscheiden, ob er ungeachtet einer möglichen Befangenheit auf die Sachangemessenheit von dessen Abstimmungsvorschlä-

---

93) So sollte der Aktionär beispielsweise darüber informiert werden, ob er sich zum Zwecke der Wahrnehmung seiner Informationsrechte als Aktionär legitimieren muß, ob er etwaige Ausschlußfristen zu beachten hat und ob er die entsprechenden Informationsunterlagen nur gegen Entgelt oder kostenlos beziehen kann.

94) Beispiele: Jahresabschluß, Lagebericht bzw. Konzernabschluß und Konzernlagebericht, Bericht des Aufsichtsrats, Vorschlag des Vorstands zur Gewinnverwendung etc..

95) In diesem Zusammenhang sei etwa an die Bekanntgabe des vollständigen Wortlauts zustimmungsbedürftiger Verträge, an Abschriften oder Einsichtnahmerechte in wichtige Berichte (Beispiel: Bericht der Abschlußprüfer, Sonderprüfungsberichte, Bericht des Vorstands zur Begründung eines vollständigen oder teilweisen Bezugsrechtsausschlusses) sowie an Umtausch- und Barabfindungsangebote gedacht. Für weitere Beispiele vgl. die Aufzählung bei Körber, Die Stimmrechtsvertretung durch Kreditinstitute, S. 153 f..

gen vertrauen möchte oder nicht lieber einen anderen Aktionärsvertreter mit der Ausübung seines Stimmrechts betrauen soll.[96] Um die Justiziabilität der in diesem Zusammenhang erforderlichen Transparenzpflichten zu wahren, sollte jedoch keine generelle Pflicht zur Offenlegung aktueller Interessenkonflikte statuiert werden[97]. Vielmehr wäre es sinnvoller, wenn man die entsprechenden Hinweispflichten auf einige besonders wichtige Konfliktlagen beschränken würde.

aaa) Institutionelle Abhängigkeitsverhältnisse und personelle Verflechtungen

Zunächst wäre es für den vertretenen Aktionär von besonderem Interesse, zu erfahren, in welchem Verhältnis sein Stimmrechtsvertreter zu der die Hauptversammlung abhaltenden Gesellschaft steht. Denn nur so hat er die Möglichkeit, von eventuell bestehenden Abhängigkeitsverhältnissen Kenntnis zu erlangen. Aus diesem Grunde wäre es wünschenswert, wenn dem (potentiellen) Vollmachtgeber stets mitgeteilt werden müßte, ob die Person, die zum Zwecke der Stimmrechtsvertretung von ihm bevollmächtigt werden soll, Organmitglied oder Mitarbeiter der Gesellschaft bzw. eines von dieser abhängigen Unternehmens ist. Geschäftsmäßig als Stimmrechtsvertreter agierende juristische Personen[98] und deren Repräsentanten sollten zudem dazu verpflichtet werden, die vertretenen Aktionäre über möglicherweise bestehende personelle Verflechtungen mit der Gesellschaft aufzuklären. Insoweit wäre eine grundsätzliche Orientierung am deutschen Recht[99] zu begrüßen. Eine Offenlegungspflicht sollte also nicht nur für den Fall bestehen, daß ein Organmitglied der juristischen Person gleichzeitig einem Verwaltungs- oder Aufsichtsorgan der Gesellschaft angehört, sondern auch dann, wenn diese Voraussetzung in der Person eines Mitarbeiters der

---

96) Ähnlich Körber, Die Stimmrechtsvertretung durch Kreditinstitute, S. 226.

97) Im gleichen Sinne – allerdings bezogen auf das deutsche Recht – Schneider/Burgard, DB 1996, 1761 [1765]; Mülbert, Gutachten E für den Deutschen Juristentag, S. E 101. Anderer Ansicht – ebenfalls mit Blick auf das deutsche Recht – ist scheinbar Peltzer, AG 1996, 26 [31], der sich dafür ausspricht, daß das Kreditinstitut dem Aktionär „alle Umstände mitzuteilen" hat, „die es bei der Ausübung des Stimmrechts als befangen erscheinen lassen könnte".

98) Das wichtigste Beispiel stellen in diesem Zusammenhang die stimmrechtsvertretenden Depotbanken dar.

99) Vgl. hierzu § 128 Abs. 2 S. 6 AktG.

juristischen Person oder der Aktiengesellschaft erfüllt ist.[100] Im gleichen Umfang sollten schließlich auch personelle Verflechtungen zwischen der Aktiengesellschaft und einem vom Stimmrechtsvertreter abhängigen Unternehmen offenlegungspflichtig sein[101]. Denn in diesen Fällen kann der Stimmrechtsvertreter im gleichen Maße an der objektiven Beurteilung des die Hauptversammlung einberufenden Unternehmens gehindert sein.

bbb) Vertragliche Abhängigkeitsverhältnisse

Die Gefahr einer latenten Befangenheit des Stimmrechtsvertreters besteht außer in den Fällen eines institutionellen Abhängigkeitsverhältnisses oder einer personellen Verflechtung auch dann, wenn die Einwerbung und Ausübung der Vollmachtsstimmrechte nicht auf die eigene Initiative des Stimmrechtsvertreters zurückgeht, sondern im Interesse und für Rechnung eines Dritten erfolgt.[102] Um den Aktionären ein genaueres und vollständigeres Bild von der individuellen Interessenlage ihres Vertreters zu vermitteln, müßten folglich auch derartige entgeltliche Auftragsverhältnisse in einem gewissen Umfang transparenzpflichtig gemacht werden. Zu diesem Zweck sollte man dem Stimmrechtsvertreter – ähnlich wie im neuen italienischen Aktionärsvertretungsrecht[103] – die Verpflichtung auferlegen, immer dann, wenn er als direkte Gegenleistung für die Einwerbung und Ausübung von Vollmachtsstimmrechten aus dritter Hand eine finanzielle Vergütung erhält, deren genaue Höhe und den Namen des bzw. der Geldgeber offenzulegen.

---

[100] Im gleichen Sinne Körber, Die Stimmrechtsvertretung durch Kreditinstitute, S. 227 f. und S. 231.

[101] Ganz ähnlich Mülbert, Gutachten E für den 61. Deutschen Juristentag, S. E 100 f..

[102] In diesem Zusammenhang sei etwa an das von der Deutschen Telekom AG zu ihrer ersten Hauptversammlung entwickelte „Treuhänder-Modell" erinnert, bei dem das Unternehmen eine Wirtschaftsprüfungsgesellschaft gegen eine Vergütung in Höhe von 250.000,- DM beauftragt hatte, die Stimmrechtsvertretung von Aktionären wahrzunehmen. Bezeichnenderweise waren die von der Wirtschaftsprüfungsgesellschaft verwendeten Vollmachtsformulare so ausgestaltet, daß diese vorbehaltlich anderer, ausdrücklicher Weisung der Aktionäre verpflichtet war, mit den ihr übertragenen Vollmachtsstimmrechten im Sinne der Verwaltungsvorschläge zu stimmen, vgl. hierzu LG Baden-Baden, AG 1998, 534 [535] = ZIP 1998, 1308 [1309] = EWiR 1998, 675 [675].

[103] Vgl. hierzu die Darstellung oben S. 206 ff..

ccc) Potentielle Interessenkonflikte aufgrund geschäftlicher Beziehungen

Als weitere Ursache für das eventuelle Vorhandensein von Interessenkonflikten kommt die Existenz von Geschäftsbeziehungen zwischen der Aktiengesellschaft und dem Stimmrechtsvertreter in Betracht. In diesem Zusammenhang ist vor allem an den für die Praxis wichtigsten Fall zu denken, daß ein das Stimmrecht seiner Depotkunden ausübendes Kreditinstitut zugleich Hausbank und damit universelle Finanzbetreuerin des die Hauptversammlung abhaltenden Unternehmens ist. Im Hinblick auf mögliche Interessenkonflikte sind hierbei insbesondere die Eigenschaft als Emissionsbegleiter und Großkreditgeber des betreuten Unternehmens von nicht zu unterschätzender Relevanz. Denn das Streben nach einer Absicherung oder einem Ausbau der bereits bestehenden geschäftlichen Beziehungen zur Gesellschaft wird die Depotbank in aller Regel zu einem die Verwaltung schonenden Abstimmungsverhalten verleiten.[104)] Und im Hinblick auf eventuelle Kreditbeziehungen zwischen der Aktiengesellschaft und dem stimmrechtsvertretenden Kreditinstitut ist zu bedenken, daß Fremdkapitalgeber und Eigenkapitalgeber zumindest in bestimmten Situationen höchst unterschiedliche Eigeninteressen verfolgen können. Dieser Interessengegensatz kann vor allem in Krisensituationen, in deren Rahmen über Sanierungsmaßnahmen zu entscheiden ist, oder im Zusammenhang mit Gewinnverwendungsbeschlüssen offen zutage treten[105)] Denn während das Interesse der Anteilseigner primär auf den Erhalt einer möglichst regelmäßigen und hohen Dividende sowie auf die Steigerung des Wertes ihrer Unternehmensbeteiligung ausgerichtet ist, tendiert der Kreditgeber und Gläubiger eher zur Unterstützung einer risikomeidenden und ausreichende Rücklagen schaffenden Geschäftspolitik, die einerseits sein Ausfallrisiko mindert, auf der anderen Seite aber nicht notwendigerweise mit einer Maximierung des Unternehmenswertes verbunden ist.[106)]

Da folglich weder im Bereich des Emissionsgeschäfts noch im Rahmen von Kreditbeziehungen zur Gesellschaft die Gefahr von Interessenkollisionen gänzlich ausgeschlossen werden kann, wäre es zu begrüßen, wenn geschäftliche Verbindungen dieser Art den vertretenen Aktionären gegenüber ebenfalls offen-

---

104) So zutreffend Baums, AG 1996, 11 [16]. Ganz ähnlich Hoffmann, Systeme der Stimmrechtsvertretung, S. 39.

105) Vgl. Baums, AG 1996, 11 [13 und 16]; Körber, Die Stimmrechtsvertretung durch Kreditinstitute, S. 65.

106) So zutreffend Baums, AG 1996, 11 [13 f. und 16]; Baums/v. Randow, AG 1995, 145 [150]; Körber, Die Stimmrechtsvertretung durch Kreditinstitute, S. 64; ähnlich Mülbert, Gutachten E für den deutschen Juristentag, S. E 25, 58, 79 und Hoffmann, Systeme der Stimmrechtsvertretung, S. 39.

gelegt werden müßten.[107] Um zu vermeiden, daß der hieraus fließende Informationswert für die Aktionäre nicht mehr in einem angemessenen Verhältnis zu dem ebenfalls schützenswerten Interesse der beteiligten Geschäftspartner an der Wahrung ihres Geschäftsgeheimnisses steht[108], sollte man allerdings den Umfang der entsprechenden Mitteilungspflichten soweit wie möglich einschränken. Im Hinblick auf eventuelle Emissionsgeschäfte zwischen Depotbank und Aktiengesellschaft wäre es beispielsweise ausreichend, wenn der Stimmrechtsvertreter – ähnlich wie im deutschen Recht[109] – lediglich dazu verpflichtet würde, den Aktionären mitzuteilen, falls er bei der zeitlich letzten Emission von Wertpapieren der Gesellschaft mitgewirkt hat. Angaben über eventuelle weiter zurückliegende Emissionstätigkeiten für die Gesellschaft oder über seine Rolle innerhalb des Emissionskonsortiums sollten ihm hingegen nicht abverlangt werden.[110] Ähnlich begrenzt sollte auch der Umfang der kreditbezogenen Mitteilungspflicht ausfallen. Da der Existenz bloßer Bagatellkredite eher eine geringere Aussagekraft für die Frage möglicher Interessenkonflikte zukommen dürfte, sollten von ihr sinnvollerweise lediglich größere Kreditengagements des Stimmrechtsvertreters erfaßt sein. Dies könnte etwa dadurch bewerkstelligt werden, daß man die Mitteilungspflicht erst ab einem bestimmten Schwellenwert – beispielsweise in Gestalt eines Quotienten aus Eigenkapital des Unternehmens und Kreditvolumen[111] – eingreifen läßt. Außerdem müßte die Offenlegungspflicht unter dem Vorbehalt stehen, daß die Aktiengesellschaft das Kreditinstitut von der Pflicht zur Wahrung des Bankgeheimnisses befreit.[112]

---

107) Im gleichen Sinne Assmann, AG-Sonderheft „Die Aktienrechtsreform 1997", 100 [104]; Peltzer, AG 1996, 26 [31] (beide bezogen auf das deutsche Recht). Dagegen spricht sich Körber unter Hinweis auf das überwiegende Geheimhaltungsinteresse der Geschäftspartner und die nach seiner Ansicht mangelnde Praktikabilität entsprechender Berichtspflichten gegen die Offenlegung jeglicher Geschäftsbeziehungen zwischen Aktiengesellschaft und Stimmrechtsvertreter aus, vgl. Körber, Die Stimmrechtsvertretung durch Kreditinstitute, S. 229 ff..

108) Auf diesen Gesichtspunkt macht Körber, Die Stimmrechtsvertretung durch Kreditinstitute, S. 229, zu Recht aufmerksam.

109) Vgl. § 128 Abs. 2 S. 7 AktG.

110) Ganz ähnlich Assmann, AG-Sonderheft „Die Aktienrechtsreform 1997", 100 [104].

111) So der Vorschlag von Assmann, AG-Sonderheft „Die Aktienrechtsreform 1997", 100 [104].

112) So zutreffend – beide bezogen auf das deutsche Recht – Assmann, AG-Sonderheft „Die Aktienrechtsreform 1997", 100 [104] und Peltzer, AG 1996, 26 [31].

cc) Offenlegung von Stimmenanteilen

Des weiteren wäre es zweckmäßig, wenn die Stimmrechtsvertreter – ebenso wie im neuen italienischen Aktionärsvertretungsrecht[113)] – dazu verpflichtet würden, ihren (potentiellen) Vollmachtgebern stets – d.h. nicht erst von bestimmten Schwellenwerten an – die Höhe der Stimmenanteile offenzulegen, über die sie aufgrund von unmittelbaren oder mittelbaren[114)] Beteiligungen an der Gesellschaft bereits unabhängig von ihrer Eigenschaft als Stimmrechtsvertreter verfügen. Wenn auch diese Angabe allein noch keinen spezifischen Bezug zur Frage möglicher Interessenkonflikte in der Person des Aktionärsvertreters aufweist[115)], so könnte sie den Anteilseignern doch zumindest als Gradmesser für das unabhängig von der Stimmrechtsvertretung vorhandene Einflußpotential ihres jeweiligen Vertreters dienen. In welcher Weise der Aktionär diese Information interpretiert, ob er also eine eventuelle Einflußkumulation auf seiten des Vertreters eher als gefährliches Einfallstor für möglicherweise vorhandene Partikularinteressen ansieht oder als Gewähr für eine machtvolle Durchsetzung seiner eigenen Belange, wäre ihm auf diese Weise im Einzelfall stets selbst überlassen.[116)]

Im Hinblick auf das Bestreben, den Aktionären ein möglichst umfassendes Bild vom Einflußpotential und der Stimmenmacht ihrer Vertreter in der Hauptversammlung zu vermitteln, wäre es schließlich auch zu begrüßen, wenn neben dem Stimmenanteil aus einem eventuellen Eigenbesitz auch der Umfang der vertretenen Aktionärsstimmrechte zum Gegenstand einer gesonderten Hinweispflicht gemacht würde[117)]. Mitteilungspflichtig sollte insoweit – wie von

---

113) Vgl. hierzu die Darstellung oben S. 206 ff..

114) Insbesondere im Hinblick auf die stimmrechtsvertretenden Depotbanken sollte sich diese Mitteilungspflicht auch auf über eventuelle Mehrheitsbeteiligungen vermittelte Stimmenanteile und auf den Anteilsbesitz abhängiger Investmentfonds erstrecken.

115) Vgl. hierzu noch die Ausführungen und Literaturnachweise unten S. 285 f..

116) So zutreffend Körber, Die Stimmrechtsvertretung durch Kreditinstitute, S. 229, der sich allerdings für eine entsprechende Offenlegungspflicht erst ab einem Eigenbesitz von 5 Prozent des Grundkapitals ausspricht. Ganz ähnlich Schneider/Burgard, DB 1996, 1761 [1763]; Mülbert, Gutachten E für den Deutschen Juristentag, S. E 118 (beide bezogen auf das deutsche Recht).

117) Im Ergebnis – allerdings bezogen auf das deutsche Recht – ähnlich Schneider/Burgard, DB 1996, 1761 [1766].

Körber[118] vorgeschlagen – die Kapitalquote sein, die der Stimmrechtsvertreter auf der letzten Hauptversammlung des jeweiligen Unternehmens vertreten hat.

dd) Verbot der Blankovollmachten/Regulierung der Untervollmacht

Da sämtliche bis hierhin vorgeschlagenen Informationspflichten zur Person des Aktionärsvertreters letztendlich leerlaufen würden, wenn die Stimmrechtsvollmachten der Aktionäre im Anschluß an ihre Erteilung je nach Bedarfs- und Interessenlage unkontrolliert weitergegeben werden könnten, bedürften diese zum Zwecke ihrer Absicherung konsequenterweise noch zweier regulativer Ergänzungen. Zunächst wäre es notwendig, die Erteilung von Blankovollmachten, also die Ausstellung von Vollmachtsurkunden ohne die Benennung der für die Ausübung der Vollmachtsstimmrechte zuständigen natürlichen oder juristischen Person, generell zu verbieten.[119] Zu diesem Zweck sollte auf europäischer Ebene festgeschrieben werden, daß die Vollmachtsurkunde bereits bei der Erteilung der Vollmacht vollständig ausgefüllt sein muß.

Quasi als Ergänzung zum Verbot der Blankovollmachten müßten schließlich auch die Regeln zur Untervollmacht dem berechtigten Interesse des Aktionärs an der Kenntnis seines Stimmrechtsvertreters angepaßt werden. Eine Unterbevollmächtigung sollte deshalb nur ausnahmsweise dann zulässig sein, wenn die Stimmrechtsvollmacht des Aktionärs dies ausdrücklich gestattet und der geschäftsmäßige Vertreter am Ort der Hauptversammlung keine Niederlassung hat.[120] Darüber hinaus wäre es auch sinnvoll zu verlangen, daß die Person, die (eventuell) zum Zwecke der Stimmrechtsausübung unterbevollmächtigt werden soll, ebenfalls bereits in der Vollmachtsurkunde benannt wird. Denn anderenfalls würde der vertretene Aktionär trotz seiner Kenntnis von der Person des

---

118) Vgl. Körber, Die Stimmrechtsvertretung durch Kreditinstitute, S. 184, der seinerseits auf den entsprechenden Vorschlag der Monopolkommission II (Hauptgutachten II (1976/77) der Monopolkommission, Fortschreitende Konzentration bei Großunternehmen, Baden-Baden 1978, Tz. 609) verweist. Anderer Ansicht ist Assmann, AG-Sonderheft „Die Aktienrechtsreform 1997", 100 [104], der sich vor allem unter Hinweis auf den – seiner Ansicht nach – geringen Informationswert einer entsprechenden Mitteilung gegen eine Pflicht zur Offenlegung des Umfangs der zuletzt vertretenen Vollmachtsstimmrechte ausspricht.

119) Im gleichen Sinne Sonnenberger, AG 1974, 33 [39]; Körber, Die Stimmrechtsvertretung durch Kreditinstitute, S. 200.

120) Ebenso Körber, Die Stimmrechtsvertretung durch Kreditinstitute, S. 210. Der Vorschlag für eine fünfte gesellschaftsrechtliche Richtlinie sieht demgegenüber keinerlei Sonderregelungen für den Bereich der Unterbevollmächtigung vor.

Hauptbevollmächtigten jegliche Kontrolle über die Auswahl derjenigen Person oder Institution verlieren, die mit der Ausübung seines Stimmrechts in der Hauptversammlung letztendlich betraut wird.[121)]

e) Die obligatorische Einzelweisung

aa) Vorzüge im Verhältnis zum Stimmverbot

Des weiteren wäre es sinnvoll, die Zulässigkeit der organisierten Stimmrechtsvertretung in bestimmten, besonders interessenkonfliktträchtigen Situationen vom Vorliegen einer ausdrücklichen Abstimmungsweisung des Aktionärs abhängig zu machen. Hierdurch könnte ein Mehrfaches erreicht werden. Erstens würde der Vollmachtgeber auf diese Weise nicht nur auf die Ursachen möglicher Interessenkonflikte seines Vertreters hingewiesen, sondern zugleich auch indirekt auf deren besondere Gefährlichkeit aufmerksam gemacht, so daß er vor einer mechanischen und übereilten Vollmachtserteilung gewarnt wäre. Zweitens würden die erhöhten Anforderungen an die Mitwirkung des Aktionärs aller Voraussicht nach die vertretungsbedingte Stimmenmacht des vom Interessenkonflikt betroffenen Stimmrechtsvertreters mindern mit der Folge, daß das Schadensrisiko selbst im Falle einer objektiv dem Aktionärsinteresse zuwiderlaufenden Stimmrechtsausübung begrenzt wäre. Und drittens würde sich eine ausdrückliche Willensbekundung des Aktionärs, in welcher Weise sein Stimmrecht ausgeübt werden soll, positiv auf die Legitimation des konfliktbetroffenen Vertreters auswirken.[122)]

Zwar wäre es ebenso denkbar, der Gefahr von interessenkonfliktbedingten Stimmrechtsmißbräuchen auf dem Wege der Statuierung gezielter Stimmverbote entgegenzutreten.[123)] Einem solchen Lösungsansatz begegneten jedoch aus

---

121) Im gleichen Sinne Körber, Die Stimmrechtsvertretung durch Kreditinstitute, S. 210.

122) Bezüglich des zuletzt genannten Gesichtspunktes vgl. auch Körber, Die Stimmrechtsvertretung durch Kreditinstitute, S. 215.

123) Ein Beispiel für diese Methode der Konfliktentschärfung stellt die Bestimmung des § 136 Abs. 1 S. 1, 2. Alt. AktG dar, wonach niemand für einen anderen das Stimmrecht ausüben darf, wenn darüber Beschluß gefaßt wird, ob er zu entlasten oder von einer Verbindlichkeit zu befreien ist oder ob die Gesellschaft gegen ihn einen Anspruch geltend machen soll. Demgegenüber ordnet der Vorschlag für eine fünfte gesellschaftsrechtliche Richtlinie zwar ebenfalls Stimmverbote für bestimmte Konfliktlagen in der Person des Abstimmenden (Beschlußfassung über die eigene Entlastung, die Geltendmachung von Ansprüchen der Gesellschaft gegen ihn selbst, die Befreiung von eigenen Verbindlichkeiten gegenüber der Gesellschaft sowie die Zustimmung zu Verträgen, die er selbst mit der Gesellschaft abschließen möchte) an. Nach dem Wortlaut der einschlägigen Vorschrift (Art. 34)

mehreren Blickwinkeln heraus Bedenken. Zunächst stünde er im Widerspruch zu der bereits oben[124)] für zutreffend erachteten Grundthese, daß nicht Restriktion, sondern Transparenz das einer freien Wirtschaftsordnung angemessene Mittel darstellt, um die mit Macht und Einfluß verbundenen Mißbrauchsrisiken zu kontrollieren und einzudämmen.[125)] Zum zweiten würde die Einführung von Stimmverboten das Erreichen zufriedenstellender Kapitalpräsenzen bei den problematischen Hauptversammlungsbeschlußfassungen erheblich erschweren.[126)] Und schließlich und vor allem bedeutete eine solch restriktive Maßnahme aus Sicht der an einer Stimmrechtsvertretung interessierten Aktionäre einen erheblichen Eingriff in deren Privatautonomie. Schlimmer noch, man würde auf diese Weise im Grunde die Mündigkeit des Aktionärs und damit das Fundament der Aktionärsdemokratie überhaupt in Frage stellen.

Andererseits bringt natürlich auch das Erfordernis einer ausdrücklichen Einzelweisung Nachteile mit sich. Abgesehen von der Gefahr niedrigerer Kapitalpräsenzen bei den vom Weisungszwang erfaßten Hauptversammlungsbeschlußfassungen ist in diesem Zusammenhang vor allem an den erheblichen Verwaltungsaufwand zu denken, der mit der differenzierten Auswertung der Stimmrechtsvollmachten verbunden ist. Deshalb sollte die obligatorische Einzelweisung nur ausnahmsweise für diejenigen Fälle vorgeschrieben werden, in denen ein Interessenkonflikt beim Vollmachtsadressaten geradezu vorprogrammiert ist.[127)]

bb) Bestimmung der Fallgruppen

aaa) Abstimmungsspezifische Fallgruppen

Besonders starke Interessenkonflikte treten zwangsläufig dann auf, wenn der Aktionärsvertreter mit den ihm übertragenen Vollmachtsstimmrechten an Beschlußfassungen mitwirkt, die seine eigene Entlastung oder Wahl in ein Ver-

---

ist jedoch zweifelhaft, ob die Stimmverbote nur für den Fall gelten sollen, daß der jeweilige Interessenkonflikt in der Person des vertretenen Aktionärs vorliegt oder darüber hinaus auch dann, wenn der Vertreter selbst von ihm betroffen ist.

124) Vgl. hierzu oben S. 256.

125) So die bereits oben (S. 256) zitierte These von Schneider/Burgard, DB 1996, 1761 [1762, 1767].

126) Auf das Problem, daß Stimmverbote in vielen Fällen zur Vertretungslosigkeit der Kleinaktionäre führen würden, weist insbesondere Zöllner, in: Kölner Kommentar zum Aktiengesetz, § 136, Rn. 50, hin.

127) Im Ergebnis ähnlich Körber, Die Stimmrechtsvertretung durch Kreditinstitute, S. 263 f..

waltungsamt betreffen, oder die die Geltendmachung von Ansprüchen der Gesellschaft gegen seine eigene Person zum Gegenstand haben. Könnte der Vertreter in diesen Fällen nach freiem Ermessen von den fremden Aktionärsstimmrechten Gebrauch machen, wäre die Gefahr eines In-Sich-Geschäfts und eines „Richtens in eigener Sache" gegeben.[128] Ganz ähnlich liegen die Dinge, wenn in der Hauptversammlung über einen zustimmungsbedürftigen Vertrag zwischen der Gesellschaft und dem Stimmrechtsvertreter Beschluß gefaßt werden soll oder wenn eine Entscheidung darüber ansteht, ob dieser von einer Verbindlichkeit gegenüber der Gesellschaft zu befreien ist. In all diesen Fällen sollte der Vertreter deshalb nur nach der ausdrücklichen Weisung des vertretenen Aktionärs abstimmen dürfen. Das gleiche sollte allerdings sinnvollerweise auch dann gelten, wenn die Aktionärsvertretung im Auftrag und für Rechnung eines Dritten erfolgt, in dessen Person die soeben aufgezählten Interessenkonflikte vorliegen. Denn anderenfalls wäre trotz der mangelnden unmittelbaren Betroffenheit des Stimmrechtsvertreters die Gefahr zu groß, daß das Interesse der vertretenen Aktionäre entweder infolge von Einflußnahmen des Auftraggebers oder aufgrund von vorauseilendem Gehorsam des Stimmrechtsvertreters dem persönlichen Interesse des konfliktbelasteten Geldgebers untergeordnet wird.

Schließlich sollte das Erfordernis einer ausdrücklichen Einzelweisung auch für den Fall festgeschrieben werden, daß die Stimmrechtsvertretung von einer juristischen Person[129] wahrgenommen wird und die problematischen Beschlußfassungsmaterien (Wahl in ein Verwaltungsamt, Entlastung, Geltendmachung von Schadensersatzansprüchen der Gesellschaft, Beschlußfassung über zustimmungspflichtige Verträge, Befreiung von einer Verbindlichkeit gegenüber der Gesellschaft) ein Organmitglied oder einen Angestellten der juristischen Person oder eines von ihr abhängigen Unternehmens betreffen. Auf diese Weise würde man insbesondere den Interessenkonflikten Rechnung tragen, denen die Banken im Rahmen der Stimmrechtsvertretung ausgesetzt sind, sofern die Hauptversammlung über die Wahl oder die Entlastung von bank- bzw. konzernangehörigen Verwaltungsmitgliedern zu beschließen hat.[130] Daß eine solche Maßnahme

---

128) Vgl. hierzu etwa K. Schmidt, Gesellschaftsrecht, S. 609 ff..

129) Dabei sollte es unerheblich sein, ob die Stimmrechtsvollmachten der juristischen Person selbst erteilt werden oder ob ein Organmitglied oder ein Angestellter der juristischen Person bzw. eines von ihr abhängigen Unternehmens mit der Aufgabe der Stimmrechtsvertretung betraut wird.

130) Ganz ähnlich – allerdings mit Abweichungen im Detail – Kübler, AG-Sonderheft „Die Aktienrechtsreform 1997", 48 [50]; Zöllner, in: Kölner Kommentar zum Aktiengesetz, § 136, Rn. 50; Körber, Die Stimmrechtsvertretung durch Kreditinstitute, S. 213 und S. 269 f. [270] jeweils m.w.N.. Teilweise wird sogar vorgeschlagen, das Erfordernis einer ausdrücklichen Weisung des Aktionärs nicht nur im Hinblick auf die Repräsentanten der jeweils bevollmächtigten Bank zur Anwendung kommen zu lassen, sondern darüber hin-

vermehrt Beschlußfassungen über die Entlastung einzelner Verwaltungsmitglieder notwendig machen würde, sollte dabei im Interesse einer wirksameren Verwaltungskontrolle in Kauf genommen werden.[131)]

bbb) Personenspezifische Fallgruppen

In verstärkter Weise tritt die Problematik des In-Sich-Geschäfts und des Richtens in eigener Sache auch dann auf, wenn Repräsentanten der Gesellschaft auf deren eigener Hauptversammlung die Stimmrechtsvertretung von Aktionären übernehmen wollen.[132)] Zwar sollte das Verwaltungsstimmrecht, um eine Bevormundung des Aktionärs bei der Auswahl seines Stimmrechtsvertreters zu vermeiden, auf europäischer Ebene grundsätzlich[133)] zugelassen werden.[134)] Die Gefahr eines unkontrollierten Machtzuwachses der Verwaltung und einer hierdurch bedingten Verwässerung der innergesellschaftlichen Gewaltenteilung macht indes auch hier die vorherige Erteilung einer ausdrücklichen Einzelweisung von seiten des vertretenen Aktionärs unverzichtbar.[135)] Aus diesem Grunde sollte das Erfordernis einer obligatorischen Einzelweisung unabhängig von der Frage, auf welche konkreten Beschlußfassungsmaterien sich die Stimmrechts-

---

aus auch auf die Fälle zu erstrecken, in denen die Beschlußfassung einen Angehörigen einer anderen Bank, Versicherungsgesellschaft oder einer von deren Beteiligungsgesellschaften betrifft (so etwa Götz, AG Sonderheft „Die Aktienrechtsreform 1997", 38 [40], der auf diese Weise Umgehungen durch den Abschluß von Konsortialverträgen verhindern möchte.) Eine solche Ausdehnung der obligatorischen Einzelweisung brächte jedoch nicht nur einen unverhältnismäßig hohen Verwaltungsmehraufwand für die mit der Stimmrechtsvertretung befaßten Depotbanken mit sich, sondern würde auch die Aktionärsfreundlichkeit der Dauervollmacht zunichte machen (so zutreffend Körber, Die Stimmrechtsvertretung durch Kreditinstitute, S. 214 u. S. 270) und wäre deshalb wenig sinnvoll.

131) Ähnlich Körber, Die Stimmrechtsvertretung durch Kreditinstitute, S. 214 f..

132) Vgl. hierzu bereits die Darstellung oben S. 28 f.. Zu den in diesem Zusammenhang auftretenden Interessenkonflikten vgl. insbesondere v. Randow, ZIP 1998, 1564 [1565 f.].

133) Zur vorgeschlagenen Einschränkung im Hinblick auf die Frage der Kostentragung vgl. oben S. 257.

134) Im Ergebnis ähnlich Körber, Die Stimmrechtsvertretung durch Kreditinstitute, S. 217, der sich dafür ausspricht, das Verwaltungsstimmrecht auf europäischer Ebene als zusätzliche, fakultative Vertretungsform neben dem Depotstimmrecht zuzulassen. Auch der Vorschlag für eine fünfte gesellschaftsrechtliche Richtlinie geht – wie Art. 28 Abs. 2 zeigt – von der Zulässigkeit des Verwaltungsstimmrechts aus.

135) Ebenso für das deutsche Recht LG Baden-Baden ZIP 1998, 1308 [1311]; Westermann, in: Dörner/Menold/Pfitzer, Reform des Aktienrechts, S. 271; Claussen, AG 2001, 161 [170]; Noack, ZIP 2001, 57 [62]. Im gleichen Sinne – bezogen auf das englische Aktionärsvertretungsrecht – Sheikh/Rees, Corporate governance & corporate control, S. 236.

vollmacht im Einzelfall erstreckt, auf sämtliche Fälle ausgedehnt werden, in denen Aktionärsstimmrechte von der die Hauptversammlung einberufenden Gesellschaft, einem von dieser abhängigen Unternehmen oder von deren Organmitgliedern oder Angestellten ausgeübt werden. Das gleiche sollte konsequenterweise auch dann gelten, wenn Adressat der Stimmrechtsvollmacht eine Person oder Institution ist, die von Organmitgliedern oder Angestellten der Gesellschaft bzw. eines von dieser abhängigen Unternehmens[136)] für die Einwerbung und Ausübung fremder Aktienstimmrechte bezahlt wird. Denn es darf wertungsmäßig keinen Unterschied machen, ob die Gesellschaftsverwaltung im Einzelfall selbst die Stimmrechtsvertretung der Aktionäre übernimmt oder ob sie diese Aufgabe gegen Entgelt an verwaltungsfremde Dritte delegiert.[137)]

ccc) Sonstige Anknüpfungspunkte

Über die bis hierhin umschriebenen besonders problematischen Interessenkonfliktsituationen hinaus sollte das Erfordernis einer ausdrücklichen Weisungserteilung auf keine weiteren Fallgruppen ausgedehnt werden. Dies gilt insbesondere im Hinblick auf den Vorschlag, die obligatorische Einzelweisung im Rahmen der Stimmrechtsvertretung auch für solche Beschlüsse einzuführen, die satzungsfest einer qualifizierten Mehrheit bedürfen.[138)] Denn die Umsetzung dieses Vorhabens hätte zur Folge, daß ein Absinken der Hauptversammlungspräsenzen unnötigerweise[139)] ausgerechnet bei solchen Beschlußfassungen zu befürchten wäre, die – wie beispielsweise Grundlagenentscheidungen – für die Gesellschaft von herausragender Bedeutung sind.

Ebensowenig sollte die deutsche Regelung[140)], die die Befugnis zur Ausübung des Depotstimmrechts im Falle einer qualifizierten Eigenbeteiligung des Kreditinstituts grundsätzlich vom Vorliegen einer ausdrücklichen Einzelweisung des vertretenen Aktionärs abhängig macht, in den Rang eines allgemeinen europäischen Mindeststandards erhoben werden. Dies gilt um so mehr, als ein er-

---

136) Die Gesellschaft selbst wie auch die von ihr abhängigen Unternehmen sollten hingegen von vornherein aus dem Kreise potentieller Geldgeber ausgeschlossen werden, vgl. hierzu bereits oben S. 257.

137) So zutreffend v. Randow, ZIP 1998, 1564 [1565]; Noack, ZIP 2001, 57 [62]; Hüther, AG 2001, 68 [72]; Westermann, in: Dörner/Menold/Pfitzer, Reform des Aktienrechts, S. 270.

138) So der Vorschlag von Körber, Die Stimmrechtsvertretung durch Kreditinstitute, S. 273 f..

139) In diesem Zusammenhang sei vor allem bemerkt, daß der Wichtigkeit eines Beschlusses allein noch keine Indizwirkung für eventuelle Interessenkonflikte der an ihm mitwirkenden Stimmrechtsvertreter zukommt.

140) Vgl. § 135 Abs. 1 S. 3, 1. Halbs. AktG.

heblicher Anteilsbesitz des Stimmrechtsvertreters sein Interesse an einer Maximierung des Shareholder Value wachsen läßt und deshalb eher einen Interessengleichlauf zwischen Vollmachtgeber und Vertreter bewirkt als einen Interessengegensatz.[141)] Bezeichnenderweise war es nicht zuletzt diese Erwägung, die dazu geführt hat, daß im neuen italienischen Aktionärsvertretungsrecht die Organisation einer Stimmrechtskampagne nur solchen Personen gestattet ist, die über eine gewisse Mindestbeteiligung an der die Hauptversammlung abhaltenden Aktiengesellschaft verfügen.[142)]

cc) Flankierende Schutzvorschriften

Ebenso wichtig wie die Bestimmung der Fallgruppen, für die das Erfordernis der obligatorischen Einzelweisung gelten sollte, ist die Festschreibung von Mindeststandards hinsichtlich der durch den Weisungszwang ausgelösten Rechtsfolgen. Im Hinblick auf das Ziel, größtmögliche Transparenz für den vertretenen Aktionär zu schaffen, erschiene es in diesem Zusammenhang zunächst sinnvoll, wenn der Stimmrechtsvertreter seinem Vollmachtgeber nicht nur über die bloße Tatsache des Weisungszwanges als solchen informieren, sondern diesem auch stets die hierfür verantwortlichen Ursachen und Zusammenhänge offenlegen müßte. Darüber hinaus sollten aber auch die Modalitäten der Weisungserteilung selbst gewissen einheitlichen Mindestanforderungen genügen. Denn nur wenn die Anweisung des Aktionärs den äußeren Umständen nach als dessen eigenverantwortliche und unbeeinflußte Entscheidung angesehen werden kann, ist die obligatorische Einzelweisung in der Lage, die ihr zugedachte Legitimations- und Kontrollfunktion zu erfüllen.

Voraussetzung dafür, daß eine Abstimmungsweisung als eigenständige Willensbekundung des vertretenen Aktionärs aufgefaßt werden kann, ist insbesondere, daß die Formulare, auf denen die Weisungen erteilt werden sollen, nach Inhalt und Aufbau neutral gestaltet sind.[143)] Formblätter, die von ihrer Konzeption und Gestaltung her von vornherein eine Stimmabgabe im Einklang mit den

---

141) Vgl. Assmann, AG-Sonderheft „Die Aktienrechtsreform 1997", 100 [106]; Claussen, AG 1996, 481 [483]; Hopt, AG-Sonderheft „Die Aktienrechtsreform 1997", 42 [44]; Kübler, AG-Sonderheft „Die Aktienrechtsreform 1997", 48 [50]; ähnlich Peltzer, AG 1996, 26 [28] und Mülbert, Gutachten E für den Deutschen Juristentag, S. E 72.

142) Vgl. hierzu Art. 139 Abs. 1 des Gesetzesdekrets Nr. 58 vom 24. Februar 1998 sowie die Darstellung oben S. 196 ff..

143) Ebenso LG Baden-Baden, ZIP 1998, 1308 [1310 f.] und OLG Karlsruhe, AG 1999, 234 [235]. Vgl. hierzu auch die Ausführungen in der folgenden Fußnote.

Wünschen des Stimmrechtsvertreters favorisieren oder dem Aktionär bestimmte Abstimmungsweisungen geradezu in den Mund legen[144], sollten daher vom Aktionärsvertreter auf keinen Fall verwendet werden dürfen. Außerdem wäre es sinnvoll, wenn festgeschrieben würde, daß der vertretene Aktionär seine Abstimmungsweisungen stets gesondert, also unabhängig von der eigentlichen Bevollmächtigungserklärung zu unterzeichnen hat.[145] Denn auch wenn einem solchen Erfordernis nur im Zusammenhang mit der Erteilung von Einzelvollmachten eine selbständige Bedeutung zukäme, würde hierdurch der Willensbekundungscharakter der Abstimmungsweisung unterstrichen und damit zugleich auch die Legitimation des Stimmrechtsvertreters beträchtlich erhöht.

Nachdenken könnte man schließlich auch darüber, ob dem Aktionärsvertreter nicht die Pflicht auferlegt werden sollte, sich immer dann, wenn eine ausdrückliche Weisungserteilung von seiten seines Vollmachtgebers erforderlich ist, der Abgabe eigener Abstimmungsvorschläge zu enthalten.[146] Denn a prima

---

144) Dies war bei dem bereits mehrfach angesprochenen Treuhändermodell für die erste Hauptversammlung der Deutschen Telekom AG der Fall. Hier hatte die zum Zwecke der Stimmrechtsvertretung vom Konzern beauftragte und bezahlte Wirtschaftsprüfungsgesellschaft Price Waterhouse GmbH auf Wunsch der Telekom AG Vollmachtsformulare verwendet, auf denen u.a. folgende Klausel vorformuliert war: „Ferner weise ich Sie als Treuhänder an, im Sinne der Verwaltung der Deutschen Telekom AG abzustimmen, soweit ich auf der Rückseite dieses Schreibens nicht eine gesonderte Weisung erteilt habe." Hinzu kam, daß für die Erteilung solcher gesonderter Weisungen eine zusätzliche Unterschrift des jeweiligen Aktionärs verlangt wurde, während die vorformulierte Anweisung als Bestandteil der allgemeinen Bevollmächtigungserklärung keiner gesonderten Unterschrift mehr bedurfte, vgl. hierzu LG Baden-Baden, ZIP 1998, 1308 [1309]. Auf eine Klage der Schutzgemeinschaft der Kleinaktionäre e.V. hin ist diese Formulargestaltung vom LG Baden-Baden für unzulässig erklärt worden, da nach Auffassung des Gerichts hierin ein Verstoß gegen das „Neutralitätsgebot der jeweiligen Aktiengesellschaft" lag, „nicht auf die Stimmrechtsvertretung ihrer Aktionäre im Rahmen der Hauptversammlung Einfluß nehmen zu dürfen", vgl. LG Baden-Baden, ZIP 1998, 1308 [1311]. Die Deutsche Telekom AG hatte allerdings bereits im Anschluß an Vergleichsgespräche eine Verpflichtungs- und Unterlassungserklärung abgegeben, wonach im Rahmen einer künftigen Treuhändertätigkeit nur noch solche Formulare Verwendung finden sollen, „die entsprechend der gesetzlichen Vorschrift des § 135 Abs. 1 S. 2 AktG ausdrückliche Weisungen der Aktionäre zu den einzelnen Gegenständen der Tagesordnung im Rahmen eines neutral gestalteten Vollmachtsformulars vorsehen", vgl. LG Baden-Baden, ZIP 1998, 1308 [1309].

145) Ähnlich –für das deutsche Recht- Noack, in: Festschrift Lutter, S. 1479, der für das Vorliegen einer ausdrücklichen Weisung verlangt, daß der Aktionär positiv erklärt, wie abzustimmen ist und nicht bloß auf ein angekündigtes Abstimmungsverhalten schweigt.

146) So ist beispielsweise im Rahmen der Reformdiskussion zum deutschen Aktionärsvertretungsrecht vorgeschlagen worden, daß sich die Banken bei konkreten Interessenkonflikten, insbesondere bei Beschlußfassungen, die die Wahl oder die Entlastung bankeigener Vertreter zum Gegenstand haben, eigener Abstimmungsvorschläge enthalten sollten, vgl.

vista möchte man meinen, daß eine Vorschlagsenthaltungspflicht in den vorstehend erörterten Konfliktlagen die Gefahr einer Beeinflussung des Aktionärs von seiten seines Stimmrechtsvertreters beträchtlich vermindern würde. Im Ergebnis ist von einem solchen Schritt jedoch aus mehreren Gründen abzuraten. Zum ersten nämlich wäre eine Vorschlagsenthaltungspflicht aller Voraussicht nach nur von sehr begrenzter Effektivität, da die Aktionäre in den meisten der konfliktträchtigen Situationen auch ohne ausdrückliche Stimmempfehlungen ihrer Vertreter wissen düften, welche Abstimmungsrichtung diese im jeweiligen Einzelfall favorisieren.[147)] Zum zweiten sollte man die Beeinflussungsgefahr, die von der Formulierung der Abstimmungsvorschläge ausgeht, auch nicht überschätzen. Denn zum einen ist der Aktionär aufgrund der vorgeschlagenen interessenkonfliktbezogenen Offenlegungspflicht[148)] und der Tatsache des Weisungszwanges selbst vor möglicherweise in die Stimmempfehlungen eingeflossenen Eigeninteressen seines Vertreters gewarnt, und zum anderen muß er – nach der hier vertretenen Lösung[149)] – von seinem Stimmrechtsvertreter auch stets über den Inhalt eventueller Gegenanträge samt deren jeweiliger Begründung unterrichtet werden. Schließlich sollte man auch berücksichtigen, daß mit der Pflicht zur Enthaltung von Abstimmungsvorschlägen dem Aktionär zugleich eine in ihrer Bedeutung nicht zu unterschätzende Informationsquelle abgeschnitten werden würde, nämlich deren jeweilige Begründung und Erläuterung.[150)] Dies gilt

---

hierzu Mülbert, Gutachten E für den Deutschen Juristentag, S. E 101 ff.; Schneider/Burgard, DB 1996, 1761 [1765]; Assmann, AG-Sonderheft „Die Aktienrechtsreform 1997", 100 [107]; Hopt, AG-Sonderheft „Die Aktienrechtsreform 1997", 42 [45]. Kritisch Adams, ZIP 1996, 1590 [1593].

147) Beispiel: Falls in der Hauptversammlung über einen zustimmungsbedürftigen Vertrag zwischen der Aktiengesellschaft und dem Stimmrechtsvertreter oder über die Geltendmachung eines Gesellschaftsanspruchs gegen denselben Beschluß gefaßt werden soll, ist der Aktionär nicht auf einen formell unterbreiteten Abstimmungsvorschlag seines Vertreters angewiesen, um zu wissen, daß sich dieser im ersten Fall ein zustimmendes und im zweiten Fall ein ablehnendes Votum von seinem Vollmachtgeber wünscht. Noch klarer liegen die Dinge beim Verwaltungsstimmrecht, da in diesem Fall die in der Hauptversammlung zur Abstimmung stehenden Beschlußvorschläge quasi vom Aktionärsvertreter selbst stammen und folglich die formelle Unterbreitung von Abstimmungsvorschlägen für die Stimmrechtsvertretung in der Mehrzahl aller Fälle ohnehin lediglich einen bürokratischen Formalismus darstellen dürfte.

148) Hiermit ist der Vorschlag gemeint, daß der Stimmrechtsvertreter seinen Vollmachtgeber nicht nur über die bloße Tatsache des Weisungszwanges als solchen informieren, sondern diesem auch stets die hierfür verantwortlichen Ursachen und Zusammenhänge offenlegen soll, vgl. oben S. 286 f..

149) Siehe oben S. 270 f..

150) Zum Vorschlag der Einführung einer Begründungspflicht hinsichtlich der den Aktionären zu unterbreitenden Abstimmungsvorschläge vgl. oben S. 265 f..

um so mehr, als die Existenz eines Weisungszwanges geradezu einen Anreiz für den Stimmrechtsvertreter darstellen dürfte, dem Aktionär die Hintergründe und den Sinn seiner Vorschläge vor Augen zu führen.[151)]

3. Sanktionen

Um den Aktionärsvertreter zur korrekten Erfüllung seiner Pflichten anzuhalten, müßten schließlich auch im Bereich der rechtlichen Sanktionen, die im Falle eines Verstoßes gegen die vom Vertreter zu beachtenden Verhaltenspflichten zur Anwendung gelangen, EU-weit gewisse Minimalstandards gelten. Denn ohne eine Sanktionenregelung, die vom Stimmrechtsvertreter als potentielles Risiko wahrgenommen wird, würden die zum Schutze des Aktionärs vorgeschlagenen Informations-, Interessenwahrungs- und Aktivierungsstandards letztendlich nur zahnlose Papiertiger darstellen.

Von den in Betracht kommenden Sanktionsfolgen eines Verstoßes (Unwirksamkeit der Stimmabgabe, zivilrechtliche Schadensersatzhaftung, Ordnungswidrigkeitenbußen) bietet sich allerdings die Mehrzahl nur bedingt als Grundlage für eine Standardisierung des stimmrechtsvertretungsbezogenen Sanktionensystems an. Um eine Einbuße an Rechtssicherheit für die Gesellschaft und deren Aktionäre auszuschließen, sollte etwa die Unwirksamkeit der Stimmabgabe samt der sich aus ihr eventuell ergebenden Beschlußanfechtungsmöglichkeit als Rechtsfolge ausschließlich für diejenigen Fälle in Betracht kommen, in denen der Aktionärsvertreter auf der Basis einer unwirksamen Stimmrechtsvollmacht an einer Beschlußfassung mitgewirkt hat. Dies gilt um so mehr, als die Erfüllung der vertretungsspezifischen Verhaltenspflichten – vom Sonderfall des Verwaltungsstimmrechts abgesehen – außerhalb des Kontroll- und Einflußbereiches der die Hauptversammlung einberufenden Gesellschaft liegt.[152)]

Ebensowenig sollte die zivilrechtliche Schadensersatzhaftung des Stimmrechtsvertreters über die im jeweiligen nationalen Recht entwickelten Grundsätze hinaus europaweit ausgeweitet und standardisiert werden. Dies gilt insbesondere im Hinblick auf den Vorschlag, die zivilrechtliche Haftung des Aktionärsvertreters künftig nicht mehr vom Nachweis eines Kausalzusammenhanges zwischen dem Pflichtenverstoß und den beim Aktionär eingetretenen Vermögens-

---

151) So zutreffend Assmann, AG-Sonderheft „Die Aktienrechtsreform 1997", 100 [104].

152) Dieser Rechtsgedanke liegt auch der deutschen Regelung des § 135 Abs. 6 AktG zugrunde, wonach die Wirksamkeit der Stimmabgabe von seiten des Aktionärsvertreters durch einen Verstoß gegen die Vertretungsvorschriften des § 135 AktG grundsätzlich nicht beeinträchtigt wird, vgl. Barz, in: Großkommentar zum Aktienrecht, § 135, Rn. 36.

schaden abhängig zu machen[153], würde ein solcher Schritt doch einen invasiven Eingriff in die gesetzlich verankerte bzw. durch die Rechtsprechung implementierte Haftungssystematik der großen europäischen Mitgliedstaaten bedeuten.

Zur Herstellung eines effizienten Sanktionsmechanismus erschiene es vielmehr ausreichend und geboten, wenn man Verstöße gegen die Informations- und sonstigen Verhaltenspflichten des Stimmrechtsvertreters europaweit mit Ordnungswidrigkeitenbußen bedrohen würde. Um eine maximale Präventivwirkung zu erzielen, die Unredlichkeiten und Regelverstöße bereits im Vorfeld unterbindet, sollte hierbei die zulässige Sanktionshöchstgrenze möglichst hoch – zu denken wäre beispielsweise an ein Bußgeldmaximum von 3 Millionen Euro – angesetzt werden. Bußgeldpflichtig sollten im Falle einer natürlichen Person der geschäftsmäßige Vertreter selbst und für den Fall, daß es sich bei diesem um eine juristische Person handelt, jedes Geschäftsleitungsmitglied sein, das den Pflichtenverstoß im Einzelfall veranlaßt oder geduldet hat.[154] Durch eine solche Regelung würde der Rechtsfolgeeifer professioneller Stimmrechtsvertreter zweifellos gestärkt werden.

IV. Abstimmung per Briefwahl

Erörterungswürdig ist schließlich auch die Frage, ob und inwieweit den Aktionären neben der institutionellen Stimmrechtsvertretung die Möglichkeit zur schriftlichen Stimmabgabe von außerhalb der Hauptversammlung offenstehen sollte.

Auch wenn außer Frage steht, daß es sich bei der Abstimmung per Briefwahl um eine bequeme Form der Stimmrechtsausübung handelt, die es den Aktionären ermöglicht, ohne eine persönliche Hauptversammlungsteilnahme und ohne die Einschaltung eines unter Umständen teuer zu bezahlenden und befangenen Vertreters an den Hauptversammlungsbeschlußfassungen mitzuwirken[155], sollte man sich auf europäischer Ebene nicht für eine EU-weite obliga-

---

153) So der Vorschlag von Wenger zum deutschen Aktionärsvertretungsrecht, der sich außerdem für die Möglichkeit eines pauschalierten Schadensersatzes ohne Nachweis eines konkret berechneten Schadens ausspricht, vgl. Wenger, AG-Sonderheft „Die Aktienrechtsreform 1997“, 57 [61].

154) Zu einem ganz ähnlichen Regelungsvorschlag – allerdings ausschließlich bezogen auf das deutsche Recht – vgl. Peltzer, AG 1996, 26 [32].

155) So zu Recht Körber, Die Stimmrechtsvertretung durch Kreditinstitute, S. 279 m.w.N., der sich de lege ferenda für eine Einführung der schriftlichen Stimmabgabe ins deutsche Aktienrecht ausspricht.

torische Einführung der Briefwahl verkämpfen. Hiergegen spricht nicht nur die geringe Resonanz, die dieses Rechtsinstitut in der bisherigen nationalen Praxis erfahren hat[156)], sondern auch die Vielzahl der Schwachpunkte und strukturellen Nachteile, die der schriftlichen Abstimmung von außerhalb der Hauptversammlung im Gegensatz zur Stimmrechtsvertretung anhaften.

Ein gravierender Nachteil der Abstimmung per Briefwahl besteht zunächst darin, daß der von ihr Gebrauch machende Aktionär keine Möglichkeit besitzt, auf eine nachträgliche Veränderung von Umständen zu reagieren, die für sein Abstimmungsverhalten maßgeblich sind. Dies gilt insbesondere im Hinblick auf den Fall, daß sich in der Hauptversammlung wider Erwarten die Antragslage ändert oder Tatsachen bekannt werden, die für die Ausübung des Stimmrechts von Bedeutung sind.[157)] Hierdurch wird aber nicht nur das Potential des abstimmenden Aktionärs zur Durchsetzung seiner eigenen Interessen geschmälert, sondern auch die Funktion der Hauptversammlungsdebatte als Grundlage des gesellschaftlichen Willensbildungsprozesses in Frage gestellt.[158)]

Ein weiterer Schwachpunkt der schriftlichen Stimmabgabe von außerhalb der Hauptversammlung besteht darin, daß der Aktionär bei der Ausübung seines Stimmrechts nicht ohne weiteres auf das Expertenwissen eines wirtschaftserfahrenen Dritten zurückgreifen kann. Denn während die Beratungsfunktion der institutionellen Aktionärsvertretung nach der hier vorgeschlagenen Lösung dadurch sichergestellt ist, daß der in der Regel wirtschaftlich und unternehmerisch geschulte geschäftsmäßige Vertreter seinem Vollmachtgeber stets detailliert begründete Abstimmungsvorschläge unterbreiten muß[159)], ist der per Briefwahl

---

156) In diesem Zusammenhang sei an die negativen praktischen Erfahrungen in Frankreich, England und Italien erinnert, die gezeigt haben, daß die Möglichkeit der Abstimmung per Briefwahl bislang von nur sehr wenigen Aktionären genutzt worden ist.

157) Im Rahmen einer Stimmrechtsvertretung besteht für den vertretenen Aktionär mangels persönlicher Anwesenheit in der Hauptversammlung zwar ebenfalls nicht die Möglichkeit, unmittelbar und persönlich auf eine solche Situationsveränderung zu reagieren. Der Unterschied zur schriftlichen Abstimmung von außerhalb der Hauptversammlung besteht jedoch darin, daß der Stimmrechtsvertreter sein Stimmverhalten zur Interessenwahrung seines Vollmachtgebers an die geänderten Umstände anpassen kann. So zutreffend Roncero Sánchez, La representación, S. 274.

158) Vor allem der zuletztgenannte Kritikpunkt wird zu Recht von seiten des europäischen Schrifttums häufig gegen das Rechtsinstitut der Briefwahl in Stellung gebracht, vgl. etwa Noack, in: Festschrift Lutter, S. 1481, der unter Bezugnahme auf Max Wolff, JW 1929, 2115 [2116] plastisch vom am Tische sitzenden „steinerne(n) Gast" spricht. Im gleichen Sinne Hémard/Terré/Mabilat, Societés commerciales, S. 129; Guyon, Droit des affaires, S. 299; Mansuy, Assemblées d'actionnaires, Nr. 52; Roncero Sánchez, La representación, S. 273.

159) Vgl. hierzu oben S. 263 ff..

abstimmende Aktionär bei seiner Entscheidungsfindung grundsätzlich auf sich allein gestellt.

Schließlich ist auch zu berücksichtigen, daß die Bereitstellung der Briefwahl einen nicht zu unterschätzenden Organisations- und Verfahrensaufwand[160] mit sich bringt, dessen Kosten sich – anders als im Falle der St mmrechtsvertretung – nicht auf eine Vielzahl von Personen oder Institutionen verteilen, sondern ausschließlich das die Hauptversammlung einberufende Unternehmen treffen. Nicht zuletzt aus diesem Grunde sollte die Entscheidung, ob den Aktionären neben der Stimmrechtsvertretung auch die Möglichkeit der Abstimmung per Briefwahl offenstehen sollte, nicht in abstrakt-verbindlicher Weise vom europäischen Gesetzgeber getroffen werden, sondern – vorbehaltlich einer entsprechenden nationalen Gesetzesregelung[161] – jedem einzelnen Unternehmen selbst überlassen bleiben.

---

160) In diesem Zusammenhang ist insbesondere an die Verschickung der Stimmzettel, der hauptversammlungsbezogenen Informationsmaterialien sowie an die spätere Auszählung der Stimmen zu denken.

161) Vorbild sollte insoweit die Regelung des Art. 127 des italienischen Gesetzesdekrets Nr. 58 vom 24. Februar 1998 sein, welche die schriftliche Abstimmung von außerhalb der Hauptversammlung als zusätzliche fakultative Form der Stimmrechtsausübung zuläßt, falls die Satzung des die Hauptversammlung einberufenden Unternehmens diese Möglichkeit vorsieht.

Vierter Teil

Zusammenfassung der Vorschläge und Ausblick

A. Resümee

Zur Überwindung der im Rechtsvergleich zutage getretenen Defizite der nationalen Vertretungssysteme werden für den Bereich der institutionellen Stimmrechtsvertretung auf europäischer Ebene folgende Mindeststandards vorgeschlagen:

1. Das Recht auf Stimmrechtsvertretung sollte jedem einzelnen Aktionär unabhängig von der Höhe seiner individuellen Beteiligung in eigener Person zustehen.

2. Im Interesse einer geordneten Abwicklung der Stimmrechtsvertretung wäre es ratsam, für die Jahreshauptversammlung EU-weit eine Einberufungsfrist von mindestens einem Monat vorzuschreiben.

3. Neben der Erteilung von Einzelvollmachten sollten zum Zwecke der Optimierung der Hauptversammlungspräsenzen auch Dauervollmachten bis zu einer Geltungsdauer von maximal 15 Monaten zugelassen werden. Aus praktischen Erwägungen heraus wäre es zudem zu begrüßen, wenn den Aktionären in Zukunft die Möglichkeit eröffnet würde, ihre Stimmrechtsvollmachten unter Verwendung moderner elektronischer Kommunikationsmittel (insbesondere via E-Mail) zu erteilen.

4. Im Rahmen einer Stimmrechtsvertretung sollten den Aktionären grundsätzlich die gleichen Mitwirkungs- und Gestaltungsmöglichkeiten offenstehen wie im Falle einer höchstpersönlichen Stimmrechtsausübung. Die diesbezügliche Äquivalenz sollte sich nicht nur auf das Rederecht und die dem Aktionär zu Gebote stehenden Abstimmungsalternativen, sondern auch und vor allem auf den Erfolgswert der Aktionärsstimmrechte im Rahmen der Hauptversammlungsbeschlußfassungen erstrecken.

5. Bei der Auswahl seines individuellen Stimmrechtsvertreters sollte der Aktionär keinerlei personellen Beschränkungen unterliegen. Ebenso wäre es zu begrüßen, wenn im Einklang mit der fortschreitenden Liberalisierung auf nationaler Ebene in Zukunft jeder natürlichen und juristischen Person das Recht zugestanden würde, sich einer beliebig großen Anzahl von Aktionären gegenüber zur Stimmrechtsvertretung zu erbieten. Jedoch sollten die

Kosten für die Einwerbung und Ausübung der Stimmrechtsvollmachten in keinem Fall aus der Gesellschaftskasse des die Hauptversammlung einberufenden Unternehmens bestritten werden dürfen.

6. Als Kompensation für den Verzicht auf Restriktionen personeller und quantitativer Art ist die Einrichtung eines flankierenden Normensystems notwendig, das auf der Basis größtmöglicher Transparenz allein auf die Durchsetzung der Interessen des Vollmachtgebers ausgerichtet ist. Die in diesem Zusammenhang erforderlichen Aktivierungs-, Interessenwahrungs- und sonstigen Verhaltenspflichten sollten zumindest von jedem Stimmrechtsvertreter beachtet werden müssen, der auf eigene Initiative hin mehr als zehn Aktionäre gleichzeitig in einer Hauptversammlung vertreten möchte oder fremde Stimmrechte auf der Basis einer unabhängig von der konkret bevorstehenden Hauptversammlung erteilten Dauervollmacht auszuüben beabsichtigt.

7. Der Stimmrechtsvertreter sollte nicht nur dazu verpflichtet sein, seinem potentiellen Vollmachtgeber zur Erteilung von Weisungen für die Ausübung seines Stimmrechts aufzufordern, sondern sollte diesem auch stets am Aktionärsinteresse orientierte Abstimmungsvorschläge unterbreiten müssen, an die er mangels anderweitiger Stimmweisungen seines Vollmachtgebers gebunden ist. Oberstes Leitkriterium hätte hierbei zunächst das individuelle Interesse des vertretenen Aktionärs zu sein. Mangels ausreichender diesbezüglicher Informationen sollte der Stimmrechtsvertreter jedoch selbst entscheiden dürfen, an welchem Aktionärstyp er sich bei der Gestaltung seiner Abstimmungsvorschläge ausrichtet. Um den Gebrauch dieses Ermessensspielraums nach außen hin kontrollierbarer zu machen, müßte der Vertreter allerdings stets dazu verpflichtet werden, seine Abstimmungsempfehlungen dem Aktionär gegenüber detailliert zu begründen und die ihnen zugrundeliegenden Erwägungen aktenkundig zu machen. Gleiches sollte für den Fall gelten, daß der Stimmrechtsvertreter in der Hauptversammlung ausnahmsweise von der ursprünglich geplanten Abstimmungsrichtung abweicht.

8. Welchen konkreten Personen gegenüber sich der Aktionärsvertreter zur Stimmrechtsausübung erbietet, sollte diesem stets selbst überlassen bleiben. Jedoch wäre es zu begrüßen, wenn er im Verhältnis zu sämtlichen Aktionären der Gesellschaft und unabhängig vom Inhalt etwaiger Abstimmungsweisungen einem gesetzlichen Kontrahierungszwang unterliegen würde.

9. In bezug auf die Beschlußgegenstände der jeweiligen Hauptversammlung sollten den Aktionärsvertreter seinem (potentiellen) Vollmachtgeber gegenüber ein Mindestmaß an eigenständigen Informationspflichten treffen. Neben der Tagesordnung und dem Wortlaut sämtlicher angekündigter Be-

schlußvorschläge sollten insbesondere auch der wesentliche Inhalt zustimmungsbedürftiger Verträge, der Wortlaut von vorgeschlagenen Satzungsänderungen sowie die wichtigsten tätigkeitsbezogenen Informationen über die zur Wahl in ein Verwaltungsamt vorgeschlagenen Kandidaten mitteilungspflichtig sein. Darüber hinaus wäre es wünschenswert, wenn der Stimmrechtsvertreter seinen Vollmachtgeber auch über eventuell bestehende zusätzliche Informations- und Einsichtnahmerechte im Verhältnis zur Gesellschaft aufmerksam machen müßte. Grundlage für die Erbringung all dieser Informationen sollte die öffentliche Bekanntmachung der Hauptversammlung von seiten der Gesellschaft sein, die allerdings auf längerfristige Sicht nicht mehr in den Gesellschaftsblättern, sondern im Internet erfolgen sollte.

10. Damit der vertretene Aktionär sich ein umfassendes Bild von der Person seines individuellen Stimmrechtsvertreters machen kann, müßten ihm darüber hinaus auch Informationen über möglicherweise vorhandene Eigeninteressen seines Vertreters an die Hand gegeben werden. Zwar ist von der Statuierung einer generellen Pflicht zur Aufdeckung akuter Interessenkonflikte abzuraten. Jedoch sollten Stimmrechtsvertreter ihre Vollmachtgeber zumindest über enge persönliche Abhängigkeitsverhältnisse zu dem die Hauptversammlung abhaltenden Unternehmen sowie über besonders konfliktträchtige personelle Verflechtungen und geschäftliche Verbindungen mit der betroffenen Aktiengesellschaft unterrichten müssen. Im letzteren Zusammenhang wäre insbesondere die Offenlegung eines eventuellen Engagements als Großkreditgeber oder Emissionsbegleiter des die Hauptversammlung abhaltenden Unternehmens wünschenswert. Außerdem sollte der Stimmrechtsvertreter dazu verpflichtet sein, dem Vollmachtgeber mitzuteilen, falls er im Auftrag und für Rechnung eines Dritten tätig ist und ihm für diesen Fall den Namen seines Auftraggebers und die Höhe seiner Vergütung offenzulegen. Mitteilungspflichtig sollte schließlich auch die Höhe des Stimmenanteils sein, den der Vertreter bereits unabhängig von der beabsichtigten Stimmrechtsvertretung kontrolliert. Gleiches sollte für den Umfang der von ihm auf der letzten Hauptversammlung des Unternehmens vertretenen Aktionärsstimmen gelten.

11. Zur Absicherung der vertreterbezogenen Informationspflichten und um den Gebrauch der Stimmrechtsvollmachten besser kontrollieren zu können, sollte die Erteilung von Blankovollmachten – d.h. von Vollmachten ohne eine nähere Bezeichnung der für die Ausübung des Stimmrechts verantwortlichen Person – generell verboten und die Vornahme von Unterbevollmächtigungen durch den Vollmachtsadressaten nur in eng begrenzten Ausnahmefällen zugelassen werden.

12. Als Konfliktlösungsmechanismus für besonders interessenkonfliktträchtige Vertretungssituationen sollte dem Rechtsinstitut der obligatorischen Einzelweisung Vorrang gegenüber der Einführung von Stimmverboten eingeräumt werden.

13. Eine ausdrückliche Weisung von seiten des vertretenen Aktionärs ist unabhängig von der jeweiligen Beschlußfassungsmaterie stets dann zu fordern, wenn die die Hauptversammlung abhaltende Gesellschaft, ein von ihr abhängiges Unternehmen oder einer von deren Organmitgliedern oder Angestellten die Stimmrechtsvertretung von Aktionären übernehmen möchten. Das gleiche sollte konsequenterweise auch dann gelten, wenn Adressat der Stimmrechtsvollmacht eine Person oder Institution ist, die vom zuletzt genannten Personenkreis für die Einwerbung und Ausübung fremder Aktienstimmrechte beauftragt und bezahlt wird.

14. Das Vorliegen einer ausdrücklichen Abstimmungsweisung des Vollmachtgebers ist als Zulässigkeitsvoraussetzung für eine Stimmrechtsvertretung auch dann unverzichtbar, wenn die bevollmächtigte Person an einer Beschlußfassung mitwirken soll, die ihre eigene Entlastung oder Wahl in ein Verwaltungsamt betrifft oder die die Geltendmachung von Ansprüchen der Gesellschaft gegen die eigene Person zum Gegenstand hat. Wertungsmäßig gleichzustellen wäre der Fall, daß über einen zustimmungsbedürftigen Vertrag zwischen der Gesellschaft und dem Stimmrechtsvertreter Beschluß gefaßt wird oder eine Hauptversammlungsentscheidung darüber ansteht, ob dieser von einer Verbindlichkeit gegenüber der Gesellschaft befreit werden soll. Darüber hinaus wäre es ratsam, das Erfordernis der obligatorischen Einzelweisung auch auf diejenigen Fälle zu erstrecken, in denen die Stimmrechtsvertretung von einer juristischen Person wahrgenommen wird und die problematische Beschlußfassungsmaterie (Wahl in ein Verwaltungsamt, Entlastung, Geltendmachung von Schadensersatzansprüchen der Gesellschaft, Beschlußfassung über zustimmungsbedürftigte Verträge, Befreiung von einer Verbindlichkeit gegenüber der Gesellschaft) ein Organmitglied oder einen Angestellten der juristischen Person oder eines von ihr abhängigen Unternehmens betrifft. Von einer Ausdehnung des Rechtsinstituts der obligatorischen Einzelweisung auf weitere Fallgruppen (qualifizierte Eigenbeteiligung des Vertreters/Beschlußfassungen, die satzungsfest einer qualifizierten Mehrheit bedürfen) ist hingegen abzuraten.

15. Um die Kontroll- und Legitimationsfunktion der obligatorischen Einzelweisung sicherzustellen, sollte der Stimmrechtsvertreter dazu verpflichtet sein, seinen Vollmachtgeber über die jeweilige Ursache des Weisungszwanges aufzuklären und nach Inhalt und Konzeption neutral gestaltete Weisungs-

formulare zu verwenden. Zudem sollten die Abstimmungsweisungen des Vollmachtgebers stets gesondert unterschrieben werden müssen. Die Statuierung einer Pflicht des Inhalts, daß der Stimmrechtsvertreter im Falle eines Weisungszwanges auf die Unterbreitung eigener Abstimmungsvorschläge verzichten muß, ist hingegen nicht zu empfehlen.

16. Um eine maximale Präventivwirkung zu erzielen, die Unredlichkeiten und Regelverstöße bereits im Vorfeld unterbindet, sollte die Verletzung der zum Schutze der Aktionäre vorgeschlagenen Stimmrechtsvertreterpflichten europaweit mit empfindlich hohen Ordnungswidrigkeitengeldbußen bedroht werden. Bußgeldpflichtig sollten im Falle einer natürlichen Person der geschäftsmäßige Vertreter selbst und für den Fall, daß es sich bei diesem um eine juristische Person handelt, jedes Geschäftsleitungsmitglied sein, das den Pflichtenverstoß im Einzelfall veranlaßt oder geduldet hat.

17. Über die Zulässigkeit der schriftlichen Abstimmung von außerhalb der Hauptversammlung sollte nicht in abschließender Form auf europäischer Ebene befunden werden. Vielmehr wäre es zu begrüßen, wenn die Entscheidung, ob den Aktionären neben der Stimmrechtsvertretung auch die Möglichkeit der Abstimmung per Briefwahl zugänglich gemacht werden soll, vorbehaltlich einer entsprechenden nationalen Gesetzesregelung jedem einzelnen Unternehmen selbst überlassen bliebe.

B. Ausblick

Ob und inwieweit institutionelle Formen der Stimmrechtsvertretung auch auf längerfristige Sicht unverzichtbar bleiben werden, um angesichts der Krise des derzeitigen, auf Mitbestimmung der Aktionäre angelegten Organisationsmodells der Hauptversammlung deren Funktionsfähigkeit als Beschluß- und Kontrollorgan sicherzustellen, dürfte im wesentlichen von zwei Faktoren abhängen: zum einen von der Größe des Aufwandes und der Höhe der Kosten, die in Zukunft mit einer höchstpersönlichen Ausübung des Stimmrechts verbunden sein werden und zum anderen von der Entwicklung der Beteiligungsstrukturen in den großen Aktiengesellschaften.[1)]

Was den ersten Aspekt anbelangt, so ist zu differenzieren. Auf der einen Seite ist zu erwarten, daß mit der Einführung des Euro und dem hierdurch bedingten Wegfall des Währungsrisikos der grenzüberschreitende Handel auf den Kapitalmärkten einen gewaltigen Aufschwung erleben wird mit der Folge, daß die Anleger ihre Portfolios in zunehmendem Maße geographisch diversifizieren und die Kosten für einen persönlichen Hauptversammlungsbesuch des Aktionärs weiter ansteigen werden. Andererseits eröffnet sich jedoch für die Zukunft auch die Perspektive, mit Hilfe der modernen Kommunikationsmedien die Durchführung der Hauptversammlung zu erleichtern und die Teilnahmemöglichkeiten der Aktionäre zu erweitern. So wird beispielsweise schon seit längerem darauf hingewiesen, daß es in Zukunft ohne weiteres technisch möglich sei, via Internet und E-Mail an der Hauptversammlung mit Wortbeiträgen teilzunehmen, Fragen zu stellen und auf elektronischem Wege abzustimmen[2)] oder die Hauptversammlung großer internationaler Publikumsgesellschaften mittels moderner Videokonferenzsysteme an mehreren Orten simultan durchzuführen,

---

1) Zum maßgeblichen Stellenwert der Beteiligungsstruktur für die Bedeutung der institutionellen Stimmrechtsvertretung, insbesondere zum Zusammenhang zwischen dem Vorhandensein breit gestreuten Aktienbesitzes und der Funktion der institutionellen Stimmrechtsvertretung bei der Überwindung der hierdurch entstehenden Kollektivhandlungsprobleme vgl. bereits die Darstellung oben S. 1 ff. sowie Baums/v. Randow, AG 1995, 145 [146 ff.].

2) So bereits Riegger/Mutter, ZIP 1998, 637 [639]; Mutter, in: FAZ Nr. 48 vom 26. Februar 1999, S. 22. Erwähnenswert ist auch ein Bericht der FAZ Nr. 233 vom 7. Oktober 1999, S. 33 [35], wonach sich bei einer in Deutschland durchgeführten Umfrage der DWS 74 Prozent der befragten Unternehmen für die Möglichkeit einer elektronischen Stimmabgabe ausgesprochen haben.

um auf diese Weise die Teilnahmekosten für die Aktionäre zu reduzieren.[3] So könne man beispielsweise die eigentliche Hauptversammlung wie bisher am Sitz der Gesellschaft stattfinden lassen und diese via Großbildschirm in eigens hierfür bereitgestellten „Satelliten"-Versammlungsräumen an beliebig vielen Orten gleichzeitig übertragen. Durch den Einsatz des Videokonferenzsystems sei es für die Aktionäre zudem möglich, sich von sämtlichen Versammlungsräumen aus zu Wort zu melden und an den Beschlußfassungen teilzunehmen; Redebeiträge und Fragen seien jeweils simultan an alle Versammlungsorte übertragbar. Abstimmungen könnten in herkömmlicher Form durchgeführt und anschließend zu einem Gesamtergebnis zusammengefaßt werden.[4]

Allerdings ist kaum zu erwarten, daß die erwähnten Technologien die institutionelle Stimmrechtsvertretung der Aktionäre auf längerfristige Sicht entbehrlich machen könnten. Denn selbst für den begrüßenswerten Fall, daß die vorstehend umschriebenen Einsatzmöglichkeiten der neuen Kommunikationsmedien in Zukunft konsequent für die Durchführung der Hauptversammlung nutzbar gemacht würden[5], wäre höchst unsicher, ob die (Klein)Anleger von den

---

[3] Vgl. Riegger/Mutter, ZIP 1998, 637 [640]. Der neuseeländische Gesetzgeber beispielsweise hat sich bereits heute auf diese technisch realisierbare Methode der Hauptversammlungsdurchführung eingestellt, indem er die aktienrechtliche Bestimmung über die Abhaltung von Hauptversammlungen in entsprechender Weise erweitert hat. Wörtlich heißt es in section 124, first schedule, clause (3):

„Methods of holding meetings – A meeting of shareholders may be held either –

a) By a number of shareholders, who constitute a quorum being assembled together at the place, date and time appointed for the meeting; or
b) Subject to the constitution of the company, by means of audio, or audio and visual communication, by which all shareholders participating and constituting a quorum can simultaneously hear each other throughout the meeting." (Quelle: Riegger/Mutter, ZIP 1998, 637 [637, Fn. 8]).

[4] So beispielsweise die Ideen und Vorschläge von Mutter, in FAZ Nr. 48 vom 26. Februar 1999, S. 22 und Riegger/Mutter, ZIP 1998, 637 [639 f.]. Zum Problemkreis Hauptversammlung und Internet vgl. ferner Hasselbach/Schumacher, ZGR 2000, 258 ff., dort auch auf den Seiten 278 ff. mit einem Überblick über den gegenwärtigen Entwicklungsstand in England, Italien und Frankreich. Allgemein zum Thema Gesellschafts- und Unternehmensrecht im Zeitalter des Cyberspace Timm, in: Festschrift Lutter, S. 157 ff..

[5] Die Deutsche Schutzvereinigung für Wertpapierbesitz e.V. hat sich auf ihrer Pressekonferenz vom 14.12.1998 zu Recht dafür ausgesprochen, daß es den Aktionären in Zukunft möglich sein sollte, ihr Stimmrecht auf elektronischem Wege (genauer: via Internet) auszuüben. Unverzichtbare Voraussetzung hierfür – so die DSW – sei allerdings, daß der Aktionär – ebenfalls über Internet – vor der Hauptversammlung alle verfügbaren Informationen über das Unternehmen abrufen könne und daß ihm ständig aktualisierte Informationen über den Hauptversammlungsverlauf und die von der Verwaltung erteilten Auskünfte zugänglich seien, vgl. den Bericht der DSW von ihrer Pressekonferenz am 14.12.1998, S. 10 f.. Ebenfalls den Einsatz moderner Kommunikationstechnologien be-

entsprechenden Angeboten überhaupt in breitflächigem Ausmaß Gebrauch machen würden. Gegen eine solch positive Prognose spricht nicht nur die Wahrscheinlichkeit, daß jedenfalls auf absehbare Zeit noch bei weitem nicht alle Kleinaktionäre über einen eigenen Internetzugang verfügen werden[6], sondern vor allem auch die Tatsache, daß sowohl die Stimmrechtsausübung via Internet als auch die Nutzung der modernen Videokonferenztechnik ein Mindestmaß an Eigeninitiative auf seiten des Kleinanlegers voraussetzen – eine Anforderung, die sich nur schwer mit der rationalen Apathie der meisten Splitteraktionäre verträgt. Hinzu kommt das bereits angesprochene Problem der wirtschaftlichen und unternehmerischen Unerfahrenheit der Kleinanleger. Denn im Rahmen einer höchstpersönlichen Stimmrechtsausübung können diese – anders als im Falle einer Stimmrechtsvertretung – im Regelfall nicht auf den Expertenrat eines Dritten zurückgreifen. Letztendlich spricht deshalb vieles dafür, daß die neuen Kommunikationstechnologien – insbesondere die Stimmrechtsausübung per Internet – in Zukunft lediglich als mögliche Alternativen zur Stimmrechtsbevollmächtigung[7] genutzt und zum Einsatz kommen werden.

Auch unter dem Gesichtspunkt der zukünftigen Entwicklung der Beteiligungsstrukturen in den großen europäischen Aktiengesellschaften wird sich aller Voraussicht nach in absehbarer Zeit nichts an der herausragenden Bedeutung der institutionellen Stimmrechtsvertretung ändern. Denn solange die Funktion der Aktiengesellschaft als Kapitalsammelstelle und Kapitalanlageinstrument breiter Bevölkerungskreise erhalten bleibt, wird das Problem der rationalen Apathie und des hieraus resultierenden Kontrolldilemmas weiter in unverminderter Härte auftreten. Zwar ist damit zu rechnen, daß sich die durchschnittliche

---

fürworten –für das deutsche Recht- Hasselbach/Schumacher, ZGR 2000, 258 [285f.]; Noack, in: Festschrift Lutter, S. 1481 ff.; Claussen, AG 2001, 161 [171];Riegger/Mutter, ZIP 1998, 637 [640], die allerdings zugleich auf das Problem hinweisen, daß das geltende deutsche Aktienrecht (§§ 118 Abs. 1, 121 Abs. 5 AktG) die Stimmabgabe per Internet oder den Einsatz einer modernen Videokonferenztechnik zur Zeit noch nicht erlaubt. Schließlich ist auch darauf hinzuweisen, daß sich die OECD in ihren 1999 veröffentlichten Principles of Corporate Governance dafür ausgesprochen hat, vor allem ausländischen Aktionären mit Hilfe moderner Technologien die Beteiligung am Unternehmensgeschehen zu ermöglichen, vgl. OECD, Principles of Corporate Governance, Teil 2 I.C.3., abgedruckt bei Seibert, AG 1999, 337 [344].

6) Allerdings sollen nach Claussen, AG 2001, 161 [165] mittlerweile immerhin etwa 39 Prozent aller Aktionäre über einen eigenen Internetanschluß verfügen.

7) Die Stimmrechtsausübung per Internet wäre insoweit der schriftlichen Abstimmung von außerhalb der Hauptversammlung eindeutig vorzuziehen, da sie – jedenfalls soweit der Aktionär den Hauptversammlungsverlauf im Internet mitverfolgen könnte – der Beratungs- und Informationsfunktion der Hauptversammlungsdiskussion besser gerecht werden würde. Im gleichen Sinne Noack, in: Festschrift Lutter, S. 1481f..

Anteilsquote der institutionellen Investoren am Grundkapital der börsennotierten Aktiengesellschaften in nächster Zeit weiter erhöhen wird.[8] Ob und inwieweit diese das hieraus erwachsende Einfluß- und Kontrollpotential im Interesse aller Anteilseigner nutzen werden und sich auf diese Weise die in den Publikumsgesellschaften auftretenden Kollektivhandlungsprobleme zumindest teilweise entschärfen lassen[9], bleibt indes abzuwarten. So haben beispielsweise die bisherigen Erfahrungen in Deutschland gezeigt, daß vor allem ausländische institutionelle Anleger in der Vergangenheit vielfach keinen Gebrauch von ihrem Stimmrecht gemacht haben.[10] Zwar wäre es denkbar, eine Aktivierung der Institutionellen auf dem Wege der gezielten Einführung von Stimmpflichten für institutionelle Investoren herbeizuführen.[11] Ob hiermit den Interessen der übrigen Anteilseigner gedient wäre, darf allerdings bezweifelt werden. Denn abgesehen davon, daß einige Gruppen institutioneller Investoren – wie beispielsweise die kontinentaleuropäischen Universalbanken und die zahlreichen bankkontrollierten Investmentfonds – aufgrund von geschäftlichen Eigeninteressen und institutionellen Abhängigkeiten keineswegs als geborene Sachwalter der Kleinanlegerinteressen angesehen werden können[12], stünde zu befürchten, daß die Mehrzahl der abstimmungsverpflichteten Investoren zur Minimierung ihres Ko-

---

8) Vgl. hierzu Centre for European Policy Studies, Corporate Governance in Europe, S. 29 ff., wo diese Entwicklung vor allem auf die zunehmende Privatisierung der Alters- und Gesundheitsvorsorge zurückgeführt wird. Vgl. ferner Baums/Fraune, AG 1995, 97]97]; Schneider, AG 1990, 317 [318 ff.]. Gemäß einem Bericht der FAZ vom 8. Dezember 1997, S. 22 ist das Investitionsvolumen der Institutionellen in den Mitgliedsländern der OECD allein im Zeitraum zwischen 1981 und 1995 von 3200 auf 16300 Milliarden Dollar gestiegen.

9) Zum in dieser Hinsicht als Vorbild fungierenden angelsächsischen Modell vgl. die Darstellung des englischen Aktionärsvertretungsrechts, oben S. 37 ff..

10) Vgl. hierzu Baums/Fraune, AG 1995, 97 [97, 109] und Schneider, AG 1990, 317 [321 f.]. Letzterer macht als Gründe für diese Passivität vor allem mangelndes Interesse, Probleme bei der Hinterlegung, das Streben nach einem bewußten Offenlassen der Beteiligung sowie die Scheu vor einer hinterlegungsbedingten vorübergehenden Beschränkung der Verfügungsmöglichkeit (share blocking) verantwortlich, vgl. Schneider, AG 1990, 317 [322].

11) Zu den diesbezüglichen rechtspolitischen Vorschlägen aus England und Frankreich vgl. bereits die Ausführungen oben S. 37 ff. bzw. S. 149 ff.. In die gleiche Richtung tendierend Schneider, AG 1990, 317 [322], der erwägt, das Recht auf Gewinnteilhabe bei fehlender Vertretung (der Institutionellen) in der Hauptversammlung wegfallen zu lassen.

12) Vgl. Baums, AG 1996, 11 [20]; ganz ähnlich Mülbert, Gutachten E für den 61. Deutschen Juristentag, S. E 30; Roncero Sánchez, Los inversores institucionales, S. 665 [678 und 692]. Im Hinblick auf die Situation in Frankreich vgl. oben S. 150 f..

sten- und Arbeitsaufwandes lediglich in unvorbereiteter und unkritischer Weise von ihrem Stimmrecht Gebrauch machen würde.[13)]

Da somit aber – jedenfalls unter den gegenwärtig in Europa vorherrschenden rechtlichen und tatsächlichen Rahmenbedingungen – keine erfolgversprechenden Alternativen zur institutionellen Stimmrechtsvertretung ersichtlich sind, bestehen aus gesetzgeberischer Sicht letztendlich nur zwei mögliche Handlungsalternativen: Entweder sich auf kurz oder lang vom wirklichkeitsfremden Leitbild des mitbestimmungswilligen und –fähigen „Bürger-Aktionär(s)“[14)] zu verabschieden und das aktienrechtliche Unternehmensverfassungsrecht an die geänderte Sichtweise anzupassen[15)] oder aber das Rechtsinstitut der Stimmrechtsvertretung im Interesse eines optimalen Schutzes der Kleinanleger kontinuierlich weiterzuentwickeln und zu optimieren.[16)]

---

13) Zur entsprechenden Argumentation des Hampel Committee gegen die Einführung einer Stimmpflicht für institutionelle Investoren ins englische Recht vgl. die Darstellung oben S. 39 (Fußnote 40). Skeptisch hinsichtlich der Einführung einer Stimmpflicht für institutionelle Investoren ins deutsche Recht auch Baums, AG 1996, 11 [20].

14) Schneider, AG 1990, 317 [325].

15) Zu den diesbezüglichen rechtspolitischen Vorschlägen, die u.a. Ideen wie die Einschaltung eines staatlichen Aktienamts in die Stimmabgabe, die Schaffung einer Kerngesellschaft verantwortungsvoller Großaktionäre sowie die Bildung einer Delegiertenversammlung zum Gegenstand haben, vgl. etwa Schmidt, Die Stimmrechtsvertretung durch Kreditinstitute, S. 55 ff. und Lutter, Der Aktionär in der Marktwirtschaft, S. 35 ff..

16) So bereits zutreffend Körber, Die Stimmrechtsvertretung durch Kreditinstitute, S. 278 und S. 286.

Abkürzungen

A.A.; a.A.:	anderer Ansicht
a.a.O.:	am angegebenen Ort
ABI:	Association of British Insurers
ABl. EG:	Amtsblatt der Europäischen Gemeinschaften (Ausgabe C: Mitteilungen und Bekanntmachungen)
Abs.:	Absatz
a.E.:	am Ende
a.F.:	alte Fassung
AG:	Die Aktiengesellschaft, Zeitschrift für das gesamte Aktienwesen
AGM:	Annual General Meeting
AktG:	Aktiengesetz
ANAF:	Association Nationale des Actionnaires de France
Anm.:	Anmerkung
ANSA:	Association Nationale des Sociétés par Actions
Art.:	Artikel
Aufl.:	Auflage
BALO:	Bulletin des Annonces Légales Obligatoires
Banca, borsa, tit. cred.:	Banca, borsa, titolo credito
BB:	Der Betriebsberater
Bd.:	Band
BGB:	Bürgerliches Gesetzbuch
BGBl.:	Bundesgesetzblatt
BGH:	Bundesgerichtshof
BGHZ:	Entscheidungen des Bundesgerichtshofs in Zivilsachen (amtliche Sammlung)
BT-Drucks.:	Drucksachen des Bundestages
bzw.:	beziehungsweise
C.C.:	Codice Civile
CFOMB:	Comité Français d'Organisation et de Normalisation Bancaire
COB:	Commission des Opérations de Bourse
Consob:	Commissione nazionale per le società e la borsa
CSC:	Código das sociedades comerciais
D.:	Décret sur les sociétés commerciales

DB:	Der Betrieb
ders.:	derselbe
d.h.:	das heißt
Droit soc.:	Droit des sociétés
DSW:	Deutsche Schutzvereinigung für Wertpapierbesitz e.V.
DZWir:	Deutsche Zeitschrift für Wirtschaftsrecht
EU:	Europäische Union
EWiR:	Entscheidungen zum Wirtschaftsrecht
f.:	folgende
ff.:	fortfolgende
FFM:	Fondo de Inversión Mobiliaria
Fn.:	Fußnote (nur bei zitierter Literatur, sonst ausgeschrieben)
FNCI:	Féderation Nationale des Clubs d'Investissement
Giur. comm.:	Giurisprudenza commerciale
GmbH:	Gesellschaft mit beschränkter Haftung
HGB:	Handelsgesetzbuch
Hrsg.:	Herausgeber
i.S.d.:	im Sinne des/der
i.V.m.:	in Verbindung mit
KonTraG:	Gesetz zur Kontrolle und Transparenz im Unternehmensbereich
KWG:	Kreditwesengesetz
LG:	Landgericht
lit.:	litera; Buchstabe
LMV:	Ley del Mercado de Valores
LSA:	Ley de Sociedades Anónimas
m.w.N.:	mit weiteren Nachweisen
NAPF:	National Association of Pension Funds
NaStraG:	Gesetz zur Namensaktie und zur Erleichterung der Stimmrechtsausübung
n.F.:	neue Fassung
NJW:	Neue Juristische Wochenschrift
Nr.:	Nummer
NZG:	Neue Zeitschrift für Gesellschaftsrecht
OECD:	Organization for Economic Cooperation and Development
OLG:	Oberlandesgericht

OPCVM:	Organismes de Placement Collectif en Valeurs Mobilières
para.:	paragraph
PIRC:	Pensions & Investment Research Consultants Ltd.
RDN:	Revista de Derecho Notarial
RDP:	Revista de Derecho Privado
Rev. soc.:	Revue des sociétés
Rili.:	Richtlinie
Riv. dir. civ.:	Rivista di diritto civile
Riv. soc.:	Rivista delle società
Rn.:	Randnummer
S.:	Seite
s.:	section
SGIIC:	Sociedad Gestora de Instituciones de Inversión Colectiva
SICAV:	Società di Investimento a Capitale Variabile
SIM (Italien):	Società dell'Intermediazione Mobiliare
SIM (Spanien):	Sociedad de Inversión Mobiliaria
T.U.:	Testo Unico delle disposizioni in materia di intermediazione finanziaria
TRLSA:	Texto Refundido de la Ley de Sociedades Anónimas
u.:	und
u.a.:	unter anderem
U.K.:	United Kingdom
vgl.:	vergleiche
WM:	Zeitschrift für Wirtschafts- und Bankenrecht
WpHG:	Wertpapierhandelsgesetz
z.B.:	zum Beispiel
ZGR:	Zeitschrift für Unternehmens- und Gesellschaftsrecht
Ziff.:	Ziffer
ZIP:	Zeitschrift für Wirtschaftsrecht
zit.:	zitiert
ZRP:	Zeitschrift für Rechtspolitik

Im übrigen vgl. Kirchner, Hildebert: Abkürzungsverzeichnis der Rechtssprache, 4. Auflage, Berlin/New York 1993

Literaturverzeichnis

Adams, Michael: Bankenmacht und Deutscher Juristentag, in: ZIP 1996, S. 1590 ff.

Alborch Bataller, Carmen: El derecho de voto del accionista, Madrid 1977 (zitiert: Alborch Bataller, El derecho de voto del accionista)

Alborch Bataller, Carmen: El derecho de voto y el conflicto de intereses en la sociedad anónima, in: Revista de Derecho Notarial 1975, Julio-Diciembre, S. 47 ff.

Allegri, Vincenzo/Cerrai, Alessandro/d'Allessandro, Floriano/Fortunato, Sabino/Grippo, Giovanni/Maffei Alberti, Alberto/Mangini, Vito/Partesotti, Giulio/Piras, Antonio/Volpe Putzolu, Giovanna/Zanarone, Giuseppe: Diritto commerciale, 2. Auflage, Bologna 1995

Alonso Ledesma, Carmen: El papel de la junta general en el gobierno corporativo de las sociedades de capital, in: Esteban Velasco, Gaudencio: El gobierno de las sociedades cotizadas, Madrid, Barcelona 1999, S. 615 ff. (zitiert: Alonso Ledesma, El papel de la junta general)

Altmeppen, Holger: Anmerkung zum Girmes-Urteil des BGH, in: NJW 1995, S. 1749 f.

Aranguren Urriza, Francisco J.: Los órganos de la sociedad anónima, in: Garrido de Palma, Víctor M./Sánchez González, J. Carlos/Aranguren Urriza, Francisco J./Martínez Fernández, Tomás A./Gardeazábal del Río, F. Javier, Las sociedades de capital conforme a la nueva legislación, Madrid 1990, S. 455 ff. (zitiert: Aranguren Urriza, Los órganos de la sociedad anónima)

Assmann, Heinz-Dieter: Zur Reform des Vollmachtsstimmrechts der Banken nach dem Referentenentwurf eines Gesetzes zur Kontrolle und Transparenz im Unternehmensbereich (KonTraG-E), in: AG-Sonderheft „Die Aktienrechtsreform 1997", S. 100 ff.

Barbieri, Jean François: Droit des sociétés et des groupements d'affaires, Paris 1988

Bassi, Amedeo: Assemblee di terza convocazione e rappresentanza, in: Rivista di diritto civile 1975, II, S. 350 ff.

Baums, Theodor/Fraune, Christian: Institutionelle Anleger und Publikumsgesellschaften. Eine empirische Untersuchung, in: AG 1995, S. 97 ff.

Baums, Theodor/von Randow, Philipp: Der Markt für Stimmrechtsvertreter, in: AG 1995, S. 145 ff.

Baums, Theodor/Wymeersch, Eddy: Shareholder voting rights and practices in Europe and the United States, Den Haag, London, Boston 1999 (zitiert: Baums/Wymeersch, Shareholder voting rights)

Baums, Theodor: Shareholder representation and proxy voting in the European Union: A comparative study, Arbeitspapier 11/97

Baums, Theodor: Shareholder representation and proxy voting in the European Union: A comparative study, in: Hopt, Klaus J./Kanda, Hideki/Roe, Mark J./Wymeersch, Eddy/Prigge, Stefan: Comparative corporate governance – the state of the art and emerging research – Oxford, 1998, S. 545 ff. (zitiert: Baums, Shareholder representation)

Baums, Theodor: Stellungnahme zur Aktienrechtsreform 1997, in: AG-Sonderheft „Die Aktienrechtsreform 1997", S. 26 ff.

Baums, Theodor: Vollmachtstimmrecht der Banken – Ja oder Nein?, in: AG 1996, S. 11 ff.

Behnke, Thorsten: Die Stimmrechtsvertretung in Deutschland, Frankreich und England, in: NZG 2000, S.665 ff.

Bérgamo, Alejandro: Sociedades anónimas. Band II: Las acciones, Madrid 1970 (zitiert: Bérgamo, Sociedades anónimas, II)

Bézard, Pierre: La société anonyme, Paris 1986

Böckli, Peter: Das neue Aktienrecht. Darstellung für den Praktiker, Zürich 1992

Bouloc, Bernard: Anmerkung zum Urteil der Cour de cassation vom 27. Februar 1978, Revue de sociétés 1978, S. 499 ff.

Bouloc, Bernard: Les éléments constitutifs de l'abus de pouvoirs, in: Revue des sociétés 1989 (107), S. 691 ff.

Broseta Pont, Manuel: Manual de derecho mercantil, 9. Auflage, Madrid 1991

Buckley, Sheila: Protecting minority shareholders, London 1996

Bulle, Jean-François/Germain, Michel: Pratique de la société anonyme, Paris 1991

Busse, Andreas: Depotstimmrecht der Banken, Wiesbaden 1962

Buttaro, Luca: In tema di rappresentanza degli azionisti da parte di banche, in: Banca, borsa, titolo credito 1967, I, S. 479 ff.

Calandra Buonaura, Vincenzo: Società fiduciarie e rappresentanza in assemblea, in: Profili istituzionali ed aspetti operativi delle società fiduciarie – Atti del seminario dell'Istituto di applicazione forense (Modena 25-5-1977), S. 41 ff. (zitiert: Calandra Buonaura, Società fiduciarie e rappresentanza in assemblea)

Campobasso, Gian Franco: Diritto commerciale. 2. Band: Diritto delle società, 3. Auflage, Turin 1995 (zitiert: Campobasso, Diritto commerciale)

Canepari, Andrea: Kommentar zu § 142 Testo Unico, in: Marchetti, Piergaetano/Bianchi, Luigi Arturo: La disciplina delle società quotate nel Testo Unico della finanza D. LGS. 24 Febbraio 1998, Nr.58. Commentario, Band II: artt. 136-212, Mailand 1999 (zitiert: Canepari, Commento al T.U., art. 142)

Centre for European Policy Studies: Corporate governance in Europe: CEPS Working Party Report No. 12, Brüssel 1995

Chartier, Yves: Droit des affaires. Tome 2: Sociétés commerciales, 2. Auflage, Paris 1985 (zitiert: Chartier, Droit des affaires)

Claussen, Carsten P.: Aktienrechtsreform 1997, in: AG 1996, S. 481 ff.

Claussen, Carsten P.: Hauptversammlung und Internet, in: AG 2001, S.161 ff.

Comisión especial para el estudio de un código ético de los consejos de administración de las sociedades: El gobierno de las sociedades cotizadas, Madrid 1998 (zitiert: Informe Olivencia)

Commissione nazionale per le società e la borsa: Nota tecnica in materia di sollecitazione e raccolta di deleghe di voto e voto per corrispondenza, Rom 1998 (zitiert: nota tecnica der Consob)

Committee on Corporate Governance: Final Report of the Committee on Corporate Governance, London 1998 (zitiert: Hampel report)

Committee on the Financial Aspects of Corporate Governance: Report of the Committee on the financial Aspects of Corporate Governance, London 1992 (zitiert: Cadbury report)

Costi, Renzo: Il governo delle società quotate: tra ordinamento dei mercati e diritto delle società, in: Il sole-24 ore, Convegni e formazione „Corporate Governance: Le nuove regole del governo d'Impresa"-Atti del Convegno Milano, 18-2-1998 Excelsior Hotel Gallia (zitiert: Costi, Il governo delle società quotate)

Costi, Renzo: Privatizzazione e diritto delle società per azioni, in: Giurisprudenza commerciale 1995, I, S. 77 ff.

Cozian, Maurice/Viandier, Alain: Droit des sociétés, 10. Auflage, Paris 1997

Danglehant, Catherine: Le nouveau statut des minoritaires dans les sociétés anonymes cotées: L'application du principe de l'équité, in: Revue des sociétés 1996 (114), S. 217 ff.

Davies, Paul L.: Gower's principles of modern company law, 6. Auflage, London 1997 (zitiert: Gower's principles)

Davies, Paul L.: Shareholder voting in the U.K.. Unveröffentlichtes Arbeitspapier zur Konferenz „Shareholder voting in Europe", die am 26./27. Juni 1998 in Osnabrück stattfand

Deuß, Walter: Die Ausübung des aktienrechtlichen Stimmrechts durch Dritte, Köln 1963

Deutsche Schutzvereinigung für Wertpapierbesitz e.V.: Bericht über die Pressekonferenz der DSW am 14.12.1998, Düsseldorf 1998

Deutsche Schutzvereinigung für Wertpapierbesitz e.V.: DSW- Europastudie. 15 europäische Länder im Vergleich. Eine rechtsvergleichende Studie über Minderheitenrechte der Aktionäre sowie Stimmrechtsaubüng und –vertretung in Europa. Herausgegeben im Verlag *Das Wertpapier*, 1999 (zitiert: DSW- Europastudie)

Di Sabato, Franco: Manuale delle società, 3. Auflage, Turin 1990

Dibattista, Gianni: Democrazia societaria e voto per corrispondenza nelle società privatizzate, in: Le società 1997, S. 17 ff.

Dreher, Meinrad/Schnorbus, York: Kurzkommentar zum Urteil des LG Baden-Baden vom 29.4.1998, in: EWiR 1998, S. 675 f.

Duque Domínguez, Justino: Absentismo del accionista y acciones sin voto, in: Homenaje a J.B. Vallet de Goytisolo, Band 7, Madrid 1988, S. 143 ff.

Duque Domínguez, Justino: Acerca de la representación de los accionistas en la junta general según el proyecto italiano sobre sociedades y su comparación con el derecho español, in: La riforma delle società (Sonderheft), Band 2, Mailand 1968, S. 691 ff. (zitiert: Duque Domínguez, Acerca de la representación)

Duque Domínguez, Justino: La tutela de la minoría, Valladolid, 1957

Enriques, Luca: Nuova disciplina delle società quotate e attivismo degli investitori istituzionali: fatti e prospettive alla luce dell'esperienza anglosassone, in: Giurisprudenza commerciale 1998, I, S. 680 ff.

Esteban Velasco, Gaudencio: Derecho de información del accionista, in: Alonso Ureba, Alberto, Derecho de sociedades anónimas, II, Teilband 1: capital y acciones, Madrid 1994, S. 175 ff.

Faivre, Pierre/Maury, Catherine/Monin, Marie-Pierre/Perret, Olivier: Le vote par correspondance ou „a la recherche du document unique", in: Droit des sociétés, Juli 1989, S. 1 f.

Farrar, John H./Hannigan, Brenda: Farrar's company law, 4. Auflage, London, Edinburgh, Dublin 1998 (zitiert: Farrar's company law)

Fernández-Tresguerres García, Ana: Estudio del artículo 108 texto refundido ley de sociedades anónimas, in: Actualidad civil 1994 (junio/julio), S. 97 ff.

Ferrara, Francesco/Corsi, Francesco: Gli imprenditori e le società, 9. Auflage, Mailand 1995 (zitiert: Ferrara/Corsi, Gli imprenditori)

Ferri, Giuseppe: Le società, in: Vassalli, Filippo: Trattato di diritto civile italiano. Band 10, 3. Teilband, 2. Auflage, Turin 1985 (zitiert: Ferri, Le società)

Fougères, Marc: Assemblées d'actionnaires et d'obligataires, in: Juris-Classeur, Sociétés, Band 5, Fascicule 145 (zitiert: Fougères, Assemblées d'actionnaires)

Frè, Giancarlo: Società per azioni, in: Scialoja, Antonio/Branca, Guiseppe: Commentario del Codice Civile, Buch V („Del lavoro"), 2. Auflage, Bologna, Rom 1956 (zitiert: Frè, Società per azioni²)

Frè, Giancarlo: Società per azioni, in: Scialoja, Antonio/Branca, Giuseppe: Commentario del Codice Civile, Buch V ("Del lavoro"), 5. Auflage, Bologna, Rom 1982 (zitiert: Frè, Società per azioni⁵)

Funke, Rainer: Reform des Depotstimmrechts in der neuen Legislaturperiode, in: ZIP aktuell 1994, Nr. 372

Galgano, Francesco: Diritto commerciale. Le società, 4. Auflage, Bologna 1991

Galgano, Francesco: Giudizio sulla riforma – stralcio della società per azioni, in: Giurisprudenza commerciale 1974, I, S. 425 ff. (zitiert: Galgano, Giudizio sulla riforma – stralcio)

García Luengo, Ramón-Bernabé/Soto Vázquez, Rodolfo: El nuevo régimen jurídico de la sociedad anónima. Comentarios y jurisprudencia, Granada 1991 (zitiert: García Luengo/Soto Vázquez, El nuevo régimen jurídico)

Garriguez, Joaquín/Uría González, Rodrigo: Comentario a la ley de sociedades anónimas, Band 1, Madrid 1976 (zitiert: Garriguez/Uría González, Comentario a la ley de sociedades anónimas)

Gatti, Serafino: La rappresentanza dei soci in assemblea, Mailand 1975 (zitiert: Gatti, La rappresentanza)

Geßler, Ernst/Hefermehl, Wolfgang/Eckardt, Ulrich/Kropff, Bruno: Aktiengesetz, Band II (§§ 76-147), München 1974 (zitiert: Geßler/Bearbeiter)

Ghezzi, Federico: Kommentar zu den Artikeln 136-140, 144 und 210 Testo Unico, in: Marchetti, Piergaetano/Bianchi, Luigi Arturo: La disciplina delle società quotate nel Testo Unico della finanza D. LGS. 24 Febbraio 1998, Nr. 58. Commentario, Band II: artt. 136-212, Mailand 1999 (zitiert: Ghezzi, Commento al T.U.)

Girón Tena, José: Derecho de sociedades anónimas, Valladolid 1952

Goehrmann, Peter: Das Informationsrecht und Stimmrecht des Aktionärs im neuen französischen Gesellschaftsrecht, Berlin 1969

Goré, François: Droit des affaires. Les commerçants et l'entreprise commerciale, Paris 1973 (zitiert: Goré, Droit des affaires)

Götz, Heinrich: Stellungnahme zur Aktienrechtsreform 1997, in: AG-Sonderheft „Die Aktienrechtsrefom 1997", S. 38 ff.

Grande Stevens, Franzo: Società controllate e collegate – Rappresentanza in assemblea, in: Rivista delle società 1974, S. 802 ff.

Graziani, Alessandro/Minervini, Gustavo/Belviso, Umberto: Manuale di diritto commerciale, Neapel 1990

Grippo, Giovanni: L'assemblea nella società per azioni, in: Trattato Rescigno. Impresa e lavoro, 2. Teilband, S. 359 ff., Turin 1985 (zitiert: Grippo, L'assemblea)

Großkommentar zum Aktiengesetz, Band 1, 2. Halbband (§§ 76-147) 3. neubearbeitete Auflage, Berlin, New York 1973 (zitiert: Verfasser, in: Großkommentar zum Aktiengesetz)

Guyon, Yves: Droit des affaires, Tome 1: Droit commercial général et Sociétés, 8. Auflage, Paris1994 (zitiert: Guyon, Droit des affaires)

Guyon, Yves: La „corporate governance" en droit français, in: Rivista delle società 1999, S. 20 ff.

Guyon, Yves: Traité des contrats. Les sociétés. Aménagements statutaires et conventions entre associés, 3. Auflage, Paris 1997 (zitiert: Guyon, Traité des contrats)

Hammen, Horst: Zur geplanten Neuregelung des Depotstimmrechts, in: ZIP 1995, S. 1301 ff.

Hasselbach, Kai/Schumacher, Stephan: Hauptversammlung im Internet, in: ZGR 2000, S.258 ff.

*Heesen, Hans-*Georg: Die Entkörperung im spanischen Effektenwesen. Die „Ley del Mercado de Valores" (1988): Gesetzliche Regelung und Anerkennung einer selbständigen Kategorie von „Wertrechten"?, Frankfurt a.M. 1997

Heinsius, Theodor: Die Vertretung bei der Ausübung des Stimmrechtes aus Aktien nach dem Recht der wichtigsten westeuropäischen Länder im Vergleich zu den deutschen Vorschriften, in: BB 1962, S. 1267 ff.

Hémard, Jean/Terré, François/Mabilat, Pierre: Sociétés commerciales, Tome II, Paris 1974 (zitiert: Hémard/Terré/Mabilat, Sociétés commerciales)

Henssler, Martin: Rechtserkenntnisse aus dem „Girmes"-Fall, in: DZWir, S. 36 ff.

Hernández Rodríguez, Francisco: La emisión del voto por representante en la junta general de la sociedad anónima: forma y contenido del poder, in: Revista jurídica de Catalunya 1992, S. 673 ff.

Hocker, Ulrich: Minderheitenschutz und Rechte der Aktionäre in Europa, in: Festschrift für Gerold Bezzenberger, Berlin, New York 2000, S. 147 ff.

Hoffmann, Jochen: Systeme der Stimmrechtsvertretung in der Publikumsgesellschaft. Eine vergleichende Betrachtung insbesondere der Haftung des Stimmrechtsvertreters im deutschen und U.S.-amerikanischen Recht, Bayreuth 1999 (zitiert: Hoffmann, Systeme der Stimmrechtsvertretung)

Hohn Abad, Marion: Das Institut der Stimmrechtsvertretung im Aktienrecht – Ein europäischer Vergleich, Münster 1995 (zitiert: Hohn Abad, Das Institut der Stimmrechtsvertretung)

Hopt, Klaus J.: Stellungnahme zur Aktienrechtsreform 1997, in: AG-Sonderheft „Die Aktienrechtsreform 1997", S. 42 ff.

Hopt, Klaus J.: ECLR Gemeinsame Grundsätze der Corporate Governance in Europa?, in: ZGR 2000, S. 779 ff.

Hüther, Mario: Namensaktien, Internet und die Zukunft der Stimmrechtsvertretung, in: AG 2001, S. 68 ff.

Jaeger, Pier Giusto/Denozza, Francesco: Appunti di diritto commerciale I. Impresa e società, Mailand 1989 (zitiert: Jaeger/Denozza, Appunti di diritto commerciale)

Jaeger, Pier Giusto: L'interesse sociale, Mailand 1963

Jaeger, Pier Giusto: La nuova disciplina della rappresentanza azionaria, in: Giurisprudenza commerciale 1974, I, S. 554 ff.

Jaeger, Pier Giusto: Privatizzazioni; «Public Companies»; problemi societari, in: Giurisprudenza commerciale 1995, I, S. 5 ff.

Jauffret, Alfred: Droit commercial, 22. Auflage, Paris 1995

Jeantin, Michel: Droit des sociétés, 3. Auflage, Paris 1994

Juglart, Michel de/Ippolito, Benjamin: Droit commercial, 2. Band: Les sociétés commerciales, 2. Auflage, Paris 1975 (zitiert: Juglart/Ippolito, Droit commercial II)

Juglart, Michel de/Ippolito, Benjamin: Traité de droit commercial, Tome 7: Banques et bourses, 3. Auflage, Paris 1991 (zitiert: Juglart/Ippolito, Banques et Bourses)

Juste Mencía, Javier: Los derechos de minoría en la sociedad anónima, Pamplona 1995

Kölner Kommentar zum Aktiengesetz, Band 1 (§§ 1-147), Köln, Berlin 1985 (zitiert: Verfasser, in: Kölner Kommentar zum Aktiengesetz)

Köndgen, Johannes: Duties of banks in voting their clients'stock, in: Baums, Theodor/Buxbaum, Richard, M./Hopt, Klaus J.: Institutional investors and corporate governance, Berlin/New York 1994, S. 531 ff.

Körber, Ulrich: Die Stimmrechtsvertretung durch Kreditinstitute, Berlin 1989

Kübler, Friedrich: Stellungnahme zur Aktienrechtsreform 1997, in: AG-Sonderheft „Die Aktienrechtsreform 1997", S. 48 ff.

Le Cannu, Paul: Code des sociétés, 14. Auflage, Paris 1997 (zitiert: Le Cannu, Code des sociétés)

Leutheusser-Schnarrenberger, Sabine: Liberale Rechtspolitik in der 13. Legislaturperiode, in: ZRP 1995, S. 81 ff.

Liebs, Rüdiger: Abschaffung des Höchststimmrechts mit Hilfe des Vollmachtstimmrechts?, in: AG 1990, S. 297 f.

Lutter, Marcus: Das Girmes-Urteil, in: JZ 1995, S. 1053 ff.

Lutter, Marcus: Der Aktionär in der Marktwirtschaft, Berlin/New York 1973

Lutter, Marcus: Die Harmonisierung des Rechts der Kapitalgesellschaften in Europa (Stand und Perspektiven), in: Nobel, Peter: Internationales Gesellschaftsrecht (Schriften zum internationalen Gesellschaftsrecht, Heft 1/1998), Bern 1998, S. 129 ff.

Lutter, Marcus: Europäisches Unternehmensrecht, 4. Auflage, Berlin/New York 1996

Lutter, Marcus: Genügen die vorgeschlagenen Regelungen für eine „Europäische Aktiengesellschaft"?, in: AG 1990, S. 413 ff.

Lutter, Marcus: Macht der Banken, in: NJW 1995, S. 2766 f.

Mansuy, Francine: Assemblées d'actionnaires. Règles communes a toutes les assemblées. Participation de l'actionnaire à l'assemblée, in: Juris-Classeur, Sociétés, Band 4, Fascicule 136-20 (Mai 1999) (zitiert: Mansuy, Assemblées d'actionnaires)

Mansuy, Francine: Assemblées d'actionnaires. Règles communes à toutes les assemblées. Composition de l'assemblée, in: Juris-Classeur, Sociétés, Band 4, Fascicule 136 (November 1990) (zitiert: Mansuy, Assemblées d'actionnaires (Fascicule 136)

Marchetti, Piergaetano/Bianchi, Luigi Arturo: La disciplina delle società quotate nel Testo Unico della finanza D. LGS. 24 Febbraio 1998, Nr. 58. Commentario, Band II: artt. 136-212, Mailand 1999

Marchetti, Piergaetano: Intervento in assemblea, in: Contratto e impresa 1986, S. 985 ff.

Marchetti, Piergaetano: Osservazioni sui profili societari della bozza di T.U. dei mercati finanziari, in: Rivista delle società 1998, S. 140 ff.

Marini, Philippe: Rapport au Premier ministre: la modernisation du droit des sociétés, Paris 1995 (zitiert: Rapport Marini)

Mauri, Ezio: Alcune considerazioni sulle deleghe di voto, in: Le società 1998, S. 147 ff.

Mayson, Stephen W./French, Derek/Ryan, Christopher L.: Company law, 9. Auflage, London 1992

Mercadal, M. Barthélémy/Janin, M. Philippe: Memento Pratique Francis Lefebvre. Sociétés commerciales, Paris 1998 (zitiert: Mercadal/Janin, Sociétés commerciales)

Merle, Philippe: Droit commercial. Sociétés commerciales, 5. Auflage, Paris 1996 (zitiert: Merle, Droit commercial)

Merle, Philippe: Les contrôles internes, in: Daigre, Jean-Jacques: La modernisation du droit des sociétés. Premières réflexions sur le Rapport Marini, S. 41 ff., Paris 1997 (zitiert: Merle, Les contrôles internes)

Merz, Sandro: Il codice pratico delle società, Padova 1992 (zitiert: Merz, Il codice pratico)

Messineo, Francesco: Divieto all'amministratore di rappresentare i soci nell'assemblea e riserva del diritto di voto a favore del riportato, in: Banca, borsa, titolo credito 1954, I, S. 689 ff.

Mestre, Jacques: Lamy Sociétés commerciales, Paris 1988 (zitiert: Lamy sociétés commerciales)

Mirone, Aurelio: Il voto per corrispondenza nelle società quotate: profili di disciplina, in: Rivista delle società 1999, S. 751 ff.

Möhring, Philipp: Proxy-Stimmrecht und geltendes deutsches Aktienrecht, in: Ballerstedt, Kurt/Hefermehl, Wolfgang: Festschrift für Ernst Geßler zum 65. Geburtstag (München 1971), S. 127 ff.

Montalenti, Paolo: Corporate governance: la tutela delle minoranze nella riforma delle società quotate, in: Giurisprudenza commerciale 1998, I, S. 329 ff.

Moreau, André: La société anonyme. Traité pratique, Tome 1, 2. Auflage, Paris 1955 (zitiert: Moreau, La société anonyme, I)

Morse, Geoffrey: Palmer's company law (Band 1), 25. Auflage, London, Edinburgh 1992 (zitiert: Palmer's company law)

Mülbert, Peter O.: Empfehlen sich gesetzliche Regelungen zur Einschränkung des Einflusses der Kreditinstitute auf Aktiengesellschaften?, Gutachten E für den 61. Deutschen Juristentag, in: Ständige Deputation des Deutschen Juristentages (Hrsg.): Verhandlungen des 61. Deutschen Juristentages 1996, Band 1 (Gutachten), München 1996, (zit.: Mülbert, Gutachten E für den 61. Deutschen Juristentag)

Müller-Erzbach, Rudolf: Die Entartung des deutschen Aktienwesens seit der Inflationszeit, Tübingen 1926 (zit.: Müller-Erzbach, Die Entartung des deutschen Aktienwesens)

Neila Neila, José Maria: La nueva ley de sociedades anónimas, Madrid 1989

Noack, Ulrich: Stimmrechtsvertretung in der Hauptversammlung nach NaStraG, in: ZIP 2001, S. 57 ff.

Noack, Ulrich: Die organisierte Stimmrechtsvertretung auf Hauptversammlungen- insbesondere durch die Gesellschaft, in: Festschrift für Marcus Lutter, Köln 2000, S. 1463 ff. (zitiert: Noack, in: Festschrift Lutter)

Nobili, Raffaele/Vitale, Marco: La riforma delle società per azioni, Mailand 1975

Obermüller, Walter/Werner, Winfried/Winden, Kurt: Die Hauptversammlung der Aktiengesellschaft, 3. Auflage, Düsseldorf 1967

Organisation für wirtschaftliche Zusammenarbeit und Entwicklung: Principles of Corporate Governance, abgedruckt bei Seibert: OECD Principles of Corporate Governance – Grundsätze der Unternehmensführung und – kontrolle für die Welt, in: AG 1999, S. 337 ff. (zitiert: OECD, Principles of Corporate Governance)

Organisation für wirtschaftliche Zusammenarbeit und Entwicklung: Corporate Governance: Verbesserung der Wettbewerbsfähigkeit und der Kapitalbeschaffung auf globalen Märkten – Ein Bericht der Beratergruppe für die Wirtschaft in Corporate Governance – Fragen an die OECD, OECD 1998

Otero Lastres, José Manuel: Notas sobre la junta general de accionistas de la sociedad anónima, in: Anales de la Academía Matritense y del Notariado 1991, S. 9 ff.

Pagnoni, Elena/Providenti, Salvatore: Commento, artt. 136-144, in: Rabitti Bedogni, Carla: Il Testo Unico della intermediazione finanziaria. Commento al Decreto legislativo 24 febbraio 1998, n. 58, S. 744 ff. (zitiert: Pagnoni/Providenti, Commento, artt. 136-144)

Pantaleón Prieto, Fernando: Copropriedad, usufructo, prenda y embargo de acciones, in: Uría, Rodrigo/Menéndez, Aurelio/Olivencia, Manuel, Comentario al régimen legal de las sociedades mercantiles, Band 4, 3. Teilband, Madrid 1992

Pedrol, Antonio: Evolución del concepto de derecho de voto en las sociedades anónimas, in: Revista de Derecho Privado 1967, S. 917 ff.

Peltzer, Martin: Die Vertretung der Aktionäre in Hauptversammlungen von Publikumsgesellschaften, in: AG 1996, S. 26 ff.

Pennington, Robert R.: Company law, 7. Auflage, London 1995 (zitiert: Pennington's company law)

Perlingieri, Pietro: Codice Civile annotato con la dottrina e la Giurisprudenza, Fünftes Buch („Del lavoro"), Mailand 1995 (zit.: Perlingieri, Codice Civile)

Polo, Antonio: Ante una nueva reforma de la sociedad anónima, Barcelona 1965

Presti, Giuseppe: La sollecitazione e la raccolta delle deleghe di voto nel Testo Unico delle disposizioni in materia di intermediazione finanziaria e nel regolamento Consob 1° luglio 1998 – unveröffentlichtes Arbeitspapier, das dem Verfasser freundlicherweise zur Verfügung gestellt wurde (zitiert: Presti, La sollecitazione)

Raiser, Thomas: Empfehlen sich gesetzliche Regelungen zur Einschränkung des Einflusses der Kreditinstitute auf Aktiengesellschaften?, in: NJW 1996, S.2257 ff.

von Randow, Philipp: Stimmrechtsvertretung nach Art des Hauses, in: ZIP 1998, S. 1564 ff.

Reckhorn-Hengemühle, Monika: Die spanische Aktiengesellschaft nach der Reform des Aktiengesetzes von 1989, München 1992 (zitiert: Reckhorn-Hengemühle, Die spanische Aktiengesellschaft)

Richard, J.: Modification des resolutions et pouvoirs en blanc, in: Droit des sociétés, Juni 1977, S. 2 f.

Richard, J.: Vote des resolutions et pouvoirs en blanc, in: Droit des sociétés, März 1977, S. 2 f.

Riegger, Bodo/Mutter, Stefan: Zum Einsatz neuer Kommunikationsmedien in Hauptversammlungen von Aktiengesellschaften, in: ZIP 1998, S. 637 ff.

Ripert, Georges/Roblot, René/Germain, Michel: Traité de droit commercial, Tome 1, 16. Auflage, Paris 1996

Robert, Jean-Marie: Droit pénal des sociétés, in: Enzyclopédie Dalloz, Sociétés III, 2. Aufl., Paris 1983 (zitiert: Robert, Droit pénal des sociétés)

Rodríguez Artigas, Fernando/Quijano González, Jesús: Jornadas sobre la reforma de las sociedades de capital. Los órganos de la sociedad anónima: junta general y administradores, in: Quintana Carlo, Ignacio: El nuevo derecho de las sociedades de capital, Madrid 1989, S. 121 ff. (zitiert: Rodríguez Artigas/Quijano González, Jornadas sobre la reforma de las sociedades de capital)

Rodríguez Artigas, Fernando: La representación de accionistas en la sociedad anónima, Madrid 1990 (zitiert: Rodríguez Artigas, La representación)

Roncero Sánchez, Antonio: La representación del accionista en la junta general de la sociedad anónima, Madrid 1996 (zitiert: Roncero Sánchez, La representación)

Roncero Sánchez, Antonio: Los inversores institucionales y el denominado „gobierno corporativo", in: Esteban Velasco, Gaudencio: El gobierno de las sociedades cotizadas, Madrid, Barcelona 1999, S. 665 ff. (zitiert: Roncero Sánchez, Los inversores institucionales)

Rossi, Serenella: Il voto extrassembleare nelle società di capitali, Mailand 1997 (zitiert: Rossi, Il voto extrassembleare)

Rossi, Serenella: Voto per corrispondenza e informazione dei soci nelle società cooperative, in: Giurisprudenza Commerciale 1995, II, S. 883 ff.

Rubio García-Mina, Jesus: Curso de derecho de sociedades anónimas, Madrid 1974

Sacchi, Roberto: Applicabilità per analogia dei divieti di rappresentanza contenuti nell' art. 2372 C.C., in: Giurisprudenza commerciale 1977, I, S. 248 ff.

Sacchi, Roberto: Art. 2372 C.C. e rappresentanza organica, in: Giurisprudenza commerciale, 1982, II, S. 217 ff.

Sacchi, Roberto: Le deleghe di voto e il controllo societario. Relazione presentata al Convegno Corporate Governance: Le nuove regole del governo d' impresa, Milano, 18 febbraio 1998 (zitiert: Sacchi, Le deleghe di voto)

Sacchi, Roberto: Voto per delega, in: Colombo, G.B./Portale, G.B.: Trattato delle società per azioni, Band 3, 1. Halbband, S. 385 ff., Turin 1994 (zitiert: Sacchi, Voto per delega)

Salafia, Vincenzo: Limiti di rappresentanza del socio in assemblea, in: Le società 1989, S. 1017 ff. (zitiert: Salafia, Limiti di rappresentanza)

Sánchez Calero, Fernando: Instituciones de derecho mercantil, 16. Auflage, Madrid 1992

Santini, Gerardo: I «buchi» della riforma, in: Giurisprudenza commerciale 1974, I, S. 432 ff.

Schimansky, Herbert/Bunte, Hermann-Josef/Lwowski, Hans-Jürgen: Bankrechtshandbuch, Band 2, München 1997 (zitiert: Verfasser in: Schimansky/Bunte/Lwowski, Bankrechtshandbuch, Band 2)

Schmidt, Dominique: Anmerkung zum Urteil des Appellationsgerichtes Paris vom 25. Januar 1972, Revue des sociétés 1972 (90), S. 694 ff.

Schmidt, Dominique: Les droits de la minorité dans la société anonyme, Paris 1970

Schmidt, Karsten: Gesellschaftsrecht, 3. Auflage, Köln, Berlin, Bonn, München 1997

Schmidt, Michael: Die Stimmrechtsvertretung durch Kreditinstitute, Hamburg 1994

Schmitt, Gundel: Die Haftung der Depotbank als Stimmrechtsvertreter, Frankfurt am Main 1997

Schneider, Uwe H./Burgard, Ulrich: Transparenz als Instrument der Steuerung des Einflusses der Kreditinstitute auf Aktiengesellschaften, in: DB 1996, S. 1761 ff.

Schneider, Uwe H.: Auf dem Weg in den Pensionskassenkorporatismus? Zehn Thesen zu den Auswirkungen der zunehmenden Beteiligung institutioneller Anleger an den Publikumsgesellschaften, in: AG 1990, S. 317 ff.

Sealy, L.S.: Cases and materials in company law, Cambridge 1971

Seibert, Ulrich: Kontrolle und Transparenz im Unternehmensbereich – Die Aktienrechtsnovelle Pro und KonTraG, in: AG-Sonderheft „Die Aktienrechtsrefom 1997", S. 65 ff.

Seibert, Ulrich: OECD Principles of Corporate Governance – Grundsätze der Unternehmensführung und –kontrolle für die Welt, in: AG 1999, S. 337 ff.

Seibert, Ulrich: Aktienrechtsnovelle NaStraG tritt in Kraft- Übersicht über das Gesetz und Auszüge aus dem Bericht des Rechtsausschusses, in: ZIP 2001, S. 53 ff.

Sheikh, Saleem/Rees, William: Corporate governance & corporate control, London 1995

Silveri, Gentiloni: Le deleghe di voto e il controllo societario. Voto per delega e proxy fight. Unveröffentlichtes Arbeitspapier, das dem Verfasser freundlicherweise zur Verfügung gestellt wurde (zitiert: Silveri, Le deleghe di voto e il controllo societario)

Singhof, Bernd: Die Beauftragung eines „Treuhänders" durch eine AG zwecks kostenloser Stimmrechtsvertretung für einzelne Aktionäre- zugleich Besprechung von LG Baden-Baden, in: NZG 1998, S. 670 ff.

Sonnenberger, Hans Jürgen: Die Organisation der Aktiengesellschaften im Gemeinsamen Markt, in: AG 1974, S. 33 ff.

Stapledon, Geof P.: Institutional shareholders and corporate governance, Oxford 1996

Storck, Michel: Notion d'abus de mandat commis par une société de gestion de portefeuille, in: La semaine juridique 1997, II, S. 270 ff.

Tantalo, P.M.: Ruolo e funzione delle società abilitate alla raccolta di deleghe nel nuovo quadro normativo: esperienze estere e prospettive italiane. Relazione presentata al Convegno „Corporate Governance. Nuove regole di governo e di controllo societario", Milano 11-12 / 3 /1998 (zitiert: Tantalo: Ruolo e funzione delle società)

Tapia Hermida, Alberto Javier: Contratos bancarios de depósito, administración y gestión de valores negociables, in: Contratos Bancarios, Madrid 1992, S. 603 ff.

Tapia Hermida, Alberto Javier: Institutional investors and corporate control in spanish perspective, in: Baums, Theodor/Buxbaum, Richard/Hopt, Klaus, Institutional investors and corporate governance, Berlin, New York 1994, S. 399 ff.

Tiling, Johann: Die Macht des Aktionärs in der Generalversammlung der französischen Aktiengesellschaft, Hamburg 1965

Timm, Wolfram: Rechtspolitische Initiativen zur Professionalisierung der Aufsichtsratstätigkeit und Einschränkung des Depotstimmrechts der Banken, in: Henze, Hartwig/Timm, Wolfram/Westermann, Harm Peter: Gesellschaftsrecht 1995, RWS-Forum 8, S. 241 ff. (zitiert: Timm, Gesellschaftsrecht 1995 (RWS-Forum 8))

Timm, Wolfram: Das Gesellschaftsrecht im Cyberspace- Neue Aufgaben und Herausforderungen für Lehre, Forschung und Praxis des Gesellschafts- und Unternehmensrechts-, in: Festschrift für Marcus Lutter, Köln 2000, S. 157 ff. (zitiert: Timm, in: Festschrift Lutter)

Torino, Raffaele: L'istituzionalizzazione delle minoranze azionarie. Le associazioni di azionisti in Francia e in Italia, in: Rivista delle società 1998, S. 603 ff.

Uría González, Rodrigo/Menéndez Menéndez, Aurelio/Muñoz Planas, José Maria: La junta general de accionistas, in: Uría, Rodrigo/Menéndez, Aurelio/Olivencia, Manuel, Comentario al régimen legal de las sociedades mercantiles, Band 5, Madrid 1991 (zitiert: Uría/Menéndez/Muñoz Planas, La junta general)

Uría, Rodrigo: Derecho mercantil, 19. Auflage, Madrid 1992

Valuet, Jean-Paul: L'identification des actionnaires des sociétés cotées – Le rapport du groupe de travail réuni a l'ANSA, in: Revue des sociétés 1996, S. 707 ff.

Vella, Francesco: Partecipazione azionaria e deleghe di voto. Unveröffentlichtes Arbeitspapier, das dem Verfasser freundlicherweise zur Verfügung gestellt wurde.

Vicent Chuliá, Francisco: Compendio crítico de derecho mercantil, Band 1, 3. Auflage, Barcelona 1991

Vidal, Dominique: Droit des sociétés, Paris 1993

Vitu, André: Regards sur le droit pénal des sociétés, in: Aspects actuels du droit commercial français – Festschrift für René Roblot, Paris 1984, S. 247 ff. (zitiert: Vitu, Regards sur le droit pénal des sociétés)

Vuillermet, G.: Droit des sociétés commerciales, Nouvelle Législation, Paris 1969 (zitiert: Vuillermet, Droit des sociétés commerciales)

Wenger, Ekkehard: Stellungnahme zur Aktienrechtsreform 1997, in: AG-Sonderheft „Die Aktienrechtsrefom 1997“, S. 57 ff.

Westermann, Harm P.: §§ 128, 135 AktG- Vollmachtstimmrecht, in: Dörner, Dietrich/Menold, Dieter/Pfitzer, Norbert: Reform des Aktienrechts, der Rechnungslegung und Prüfung, Stuttgart 1999, S. 253 ff. (zitiert: Westermann, in: Dörner/Menold/Pfitzer, Reform des Aktienrechts)

Wiethölter, Rudolf: Interessen und Organisation der Aktiengesellschaft im amerikanischen und deutschen Recht, Karlsruhe 1961

Wilhelmi, Hans: Das neue Aktiengesetz, in: AG 1965, S. 153 ff.

Zöllner, Wolfgang: Die Ausübung des Stimmrechts für fremde Aktien durch die Aktiengesellschaft auf ihrer eigenen Hauptversammlung, in: Festschrift für Harry Westermann zum 65. Geburtstag, Karlsruhe 1974, S. 603 ff.(zitiert: Zöllner, in: Festschrift Westermann)

Kolibri 360 GmbH
Ferdinand-Jühlke-Straße 7
99095 Erfurt, Deutschland
produktsicherheit@kolibri360.de

Druck:
CPI Druckdienstleistungen GmbH
im Auftrag der
Kolibri 360 GmbH
Ferdinand-Jühlke-Str. 7
99095 Erfurt